DICTIONNAIRE
WALLON-FRANÇAIS

à l'usage des habitants

DE LA PROVINCE DE LUXEMBOURG

ET DES CONTRÉES VOISINES ;

PAR J.-B. DASNOY,

Géomètre du cadastre.

NEUFCHATEAU.

CHEZ L'AUTEUR.

1858

DICTIONNAIRE

WALLON-FRANÇAIS.

DICTIONNAIRE

WALLON-FRANÇAIS

à l'usage des habitants

DE LA PROVINCE DE LUXEMBOURG

ET DES CONTRÉES VOISINES,

PAR J.-B. DASNOY,
Géomètre du cadastre.

NEUFCHATEAU

CHEZ L'AUTEUR.

1856

Les formalités exigées par la loi ayant été remplies, les exemplaires qui ne seront pas revêtus de la signature de l'auteur seront réputés contrefaits.

AVERTISSEMENT.

Les personnes élevées chez des parents qui ne connaissent que le patois de leur endroit, ou qui parlent mal le français, ne parviennent qu'avec beaucoup de peine et d'étude à prononcer correctement, et à se débarrasser d'une foule d'expressions bizarres qui font pitié dans un écrit, et qui, même dans la simple conversation, rendent ridicules ceux qui sont obligés de s'en servir.

La lecture et la fréquentation des personnes instruites sont, sans contredit, d'excellents moyens pour se corriger de ces défauts, mais ils ne sont pas toujours à la disposition de ceux qui en ont besoin, et nous les regardons comme insuffisants pour apprendre la signification d'une multitude de mots dont la connaissance est cependant d'une très-grande utilité.

Telles sont les considérations qui nous ont décidé à entreprendre la rédaction d'un *Dictionnaire wallon-français* spécialement consacré à la province que nous habitons.

Malheureusement les patois de tous les pays offrent, d'une localité à l'autre, des différences si grandes, que nous aurions depuis longtemps renoncé à notre projet, si nous n'avions trouvé le moyen d'éviter cet inconvénient, en réunissant, par groupes ou familles, les mots les plus indispensables à la conversation, de manière à pouvoir y comprendre ceux même qui n'ont pas de correspondants wallons.

D'un autre côté, afin de rendre notre travail le plus complet possible, nous y avons ajouté de nombreuses remarques grammaticales sur les vices de prononciation et les fautes d'orthographe et de français, que l'on commet le plus fréquemment dans le Luxembourg.

Si, malgré le temps et les soins que nous avons mis à recueillir les matériaux de notre Dictionnaire, nous n'obtenons pas l'approbation du public, il nous restera du moins le mérite de l'initiative dans notre province, et plus tard d'autres pourront s'occuper de corriger les inexactitudes et de remplir les lacunes que nous n'avons pas su éviter dans un début.

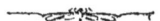

DICTIONNAIRE

WALLON-FRANÇAIS.

A

A s'écrit avec un accent grave toutes les fois qu'il ne peut pas se remplacer par *Avait*. Il a (il avait) *beaucoup à faire*.

Abaisser (S'). N'employez pas ce mot dans le sens de SE POSER, S'ABATTRE. *L'oiseau est venu se poser sur le sommet de l'arbre, sur le faîte du toit* (1). *Une volée de pigeons s'abattit sur mon champ.*

Abaubi. Dites ÉBAUBI OU ÉBAHI. *Vous voilà bien ébaubi. Je restai tout ébahi.*

Abbaye. On prononce *Abéie*. (Acad.) *Le roi lui donna une riche abbaye.*

Abeille. Termes et instruments à l'usage de l'éleveur d'abeilles.

---

(1) Les exemples cités dans le cours de cet ouvrage et qui ne portent pas de nom d'auteur, sont extraits du dictionnaire de l'Académie.

ABEILLE. On distingue dans une ruche trois espèces d'abeilles : *la reine* ou *abeille mère*, *les abeilles ouvrières* et *les bourdons* ou *abeilles mâles*. Ces derniers ne sont pas armés *d'aiguillons*, et n'apparaissent qu'au moment où la ruche est sur le point *d'essaimer*.

BOURDONNER, BOURDONNEMENT. (*Brouier.*) Ces mots se disent Du bruit que font, avec les ailes, les abeilles et autres insectes. *Le bourdonnement des abeilles, des hannetons.*

CHATRER OU DÉGRAISSER UNE RUCHE. Enlever avec un couteau fait exprès, une partie des gâteaux d'une ruche.

COUVAIN. OEuf que la mère abeille dépose dans l'alvéole et qui devient ensuite *ver* ou *larve*, puis *nymphe* et enfin *abeille*.

ESSAIM. Volée de jeunes mouches à miel qui se séparent des vieilles. *L'essaim alla se poser sur une branche d'arbre.*

ESSAIMER. (Ne dites pas *Semer.*) Produire un essaim. *Cette ruche a essaimé. Ces mouches n'ont pas encore essaimé.*

GATEAU OU RAYON. Gauffre où les mouches d'une ruche déposent leur miel, et qui est composée d'une multitude de petites cellules nommées *alvéoles*. (Ce dernier mot est masculin.) *Voulez-vous goûter de ce rayon de miel? Chaque abeille a son petit alvéole.*

HAUSSE. (*Rahausse.*) Petit cercle qu'on ajoute à une ruche pour lui donner plus de capacité et plus de hauteur.

LARVE. Se dit De la jeune abeille qui sort de l'œuf et qui a la forme d'un ver blanc.

MASQUE. Instrument transparent qu'on se met devant la figure pour se préserver de la piqûre des abeilles.

PIQUER. (*Aguer.*) Enfoncer son *aiguillon* ou *dard*. *Il a été piqué d'une guêpe.*

RUCHE. Sorte de panier en forme de cloche, garni à l'intérieur de *traverses*, et souvent recouvert d'une espèce de chaperon de paille nommé *chemise* (chaprieulle). On place les ruches soit sur un *escabeau* (chamme), soit sur le *tablier* d'un rucher. *Mettre un essaim en ruche* (acheteurrer), c'est Recueillir un essaim et le faire entrer dans une ruche vide. Le mot *Ruche* se dit aussi quelquefois Du panier et des mouches qui sont dedans. *Il a tant de ruches. Voilà une bonne ruche, il y a beaucoup de miel.*

RUCHER. (*Lapié.*) L'endroit où sont les mouches. Il est ordinairement abrité par une petite construction en chaume nommée *cabane* ou *cabanon*.

Abloucner. Attacher, serrer avec une boucle. BOUCLER. *Boucler ses jarretières.*

Abosser. ENFLER, SE FORMER UN ABCÈS.

Abouché (Mal). Qui a l'habitude de dire des choses obscènes, de dire des choses grossières. MAL EMBOUCHÉ. *Cet homme est mal embouché.*

Abouler. CROTTER, COUVRIR DE BOUE. *N'entrez pas avec vos bottes, vous crotteriez le parquet. Etre crotté jusqu'aux oreilles.*

Abouvreux. Lieu où l'on mène les bestiaux boire. ABREUVOIR. *Mener les chevaux à l'abreuvoir.*

Aboyer. On ne doit pas dire Aboyer *quelqu'un*, mais Aboyer *à*, *contre* ou *après* quelqu'un. *Un chien qui aboie aux voleurs, contre tous les passants, après tout le monde. Tous ses créanciers aboient après lui.* En parlant des petits chiens, on emploie ordinairement le verbe *Japper*. *Ce chien ne fait que japper.*

Absoudre. Verbe irrégulier : *J'absous, tu absous, il absout; nous absolvons, vous absolvez, ils absolvent. J'absolvais. J'ai absous. J'absoudrai. J'absoudrais. Absous, qu'il absolve; absolvez. Que j'absolve. Absolvant. En absolvant* (et non *absoudant*) cet homme on n'a pas fait justice. Elle fut absoute à pur et à plein (entièrement).

Acaïter. AGENCER. Il avait assez bien, assez mal agencé tout cela. Comme il est agencé ! Vous êtes bien mal agencé.

Acasser. SERRER, PRESSER, ENTASSER, TASSER, AFFAISSER. Les terres rapportées ont besoin de se tasser pour s'affermir. Ce monceau de foin s'est affaissé de tant de pieds.

Aceawer. Attacher des chevaux les uns aux autres par la queue. ACCOUER.

Accenter. Ecrivez et prononcez ACCENTUER. Il faut accentuer cet e.

Acceure. BLESSURE, LÉSION, MEURTRISSURE.

Acelawer. ENGAGER, EMBARRASSER, PRENDRE, TENIR. Lorsque le coin est engagé, on le dégage avec un plus gros. S'engager le pied dans l'étrier en tombant de cheval.

Acclérir. ÉCLAIRCIR. Eclaircir un sirop. Le canon a éclairci les rangs. Eclaircir une forêt.

Accoitir (S'). SE BLOTTIR, SE TAPIR. Les perdrix se blottissent devant les chiens. Se blottir, se tapir dans un coin, sous la table. Se tapir derrière une haie, contre une muraille. Se tapir dans un blé, sous un arbre.

Accorder. Il faut dire : Tâchons de nous AC-CORDER, et non de nous accordre.

Accoucher dans ses temps composés prend Avoir ou Etre, suivant que le sens de la phrase permet de répondre à l'une ou à l'autre de ces questions : Qu'a-t-elle fait ? ou Dans quel état est-elle ? *Quand elle fut accouchée. Elle est accouchée en tel endroit. J'ai accouché avec de cruelles douleurs. Elle a accouché très-courageusement. C'est cette sage-femme qui a accouché ma belle-sœur.*

Accouplée. FILE DE CHEVAUX.

Accourir dans ses temps composés prend *Avoir* ou *Etre*, selon qu'il exprime l'action ou l'état. *Il est accouru au bruit. Je suis accouru pour la fête, etc. Ses amis ont accouru pour le féliciter.*

Accoutumer. Lorsque ce verbe est conjugué avec l'auxiliaire *Etre*, il régit la préposition *à* ; quand il est accompagné de l'auxiliaire *Avoir*, il demande la préposition *de. Il est accoutumé à* (et non *de*) *se lever de bonne heure. Il avait accoutumé d'aller, de faire, etc. Ces arbres, ces terres avaient accoutumé de produire beaucoup.*

Accramier. MÊLER, EMMÊLER, EMPÊTRER, EMBARRASSER. *Mêler du fil, un écheveau. Ce cheval s'est empêtré dans ses traits.*

Accrampier. AGRAFER. *Agrafer un chapeau, un manteau.*

Accroupir (S'). Ce verbe est régulier. On doit donc dire : *Accroupissez-vous, il s'accroupit, il s'accroupissait, etc.*

Acculer ne signifie pas, en français, RETARDER.

Achacossé. ENTRELACÉ, COLLÉ, FEUTRÉ.

Achaforé. ANIMÉ, ÉCHAUFFÉ.

Achandir. ÉCHAUFFER. *Il faut faire bon feu dans cette chambre pour l'échauffer. Cette course m'a beaucoup échauffé.*

Achaux, **achéneau**, **aforêt**, **apoix**. Rien de plus commun, et, en même temps, rien de plus choquant que d'entendre dire : De l'eau d'*achaux*, un mètre d'*acheneau*, une grande *aforêt*, enduire d'*apoix*, au lieu de : De l'eau de CHAUX, un mètre de CHÉNEAU, une grande FORÊT, enduire de POIX.

Achet. Interjection dont on se sert pour exprimer le mépris, le dégoût, la répugnance qu'inspire quelqu'un ou quelque chose. FI, AH FI. *Ah fi ! que cela est mal ! Fi ! le vilain, la vilaine ! Fi, fi donc !*

Achever devant un infinitif demande la préposition *de*. *Il achève de se ruiner* (et non *à se ruiner*).

Acquéreur. Fait au féminin *Acquéreuse*.

Adaborer. BARBOUILLER. *Barbouiller une muraille avec de la boue. Se barbouiller les mains.*

Adelive. EN LIBERTÉ, SANS ATTACHE, PÊLE-MÊLE.

Adeumement. Morceau qu'on coupe lorsqu'on *entame* un pain. ENTAME, GRIGNON. *Il a de bonnes dents, il prend toujours le grignon. Réservez-moi l'entame.*

Adire (Se laisser). Cette locution n'est pas française, il faut dire : SE LAISSER ALLER, CÉDER AUX INSTANCES. *Je me suis laissé aller à ses prières, à ses sollicitations.*

Adroit, avers. ENDROIT, ENVERS. *Cette étoffe n'a ni endroit ni envers.*

Adure (S'). S'ENTENDRE, S'ACCORDER. *Ils ne s'entendent guère ensemble. Ils ne pourront jamais s'accorder, leurs caractères sont trop différents.*

Aduzer. TOUCHER LÉGÈREMENT, EFFLEURER, FRÔLER.

Advenant (A l'). Il faut dire A L'AVENANT. *C'est un homme qui fait grande dépense en habits, en chevaux, et en toutes choses à l'avenant. Le dessert fut à l'avenant du repas.*

Adviner n'est plus français, il faut dire DEVINER. *Devinez d'où je viens.*

Afagner. EMBOURBER. *Ce cocher nous a embourbés, s'est embourbé. Cheval embourbé. Voiture embourbée. Jurer comme un charretier embourbé.*

A fait. Voyez *Fait*.

Affaloqué. TRANSI, ENGOURDI.

Afferges. Bout de chaîne ou de corde qu'on fixe aux pieds antérieurs d'un cheval, à l'aide d'anneaux à ressorts appelés *entravons*, pour l'empêcher de s'éloigner ou pour le faire paître à *l'attache, au piquet.* ENTRAVES.

Afferger. Mettre des entraves. ENTRAVER. *Entraver un cheval.*

Affilant. AIGU, POINTU. *Un bâton aigu. Des ongles aigus. Un bâton pointu par le bout. Cette épée est bien pointue.*

Affiler. Signifie Aiguiser, donner le fil, et non TAILLER EN POINTE. Voyez *Agraiir*.

Afforcer. Rendre plus fort. ENFORCIR. *La bonne nourriture a enforci ce cheval. Il s'enforcira. Ce cheval s'enforcit ou enforcit tous les jours.*

Affosser. ENTERRER, ENFOUIR. *Enterrer de l'argent dans une cave. Enfouir un trésor. Enfouir* du fumier. *Enfouir des plantes, des arbres* (les couvrir de terre).

Affriandir. Rendre friand. Ecrivez et prononcez AFFRIANDER. *Vous l'avez affriandé par la bonne chère que vous lui avez faite. On affriande les poissons avec de l'appât.*

Affroïer. DÉROUILLER, DÉCRASSER, METTRE EN TRAIN.

Affût. Ce mot est masculin. *Choisir un bon affût.*

Affutiau. Bagatelle, brimborion, affiquet. Ce mot figure dans le dictionnaire de l'Académie.

Afurlicoté. FRELUQUET, GRIMACIER, GAILLARD. *Ce n'est qu'un freluquet, un petit freluquet.*

Agace. Pie. Ce mot figure dans les dictionnaires.

Agace. Espèce de durillon qui vient aux pieds. COR. *Avoir un cor au pied, à un doigt du pied. Couper un cor. Extirper les cors.*

Agace. Voyez *Hawiette.*

Agali. GAI, ÉVEILLÉ, DÉCIDÉ.

Agauche. Menus débris d'une muraille qu'on a démolie, d'une carrière où l'on a extrait de la pierre, etc. DÉCOMBRES, GRAVOIS.

Agenda. GEN se prononce comme la première syllabe de *Geindre.* (Acad.) *Mettez cela, écrivez cela sur votre agenda.*

Agonisant. Prononcez l'S comme un Z.

Agra. ADRESSE, ESPRIT.

Agraiir. Rendre plus menu, plus grêle. AME-

NUISER. *Amenuiser un bâton, une cheville, une planche.*

Agricher. Prendre, attraper. GRIPPER, AGRIPPER. *Elle agrippe tout ce qu'elle voit. Ce chat a grippé un morceau de viande. Cette femme lui a grippé son argent.*

Agricher (S'). S'attacher avec les griffes. S'AGRIFFER. *Le chat s'agriffa à la tapisserie.*

Aguincher. Voyez *Acaïter.*

Agurner. ENGRENER. *Il faut engrener vos chevaux si vous voulez en tirer du service. Ces deux roues engrènent bien, s'engrènent bien.*

Ahachière. ESTROPIÉ, PERCLUS, PARALYSÉ. *Etre estropié, perclus d'un bras, d'une jambe. Il a fait une chute de cheval, il en sera estropié toute sa vie. Il en est demeuré, il en est devenu perclus. Il est tout perclus, à moitié perclus. Il est paralysé de la moitié du corps.*

Ahalle. EMBARRAS, GÊNE.

Aheuquier (S'). S'envelopper la tête de sa robe, de son sarreau, etc., pour se préserver de la pluie. RELEVER EN CAPUCHON, PAR-DESSUS LA TÊTE.

Ahotter (S'). S'EMBOURBER, DONNER, HEURTER CONTRE UN OBSTACLE.

Ai, aie et **aye** (Terminaisons en). Dans le Luxembourg on fait en général trop sentir l'I et l'E des mots terminés en *ai, aie* et *aye*. On prononce, par exemple, *Hai-ie, clai-ie, gai-ie, mai-ie, pai-ie,* etc., tandis qu'on doit dire : *Haï, claï, gaï, mè, paï.* Il en est de même des mots en *oie* et en *oye,* tels que *Soie, voie, que je croie, qu'il s'as-*

soie, etc., qu'il faut prononcer *Soa, voa, croa, assoa.*

Aider devant un nom de personne prend, la préposition *à*, lorsqu'il signifie Prêter une assistance momentanée, pour un objet déterminé, et le plus souvent pour un travail qui demande des efforts physiques. *Aidez à cet homme qui plie sous la charge qu'il porte. Aidez-lui à soulever ce fardeau.* (Acad.)

Aigle est masculin, excepté en termes d'Armoiries et de Devises. *Les armes de l'empire français étaient une aigle tenant un foudre dans ses serres. L'aire d'un aigle.*

Aiguille, aiguillée, aiguillon, aiguiser. Prononcez l'U et l'I séparément. Remarquez en outre que les L d'*aiguille* et de ses dérivés sont mouillées.

Ail. On dit au pluriel *Ails* ou *Aulx.* (Prononcez *Au.*) *Il y a des aulx cultivés et des aulx sauvages. Il cultive des ails de plusieurs espèces.*

Aimer devant un infinitif demande toujours la préposition *à*. Ainsi ce serait une faute de dire : J'aimerais bien *de* savoir ce que vous faites; je n'aimerais pas *de* le voir insulter, au lieu de : J'aimerais bien A savoir etc.

Aimer mieux, aimer autant devant un infinitif rejettent toute préposition. *Elle a mieux aimé rester* (et non *de rester*) *fille que de faire le mariage qu'on lui proposait.*

Air. Ce mot est masculin. *Air malsain. Un petit air de violon.*

Air se dit quelquefois Du vent. *Il ne fait point d'air. Il vient de l'air par cette fenêtre.*

Air(Avoir l'). Lorsque cette locution est suivie d'un adjectif, celui-ci s'accorde avec *air* lorsqu'on peut remplacer ce mot par *Extérieur, figure.* Dans le cas contraire, il s'accorde avec le sujet de la proposition. On dira donc : *Cette femme a l'air chagrin, l'air méprisant, l'air hautain, l'air méchant. Ils ont tous deux l'air prévenant, l'air spirituel, l'air railleur. Elle a l'air enceinte. Elle a l'air contente de ce qu'on vient de lui dire. Elles avaient l'air fort embarrassées. Ils ont l'air fâchés de ce qu'ils viennent d'apprendre. Cette maladie a l'air sérieuse.* Ce n'est pas l'air, l'extérieur qui est enceint, content, embarrassé, fâché, sérieux.

Airage. TRAITS, AIR DE FAMILLE. *Avoir un air de famille.*

Airer. Donner de l'air, chasser le mauvais air. Ecrivez et prononcez AÉRER. *Aérer une chambre, une salle de spectacle. Une maison bien aérée.*

Airie. Voyez Jardinier.

Airres. Argent qu'on donne pour assurer un marché. ARRHES. (Ce mot est féminin.) *Le marché est-il conclu? donnez des arrhes.*

Aises. Les diverses parties de la distribution d'une maison, c'est-à-dire, l'escalier, les corridors, les chambres, etc. ETRES. *Il sait tous les êtres de cette maison. Il connait tous les êtres.*

Aisne. On prononce *Aine. La rivière, le département de l'Aisne.*

Aître. Dans les verbes dont l'infinitif se termine en *aître* ou en *oître*, l'*i* ne prend l'accent circonflexe que dans les personnes où il est suivi d'un *t*. *Je connais bien un tel. Tout le monde connait bien vos indignes procédés. L'aurore paraît. Mauvaise herbe croît toujours. Les jours croissent.*

Aiwicheux. Plein d'eau. AQUEUX. (Prononcez *Akeu*.) *Ce légume est trop aqueux. Ces fruits n'ont point de goût, ils sont trop aqueux.*

Aiwies. LAVURE D'ÉCUELLE, EAUX DE CUISINE, EAUX GRASSES.

Ajambé. JAMBÉ. *C'est un jeune homme bien jambé.*

Ajeveler. Voyez *Cultivateur*.

Ajoquer (S'). SE POSER, SE PERCHER, SE JUCHER. *Quantité d'oiseaux se vinrent percher, vinrent se percher sur ces arbres. Les faisans juchent ou se juchent sur les arbres.*

Ajoute. Ce mot n'est pas français et doit être traduit par ALLONGE ou par ADDITION, suivant le sens. *Mettre une allonge à une jupe. Un livre avec des corrections et des additions. Faire de nombreuses, de longues additions.*

Alambic. Ce mot est masculin. *Le bec d'un alambic.*

Alcôve. Ce mot est féminin. *Une belle alcôve.*

Alentour. La locution A l'entour s'employait autrefois comme préposition, en y ajoutant *de*, et l'on disait *A l'entour de la table, à l'entour du bois*; mais cet emploi a vieilli : on dit aujourd'hui AUTOUR DE. (Acad.)

Alexandre, Alexandrine. Prononcez l'X comme CS et non comme GZ.

Aliquante, aliquote. Prononcez QU comme K. *Le nombre trois est une partie aliquote de neuf, et le nombre deux en est une partie aliquante.*

Alir. Choisir, tirer d'un plus grand nombre avec choix, avec préférence. TRIER. *Trier des pois, du café. Les libraires ont trié les meilleurs livres de cette bibliothèque.*

Allacher. ATTACHER. Voyez *Lache*.

Aller (S'en). On doit dire : *Il s'en est allé*, et non, *Il s'est en allé*, la particule *en* devant toujours précéder l'auxiliaire. On remarquera en outre que *S'en aller* est un verbe essentiellement pronominal dont le participe passé doit, par conséquent, s'accorder avec le pronom. *Elles s'en sont allées.*

Allouer signifie Approuver une dépense, la passer en compte, la porter au budget. *Il avait bien peur qu'on ne lui allouât pas cette somme. Le traitement que le budget alloue à ces fonctionnaires.* Mais il ne doit pas s'employer dans le sens de DÉPENSER, DISSIPER, CONSOMMER, USER, PERDRE, et il serait incorrect de dire : *Il a alloué tout son traitement en trois mois. C'est un homme alloué.* Il faut : *Il a dépensé tout son traitement*, etc. *C'est un homme perdu.*

Allûcher. Fermer à demi les yeux, en regardant du coin de l'œil; regarder sans faire semblant. GUIGNER, LORGNER. *Guigner le jeu de son voisin. Il guigne cet emploi. Lorgner quelqu'un, quelque chose. Lorgner une charge, une place, un héritage.*

Allumer ne doit pas s'employer dans le sens d'ÉCLAIRER, FAIRE DES ÉCLAIRS. *Il n'a fait qu'éclairer toute la nuit.*

Allumoir. ÉCLAIR. *Les météores appelés Éclairs de chaleur sont des phénomènes dont la cause est ignorée.*

Almanach. Ce mot est masculin. *C'est un almanach de l'an passé.*

Alonée. HALEINE. *Boire un grand coup tout d'une haleine.*

Alors se prononce *Alor* lorsqu'il se trouve devant une consonne ou à la fin d'une phrase. *Alors je lui dis. Les hommes d'alors.*

Alouette. Il ne faut pas confondre ce mot avec LUETTE, morceau de chair saillant, placé à l'entrée du gosier. *Il a la luette enflée, engorgée. Remettre la luette.*

Alurir. Frapper les yeux par un éclat très-vif, ÉBLOUIR. *Le soleil éblouit la vue, éblouit les yeux, nous éblouit. La neige, la blancheur de la neige éblouit.*

Amaier (S'). SE METTRE EN PEINE, S'INQUIÉTER, SE TOURMENTER.

Amalgame. Ne prononcez pas *Em-malgame*. *Son caractère est un singulier amalgame de bassesse et d'insolence.*

Ambages. DÉTOURS. Ce mot est féminin. *De longues ambages.*

Ambarde. Concert que l'on donne dans la rue, ou sous les fenêtres de quelqu'un. Il faut traduire par SÉRÉNADE, si c'est le soir que le concert se donne, et par AUBADE si c'est vers l'aube du jour. Ce dernier mot ne s'emploie guère qu'au figuré et par ironie. *La sérénade fut troublée. Il a eu une étrange, une furieuse aubade.*

Amblette. Lame. Le dicton, Changer son couteau contre une amblette, se traduit par *Changer son cheval borgne contre un aveugle,* ou *Changer ses noix contre des coquilles.*

Amelette. OEufs cuits dans une poële. Ecrivez et prononcez omelette. *Omelette au beurre, au lard.*

Amical n'est point d'usage au pluriel masculin.

Amidon. Ce mot est masculin.

Amitieux. Ce mot n'est pas français et peut se rendre par caressant, aimant. *Cet enfant est fort caressant. Avoir des manières caressantes. Elle est d'un caractère aimant. Elle a une âme naturellement aimante.*

Amonition. Ce mot n'est plus en usage et doit être remplacé par munition ou provision. *Fusil de munition. Pain de munition. Aller à la provision.*

Amour. On sait que ce mot est masculin au singulier et féminin au pluriel. Ainsi, lorsqu'on demande à quelqu'un s'il fait l'amour, il ne doit pas répondre : Non je ne *la* fais pas, mais bien, Je ne *le* fais pas.

Amouracher. Prononcez ce mot comme il est écrit, et non *Em-mouracher. Je ne sais qui a pu l'amouracher de cette sotte. Il est sujet à s'amouracher.*

Amusette signifie Petit amusement ; chose, bagatelle qui amuse. *Les poupées sont les amusettes des enfants. Il regarde cela comme des amusettes. Ce n'est pour lui qu'une amusette.* On appelle

TRAÎNARD, TRÔLEUR, RÔDEUR, celui qui court les cabarets ou qui traîne dans les rues.

Anairé. ÉCHAUFFÉ, ANIMÉ, EMPRESSÉ, EFFRAYÉ.

Anaiver. ENGENDRER, PRODUIRE.

Anaiwer. IMPRÉGNER D'EAU, TREMPER.

Anancrer. Voyez *Crawer*, *Sancrer*.

Ancre. Ce mot est féminin. *La maîtresse ancre. Il faut mettre une ancre à cette muraille.*

Androuille. Boyau de porc rempli, farci d'autres boyaux, etc. Écrivez et prononcez AN-DOUILLE. *Andouilles fumées. Cela s'en est allé en brouet d'andouille.*

Ane. Ce mot est masculin. *A laver la tête d'un âne on perd sa lessive.*

Aneutir (S'). Se trouver hors de chez soi à une heure avancée du soir ou de la nuit. S'ATTARDER, S'ANUITER (ne prononcez pas *sen-nuiter*.)

Anglée. ANGLE, COIN. Anglée n'est pas français. *Le coin d'une maison.*

Angouche. ANGOISSE. *Etre en angoisse, dans d'extrêmes angoisses.*

Anguille. Mouillez les L et ne faites pas sentir l'U. *Ecorcher l'anguille par la queue.* (Commencer par où il faudrait finir.)

Animaux. Voyez *Quadrupède*, *Insecte*, *Oiseau*, *Reptile*, *Poisson*.

Anniversaire. Ce mot est masculin. *Fonder un anniversaire.*

Anocher (S'). S'embarrasser le gosier en mangeant trop vite. S'ENGOUER, S'ÉTRANGLER. *Il buvait et mangeait si avidement, qu'il s'est engoué. A force* *de crier il s'engoua.* Cet enfant s'étrangle à force de crier.

Anondée. Mouvement, course que l'on prend de quelque distance pour mieux sauter. ESCOUSSE, ÉLAN. *Prendre son escousse. Prendre son élan pour sauter.*

Anonder. METTRE EN BRANLE, EN MOUVEMENT, EN TRAIN, SOULEVER, BONDIR, LEVER, LANCER. *Mettre les cloches en branle. Cela fait bondir le cœur.*

Anonder (S'). S'ÉLANCER, PRENDRE SON ÉLAN.

Antéchrist. L'S ne se prononce pas. (Acad.) *Le temps de la venue de l'antéchrist est incertain.*

Antenau. Agneau d'un an. ANTENOIS, au féminin ANTENOISE.

Antomie. Personne maigre et sèche. MOMIE. *C'est une momie, une vraie momie, sec comme une momie.* Les momies sont, au propre, des corps embaumés par les anciens Egyptiens, ou desséchés dans les sables mouvants de l'Arabie.

Aoriste. On prononce *Oriste.* (Acad.) *Aoriste passif.*

Août. Prononcez *Ou.* (Acad.) *Le premier jour d'août. Faire l'août. Nous voilà bien avant dans l'août. L'août n'était pas commencé dans ce pays-là.* Si l'on prononçait l'*a* dans *Mi-août*, on aurait l'air d'un chat qui miaule.

Apaiger (S'). Voyez *Voiturier.*

Apercevoir (S'). Le participe passé de ce verbe s'accorde avec le pronom. *Elle s'est aperçue, ils se sont aperçus de l'erreur.* Remarquez que le verbe *Apercevoir* s'écrit avec un seul *p*.

Apothéose. Déification d'un héros, d'un empereur mort ; et figurément, Eloge outré, honneurs excessifs rendus à un homme vivant. Ce mot est féminin.

Appairier. Assortir, unir par paires, par couples. Ecrivez et prononcez APPARIER. *On a brouillé tous ces gants ; démêlez-les et les appariez. Apparier des chevaux de carrosse.*

Appartenant est participe ou adjectif verbal selon qu'on peut lui substituer les mots *Etant possédé par*, ou simplement, *Possédé par. La femme appartenant à* (étant possédée par) *son mari, ne doit pas en être séparée sans des causes graves. Les biens appartenants à* (possédés par) *un tel. Une maison à lui appartenante* (possédée par lui). *Une ville appartenante aux Hollandais.* (Voltaire.) Au reste, plusieurs écrivains le font invariable.

Apparaître prend *Avoir* ou *Etre* dans ses temps composés. *Le spectre qui lui avait apparu, qui lui était apparu. Vous m'êtes, en dormant, un peu triste apparu.* (La Fontaine.)

Appel. Sorte de sifflet avec lequel on contrefait la voix des oiseaux pour les faire approcher, ou pour les attirer dans quelque piège. Il faut dire APPEAU. *Un appeau pour prendre les cailles.*

Appendice. On prononce *Appaindice.* (Acad.) *Appendice membraneux.*

Appiéter. ASSEOIR, FONDER. *Fonder une maison sur le roc, sur le sable. Asseoir les fondements d'une maison sur le roc.*

Approchant s'emploie quelquefois comme préposition : *Il est approchant de huit heures* (et non *approchant* ou *en approchant huit heures*). *Il est huit heures ou approchant* (et non *ou en approchant*). *Il lui a donné approchant de cent écus ; cent écus ou approchant*.

Après (A l'). Cette expression n'est pas française et se traduit par PRÈS, A L'APPÉTIT de. *Il n'est pas à cela près, il n'en est pas à cela près. A l'appétit d'un écu, il a laissé mourir un cheval de cinquante louis.*

Après-midi. Ce mot est féminin. *Je vous ai attendu toute l'après-midi.* Cependant plusieurs le font masculin. (Acad.)

Aquatique. Prononcez *Akouatike*. (Acad.) *Plantes aquatiques.*

Aquilin, aquilon. Prononcez *Akilin, akilon*. *Nez aquilin. La violence des aquilons.*

Arabe, arable. *Arabe* se dit D'un homme qui vend excessivement cher, qui prête à gros intérêts, ou qui exige avec dureté ce qu'on lui doit. *Arable* signifie Labourable. *Il est cruel d'avoir affaire à lui, c'est un arabe. Des terres arables.*

Araïer. ENRAYER. Voyez *Voiturier*.

Araire. Charrue sans avant-train. Ce mot est masculin.

Aran. Petite loge où l'on enferme les cochons TOIT A PORCS, A COCHONS.

Araser est un terme de menuiserie et de maçonnerie, qui signifie Mettre de niveau, rendre uni. Il faut bien se garder de le confondre avec le verbe *Raser* qui veut dire Démolir. *Raser une maison. On rasait rez pied, rez terre les maisons des criminels de lèse-majesté.*

Arbre. Liste des principaux arbres et arbrisseaux qui croissent dans le Luxembourg.

ALISIER BLANC OU ALOUCHIER. *(Saue peteuse.)* Cet arbre produit des baies rougeâtres plus allongées et à peu près de la même grosseur que celles du sorbier. On le reconnaît facilement à ses feuilles qui sont larges, rondes, d'un *vert foncé* en-dessus et d'un *blanc argenté* en-dessous. Le bois est très-dur et sert à faire des ouvrages au tour.

AUBÉPINE OU ÉPINE BLANCHE. C'est l'épine commune. Elle porte des *baies* (pèches) allongées, d'un rouge foncé.

AUBIER OU OBIER. Cet arbrisseau ressemble au sureau ; ses branches sont remplies d'une moëlle abondante ; il porte des baies en bouquets comme le sorbier, mais d'un rouge plus foncé. Celles-ci sont recherchées par les gélinottes.

AUNE. *(Aunai.)* Arbre très-connu dont le bois est tendre et rougeâtre. *Des sabots d'aune, ou de bois d'aune.*

BOIS GENTIL. *(Joli bois.)* Arbrisseau d'ornement, de la famille des daphnes. Il donne, de très-bonne heure, des fleurs rougeâtres auxquelles succèdent des espèces de groseilles rouges, qui sont un poison violent. Il fleurit avant de pousser les feuilles.

BOULEAU. *(Biole, boûle.)* Bois connu dont les menues branches servent à faire des balais.

BOULE DE NEIGE. Espèce d'aubier qu'on élève dans les jardins et qui produit des fleurs blanches disposées en forme de boules.

BOURDAINE. *(Noir bois.)* Arbrisseau très-commun, dont l'écorce est brune, tachetée de petits points blanchâtres. La bourdaine porte des baies noires, rondes, d'un goût douceâtre. On se sert de ses jets pour faire des harts, des piéges d'oiseaux, des clôtures, etc.

BUIS. *(Pâquette.)* Arbuste toujours vert, dont on fait des bordures d'allées. On en bénit le dimanche des rameaux.

CHEVREFEUILLE. *(Queue de pipe.)* Arbrisseau à tiges grêles, longues, grimpantes; à fleurs odorantes, jaunâtres, tubuleuses, réunies en bouquets; à baies rougeâtres.

CORNOUILLER. *(Corneiller.)* Arbrisseau rameux, à fruits rougeâtres contenant un noyau ; le bois est très-dur, on en fait des bâtons, des manches de fouets, etc.

COUDRIER OU NOISETIER. Il y a deux espèces de coudriers, *le coudrier commun* et *le coudrier franc*. Celui-ci produit des noisettes beaucoup plus grosses, appelées *noisettes franches.*

ÉGLANTIER. Sorte de rosier sauvage à piquants crochus, larges par la base. Le fruit, qu'on appelle *gratte-cul*, est luisant, dur, d'un beau jaune-orange, de la grosseur et à peu près de la forme d'une noisette.

ÉRABLE *(Agrelle.)* Cet arbre ressemble beaucoup au *plane*, mais il est facile de l'en distinguer au moyen de la couleur de ses feuilles qui sont d'un vert un peu jaunâtre des deux côtés, tandis que celles du plane sont d'un vert foncé en-dessus et blanchâtre en-dessous.

FRAMBOISIER. *(Ampounier.)* Arbrisseau épineux, à moëlle très-abondante, à feuilles vertes en-dessus, blanches et cotonneuses en-dessous ; il produit un fruit rouge appelé *framboise* (ampoune), lequel ressemble beaucoup à la fraise.

GENET. Arbrisseau très-commun employé surtout pour litière. (Ce mot est masculin, et se prononce comme il est écrit, et non *Genète*.)

GENEVRIER. Voyez *Résineux.*

GROSEILLER. Les espèces principales sont : *le groseiller noir*, *le groseiller rouge* et *le groseiller épineux* ou *à maquereau.*

HÊTRE. *(Hasse.)* Le fruit du hêtre s'appelle *faine* (prononcez *Fènn*), et est renfermé dans une enveloppe nommée *cupule* (bahot).

HOUX. Arbrisseau toujours vert, dont les feuilles sont luisantes, coriaces, ondulées, d'un vert foncé, garnies de piquants et dont le fruit est une baie d'un très-beau rouge.

LILAS. *(Joli bois.)* Abrisseau d'ornement à écorce grisâtre, à feuilles cordiformes, lisses, dures, d'un vert foncé ; à fleurs odorantes, d'un bleu violet, disposées en grappes un peu pendantes.

MARRONNIER. Cet arbre se reconnaît facilement à ses feuilles réunies par la base au nombre de cinq ou sept. glabres, dentées, allant en s'élargissant jusque vers la pointe. Ses fleurs sont blanches, panachées de rouge et de jaune et disposées en grappes.

MYRTILLE, AIRELLE OU MORET. *(Frambaugier.)* Arbuste très-commun dans les bois des Ardennes et dont le fruit, qu'on appelle *baie d'airelle ou de myrtille*, est rond, noir et d'un goût excellent. *(Myrtillier* n'est pas français. Il est également utile de faire remarquer que la *myrtille* est l'arbuste même et non le fruit.)

NÉFLIER. *(Mesplier.)* Arbrisseau dont le bois raide et épineux sert, comme le carnouiller, à faire des bâtons et des manches de fouets. Il produit de belles fleurs blanches auxquelles succèdent des espèces de petites pommes de couleur roussâtre, remplies de petits noyaux.

NOYER. *(Jaïer.)* Arbre connu dont le fruit, qu'on appelle *noix* (jaïe, écaiet), est enfermé dans une enveloppe spongieuse nommée *brou* ou *écale*. *Des noix confites avec leur brou*. La *cèque* ou *coquille* (scafiette), est l'enveloppe dure, ligneuse qui se sépare en deux valves lorsqu'on ouvre la noix. Le *zeste* est la cloison, la séparation membraneuse qui divise en quatre l'*intérieur* de la noix. *Cela ne vaut pas un zeste. Je n'en donnerais pas un zeste.*

PEUPLIER. On trouve dans notre province, *le peuplier pyramidal* ou *d'Italie* dont la tige est droite et les branches presque verticales, et le *peuplier du Canada* dont les branches s'étendent au loin.

PLANE OU PLATANE. Voyez *Erable*.

PRUNELLIER OU ÉPINE NOIRE. Cet arbrisseau porte des espèces de petites prunes noires d'un goût désagréable appelées *prunelles*.

RÉSINEUX. La famille des *résineux* ou *conifères* comprend les arbres dont les feuilles minces et longues ne tombent pas en hiver, tels que *les pins, les sapins, le mélèze, l'if, le genévrier et le thuya*. Les pins se distinguent des sapins par leurs feuilles qui sont réunies à la base au nombre de deux , comme dans le *pin sylvestre* qui présente plusieurs variétés ; ou au nombre de cinq, comme dans le *pin de lord Weimouth*. Les sapins, au contraire , ont les feuilles isolées et éparses. On trouve ici le *sapin épicéa* dont les feuilles sont pointues et presque carrées; le *sapin commun* ou *sapin argenté* dont les feuilles sont plates , vertes en-dessus et marquées de deux lignes blanchâtres en-dessous ; et la *sapinette blanche* qui s'élève beaucoup moins et dont les feuilles sont marquées en-dessus et en-dessous d'une ligne blanchâtre. Le *mélèze* a les feuilles réunies par faisceaux de plus de 40. Du reste ce résineux, contrairement aux autres , perd ses feuilles en hiver. L'*if* a le bois rouge , très-dur, les feuilles disposées sur deux rangs et porte un petit fruit rond , rouge , sucré et mangeable. Le *genévrier* ou *genièvre* (pequet) est un arbrisseau qui atteint rarement deux mètres de hauteur ; ses feuilles sont cylindriques , et son fruit petit, rond et noirâtre. Enfin , le *thuya* a les feuilles plates, raboteuses , courtes, disposées à peu près comme celles de la fougère.

RONCE. *(Ronche.)* Arbrisseau rampant à tiges et feuilles armées de piquants crochus. Il porte un fruit noir de la forme d'une fraise, appelé *mûre*. (Ce mot est féminin.)

SAULE. Les principales espèces sont : *le saule jaune* ou *osier* dont l'écorce est d'un beau jaune rougeâtre , et dont les jets ou scions sont pliants et propres à faire des harts, des paniers, des vans, etc. ; le *saule marceau* qui s'élève à une hauteur de quatre à cinq mètres , qui produit , dès le mois de mars ou d'avril, de beaux chatons jaunes et dont le bois est cassant et rougeâtre ; le *saul blanc*, dont le bois est blanc, les chatons verdâtres et qui croît abondamment sur le bord des eaux et dans les terrains fangeux ; et le *saul pleureur* que l'on reconnaît facilement à ses longs rameaux pendants.

SORBIER. (*Petrai*.) Arbre dont le fruit nommé *sorbe* ou *baie de sorbier*, sert d'appât pour prendre les grives.

SUREAU. Arbrisseau dont les branches sont remplies d'une moëlle tendre et blanche et qui, pour ce motif, sert aux enfants à faire des clifoires et des canonnières. Le *sureau noir* a les baies noires ; il est beaucoup plus élevé que le *sureau à grappes*, dont les baies sont rouges et peu nombreuses.

Archet. Ce mot est masculin. *Un archet de violon.*

Archiépiscopal, archiépiscopat. On prononce *Arkiépiscopal*, *Arkiépiscopat*. (Acad.) *Palais archiépiscopal. Il mourut après dix ans d'archiépiscopat.*

Architecture. Pour les termes qui ne sont pas compris dans cet article, voir les mots *Maçon* et *Maison*.

ARABESQUES. Sortes d'ornements de peinture ou de sculpture qui consistent en des entrelacements de feuillages, de fruits, de fleurs, d'animaux, etc., assemblés le plus ordinairement d'une manière fantasque, et sans autre dessin que celui de former un enchaînement agréable à l'œil. On en voit sur les tapisseries, sur les boiseries de salons, sur les cadres de tableaux, sur les portes, etc. Le plus souvent ce sont des sculptures moulées en plâtre, en stuc, en carton, etc., et clouées ou collées sur le meuble.

ARCADE. Voûte n'ayant que l'épaisseur du mur. Elle peut être, comme la voûte ordinaire, *en plein cintre*, *surhaussée*, *surbaissée* ou *en ogive*.

ARC-DOUBLEAU. (On ne prononce pas le C.) Espèce d'arcade formant une saillie ou plate-bande sur le contour intérieur d'une voûte, qu'elle semble fortifier et soutenir. *Les arcs-doubleaux des voûtes gothiques se nomment Nervures.*

ARCEAU. Petite arcade.

ARCHITECTURE. Les ouvrages d'architecture se divisent en général en trois parties, *le piédestal, la colonne et l'entablement.* Nous donnerons à chacun de ces mots les détails qui s'y rapportent.

ARCHIVOLTE. Bande large, espèce de corniche faisant saillie sur le nu du mur, en suivant le cintre d'une voûte ou d'une arcade, et qui s'étend d'une imposte à l'autre. *Les archivoltes sont ornées des mêmes moulures que l'architrave, et ressemblent à une architrave cintrée.*

BAS-RELIEF. Ouvrage de sculpture où les objets représentés ont peu de saillie et sont en parties engagés dans le bloc. *Une frise ornée de bas-reliefs. Figure, portrait en bas-relief.* Lorsque les sculptures ont un peu plus de saillie, elles sont dites en *demi-bosse* ou en *demi-relief*, et lorsqu'elles ont toute l'épaisseur de l'objet représenté, on dit qu'elles sont *en haut relief* ou *en ronde bosse*, telles sont les statues, les bustes, etc.

COLONNE. Partie d'un ouvrage d'architecture qui est ordinairement placé sur un piédestal, et qui soutient l'entablement. La colonne est formée *de la base, du fût* et *du chapiteau.* Elle peut être *unie, torse, cannelée*, etc.

CONSOLE. Pièce d'architecture ordinairement en pierre de taille, ornée de volutes ou d'autres sculptures, et qu'on place en saillie sur un mur pour soutenir une corniche, un balcon, etc.

CUL DE LAMPE. Ornement de lambris ou de voûte, qui est fait comme le dessous d'une lampe d'église. Il se dit aussi de certains cabinets saillants en dehors d'une maison, et dont la partie inférieure a cette forme.

DÉ. La partie cubique d'un *piédestal*. (Voyez ce mot.)

dé. Petit cube de pierre qu'on place sous un poteau, sous une colonne, sous un vase, pour l'isoler de terre. *Ce parterre est entouré de dés qui supportent des vases.*

ENTABLEMENT. Partie d'un ouvrage d'architecture qui surmonte les colonnes ou les pilastres, et qui comprend *l'architrave, la frise* et *la corniche*. La frise est la partie du milieu. Elle est plane et souvent ornée de sculptures ou d'inscriptions.

ÉPURE. Dessin d'un édifice ou d'une partie d'un édifice, d'une charpente, d'une voûte, d'une pièce d'architecture, etc., qu'on trace en grandeur naturelle ou à une très-grande échelle, afin d'y prendre les mesures nécessaires. *L'épure d'une voûte, d'une colonne*, etc.

FRONTON. Ornement d'architecture en forme de triangle, qui se met au haut de l'entrée d'un bâtiment, au-dessus d'une porte, d'une fenêtre dans le toit, etc., ou qui forme la partie supérieure d'un autel. L'espace uni qui se trouve encadré par les trois corniches du fronton et où l'on sculpte souvent des bas-reliefs, un œil avec des rayons, etc., se nomme *tympan. On avait sculpté dans le tympan du fronton du temple de Minerve, à Athènes, la naissance de cette divinité* Il y a aussi des *frontons demi-circulaires*.

IMPOSTE. Sorte de petite corniche qui termine les *jambages* ou *pieds-droits* d'une porte, d'une arcade et sur laquelle on pose la première pierre qui commence à former le cintre de la porte ou de l'arcade. *Cette imposte a trop de saillie.*

LARMIER. Partie saillante d'une corniche, dont une face est verticale et l'autre horizontale. Cette dernière est ordinairement creusée en-dessous de manière à éloigner l'eau de pluie et à la faire tomber en gouttes à une distance convenable du pied de l'édifice. *Le larmier de la corniche Le larmier d'un mur de clôture.*

MODILLONS. Petites consoles ou tasseaux en forme d'S, placés de distance en distance sous le larmier de la corniche d l'ordre corinthien, et qui figurent l'extrémité des chevrons. Dans l'ordre dorique les modillons sont remplacés par des tasseaux carrés et unis, appelés *mutules*.

MOSAÏQUE. Ouvrage de rapport composé de petites pierres dures ou de petits morceaux d'émail de différentes couleurs, liés par un mastic et assemblés de manière à former des figures, des arabesques, etc. *Table de mosaïque, Pavé de mosaïque.*

MOULURES. Les *principales moulures carrées* sont : le *filet* dont la saillie égale la hauteur ; la *bandelette* dont la saillie est moindre que la hauteur ; la *plate-bande* qui est une bandelette très-large ; et le *listel* qui est une bandelette accompagnant ou surmontant une autre moulure, ou séparant les cannelures d'une colonne. Les *moulures rondes en saillie* sont : la *baguette* qui est un demi-cylindre de faible dimension ; le *tore* ou *boudin* qui est la même moulure, mais plus forte, et que l'on pourrait comparer à un boudin refendu par le milieu ; et le *quart de rond* qui est la moitié du tore ou le quart d'un cylindre. Les *moulures rondes en creux* sont : *la gorge* qui forme un demi rond, et le *congé* ou *cavet* qui est la moitié de la précédente. Les *moulures rondes composées*, c'est-à-dire partie en saillie et partie en creux sont : la *doucine*, formée d'un quart de rond et d'un congé, et dont le profil ressemble assez à une S ; et le *talon* qui est la même moulure, avec cette différence que la partie convexe se trouve vers le côté qui présente le plus de saillie, tandis que dans la doucine c'est la partie concave.

ORDRES D'ARCHITECTURE. *L'ordre corinthien* se distingue par les deux rangs de feuilles d'acanthe et les seize volutes qui ornent le chapiteau de la colonne, et par les modillons qui couronnent la frise. *L'ordre ionique* n'a que huit volutes au chapiteau, lequel est très-bas et sans feuilles. *L'ordre dorique* n'a pas de volute et la frise est ornée de rainures verticales appelées *trygliphes*, séparées par des intervalles carrés nommés *métopes*. *L'ordre toscan* n'a ni volute ni sculpture ; il est complètement uni. *L'ordre composite* tient du corinthien et de l'ionique ; il n'a, comme celui-ci, que deux volutes à chaque face du chapiteau, lequel est élevé et garni de feuilles comme dans l'ordre corinthien.

péristyle. Galerie à colonnes isolées construite autour d'une cour ou d'un édifice. *Le péristyle qui règne autour du bâtiment.*

piédestal. Partie inférieure d'un ouvrage d'architecture qui soutient une colonne, une statue, un vase, un candélabre, etc. Il se subdivise *en base*, *dé* et *corniche*. Le piédestal est dit *continu*, lorsqu'il supporte un file de colonnes.

pilier. Sorte de colonne ronde, carrée ou à huit pans, sans proportion et quelquefois sans ornement, qui sert à soutenir un édifice ou quelque partie d'un édifice. *La voûte de cette église est soutenue par tant de piliers. Les piliers des halles à Paris.*

pilastre. Espèce de colonne plate ou carrée à laquelle on donne les mêmes proportions et les mêmes ornements qu'aux colonnes véritables, et qui ordinairement est engagée dans le mur ou fixée à la boiserie. *Pilastre cornier. Pilastres accouplés. Boiserie en pilastres, figurant des pilastres.*

rosace. Espèce de grande rose ou de fleur sculptée ou peinte qui occupe un caisson de voûte, le milieu du plafond d'une chambre, etc.

socle. Petit piédestal sur lequel on pose un buste, un vase, etc.

volute. Ornement fait en forme de spirale, comme le bout du manche d'un violon ou d'une basse.

voûte. Les différentes parties d'une voûte, à partir du point où elle commence à courber, c'est-à-dire, à partir du faîte des *pieds-droits* ou de *l'imposte*, sont : *la naissance*, *les reins* et *la clef* ou *sommet*. On nomme aussi *intrados*, la surface intérieure de la voûte, et *extrados*, la surface extérieure.

Une voûte est dite en *plein cintre*,lorsque la *flèche*, c'est-à-dire la distance, prise verticalement de la clef à la ligne qui joint les naissances, est égale à la moitié de celle-ci. Lorsque la flèche est moindre ou plus grande que cette moitié, on dit que la voûte est *surbaissée* ou *surhaussée*. Une voûte surbaissée est *en anse de panier*, lorsqu'elle représente la moitié d'un ovale, et *en arc de cercle*, lorsqu'elle figure une partie d'un grand cercle, et qu'elle forme un angle à sa rencontre avec le pied droit. Enfin lorsqu'une voûte ou une arcade se termine en pointe au sommet, elle est dite *en ogive*. Les pierres qui forment une voûte s'appelle *voussoirs*, et le voussoir du milieu se nomme *clef*. L'appareil de charpente sur lequel on bâtit les voûtes se nomme *cintre*. Le cintre le plus simple est formé d'un *entrait*, de plusieurs *roulons* verticaux et d'un *cerceau* de bois flexible, sur lequel on pose les *couchis*, planches étroites qui soutiennent les voussoirs pendant la construction.

Arègne. Dites ARAIGNÉE. Par ellipse on emploie aussi *Araignée* au lieu de *Toile d'araignée. Cela est mince, cela se déchire comme une toile d'araignée. Oter les araignées d'un plafond, d'une boiserie.*

Argent. Ce mot est masculin. Il faut donc dire : Celui qui ne sait pas gagner l'argent, ne sait pas non plus *le* conserver.

Argenture. Ce mot est français. *Cet ouvrier entend bien l'argenture.*

Argile. Ce mot est féminin. *Une argile grossière.*

Argileux. Prononcez l'L sans la mouiller.

Aribonner. Orner, couvrir de rubans. Dites ENRUBANER.

Armure. Voyez *Charpente*.

Aroquer. ACCROCHER, ARRÊTER.

Arquebuse. Ce mot est féminin. *Arquebuse rayée.*

Arrérages. Ecrivez et prononcez ARRÉRAGES. *Payer le principal et les arrérages. Il lui doit tant d'années d'arrérages.*

Arroi ne signifie pas BRUIT, TAPAGE, VACARME, TINTAMARRE, mais Train, équipage. *Se mettre en arroi, en magnifique arroi. Etre en mauvais arroi.* Il est vieux et ne s'emploie plus que dans cette dernière phrase.

Artillerie, Artilleur. Mouillez les L. *Une pièce d'artillerie.*

As. On prononce l'S.(Acad.) *A certains jeux de cartes, l'as vaut un ou onze, au gré des joueurs.*

Asblawir. Frapper les yeux d'un éclat très-vif qu'ils ne peuvent soutenir. EBLOUIR. *Le soleil éblouit la vue, les yeux. La neige éblouit.*

Ascucher. Etendre la jambe plus qu'à l'ordinaire, pour passer par-dessus quelque chose ou au-delà. ENJAMBER. *Il ne faut qu'enjamber pour passer le ruisseau. Voyez comme il enjambe.*

Ascuchie. ENJAMBÉE. *Faire de grandes enjambées. Il y a d'ici là trois enjambées.*

Asdaurnir. ETOURDIR. *Il lui donna sur la tête un coup de bâton qui l'étourdit.*

Asguerrer. ASSURER, AFFERMIR, FIXER. *Cette planche vacille, mettez-y un clou pour l'assurer. Assurer une muraille, un plancher, une poutre, en l'étayant. Fixer une persienne que le vent agite.*

Asmettante (Vache). Vache qui est sur le point de vêler. VACHE AMOUILLANTE.

Aspannée. Sorte de mesure de longueur, qui se forme de l'intervalle existant entre l'extrémité du pouce et celle du petit doigt, quand ces deux extrémités sont aussi éloignées l'une de l'autre qu'elles peuvent l'être. EMPAN. *Long d'un empan, de deux empans.*

Aspergès. Goupillon à jeter de l'eau bénite. Ce mot est masculin.

Asqueuter (S'). S'appuyer du coude. S'ACCOUDER. *S'accouder sur la table.*

Assaillir fait au présent de l'indicatif : *J'assaille, tu assailles, il assaille ; nous assaillons, vous assaillez, ils assaillent.* Ne dites donc pas : Tous les malheurs *l'assaillissent* à la fois.

Assassin, assassiner. Prononcez *As-sas-cin, as-sas-ciner*, et non *As-sa-zin, as-sa-ziner*.

Assawer. ATTACHER, METTRE AU PIQUET, A L'ATTACHE.

Asseuli. Délaissé. Ce mot n'est pas français, il faut dire ESSEULÉ. *Cet homme est entièrement esseulé.*

Asseoir. Verbe irrégulier : *J'assieds, tu assieds, il assied ; nous asseyons, vous asseyez ils asseyent. J'asseyais. J'assis. J'assiérai* ou *J'asseyerai. J'assiérais* ou *J'asseyerais. Assieds, asseyez. Que j'asseye. Que j'assisse. Asseyant.* On conjugue aussi ce verbe de la manière suivante: *J'assois, tu assois, il assoit ; nous assoyons, vous assoyez, ils assoient. J'assayais. J'assoirai. J'assoirais. Assois, assoyez. Que j'assoie. Assoyant.* (Acad.)*Asseyons* ou *assoyons-nous sur ce banc. Le gazon où elle s'était assise.*

Assiettée. On dit plus ordinairement *Assiette.* (Acad.) *Une assiettée* et mieux *Une assiette de potage.*

Assoquier (S'). S'ASSOUPIR. *Il s'assoupit ordinairement après le repas.*

Assotir. ENDIABLER, ENDÊVER, ENRAGER.

Astérisque. (Ne prononcez pas *Astéric.*) Ce mot est masculin. *Cet astérisque renvoie à une grande note. Mettre un astérisque.*

Astoque. Pièce de bois dont on se sert pour soutenir un mur, des terres, etc. ÉTAI OU ÉTAIE, APPUI. *Mettre un étai, une étaie à une muraille. Mettre un appui, des appuis à un mur.*

Astoquer. ÉTAYER un mur, ASSURER, CALER une voiture, METTRE UNE PIERRE à la roue.

Asvinter (S'). S'ÉVENTER. *Ce vin s'éventera si on ne bouche la bouteille.*

Athénée. Ce mot est masculin. *Le premier athénée fut fondé, à Rome, par l'empereur Adrien.*

Atteindre ne prend un régime indirect que lorsqu'il signifie S'élever, s'étendre jusqu'à. *L'eau atteignit jusqu'au premier étage. Atteindre au but. Atteindre à la perfection, au sublime. Il y a bien des gens qui voient le beau, mais qui ne peuvent y atteindre.* (Pascal.) Mais on dira avec un régime direct : *Il a manqué d'adresse, il n'a pas atteint le but. Nous atteindrons ce village avant la nuit. Nous partîmes en même temps, mais j'atteignis le but avant lui. Il atteindra bientôt sa douzième année.*

Attelée. Ce mot n'est pas français, il faut dire ATTELAGE. *Voilà un bel attelage. Il lui est mort un des plus beaux chevaux de son attelage. Ce laboureur a tant d'attelages.*

Attenant est toujours variable. *Il demeure dans la maison attenante. C'était une sorte d'arrière-cour attenante à l'église.*(V. Hugo.) *Nous franchîmes une avant-cour attenante au jardin et à la maison.* (Chateaubriand.)

Attennir. Diminuer l'épaisseur. AMINCIR. *Amincir une pièce de bois. Cette lame s'est amincie en passant au laminoir.*

Attoliger. Soigner avec soin, avec tendresse, avec délicatesse. CHOYER, DORLOTER. *Cette mère choie trop ses enfants, dorlote ses enfants. Il est bien choyé dans cette maison.*

Attransir. TRANSIR. (Prononcez *Tran-cir*.) *Il fait un temps qui me transit. Je suis transi de froid.*

Attrape signifie Tromperie, apparence trompeuse. *Ne vous fiez pas à sa candeur, c'est une attrape.* Mais il ne faut pas employer ce mot dans le sens de PIÉGE A RATS, A TAUPES, A SOURIS.

Attuer. User des mots *Tu* et *Toi* en parlant à quelqu'un. TUTOYER. *On ne lui fait pas plaisir en le tutoyant.*

Aturlupiner. Engager quelqu'un par des caresses, par des paroles flatteuses, à faire ce qu'on souhaite de lui ; EMBABOUINER, ENJÔLER. (Prononcez l'O comme dans *Pôle*.) *Cette femme l'a embabouiné. Il s'est laissé embabouiner. Il m'a si bien* *enjôlé que j'ai fini par céder. Ce fripon m'a enjôlé.*

Aubet. AH! OH! BIEN, OH! VRAIMENT.

Aucun se met au pluriel lorsque, en changeant le sens de la phrase, on peut le remplacer par *des*, et non par *un. Elle ne m'a rendu aucuns soins.* (On dirait en effet : Elle m'a rendu *des soins*, et non *un soin*.) *Il a obtenu ce qu'il demandait sans aucuns frais.* Il s'emploie aussi, au pluriel, dans le style naïf ou badin, pour Quelques-uns. *Aucuns* ou *d'aucuns croiront que j'en suis amoureux.*

Automne. Suivant l'Académie on doit prononcer *Autone*, quoique l'on fasse sentir l'M dans *Automnal*. On sait que ce mot est masculin et féminin. *Un automne fort sec. Une automne froide et pluvieuse.*

Autoriser devant un infinitif demande la préposition à. *Je vous autorise à lui dire* (et non *de lui dire*) *que...*

Auxiliaire. Prononcez l'X comme CS, et non comme GZ. *L'auxiliaire* Être. *Troupes auxiliaires.*

Avant, **auparavant.** Le premier est une préposition qui veut être suivie d'un régime; le second est un adverbe et ne peut, par conséquent, pas avoir de régime. *Un mois auparavant* (et non *avant*). *Si vous voulez vous en aller, dites-nous auparavant* (et non *avant*) *ce qu'il faut faire. Avant* (et non *auparavant*) *qu'il fasse froid.* Cependant *Avant* s'emploie quelquefois comme adverbe, mais c'est dans un autre sens. *N'allez pas plus avant. Gravez cela bien avant dans votre mémoire.*

Avant, devant. On emploie *Avant* lorsqu'en changeant le sens de la phrase on peut dire *Après*, et *Devant*, si c'est *Derrière* que l'on devrait dire. *Les hommes d'avant* (d'après) *le déluge. Regarder devant soi* (derrière soi). *Redevenir Gros-Jean comme avant* (comme après). *Mettre la charrue devant les bœufs* (derrière les bœufs).

Avant que ne doit pas être accompagné de la négation. *J'irai le voir avant qu'il parte* (et non avant *qu'il ne parte*).

Avec. Prononcez *A-vek*, même devant une consonne.

Aveine, avoine. On dit l'un et l'autre, mais *Avoine* (qu'on prononce *Avo-ann*) est plus en usage.

Avelimer. Enflammer, rendre plus douloureux, plus difficile à guérir. ENVENIMER. *Envenimer une blessure, une plaie. Il a envenimé sa plaie en se grattant.*

Avenue. Ne dites pas : Ces arbres sont de belle *avenue*, mais de belle VENUE.

Avic. VIF, VIVANT, ÉVEILLÉ, REMUANT. *Un cheval vif. Il est éveillé comme une potée de souris.*

Avis. AXE d'une roue. Voyez *Charron*.

Avisance, avisement. Ces mots ont vieilli et ne s'emploient plus. On peut les rendre par TOUR, INVENTION, IMAGINATION.

Aviser (S'). Le participe de ce verbe s'accorde avec le pronom. *Elle s'en est avisée, ils s'en sont avisés trop tard.*

Awaration. PRÉCIPITATION, EMPRESSEMENT.

Awaré. ANIMÉ, ÉCHAUFFÉ, EMPRESSÉ, ÉTOURDI, SAUVAGE, SOULEVÉ, ÉVAPORÉ, ÉVENTÉ, ÉGARÉ. *Manières sauvages. C'est un grand étourdi. Avoir les yeux égarés, l'air égaré.*

Awaré. EFFRAYANT. *Un spectacle effrayant.*

Awarément. PRÉCIPITAMMENT, ÉTOURDÎMENT, D'UN AIR EFFARÉ.

Ayant droit, **ayant cause**. On écrit au pluriel *Ayants droit*, *ayants cause*. *Chacun des ayants droit.*

B

Babeurre. Ce mot est masculin. *Le babeurre passe pour être rafraichissant.*

Babil. On mouille l'L (Acad.) *Il nous étourdit par son babil. C'est un homme qui n'a que du babil. Cette petite fille a un joli babil.* Par ces exemples on voit que *Babil* est masculin.

Babouiller. BABILLER, CAQUETER. *Perdre son temps à babiller. Cette femme aime à babiller. Il ne faut pas lui dire de secret, il aime trop à caqueter.*

Babuse. Voyez *Galquesoute*.

Bac. Un bac est une espèce de bateau plat destiné à passer les animaux, les voitures, etc. Dans les arts on se sert du mot *Bac* pour désigner un bassin, une cuve, un réservoir présentant une certaine profondeur et dont la forme est ronde ou carrée. Mais il ne faut pas confondre ce mot avec AUGE, pièce de bois, de pierre, etc., creusée, plus longue, que large, et dont on se sert à différents usages, et notamment à mettre le boire et le manger des animaux domestiques. *Mener boire les chevaux à l'auge. Donner à manger aux cochons dans l'auge. L'auge d'un maçon.*

Bacâïer. BATAILLER, MARCHANDAILLER. *Il a bien fallu batailler pour en venir là.*

Bachu. COURBÉ, VOUTÉ.

Bâcler. Faire, expédier. Ce mot est français. *Il a bâclé en huit jours un mémoire qui demandait un mois de travail. C'est une affaire bâclée.*

Baffe. TAPE, CLAQUE, SOUFFLET, TALOCHE. *Il lui a donné une bonne tape. Donner une claque. Appliquer un soufflet. Il lui a donné une vigoureuse taloche.*

Bagage signifie Equipage de guerre; mobilier de pauvres gens. *Le bagage d'un soldat, d'un cavalier. Le général ordonna de faire défiler les bagages. Ils emportèrent tout leur bagage sur une voiture.* Mais il ne faut pas employer ce mot comme synonyme de NIPPES, VÊTEMENTS, LINGE. *Il a de belles nippes, de bonnes nippes. Il n'a laissé que de vieilles nippes à ses héritiers.*

Baguer. DÉGUERPIR, DÉLOGER, DÉCAMPER. *Allons, déguerpissez. Il vous craint extrêmement; dès qu'il vous voit, il décampe. Délogez de là au plus vite, c'est ma place.*

Baidiveux. GOURMAND.

Bâier. Parler très-haut, beaucoup et mal à propos. BRAILLER, CRIER. *Cet homme a l'habitude de brailler. Ce n'est pas là chanter, c'est brailler.*

Bâieu. BRAILLARD. *C'est un grand braillard, une grande braillarde.*

Baignoire Ce mot est féminin. *Cette baignoire est trop petite.*

Bâiller. Ce mot est français. *On bâille souvent en voyant bâiller les autres. Bâiller de sommeil.*

Baller du pied. BATTRE, TAPER DU PIED.

Balziner. TRÉPIGNER, DANSER, FOULER.

Bamboche. Il ne faut pas employer ce mot comme synonyme de PANTOUFLE ou d'ESCARPIN. Le mot *Babouche*, dont on pourrait être tenté de se servir, désigne Une sorte de pantoufle en usage parmi les femmes d'Orient, laquelle est ordinairement faite de cuir de couleur, et se met par-dessus le soulier.

Ban ne signifie pas TERRITOIRE.

Bande. Ce mot ne doit pas être employé comme synonyme de BORNE. *Planter, arracher des bornes* (et non *des bandes*).

Bandonnière. Bande de cuir ou d'étoffe servant à porter un fusil, etc. BANDOULIÈRE. *Porter quelque chose en bandoulière.*

Banette. TABLIER DE CUISINE, DE TRAVAIL.

Banse. On appelle ainsi Une grande manne ordinairement carrée, qui sert au transport des marchandises. Il ne faut pas la confondre avec le *panier* qui a différentes formes et qui est beaucoup plus petit. *Un panier* (et non *une banse*) *de pommes de terre.*

Barborium. BAVARDAGE, VERBIAGE, GALIMATIAS.

Barbouiller. Ce mot est français et signifie Prononcer mal, d'une manière peu distincte; exprimer ses idées d'une manière confuse. *Cet. homme barbouille, on ne l'entend pas. Qu'est-ce qu'il barbouille?*

Baricau (A). A CALIFOURCHON SUR LES ÉPAULES.

Base, baser. Bien des personnes trompées par la prononciation, mettent un accent circonflexe sur l'A : c'est à tort. *De la base au sommet.*

Bassa. Voyez *Harnais*.

Bassiner. Ce mot ne doit pas être employé pour TAMBOURINER, PUBLIER, ANNONCER. *Tambouriner un chien, une montre.*

Bassinoire. Ce mot est feminin. *Le manche d'une bassinoire.*

Basterner. Donner des coups de bâton. BATONNER. *On l'a bâtonné rudement.*

Batta. BATTANT d'une cloche.

Batte. L'expression *A batte de cheval* se traduit par A BRIDE ABATTUE, A TOUTE BRIDE.

Battière. Place préparée pour y battre les grains. AIRE. *L'aire d'une grange. Aire à battre.*

Battière haute. GRANGE AU-DESSUS D'UNE ÉCURIE.

Battîse. Voyez *Lait*.

Bauïan. Morceau de bois, de fer, etc., qu'on

met de force entre les mâchoires d'une personne, pour lui tenir la bouche ouverte ou pour l'empêcher de crier ; ou dans la gueule d'un animal, pour l'empêcher de mordre ou de faire du bruit. BAILLON. *Mettre un bâillon à une personne, à un chien.*

Bausser. Humecter, fomenter en mouillant avec une liqueur tiède ou chaude. BASSINER. *Bassiner une plaie. Se bassiner les yeux.*

Bavrette. Petite pièce de toile qu'on attache sur la poitrine des enfants, pour recevoir la bave, la salive qui découle ordinairement de leur bouche. Ecrivez et prononcez BAVETTE. *Mettre une bavette à un enfant. Cet enfant est encore à la bavette.*

Bawette. Petite ouverture pratiquée dans la porte d'un poêle, d'une cuisinière, pour attirer l'air. SOUPIRAIL.

Becher. Donner des coups de bec. BECQUETER. (Le *t* ne se double jamais.) *Les oiseaux ont becqueté ces fruits. Deux pigeons qui se becquètent.* (Prononcez *Be-kett.*)

Becquée. Ce mot est français. *Un oiseau qui porte la becquée, qui donne la becquée à ses petits.*

Becquée. On doit dire UNE PLUMÉE et non *une becquée* d'encre, lorsqu'on veut désigner La quantité d'encre qu'on peut prendre avec une plume. *Une plumée d'encre.*

Bedeau, badeau. Il ne faut pas confondre ces deux mots. *Un bedeau* est une espèce de suisse d'église ; *un badeau* est un niais. *Faire attrouper les badauds. Cette femme est bien badaude.*

Bel-au-jeu (Avoir). AVOIR BEAU JEU, L'AVOIR BELLE. *Vous ne l'aurez jamais plus belle. Avoir beau jeu de faire quelque chose.*

Belge. Ne prononcez pas *Belche.*

Belle (A la). BELLE. *L'avoir belle. L'échapper belle. Vous me la baillez belle.*

Belle (A de). A PLUS FORTE, A BIEN PLUS FORTE RAISON. *Si l'on est obligé de faire du bien aux étrangers, à plus forte raison en doit-on faire à ses parents.*

Béquille. Mouillez les L. *Marcher avec des béquilles.*

Berce. BERCEAU. Voyez le mot *Enfant.*

Berdiche-berdache. BREDI-BREDA. *Il nous a raconté cela bredi-breda. Il commence bredi-breda, sans savoir ce qu'il va faire.*

Berlaffe. Blessure longue faite au visage par une arme tranchante; cicatrice qui reste de cette blessure. BALAFRE. *Grande balafre. Il a deux balafres qui le défigurent beaucoup.*

Berlander. Sonner les cloches longtemps, jusqu'à l'importunité. BRIMBALER. *On n'a fait que brimbaler les cloches, que brimbaler toute la nuit.*

Berlique-berloque. Ecrivez et prononcez BRELIQUE-BRELOQUE. *On a bâclé tout cela brelique-breloque.*

Berloquer. BALANCER, FLOTTER, PENDRE.

Bernique. Sorte d'adverbe par lequel on exprime que l'espérance de quelqu'un est ou sera déçue. Ce mot est français. *Je croyais le trouver encore chez lui ; mais bernique. Vous comptez sur lui : bernique.*

Berrau. Le mâle de la brebis. BÉLIER. *Les cornes d'un bélier.*

Bêtard. Mot injurieux et familier qui se dit de Quelqu'un qui est très-bête. Ecrivez et prononcez BÊTA. *C'est un gros bêta.*

Biau. Petit bâton fendu à l'aide duquel on écrase le cordon spermatique des animaux qu'on châtre. CASSOT OU CASSEAU.

Bichonner. Attifer, pomponner. Ce mot est français. *Depuis une heure le coiffeur est à la bichonner. Cette petite fille est toujours à se bichonner devant un miroir.*

Bidaine. Gros ventre. Ecrivez et prononcez BEDAINE. *Remplir sa bedaine. Grosse bedaine.*

Bidaine. Caillou arrondi qu'on trouve dans les rivières et dans certaines terres. GALET, CAILLOU ROULÉ.

Bidaine. Voyez *Menuisier*.

Biette. Morceau de fer, de bois, etc., qu'on passe dans une boucle, dans un anneau pour joindre les bouts d'une attache. BILLETTE. (On mouille les L.)

Biez. Ce mot ne se dit que du Canal d'un moulin. Dans toute autre acception il faut se servir du mot CANAL. *Canaux d'arrosage, d'irrigation, de dessèchement. Creuser, vider, nettoyer un canal.*

Bîgeai. Extrémité ou bord coupé en biais, en

talus. BISEAU. *Le tranchant de cet outil, de ces cisailles est en biseau. Couper, tailler une glace en biseau.*

Biler. En parlant du bois, Se fendiller par l'effet de la chaleur, de la sécheresse. GERCER, SE GERCER, SE FENDILLER. *La sécheresse fait gercer le bois. Du bois qui se gerce, se fendille.*

Bileurre. GERÇURE, FISSURE. *Le tronc de cet arbre est sillonné de longues gerçures. Les fissures que l'on remarque sur l'écorce de certains arbres.*

Bileux. Qui abonde en bile, qui a rapport à la bile, qui en résulte. Ecrivez et prononcez BILIEUX. *Teint bilieux. Une personne bilieuse. Les bilieux sont sujets à de grandes maladies.*

Bilosse. PRUNE. Les prunes séchées au soleil, au four, se nomment PRUNEAUX. *Ce n'est pas pour des prunes qu'ils se sont rassemblés. Suis-je donc venu pour des prunes? Manger des pruneaux. Faire cuire des pruneaux.*

Bisgorgnante (A). OBLIQUEMENT, EN BIAISANT, DE BIAIS. *Une ligne tirée obliquement. Aller en biaisant. Vous ne coupez pas cela droit, vous allez de biais. Couper une étoffe de biais, en biais.*

Bisgorgner. BIAISER. *Ce mur biaise.*

Bissexte, bissextile. Le premier désigne Le jour qu'on ajoute tous les quatre ans au mois de février ; le deuxième est un adjectif et se dit De l'année où se rencontre le bissexte. *On aura bissexte cette année. L'année bissextile* (et non *bissexte*) *contient trois cent soixante-six jours, tandis* que l'année commune n'en a que trois cent soixante-cinq.

Bizer. En parlant des bêtes à cornes, SE SAUVER DES MOUCHES, S'ÉLANCER, COURIR.

Blammée, **blammer**. Voyez *Flammée*, *flammer*.

Blanchisseuse. Termes et instruments à l'usage de la blanchisseuse.

ARROSOIR. Vase de fer blanc dont on se sert pour arroser le linge. (Ce mot est masculin.)

BATTE. Espèce de petit banc sur lequel les blanchisseuses battent et savonnent le linge.

BATTOIR. *(Batteure.)* Sorte de palette de bois à manche rond et court, avec laquelle on bat le linge lessivé. *Un battoir de blanchisseuse.*

BOITE. Petite caisse de bois dans laquelle la laveuse met les genoux pour se garantir de l'humidité.

BUÉE. Ce mot ne s'emploie plus; il est remplacé par *Lessive.*

CHARRÉE. Cendre qui a servi à faire la lessive. *La charrée est bonne aux pieds des arbres.*

CHARRIER. Pièce de grosse toile dans laquelle on met la cendre au-dessus du cuivre, quand on fait la lessive. *Ce drap servira de charrier.*

CHEVALET. Barre de bois placée horizontalement dans certains lavoirs, pour poser le linge et le laisser égoutter.

COULER LA LESSIVE. Verser de l'eau chaude à plusieurs reprises sur le linge qui est dans le cuvier.

CUVIER. Cuve où l'on fait la lessive.

EMPOIS. Espèce de colle faite avec de l'amidon, et dont on se sert pour rendre le linge plus ferme. *Empois bleu. Empois blanc. Passer du linge à l'eau d'empois.*

ESSANGER. *(Saiwet.)* Laver le linge sale avant que de le

mettre dans le cuvier à la lessive. *Essanger du linge. Essanger la lessive.*

HERBER. Exposer du linge sur l'herbe à la rosée pour le blanchir. *Herber de la toile.*

LAVOIR OU FONTAINE A LAVER. Lieu ordinairement couvert, réservoir, bassin où on lave le linge. *Aller au lavoir. Il y a un beau lavoir dans ce village.*

LESSIVE. Ce mot se dit non-seulement De l'eau chaude qu'on verse sur le linge, mais aussi Du linge même qu'on met à laver. *Toute ma lessive est écrite. J'ai donné ma lessive à laver. Ce linge ne sera blanc qu'après plusieurs lessives.*

LINGE SALE. Linge qui a servi et qu'on met de côté pour le laver. *Mettre des chemises, des serviettes au linge sale.*

RINCER. *(Ruspaumer.)* Laver le linge en l'agitant dans l'eau claire avant de le tordre.

RIVE (METTRE A LA.) Exposer le linge sur le bord d'un ruisseau pour l'arroser.

SAVONNAGE. (Ne dites pas *Savonnée.*) Blanchissage qui consiste à laver le linge avec du savon, sans le lessiver. *Mettre du linge au savonnage. Faire un savonnage.*

TORDRE. Egoutter du linge en le tordant. *Tordre du linge.*

Blette. Ce mot est français. *Poire blette.* Il est inusité au masculin.

Bleuchir. BLEUIR. *Bleuir une pièce de cuivre en l'échauffant.*

Blocai. Voyez *Cuisine.*

Bloque. AMAS, SAC D'ARGENT, MAGOT. *Il a un bon magot. On a trouvé son magot.*

Bloquer. SE BOTTER. Voyez *Voiturier.*

Blouque. Ecrivez et prononcez BOUCLE. Une boucle se compose d'un *anneau* rond, carré ou ovale; d'une *chape* qui est attachée à la ceinture, au soulier, etc., et qui n'existe pas dans les boucles de sellerie ; et de *l'ardillon*, pointe de fer mobile qui s'enfonce dans la courroie, le ruban, que l'on veut arrêter. *L'ardillon, les ardillons d'une boucle. Il ne manque pas un ardillon à cet équipage. Des boucles de souliers.*

Boca. Voyez *Passau*.

Bodru. Qui est comme écrasé, arrondi, au lieu d'être tranchant ou pointu. MOUSSE, ÉMOUSSÉ. *Pointe mousse, émoussée. Cette cognée est mousse. Instrument émoussé. Mousse* n'est guère usité.

Bœuf. Au pluriel, on ne prononce pas l'F. (Acad.) *Bœuf de labour. Une paire de bœufs.*

Bois blanc. AUBIER. Voyez *Forêt*.

Bon (Avoir) ne signifie nullement AVOIR DU PLAISIR, S'AMUSER, comme on l'emploie assez généralement dans les environs de Bastogne. *Vous aurez du plaisir* (et non *vous aurez bon*) *à causer avec lui.*

Bonnette. Ecrivez et prononcez BONNET. *Bonnet de nuit. Un bonnet* (et non *une bonnette*) *de coton.*

Bôre. TROU, CAVITÉ, CREUX d'un arbre, d'un rocher, etc; TERRIER d'un loup, d'un renard, etc. *Cacher quelque chose dans un creux. Le creux d'un arbre. Enfumer un renard dans son terrier. Terrier de lapin, de blaireau.*

Borgner. Rendre borgne. Dites ÉBORGNER. *Eborgner quelqu'un. Il s'est éborgné en tombant.*

Bôrru. CREUX. *Arbre creux. Dent creuse.*

Bottelet. Petit bœuf. BOUVILLON, BOUVEAU.

Boucher. AVOIR, RESSENTIR, DONNER DES BATTEMENTS, BATTRE. *Le cœur me battait.*

Boucherai. ÉRUPTION PUSTULEUSE A LA LÈVRE, ou simplement, PUSTULES (au pluriel) A LA LÈVRE.

Boudelette. Cette partie qui est au milieu du ventre de l'homme et des quadrupèdes, et qui est la cicatrice du cordon ombilical. NOMBRIL. (Prononcez *Nombri*. Acad.) *Il a été blessé au-dessous du nombril.*

Bougean. BRISE-VENT. Voyez *Maison*.

Boulette. Petite tumeur remplie de sérosité, qui se forme aux pieds, aux mains, par suite de fatigue, de brûlure, etc. CLOCHE, AMPOULE, VESSIE. *Les brûlures font venir des cloches. Il lui est venu des cloches, des ampoules aux mains à force de travailler. Il a des ampoules, de grosses ampoules aux mains, sous les pieds. La poudre de cantharides fait élever des vessies.*

Bouiette. Petit globe rempli d'air qui se forme, soit sur l'eau quand il pleut, soit sur un liquide en ébullition, ou de quelque autre manière. BOUTEILLE, BULLE. *La pluie fait des bouteilles en tombant. L'eau se couvrit de bulles.*

Bouilli, bouillie. Ne prononcez pas *Bou-li, bou-lie,* mais faites sentir le premier l en mouillant les L, ou prononcez, à la manière des Parisiens, *Boui-i, boui-ie. Un morceau de bouilli. Faire de la bouillie.* Il serait également incorrect de dire, comme dans certaines localités : *Manger des bouillies, aimer les bouillies.* Il faut dire : *Man-*

ger de la bouillie, aimer la bouillie, comme on dit : Manger de la soupe, aimer la soupe (et non les soupes.)

Bouillir. Verbe irrégulier : *Je bous, tu bous, il bout ; nous bouillons, vous bouillez, ils bouillent. Je bouillais. Je bouillis. Je bouillirai. Je bouillirais. Bous, qu'il bouille. Que je bouille. Que je bouillisse. Bouillant. Bouilli. Du lait qui bout. Quand l'eau bouillira.*

Boulanger. Termes et instruments à l'usage du boulanger.

BAISURE. L'endroit par lequel un pain en a touché, *baisé* un autre dans le four. *Entamer du pain par la baisure.*

CIRE. Partie pâteuse et serrée, ayant quelque ressemblance avec de la cire, que l'on trouve dans le pain mal cuit.

CORBEILLE. Espèce de panier d'osier dans lequel on dispose le pain avant de l'enfourner.

CROUTE. Lorsque la croûte se détache de la mie, on dit que le pain est DÉTACHÉ (*Boussé*).

ÉCOUVILLON. (*Chouvian.*) Vieux linge attaché au bout d'un bâton, avec lequel on nettoie le four.

ÉTOUFFOIR OU BRAISIER. Espèce de boîte faite de métal, dont on se sert pour éteindre les braises du four.

FOUR. Les différentes parties d'un four sont : *La bouche* qu'on ferme au moyen d'une grande plaque de fer nommée *bouchoir* ou *porte*; *l'autel*, tablette de pierre ou de fonte qui se trouve en bas et en avant de la bouche ; *l'âtre*, partie inférieure du four, sur laquelle on place les pains ; la *voûte* ou le *dôme* qui forme la partie supérieure ; et les *ouras*, conduits que l'on pratique quelquefois au-dessus de la bouche pour introduire l'air, afin d'aider à la combustion du bois.

FOURGON. Longue perche de bois servant à remuer, à arranger le bois et la braise dans le four.

LEVAIN, LEVURE. Termes connus. *Faire un levain*, *du levain. Il n'entre point de levure dans ce pain-là.* N'employez jamais le mot levure au pluriel ; il faut dire : Acheter *de la levure*, et non *des* levures.

MAIE, HUCHE OU PETRIN. Espèce de coffre dans lequel on pétrit le pain.

MARRON. Grumeau de farine qu'on trouve dans le pain lorsque la pâte a été mal pétrie.

MIE. (Ne dites pas *Miette*.) Partie du pain qui est entre les croûtes. *Il n'a plus de dents, il ne mange plus que de la mie. Un morceau de mie. De la mie de pain.*

PELLE A ENFOURNER. (*Fourneur.*) Instrument large et plat, ayant un long manche, et dont on se sert pour enfourner le pain. *La pelle se moque du fourgon.*

PÉTRIR. Détremper de la farine avec de l'eau ; la mêler, la remuer, et en faire de la pâte. *Ce boulanger pétrit bien sa pâte, pétrit bien son pain.*

POELE A PATISSERIE. (Ne dites pas *Pelle*.) Ustensile de tôle en forme de grand plat, sur lequel on fait cuire des patisseries dans le four.

RABLE OU ROUABLE. (*Rauffe.*) Lame de fer ou de bois attachée au bout d'un long manche, à l'aide de laquelle on tire les braises du four.

RATISSOIR. (*Raclette.*) Instrument de fer à l'aide duquel on racle, on nettoie la maie.

Bouler. DÉLAYER LES CURURES DES CANAUX, RABLER, PASSER LE RABLE SUR.

Bouler. BOUILLIR. *Bouillir d'impatience.*

Boulisse. GACHIS. *Le dégel cause bien du gâchis.*

Bouloir. Espèce de champignon très-coriace qui croît sur les vieilles souches, et dont on fait l'amadou. BOLET.

Bourgmestre. On prononce *Bourguemestre*. (Acad.)

Bourre. Ce mot est féminin. Voyez *Chasse*.

Bourricot. Anon, âne d'une petite espèce. Ecrivez et prononcez BOURRIQUET.

Bourrinai. TROUPEAU, PELOTON.

Bourrique. Anesse, rosse, ignorant. Ce mot est français. *Un paysan monté sur une bourrique. Il fait le savant, et ce n'est qu'une bourrique.*

Boussai. Enflure, tumeur qui provient d'un coup, d'une chute, d'une contusion. BOSSE. *En tombant il s'est fait une bosse au front.*

Boutique. Ce mot est féminin. *Jolie boutique.*

Boutiquer. TRACASSER, RAVAUDER. *Il ne peut se tenir en repos, il tracasse sans cesse. Il aime à tracasser. Il n'a fait que ravauder pendant toute la journée.*

Boutiquer. TRIPOTER. *Je ne sais ce qu'ils tripotent ensemble.*

Bouvière. PRAIRIES, LABOURABLES, TERRITOIRE.

Bouzan. Petite pièce de bois qui traverse une échelle, une civière, un râtelier, etc. ROULON.

Bozette. Plaque qui survient à la tête des enfants à la mamelle. CROUTE DE LAIT, CROUTE LAITEUSE.

Braisette signifie Petite braise, et ne doit pas être employé pour désigner LE MENU CHARBON dont se servent les maréchaux, les serruriers, etc.

Braisier, brasier. Un braisier est une espèce de huche dont les boulangers se servent pour étouffer les braises. Un brasier est un feu de braises ardentes. *Grand brasier. C'est un brasier que son corps.*

Branir. En parlant du bois, SE PASSER, SE GATER.

Branler. Remuer, agiter. Ce mot est français. *Branler les bras, les jambes, la tête. Tout ce qui branle ne tombe pas. Branler au manche. Ne branlez pas de là. Ces enfants n'osent branler devant leur père.*

Brau. Orge préparée pour faire de la bière. MALT. (On prononce l'L et le T., Acad.)

Brayette. (Prononcez *Brè-iette.*) Il ne faut pas confondre ce mot avec PONT. On appelle *brayette* la fente du devant d'une culotte, d'un pantalon; et *pont*, une pièce qui remplace quelquefois la brayette, et que l'on baisse et relève à volonté. *Pantalon à petit pont, à grand pont. Boutonner sa brayette.*

Bressine. Lieu où l'on fait de la bière. Dites BRASSERIE. *Il y a tant de brasseries dans cette ville.*

Breuler. En parlant du taureau, de la vache, BEUGLER, MEUGLER.

Brichelant. BOUEUX, SALE, CROTTÉ. *Les chemins sont boueux. Il fait fort sale dans les rues. Il fait bien crotté dans les rues.*

Bricheler. PATAUGER, BARBOTER. *Patauger dans les chemins, dans les rues, dans les ruisseaux, dans la boue. Le jardin est inondé, on y barbote partout.*

Bricoler. COURIR, TRÔLER, TRAÎNER. *C'est un homme qui ne fait que trôler tout le long du jour. Bricoler* signifie Biaiser, ne pas aller droit dans une affaire. *Cet homme bricole, ne fait que bricoler.* On dit également d'un chien *qu'il bricole,* lorsqu'il ne suit pas exactement la piste.

Brifer. Manger avidement. Ce mot figure dans les dictionnaires comme terme populaire.

Brige. PERTE, CHUTE DES DENTS.

Briger. PERDRE LES DENTS DE DEUX ANS, DE TROIS ANS, DE QUATRE ANS, etc.

Bringue. Voyez *Guenille.*

Briquerie. Lieu où l'on fait les briques. Dites BRIQUETERIE.

Briquer. S'AVANCER, FAIRE SAILLIE. *Les rochers qui s'avançaient au-dessus de nos têtes.*

Broc. On ne prononce pas le C, excepté dans les vers où on le fait rimer avec *Froc, troc.* (Acad.) *Mettre du vin dans un broc. C'est un homme qui boirait un broc de vin.*

Brocher. TOURNER. *Le cocher a tourné trop court.*

Brocher. JAILLIR. *Quand on lui ouvrit la veine, le sang jaillit avec force.*

Broder. Faire la mine. Dites BOUDER. *D'où vient que vous me boudez ? Ils boudent l'un contre l'autre. Une femme qui ne fait que bouder.*

Broie. Voyez *Chanvre.*

Broua. Mauvais bouillon, mauvais ragoût. Ecrivez et prononcez BROUET. *Il a craint de tâter de ce brouet. Fi, c'est du brouet. S'en aller en brouet d'andouille.*

Brouette (Faire). Terme de jeux de

quilles : Ne rien abattre. FAIRE CHOU BLANC. Cette expression s'emploie aussi au figuré et signifie, Ne pas réussir.

Brouiller. Ne signifie pas TOURMENTER, IMPORTUNER, ENNUYER, SCIER LE DOS.

Brouiller. BRUIRE, SOUFFLER, en parlant du vent; BOURDONNER, en parlant du bruit que font les insectes en volant. *Le vent bruit, bruyait dans la forêt. Des mouches qui bourdonnent aux oreilles.*

Brut. On prononce le T. (Acad.) *Sucre brut.* Ne dites pas d'un homme qui n'a ni esprit ni raison : C'est *un brut*, mais c'est *une brute*.

Bu, ne s'emploie pas avec l'auxiliaire *Etre*, en parlant des personnes. Ne dites donc pas d'un homme ivre : Il *est* bu, mais bien *Il a bu, il est en ribotte.*

Bûche. On dit Tirer A LA BUCHETTE, A LA COURTE-PAILLE, et non *à la bûche. Ils ont tiré à la courte paille à qui payerait.*

Bûcherie. Lieu où l'on serre le bois à brûler. Ce mot ne se trouve pas dans les dictionnaires, il faut dire BUCHER. *Aller chercher du bois au bûcher.*

Bûdeur. Homme grossier et stupide BUTOR. *C'est un butor, un vrai butor. C'est une grosse butorde.*

Burnette. Chute du jour. BRUNE, TOMBÉE DE LA NUIT. *Je le rencontrai sur la brune. Nous sortimes à la brune.*

Buse. On dit : LA DOUILLE d'une baïonnette,

d'une pique, d'une bêche, d'une pelle; LA VIROLE d'une canne, d'un manche d'outil : LE TUYAU d'un poêle, d'une pompe, d'une plume; LE BEC d'une cafetière, d'un coquemar; LE GOULOT, LE COU d'une bouteille, d'une cruche; LE TUBE d'un baromètre, d'une lunette de longue vue.

Buttant, royant. Ces mots ne sont plus français, dites ABOUTISSANT, TENANT. *Les tenants et aboutissants d'une pièce de terre.*

Butte (De). DE BOUT, DU BOUT.

Butter. Ce mot a différentes significations, mais il ne doit point s'employer dans le sens d'ABOUTIR. *Ce champ aboutit à un marais.*

Buzai. CHALUMEAU, TUBE, TUYAU.

C

Cabrioler signifie Faire des *cabrioles*, c'est-à-dire des gambades, des sauts légers comme un *cabri*, et non CARACOLER, TOURNOYER. *Ces écoliers ont bien cabriolé, ont bien fait des cabrioles dans la prairie. Il caracolait autour de la voiture où étaient les dames.*

Cacaïe. JOUET, JOUJOU. Voyez *Enfant*.

Cachément, cachettement. Ces mots ne sont pas français. Dites : EN CACHETTE, EN SECRET, SECRÈTEMENT.

Cachonnée. RIBAMBELLE, NUÉE, TAS. *Il m'a dit*

une ribambelle d'injures. *Il amena une ribambelle d'enfants. Il est tombé chez lui une nuée de parents qui le grugent. Il a fait un tas de mensonges, de friponneries.*

Cafu. Petit logement en mauvais état, où tout est en désordre. TAUDIS, TAUDION. *Il loge dans un misérable taudis. C'est un vrai taudis, un taudion.*

Cafu. PÊLE-MÊLE, DÉSORDRE. *C'est un pêle-mêle où il est impossible de se reconnaître.*

Cagnard signifie Fainéant, paresseux, et non HARGNEUX, QUINTEUX. *C'est un homme bien cagnard. Mener une vie cagnarde.*

Cagneux signifie Qui a les genoux et les jambes tournés en dedans. *Un homme cagneux. Une femme cagneuse. Avoir les jambes cagneuses.* Mais il ne doit pas être employé comme synonyme de QUINTEUX, HARGNEUX. *C'est un homme extrêmement quinteux. Quinteux comme une mule. C'est un cheval très-hargneux.*

Cahir. DESSÉCHER, DÉJOINDRE. *Le grand hâle dessèche les terres. C'est la sécheresse, le soleil qui a déjoint ces ais. Cela est tout déjoint.*

Cahisse. VISQUEUX, GLUANT, PATEUX. *Liqueur épaisse et visqueuse. Avoir les mains gluantes. Chemin pâteux.*

Cahosser. CAHOTER, BALLOTTER. *Nous avons été bien cahotés dans ce chemin. Cette voiture cahote beaucoup, elle est mal suspendue. La mer nous a ballottés pendant trois jours et trois nuits sans relâche. Ce violon ballotte dans son étui.*

Cahotte. Morceau de papier roulé en pointe, de manière à pouvoir contenir quelque chose. CORNET. *Un cornet de tabac, de dragées.*

Cahotte. ROULEAU. *Un rouleau de louis d'or.*

Câïe. Etoffe faible et mauvaise. CHIFFE. *Ce n'est que de la chiffe. Cela est mou comme chiffe.*

Caillir. Ecrivez et prononcez CAILLER. *La présure caille le lait. Sang caillé.*

Cajolé. TACHETÉ.

Calaisse. Espèce de voiture à ressorts et à quatre roues, qui est fort légère et ordinairement découverte. Ecrivez et prononcez CALÈCHE. *Voyager en calèche.*

Calamande. Etoffe de laine lustrée d'un côté. Il faut dire CALMANDE.

Caleçon. Ne prononcez pas *Caneçon.*

Calibanse. Voyez *Jeux d'enfants.*

Calibanser. CHANCELER, BALANCER, CADENCER, FAIRE DES ZIGZAGS, DES FESTONS. *Il chancelle comme un homme ivre. Cet ivrogne fait des zigzags.*

Calibanser (Se). SE BALANCER, SE BRANDILLER. *Se brandiller sur une corde. Se balancer sur une escarpolette.*

Calibostai. CAISSE, CASE, COMPARTIMENT. *Un tiroir à plusieurs compartiments.*

Câlin. (L A est long.) Ce mot signifie Cajoleur, flatteur. *Un petit câlin, une petite câline. Cet homme a l'air câlin. Prendre un ton câlin.* Mais il ne faut pas l'employer dans le sens de SALIGAUD, SALAUD, CRAPULEUX.

Calmusser (Se). SE GLISSER, SE FAUFILER. *Il se glissa doucement dans le cabinet.*

Calotte. Coup donné sur la tête ou sur le visage avec la main. Ce mot figure dans les dictionnaires.

Camomille, cameline. Il ne faut pas confondre ces deux plantes : la première est médicinale, et la seconde oléagineuse.

Camousser. MOISIR. *Du pain moisi.*

Canetille. Mouillez les L et surtout ne prononcez pas *Canetine. Il y a beaucoup de canetille dans cette broderie.*

Canicule. Ce mot ne doit pas s'employer au pluriel. *Etre à la canicule, dans la canicule* (et non *dans les canicules*, puisqu'il n'existe qu'une constellation qui porte ce nom).

Canle. Faiseuse de cancans. CANCANIÈRE.

Canler. CANCANER, VOISINER, COMMÉRER.

Canneter. TREMPER, RINCER. *Il a été bien rincé.*

Capichiet. Retraite de fourmis. FOURMILIÈRE. *Une fourmilière au pied d'un chêne. La fourmilière fut bientôt en mouvement.*

Capot. FRIT, FRICASSÉ, PERDU. *Cet homme est frit. Cet argent est fricassé C'est autant de fricassé. Tout est frit. C'est un homme perdu.*

Caprice. Ce mot est masculin. *Un caprice bizarre.*

Capuce. On dit *Capuce* ou *Capuchon*, mais

Capuche n'est pas français. *Mettre, ôter son capuchon. Capuchon rond, pointu.* Remarquez qu'on doit dire *un capuce*, et non *une capuce*.

Caramel. Ce mot est masculin.

Carnassière. Voyez *Chasse.*

Carreau. On doit dire un CARRÉ ou un QUART DE FEUILLE, et non un *carreau*, de papier. *Ecrire une note sur un carré de papier.*

Carrer. Marquer dans un atelier, un bureau, ceux qui sont absents, afin qu'ils soient privés de la rétribution due à ceux qui sont présents. PIQUER. POINTER. *On l'a piqué quatre fois ce mois-ci. Il ne veut pas se faire piquer, il arrive toujours avant l'heure. Vous n'êtes pas venu à l'heure, on vous a pointé. Pointer les absents.*

Carrer. Tailler à angles droits. Dites ÉQUARRIR. *Équarrir une poutre, une pierre. Une pièce de bois équarrie.*

Carrosse. Ce mot est masculin. *Un carrosse bien suspendu.*

Cartes. Termes généraux relatifs aux jeux de cartes :

ADVERSAIRE. Personne contre laquelle on joue.

ASSOCIÉ OU PARTENAIRE. (*Soçan.*) Personne avec laquelle on joue contre des adversaires. *Partenaire* ne se dit guère qu'au whist.

ATOUT. Carte de la même couleur que celle qui retourne. *Jouer atout, un atout. Fournir de l'atout. J'ai trois atouts. Je coupe et je fais atout.* On dit aussi en deux mots : *Jouer à tout. Il faut faire à tout.*

BATTRE LES CARTES. On dit plus ordinairement et mieux. *Mêler les cartes.*

CAPOT. (*Double.*) Qui n'a fait aucune levée. *Etre capot. Faire capot* (toutes les levées).

COUPE. Action de couper. *Il a la coupe malheureuse. Je n'aime pas à être sous sa coupe* (à être le premier en cartes lorsqu'il coupe).

COUPER. Séparer le jeu en deux, avant que celui qui a la main donne. *J'ai mêlé les cartes, coupez, coupez net.*

DONNE. Action de distribuer les cartes. *Il ne faut pas changer sa donne. Perdre sa donne.*

DONNER. Distribuer aux joueurs le nombre de cartes qu'il faut à chacun d'eux. *A qui est-ce à donner ? Je viens de faire c'est à vous à donner.*

ENJEU. Ce que l'on met au jeu en commençant à jouer pour être pris par celui qui gagnera. *Voilà mon enjeu. On quitta la partie et chacun reprit son enjeu. Retirer son enjeu.*

ENTRER. Jouer le premier en commençant le jeu, ou après avoir fait une levée. La carte que l'on joue dans ce cas, se nomme *Entrée.*

FAIRE. Mêler les cartes et distribuer les jeux. *A qui est-ce à faire. C'est à vous à faire. Je viens de faire.*

FOURNIR. (Ne dites pas *Servir.*) Jouer une carte de la même couleur que celle qu'on a entrée. *Fournir de l'atout.*

JOUER. Il est inutile d'expliquer le sens des phrases suivantes : *Jouer deux contre deux ; quatre contre quatre* (à soçans). *Jouer à qui perd gagne. Jouer quitte ou double,* ou *à quitte ou double. Jouer en carreau, en trèfle, carreau, trèfle. Jouer une carte. Jouer le jeu* (suivant les règles du jeu).

LEVÉE. Main qu'on a levée. *Il n'a pas fait une levée. Ils ont déjà trois levées.* (Ne dites pas *Pli.*)

MAIN. Ce mot a diverses acceptions : *Avoir la main,* être le premier à jouer. *Donner la main*, céder à son adversaire l'avantage de cette primauté. *Perdre la main*, perdre cet avantage pour avoir mal donné. *Avoir la main*, *faire la main*, donner les cartes. *Ma main ne m'a rien valu. J'ai gagné beaucoup sous votre main. Faire une main* (une levée) *Il a déjà trois mains, prenez garde qu'il ne fasse la quatrième.*

MAL DONNER. (*Se fourdonner.*) Se tromper en donnant les cartes.

MÊLER. Battre les cartes. *Mêler les cartes. C'est à vous à mêler*.

MISE. Enjeu. *Nous jouons petit jeu, la mise n'est que de cinq francs. Retirer sa mise. Doubler sa mise.*

PARTIES LIÉES. *Jouer en parties liées* signifie Jouer avec la condition que l'enjeu appartiendra à celui qui aura gagné le plus de parties sur un nombre déterminé. *Ils ont joués un louis en trois parties liées.*

PATÉ. *Faire le pâté* signifie Arranger les cartes par tricherie, pour se donner beau jeu. *Prenez garde, quand il mêle les cartes, il fait le pâté. Il met tous les as, tous les rois ensemble, et se les donne; il a fait le pâté.*

PIQUE, TRÈFLE. Ces mots sont masculins. *Il a tout le pique, tous les piques. Jouer du trèfle.*

POULE. Somme formée par toutes les mises. *Gagner la poule.*

REFAIT. (*Rallée.*) Partie qu'il faut recommencer, parce que les adversaires ont le même point. *C'est un refait.* On dit dans un sens analogue: *C'est à refaire*, ou *les points sont égaux.* (Il faut bien se garder de dire *il reva.*)

RENTRÉE. Les cartes que l'on prend dans le talon à la place de celles qu'on a écartées. *Il a eu une vilaine rentrée, une heureuse rentrée.*

RETOURNE. Carte qu'on a retournée et qui détermine la

triomphe. *De quelle couleur est la retourne. La retourne est de pique, est en pique.*

RETOURNER OU TOURNER. Tourner la carte qui détermine la triomphe. *Qu'est-ce qui retourne? De quoi retourne-t-il? Il retourne cœur, pique. Vous ne savez de quoi il retourne. Voyons de quoi il retourne. Il tourne carreau. De quoi tourne-t-il. Il tourne du pique, de pique; il tourne pique.*

REVANCHE. Seconde partie que joue le perdant, pour se racquitter de la première. *Jouer la revanche.*

TALON. Ce qui reste de cartes après qu'on a donné à chacun des joueurs le nombre qui lui en revient. *Il manque une carte dans le talon, au talon. Le talon est faux. Compter le talon.*

TANT. *Etre tant à tant*, Avoir autant de points, autant de parties l'un que l'autre. *Nous sommes tant à tant.*

TOUT. Troisième partie qui se joue après qu'un des deux joueurs a perdu partie et revanche, et où l'on joue autant d'argent que l'on a joué dans les deux premières parties ensemble. *Jouer le tout. Jouer partie revanche et le tout. Perdre le tout. Le tout du tout* est la partie qui se joue après que la même personne a perdu partie, revanche et le tout, et dans laquelle on joue autant d'argent que dans les trois parties précédentes. *Donner, prendre, perdre, gagner le tout du tout. Ils en sont au tout du tout.*

TRIOMPHE. Carte de la couleur dont il retourne. *De quoi est la triomphe? Quelle est la triomphe? La triomphe est de pique. Combien avez-vous de triomphes?*

VOLE. (*Double.*) Se dit quand l'un des joueurs fait toutes les mains. *Il a entrepris la vole. Cette vole lui a valu cinquante jetons. Il a fait la vole.* (Il ne faut pas dire *Volte.*)

Carton. Espèce de papier d'une forte épaisseur; boîte faite de ce papier. Gardez-vous bien de dire *Carteron. Boîte de carton. Carton de* bureau. *Mettre des billets dans un carton. Carton rond, carré, ovale. Carton de marchande de modes.*

Casemate. (Prononcez *Cazemate.*) Souterrain voûté qui sert à défendre une citadelle et dans lequel on loge des troupes au besoin. Ce mot est féminin. *Je l'ai vu, à Prague, dans une casemate.* (V. Hugo.)

Casino. Lieu où l'on se réunit moyennant une cotisation annuelle, pour lire, causer ou jouer. Prononcez l'S comme dans *Casimir. Je passe toutes mes soirées au casino.*

Cassan. MORCEAU, DÉBRIS.

Cassement de tête. Cette expression est française.

Cassemin. Pâte claire dont on se sert pour faire des crêpes, des beignets, etc. PATE.

Castrouiller. ROULER. *Rouler quelqu'un dans la boue.*

Castrouiller (Se). SE ROULER, SE VAUTRER, SE VENTROUILLER. *Se rouler sur l'herbe. Se rouler dans un lit, dans la poussière, dans la boue. Le sanglier, le cochon se vautre dans la fange. Se vautrer sur un lit, sur l'herbe. Les cochons aiment à se ventrouiller.*

Casuel signifie Qui arrive par hasard, qui peut arriver ou n'arriver pas, et non CASSANT, FRAGILE. *C'est dommage que la porcelaine soit si cassante* (et non *si casuelle*). *Fragile comme un verre.*

Catibulé. TROUBLÉ.

Catier. CHATOUILLER. *Chatouiller quelqu'un aux côtés, à la plante des pieds. Se chatouiller pour se faire rire.*

Catieux. CHATOUILLEUX. *Vous êtes chatouilleux. La plante des pieds est une partie bien chatouilleuse.*

Caumu. STUPÉFAIT, HONTEUX, PENAUD, CAPOT. *Il demeura tout stupéfait. Quand on lui dit cela, il demeura bien penaud, tout penaud. Il a été bien capot de se voir reconnu.*

Causeur fait au féminin CAUSEUSE et non Causeresse. *Cette femme n'est qu'une causeuse.*

Caveler. CAVER, CREUSER, MINER. *L'eau a cavé cette pierre. La rivière a cavé sous la pile de ce pont. Le courant de la rivière a miné les piles de ce pont.*

Cawé. Qui n'a pas de queue. ECOUÉ, ÉCOURTÉ, SANS QUEUE.

Cawer. Couper, casser la queue. ECOUER.

Cawer. Rogner, couper trop court. ECOURTER. *Ecourter un manteau, une jupe. Cet habit est écourté, bien écourté.*

Cawet. Voyez *Cuisine*.

Cawiasse. Dur comme du cuir. CORIACE. *La chair de cet animal est très-coriace.*

Cawiasse. FLEXIBLE. *Il n'y a rien de plus flexible que l'osier.*

Cawelet. AIDE d'un pâtre, d'un vacher.

Ce. Lorsque *Ce*, joint au verbe *être*, est suivi d'un substantif ou d'un pronom de la troisième personne au pluriel, on met ce verbe tantôt au singulier et tantôt au pluriel selon les cas. *Ce sont vos frères. J'ai vu vos sœurs ; ce sont de charmantes* *personnes. Ce sont vos conseils que je demande. Sont-ce les ennemis qui ont été vaincus? Ce sont les plaisirs et la gloire qu'il cherche. Ce furent les Français qui assiégèrent cette place. Quand ce serait* ou *quand ce seraient les Romains qui auraient élevé ce monument. Ce n'était* ou *ce n'étaient que festins, bals, concerts, etc. Fût-ce nos propres biens qu'il fallût sacrifier. C'est eux* ou *ce sont eux qu'il faut récompenser.* Dans les autres cas on doit nécessairement employer le singulier. *C'est nous qui avons remporté la victoire. Ce sera vous, messieurs, qui le ferez. C'est la gloire et les plaisirs qu'il recherche.*

Célibataire est un substantif qui se dit, en termes de droit, des filles et des garçons. *Célibatrice* n'est pas français.

Cent prend un *s* lorsqu'il est précédé, mais non suivi, d'un autre adjectif numéral : *Deux cents ans.* Il reste, au contraire, invariable lorsqu'il est suivi d'un autre nombre. *Deux cent trente hommes. Deux cent et quelques hommes.* Cependant on dira : *Page quatre cent, l'an mil huit cent,* parce qu'ici *Cent* est employé pour *Centième.* On dit très-souvent, *Onze cents, douze cents,* et ainsi de suite jusqu'à *Dix-neuf cents,* au lieu de *Mille cent, mille deux cents, etc.* (Acad.)

Cesser prend *Avoir* ou *Etre* selon que le sens permet de répondre à l'une ou l'autre de ces questions : *Qu'a-t-il fait? Qu'est-il? Il a cessé de pleuvoir. La fièvre a cessé un instant, est complètement cessée depuis hier.*

Cette. Il est très-incorrect de prononcer *C'fois là*, au lieu de *Cette fois là*.

Chaborer. BARBOUILLER. *Il lui a barbouillé le visage.*

Chabotter. CREUSER.

Chafette. Femme frivole et babillarde. CAILLETTE. *C'est une caillette. Cet homme est une franche caillette.*

Chafler. Mâcher avec difficulté ou avec négligence. MACHONNER.

Chafouiller. Parler d'une manière précipitée et peu distincte. BREDOUILLER, BARBOUILLER. *On n'entend rien à ce qu'il dit, il ne fait que bredouiller. Cet homme barbouille, on ne l'entend pas.*

Chaibier. FAUCHER, TRAINER LES PIEDS, MARCHER COMME UNE CANE. *Ce cheval fauche.*

Chaitiveux. CHÉTIF, MAIGRE, DÉCHARNÉ.

Chalan. Corps blanchâtre et filamenteux qu'on trouve au centre d'un clou, d'un javart, etc., et qui ressemble un peu à un ver blanc. BOURBILLON. *Quand le bourbillon est sorti, on est tout d'un coup soulagé. Ce cheval a un javart; mais dès que le bourbillon sera sorti, il pourra marcher.*

Chalan. Voyez *Insecte*.

Chaland. Signifie Pratique, acheteur. *Il a perdu ses chalands. Un nouveau chaland. Faire venir, attirer les chalands.*

Chalbotter. En parlant des souliers trop grands, BALLOTTER AUX PIEDS.

Chalé. BOITEUX ÉCLOPPÉ. *Table boiteuse. Il faut attendre le boiteux. Etre tout écloppé. Un cheval écloppé.*

Chaler. BOITER, CLOPINER, CLOCHER. *Boiter d'un pied, des deux pieds. Il s'est blessé au pied, il va en clopinant. Clocher du pied droit. Clocher des deux côtés. Il ne faut pas clocher devant les boiteux.*

Chaler. DEFORMER, POUSSER DE CÔTÉ. *Déformer un soulier.*

Chalette. Voyez *Charron*, *Cuisine*.

Chalit. MONTANT D'ÉCHELLE.

Chamailler. Disputer, contester avec bruit; se battre pêle-mêle, à grand bruit. Ce mot est français. *Ils chamaillèrent longtemps. Ils se chamaillèrent deux heures durant. Nous nous chamaillerons comme il faut. Ces deux femmes ne cessent de se chamailler* (disputer).

Chamme. Siége de bois sans bras ni dossier. ESCABEAU, ESCABELLE. *S'asseoir sur un escabeau, sur une escabelle.*

Chammeter. TROTTER, DANSER.

Chancereux. Qui a une chance favorable, qui est en bonheur. Ecrivez et prononcez CHANCEUX. *Il a eu le gros lot de la loterie, il est chanceux. Je ne suis pas si chanceux.* Remarquez que *chanceux* ne signifie pas DANGEREUX, HASARDEUX, RISQUABLE. *Une affaire, un projet risquable* (où il y a du danger). *Cela est bien hasardeux.*

Chandeleuse. Fête de la Purification. Ecrivez et prononcez CHANDELEUR. *Avant la Chandeleur.*

Chandie. SUÉE, CRISE, MAUVAIS QUART D'HEURE. *On leur donna une terrible suée. Il eut une rude suée. Cette crise l'a sauvé. Il lui a fait passer un mauvais quart d'heure.*

Changer prend *Etre* ou *Avoir*, selon que le sens de la phrase permet de faire l'une ou l'autre des deux questions suivantes : *Qu'est-il?* ou *Qu'a-t-il fait? Il a changé toute sa maison. Son visage a bien changé. Comme tout est changé. Vos sentiments ont bien changé* ou *sont bien changés*, selon le sens.

Changer, échanger. *Changer* s'emploie lorsqu'on parle d'objets mobiliers ; *Echanger* se dit des biens-fonds, des valeurs, etc. Au figuré on dit toujours *Echanger. Il a changé sa vieille vaisselle contre de la neuve. Il a changé ses tableaux contre des meubles. Changer son cheval borgne contre un aveugle. Echanger une propriété contre une autre. On a échangé les prisonniers. Après avoir échangé quelques politesses, nous en vînmes à l'objet de notre entrevue. Ils échangèrent quelques injures, quelques coups de poing, et la querelle en resta là.*

Chanvre. Termes relatifs à la culture, à l'affinage et au filage du chanvre et du lin,

ASPE OU ASPLE. (*Haspe.*) Machine servant à devider les bobines et à mettre le fil en écheveaux.

BROIE. Instrument composé de deux pièces nommées *mâchoires*, qui sert à briser la tige du chanvre ou du lin, pour détacher la filasse de la partie ligneuse.

CHANVRE On est assez généralement dans l'habitude vicieuse de donner le nom de *chanvre mâle* au chanvre femelle, c'est-à-dire à celui qui porte la graine.

CHÈNEVIÈRE OU CHANVRIÈRE. Champ où l'on sème le chanvre. *Cette terre est trop sèche pour y faire une chènevière. Epouvantail de chènevière.*

CHÈNEVIS. (*Cheneveuse.*) Graine de chanvre. *Les oiseaux aiment le chènevis. Semer du chènevis.*

CHÈNEVOTTE. (*Anaie.*) Brin, morceau de la partie ligneuse du chanvre, du lin, dépouillé de son écorce. *Monceau de chènevottes. Feu de chènevottes.*

DEVIDOIR. (*Geloine.*) Instrument propre à devider les écheveaux et à mettre le fil en pelotes. *Mettre un écheveau sur le devidoir.*

ÉCHEVEAU. (*Tressan.*) Assemblage de fils pliés en plusieurs tours et liés ensemble au moyen d'un bout de fil nommé *centaine* ou *sentène* (menuche, épeule). *On coupe la centaine pour devider l'écheveau. Mêler un écheveau. Démêler un écheveau.*

ESPADE. (*Spinge, recousseu.*) Espèce de sabre de bois dont on se sert pour *espader* le chanvre, c'est-à-dire pour le débarrasser des petites parcelles de chènevottes qui restent quand il a été broyé. L'instrument échancré demi-circulairement, au sommet duquel l'espadeur place le chanvre pour le battre, se nomme *chevalet*.

FILASSE. (*Seran.*) Chanvre peigné et débarrassé de sa partie la plus courte et la plus grossière nommée *étoupe*. *Charger une quenouille de filasse. Toile d'étoupe. Une poupée d'étoupe* (hauman). *Une mèche de filasse* (clignan).

HALOIR. Lieu où l'on sèche le chanvre par le moyen du feu, pour le disposer à être broyé ou espadé.

MOUILLOIR. (*Mouillette.*) Petit vase ordinairement de fer-blanc, dont les fileuses se servent pour y mouiller le bout de leurs doigts. *Son mouilloir était attaché à sa ceinture.*

PELOTE OU PELOTON. (*Luchai.*) Espèce de boule que l'on forme avec du fil, de la soie, etc. *On emploie tant de pelotons de fil à faire cette toile.*

ROUET OU TOURLT. Machine à filer. La pièce principale est la *roue* dont l'*axe* repose sur deux *poupées*, et que l'on fait tourner avec la main au moyen d'une *manivelle*, ou bien avec le pied à l'aide d'une *pedale* (passe pied), à laquelle est attaché une espèce de bâton nommé *bielle* (bolomme), qui communique le mouvement à la roue. Dans le cercle de celle-ci est creusée une *gorge* pour recevoir la *corde* qui fait tourner *la poulie*, *la bobine*, *l'ailette*, (pièce de bois en forme de croissant, pourvue de petites pointes recourbées appelées *épingles*) et la *broche* (petite verge de fer qui tourne dans les *oreilles des petites poupées*, et dans *l'œil* de laquelle passe le fil).

ROUIR. (*Roder.*) On fait rouir le chanvre soit en le plaçant dans l'eau, soit en l'exposant sur l'herbe en *rangées* très-minces. *Le chanvre ne rouit pas bien dans l'eau courante. Mettre du lin, du chanvre à rouir.*

QUENOUILLE. Espèce de bâton au bout duquel on place le chanvre pour le filer. *Charger une quenouille. Elle ne se mêle que de filer sa quenouille.*

SERAN OU SÉRANÇOIR. (*Seri.*) Espèce de peigne qui sert à *serancer*, c'est-à-dire à nettoyer et à diviser le chanvre, le lin.

Chauvier des oreilles. Dresser les oreilles par signe de mécontentement, en parlant du cheval, de l'âne, etc. CHAUVIR DES OREILLES. *Ce cheval chauvit des oreilles.*

Chapernade. Salut qu'on fait en ôtant son

chapeau, son bonnet. SALUADE, COUP DE CHAPEAU. *Il me fit une grande saluade. Cela ne vaut pas un coup de chapeau.*

Chappe. OUBLI, ÉCHAPPÉE.

Chappe. Espèce de croûte qui se forme sur les substances liquides. ou onctueuses. PEAU. *Il se forme une peau sur le lait bouilli, sur l'encre, sur les confitures, sur le vinaigre,* etc.

Chappe. Humeur gluante qui s'amasse sur le bord des paupières. CHASSIE. *Il a toujours de la chassie aux yeux.*

Chapper. ÉCHAPPER. *La patience lui a échappé. Sa canne lui échappa des mains, lui a échappé, lui est échappée des mains. Laisser échapper ce que l'on tient.* Chapper n'est pas français.

Chappeux. CHASSIEUX. *Il est chassieux. Avoir les yeux chassieux.*

Chaque doit toujours être suivi d'un substantif, et ce serait une faute de dire : *Ces vases coûtent douze francs chaque.* Il faut dire : *Ces vases coûtent douze francs chacun.*

Chaquer. CLAQUER, TOUCHER. *Claquer des mains. Le marché est conclu, il m'a touché dans la main. Il me tendit la main et me dit : Touchez là, l'affaire est faite.*

Chaquiran. Le cœur, le milieu d'une pomme, d'une poire, dont on a ôté tout ce qu'il y avait de meilleur à manger. TROGNON.

Chardé. Qui a perdu une ou plusieurs dents. BRÈCHE-DENT. *Cet homme est brèche-dent. Cette fille* est brèche-dent. C'est une brèche-dent. Une petite brèche-dent. On traduit par ÉDENTÉ ou SANS DENT, lorsque la personne n'a plus, ou presque plus de dents. *Une vieille édentée. C'est une vieille sans-dent. Elles sont là deux ou trois sans-dent qui médisent à qui mieux mieux de tout le monde.*

Charder. Faire des brèches à un tranchant. ÉBRÉCHER. *Ebrécher un couteau, un rasoir. Sa cognée est ébréchée.*

Charder. User le tranchant, le rendre mousse. ÉMOUSSER. *Emousser un rasoir. Sa cognée est émoussée.*

Charder. User, rompre les dents d'une scie, d'un peigne, etc. ÉDENTER. *Il a édenté son peigne. Un peigne qui s'édente. Vous édenterez votre scie.*

Charleux. Qui a beaucoup de chaleur naturelle. Ecrivez et prononcez CHALEUREUX. *A l'âge de soixante et dix ans, on n'est guère chaleureux.*

Charme, charmille. Ce dernier mot ne se dit que collectivement D'une certaine quantité de petits *charmes. Botte de charmille. Planter de la charmille pour faire une palissade.* On appelle aussi *charmille* une haie, une palissade, une allée plantée de charmes. *Planter une charmille. Se promener dans une charmille.*

Charpentier. Termes et instruments à l'usage du charpentier.

AISSELIER. Espèce de contrefiche droite ou courbe, qui se place sous le faux-entrait pour consolider l'arbalétrier ou la jambe de force.

ARBALÉTRIER. *(Tirant.)* Grosse pièce de bois placée obliquement, et sur laquelle sont posées les pannes.

ARÉTIER. Pièce de charpente qui se place à l'arête formée par la rencontre de la surface du *comble* avec celle de la *croupe*.

ASSEMBLAGE. Les assemblages les plus usités dans la charpenterie sont : *L'assemblage à tenons et à mortaises*, *l'assemblage à queue d'aronde*, *l'assemblage en bec de flûte* avec ou sans le cran nommé *trait de Jupiter*, et *l'assemblage par embrèvement*. Ce dernier a lieu, lorsqu'on fait pénétrer l'about d'une pièce de bois tout entier, dans une entaille triangulaire pratiquée dans l'autre pièce. (Voyez *Menuisier*.)

BESAIGÜE. Outil de fer taillant par les deux bouts, dont l'un est en bec-d'âne et l'autre en ciseau. Il sert à dresser et à réparer le bois de charpente, à faire les tenons et mortaises, etc.

BLOCHET. Pièce de bois très-courte, posée horizontalement sur le mur, dans le sens de l'épaisseur, et assemblée à la plate-forme pour la maintenir. Le *blochet d'arêtier* est également posé sur le mur, à l'encoignure d'une croupe ; il reçoit, dans une mortaise, le tenon du pied de l'arêtier.

BOIS DE BRIN. Bois qui n'a pas été fendu par la scie. Il se dit par opposition à *Bois de refend*. *Tout ce comble est en bois de brin. Solive de bois de brin, solive de brin.*

BOULON. Grosse cheville de fer qui a une tête à un bout, et qui porte à l'autre une clavette ou un écrou pour l'arrêter. Elle sert à *boulonner* des moises, à fixer l'une sur l'autre des pièces de bois, etc.

BRANDIR. Arrêter, affermir deux pièces de bois l'une contre l'autre, sans qu'elles soient entaillées; ce qui se fait au moyen d'une cheville qui les traverse. *Brandir un chevron sur la panne*.

CHANLATTE. *(Pied-latte.)* Planche plus épaisse d'un côté que de l'autre, placée à l'extrémité des chevrons, en saillie sur la corniche ou sur la plate-forme.

CHANTIGNOLE. Pièce de bois coupée obliquement d'un bout, et qu'on met en embrèvement sur l'arbalétrier, au-dessous du tasseau qui soutient les pannes.

CHEVÊTRE. Poutre placée perpendiculairement aux solives d'un plancher, qui porte des solives plus courtes, et dont on se sert quand on doit laisser un espace libre pour le passage d'une cheminée ou d'un escalier. Il tient par les bouts à deux solives ordinairement plus fortes appelées *solives d'enchevêtrure*.

CHEVRONS. Pièces de faible dimension, placées sur les pannes, et auxquelles sont clouées les lattes.

COMBLE. L'ensemble des pièces de bois, de fer, etc., qui soutiennent la toiture. *Un comble de charpente. Les charpentiers travaillent au comble.*

CONTRE-FICHE. *(Peuceau, bras.)* Pièce de bois de faible dimension, longue de deux pieds environ, et assemblée obliquement pour servir de soutien ou d'étaie à l'arbalétrier, au faîtage, etc.

COURBE. Pièce de bois taillée en arc.

COYAUX. Petits bouts de chevrons qu'on place vers le bord de la couverture d'un toit, pour la relever et lui donner plus de grâce. Ils portent par le bout d'en haut sur les chevrons auxquels ils sont cloués, et par le bout d'en bas sur la saillie de la corniche ou de la plate-forme.

CROIX DE SAINT-ANDRÉ. Croix formée de deux pièces de bois d'égale longueur placées en *sautoir*, c'est-à-dire en forme d'X. Elle est très-usitée en charpenterie.

CROUPE. *(Crupan.)* Pointe du pignon rabattue en triangle, afin de donner plus de grâce au bâtiment.

DÉLARDER. Abattre les arêtes d'une pièce de bois ; couper obliquement le dessous d'une marche d'escalier.

DÉMAIGRIR OU AMAIGRIR. Retrancher quelque chose d'une pierre ou d'une pièce de charpente. *Il faut démaigrir ou amaigrir cette pièce de bois, cette pierre.*

EMPANONS. Petits chevrons, de longueurs différentes, qui garnissent l'espace triangulaire de la croupe d'un comble. Ils tiennent du haut à l'arêtier, et du bas au mur de pignon.

ENTRAIT. (*Su.*) Poutre qui traverse tout le bâtiment, et aux extrémités de laquelle sont assemblés les arbalétriers ou les jambes de force.

ENTRETOISE. Pièce de bois qui se met entre d'autres, pour les soutenir, pour les lier ensemble. Les entretoises sont dites *croisées*, lorsqu'elles sont assemblées en sautoir, c'est-à-dire lorsqu'elles forment une croix de Saint-André.

ETRÉSILLONS. Pièces de bois qu'on place contre des terrasses pour les empêcher de s'ébouler, ou contre un mur qui déverse afin de le soutenir, de le reprendre en sous-œuvre, etc.

FAITAGE. (*Maître verne.*) Panne placée à la crête du bâtiment, et sur laquelle s'appuient les bouts supérieurs des chevrons. On l'appelle également *panne faîtière.*

FAUX-ENTRAIT. (*Pont.*) Pièce horizontale qui, dans les charpentes d'une certaine largeur, sert à contre-bouter les arbalétriers, et sur laquelle pose le *poinçon.*

FERME. (*Armure.*) Assemblage placé de distance en distance pour porter le *faîtage*, et les *pannes* d'un comble. Chaque ferme se compose de deux arbalétriers, d'un poinçon, d'un entrait, etc.

FRETTE. (*Crette.*) Espèce d'anneau de fer dont on entoure l'extrémité d'une pièce de bois, soit pour l'assembler à une autre pièce, soit pour empêcher qu'elle ne se fende.

HACHE DE CHARPENTIER OU ÉPAULE DE MOUTON. Grande hache qui sert à équarrir les pièces de charpente.

HERMINETTE OU ERMINETTE. (*Hawelet.*) Espèce de hache qui a quelque ressemblance avec une pioche et qui sert à planer, à creuser le bois.

JAMBE DE FORCE. Grosse pièce de charpente qui forme en quelque sorte le prolongement de l'arbalétrier. Elle tient du bas à l'entrait et du haut au faux-entrait.

LAMBOURDES. (*Gîtes.*) Poutres qui servent à soutenir le parquet ou plancher d'en bas. On garnit l'intervalle entre les lambourdes, de pierres, de plâtre, de poussier de charbon, etc.

LIEN. (*Loieure.*) Pièce de bois placée dans l'angle formé par deux pièces déjà assemblées entre elles, afin de les relier plus fortement. Les liens se distinguent des contre-fiches, en ce qu'ils sont assemblés à deux pièces horizontales, tandis que celles-ci tiennent d'un bout à une pièce horizontale et de l'autre à un mur ou à un objet vertical.

LINTEAU. (*Couverte.*) Pièce de bois qu'on met horizontalement au-dessus de l'ouverture d'une porte ou d'une fenêtre, pour en former la partie supérieure et soutenir la maçonnerie.

MOISES. Pièces de bois plates, assemblées ordinairement deux à deux avec des boulons, et servant à maintenir la charpente.

MONTANT. Pièce de bois, de pierre ou de fer, qui est posée verticalement dans certains ouvrages de charpente, de menuiserie, de serrurerie, etc. *Les montants d'une croisée, d'une porte cochère, d'une devanture de boutique, d'une grille, d'une porte de fer*, etc.

NOUE. Pièce de bois placée à la rencontre de deux combles. Elle diffère de *l'arétier* en ce que celui-ci forme un angle saillant, tandis que la noue se met dans l'endroit où le toit fait une espèce d'auge ou d'angle rentrant.

PAN DE BOIS. Espèce de mur formé de pièces de charpente nommées *semelles*, *sablières*, *poteaux* et *entretoises*, dont on remplit les vides de plâtre, de pierraille, etc, et qu'on recouvre d'un enduit sur lattes. *Autrefois la plupart des maisons de Paris étaient construites en pans de bois. Une cloison en pans de bois.*

PANNES. (*Vernes.*) Sorte de poutres placées horizontalement sur les arbalétriers ou sur les murs, et auxquelles sont attachés les chevrons.

PLATE-FORME. Pièce plate posée sur le mur de face et qui reçoit le pied des chevrons. Elle sert quelquefois de *corniche*.

POINÇON. (*Bolomme, montant.*) Grosse pièce de bois placée perpendiculairement au milieu de la ferme. Elle repose sur l'entrait ou le faux-entrait et soutient le faîtage.

POITRAIL. Grosse pièce de bois qui se pose horizontalement sur des pieds droits de pierre, pour soutenir un mur de face ou un pan de bois.

PORTÉE. L'étendue libre, le dessous d'une pièce de bois placée horizontalement dans une construction, et soutenue en l'air par un ou plusieurs points d'appui. *Cette poutre a cinq toises de portée. Cette poutre plie par le milieu, parce qu'elle a trop de portée.* Il se dit aussi de la partie d'une pierre ou d'une pièce de charpente ainsi placée, qui pose sur le mur, sur un pilier, etc. *Cette poutre n'a pas assez de portée dans le mur. Les portées de cette poutre sont pourries. Il faut qu'une poutre ait au moins un pied de portée, que les solives aient six pouces de portée.*

POTEAU. Pièce de bois de charpente, posée debout. *Les poteaux sont ordinairement de la grosseur d'une solive. Les poteaux d'une cloison. Cloison à poteaux apparents, à poteaux recouverts.*

POUTRE. (*Soumier.*) Grosse pièce de bois équarri, qui sert à soutenir les solives ou les planches d'un plancher.

POUTRELLES, SOLIVES. Pièces de faible dimension, placées, dans quelques bâtiments, sur les poutres, et auxquelles sont clouées les planches d'un plancher.

RAINETTE. Petit instrument de fer servant, d'un bout, à tracer des lignes dans le bois, et de l'autre, à donner de la voie aux scies, au moyen de petites fentes.

REFENDRE. Scier en long. *Refendre une pièce de charpente pour en faire des chevrons, des planches. Refendre une poutre.*

SABLIÈRE. Pièce de bois posée horizontalement et destinée à recevoir, à porter l'extrémité de certaines autres pièces de charpente. *La sablière ou plate-forme qui reçoit le pied des chevrons du comble. On place des sablières dans les pans de bois, le long des poutres, ou contre les murs, pour recevoir le bout des solives du plancher. La sablière qui sert de base à un étayement.* Dans le sens du dernier exemple, on peut également se servir du mot *semelle*.

SIMBLEAU. Cordeau avec lequel on trace de grandes circonférences, lorsque les branches du compas sont trop courtes.

SOMMIER. (*Pont.*) Grosse pièce de charpente placée sur des murs ou sur des piliers, et qui soutient les poutres d'un plancher.

TASSEAU. Petit morceau de bois qu'on place sur les chantignoles pour retenir les pannes, etc.

TIRANT. Pièce de bois qui traverse tout le bâtiment et dont on arrête les extrémités par des ancres, pour empêcher l'écartement des murs ou de la charpente. Cette définition suffit pour faire comprendre la différence qu'il y a entre un tirant et un entrait.

Charpenché. Constellation formée de sept étoiles qui, par leur position, figurent une espèce de chariot. GRANDE OURSE.

Charron. Pour les outils qui ne sont pas compris dans cet article, voir le mot *Menuisier*.

ARMONS. Pièces de bois entre lesquelles se place le gros bout du timon.

CAMION. Petit tombereau à bras.

CHAMBRIÈRE. Espèce de gros bâton de bois attaché par un

anneau sous une charrette, pour en soutenir les brancards dans une position horizontale.

CHEVILLE OUVRIÈRE. (*Doigtier.*) Grosse cheville de fer qui joint le train de devant à celui de derrière. Elle traverse *la sellette*, *le lisoir*, *la flèche* et *l'essieu*.

ECHELETTE. (*Chalette.*) Espèce d'échelle qu'on met sur le devant d'un chariot ou d'une charrette, et qui sert à retenir la paille, le foin, etc.

ECUANTEUR DES ROUES. (*Ecluse.*) Se dit de l'inclinaison des roues sur le moyeu, de manière à présenter la forme d'un entonnoir.

ENRAYURE. Grosse chaîne qui sert à enrayer. *L'enrayure cassa au milieu de la descente.*

ESSIEU. (*Achi.*) Pièce de bois ou de fer qui passe dans les moyeux des roues. *Le corps* de l'essieu est la partie qui se trouve entre les deux roues ; *les fusées* sont les deux bouts qui entrent dans les moyeux, et qui ont une forme conique. Lorsque les essieux sont de bois, on les garnit d'un *équignon* (chinan), bande de fer qui traverse toute la fusée et quelquefois tout l'essieu, et aux bouts de laquelle se placent les *esses* (oiches), chevilles de fer ayant souvent la forme d'une S, et qui empêchent les roues de sortir. Dans certaines voitures les esses sont remplacées par des *écrous*. Entre l'esse et l'essieu on place ordinairement une *rondelle* pour empêcher l'usure du moyeu.

FLÈCHE. (*Longe.*) Longue pièce de bois qui unit le train de derrière à celui de devant, et dont le bout antérieur est traversé par la *cheville ouvrière*.

FOURCHETTE. (*Fourcherai.*) Pièce de bois en forme d'Y, qui assujettit la flèche au train de derrière au moyen d'un ressort de bois appelé *garot*.

FREIN OU ENRAYOIR. (*Mécanique.*) Instrument à l'aide duquel on modère le mouvement des voitures dans les descentes. Il est ordinairement composé d'une *traverse*, d'une *vis*, de deux *patins* et de deux *supports*.

HAQUET. (H s'aspire.) Espèce de charrette étroite, longue et sans ridelles, qui sert à voiturer des tonneaux, des ballots de marchandises, etc.

JOUG. (*Jeu.*) Pièce de bois avec laquelle on attelle les bœufs, en la leur fixant sur la tête à l'aide d'une *calotte* et d'une *courroie*.

LIMONS DE CHARIOT, DE CARROSSE. Se dit des deux branches de la limonière.

LIMONS DE CHARRETTE. (*Litrai.*) Longues pièces de bois qui forment à la fois le fond de la charrette et les *brancards*. Les limons sont joints ensemble par des morceaux de bois plats, peu épais, appelés *eparts* (barres). Sur les limons sont placés les *ranchers* (chamais) dont les *cornes* (bras) servent d'appui aux *ridelles* (chielles). Celles-ci sont formées en bas par les limons et en haut par les *limons de traverse* (chalit) unis entre eux au moyen de *roulons* (bouzans). Les limons sont assujettis à l'essieu au moyen d'une espèce de mortaise, ou d'un morceau de bois emmortaisé, nommé *échantignoble*. Le tout est traversé par un *boulon* (avis) de fer.

LISOIR. (*Sous-presse.*) Pièce de bois qui recouvre l'essieu de derrière et dans laquelle sont implantés les *moutons* (bras), qui embrassent les ridelles. Dans l'avant-train le lisoir est surmonté de la *sellette* (chamai) qui porte les ridelles et les moutons, et qui est retenue par la cheville ouvrière autour de laquelle elle peut pivoter.

PALONNIER. (*Peronne.*) Pièce de bois aux deux bouts de laquelle les traits des chevaux sont attachés.

RIDELLE. (*Chielle.*) Espèce d'échelle ou de râtelier qui se prolonge d'un bout à l'autre de la voiture, et qui maintient la charge.

roue. Au milieu de la roue se trouve le *moyeu* dans le creux duquel entre la *fusée* de l'essieu, et où s'emboîtent les *rais*. Le moyeu est garni à l'extérieur de *frettes* (crettes), cercles de fer destinés à empêcher que le moyeu ne se fende, et à l'intérieur de *boîtes* de métal propres à diminuer le frottement sur l'essieu. La roue comprend encore les *jantes* (chammes) pièces de bois courbes qui forment le cercle, et qui sont recouvertes d'un *bandage* de fer. Les jantes sont réunies entre elles par des chevilles appelées *goujons*.

sabot. Plaque de fer un peu courbe qu'on met sous l'une des roues d'une voiture, pour qu'elle ne tourne pas et ne fasse que glisser. *Enrayer avec un sabot.*

sassoire. (*Faux longe.*) Pièce placée au bout des armons, sous la flèche, et qui maintient le timon dans une position horizontale.

timon. (*Hutic.*) Pièce du train de devant connue de tout le monde.

tortoir ou garrot. (*Tordeu.*) Bâton qu'on passe dans une *corde* (percheurre), afin de la rouler sur le *treuil* (cul) de la voiture, et assurer ainsi la charge. On se sert quelquefois à cette fin d'un autre instrument nommé *diable tirant*.

volée. Pièce de bois de traverse qui s'attache au bout du timon, et aux extrémités de laquelle sont placés les *palonniers* des chevaux de *volée* (du second rang). Ce mot se dit aussi d'une pièce à peu près pareille qui s'attache à l'essieu, et à laquelle sont attelés les chevaux du premier rang (de derrière).

Charrue. Description des principales pièces d'une charrue.

araire. (Ce mot est masculin.) Charrue sans *avant-train* et, par conséquent, sans roues.

coutre. Lame tranchante qui sert à fendre la terre.

entrure. Profondeur plus ou moins grande à laquelle le soc de la charrue pénètre dans la terre. L'entrure se règle au moyen de la *sellette* dans les charrues avec avant-train et au moyen d'un anneau de fer denté, nommé *bride d'attelage*, dans les araires.

HAIE, AGE OU FLÈCHE. Pièce de bois arrondie et assez longue, qui forme la partie supérieure de la charrue. Dans les charrues avec avant-train elle pose sur la *sellette*.

MANCHE OU MANCHERON. (*Queue.*) Partie de la charrue qu'on tient avec la main en labourant.

SELLETTE. Pièce horizontale et mobile le long de deux montants fixés au *lisoir* (voyez *Chariot*), et sur laquelle pose le bout antérieur de la *haie*.

SEP. Pièce de bois qui s'emmanche dans le soc et qui est unie à la *haie* au moyen de deux *étançons*.

SOC. Pièce de fer qui sert à fendre la terre dans le sens horizontal. Il est composé de la *pointe*, des deux *ailes* et de la *douille*.

VERSOIR OU OREILLE. (*Lisse, liole.*) Pièce de bois, et plus souvent de fer, qui sert à renverser la raie. Il est *fixe* ou *mobile*.

VOLÉE. (*Tournée, balance.*) Pièce de l'avant-train à laquelle sont attachés les *palonniers* (peronnes). Elle est, comme le versoir, fixe ou mobile.

Chasse. Termes relatifs aux différentes espèces de chasses.

AFFUT. (Ce mot est masculin.) L'endroit où l'on se *poste* pour attendre le gibier à la sortie du bois ou à la rentrée. *Tirer un lièvre à l'affût. Choisir un bon affût.*

APPARIER (s'). (Ne dites pas *S'appairier.*) Se dit des pigeons, des tourterelles, des perdrix, etc., qui s'associent par couples, au moment des amours. *Dans cette saison les pigeons, les tourterelles s'apparient.*

APPEAU. (Ne dites pas *Appel.*) Sorte de sifflet avec lequel on contrefait la voix des oiseaux pour les faire approcher, ou pour les attirer dans quelque piége. *Un appeau pour prendre es cailles.*

APPELANT OU CHANTERELLE. Oiseau captif dont on se sert pour appeler les autres de son espèce, et les faire prendre dans des filets ou à des piéges. *Un bon appelant. La chanterelle a attiré beaucoup d'oiseaux.*

ARMER. Mettre le chien d'un fusil en état de s'abattre sur la capsule.

ASSOMMOIR. Sorte de piége que l'on tend surtout aux bêtes puantes, telles que fouine, putois, renard, etc, et qui est disposé de manière à les assommer lorsqu'ils s'y prennent.

BANDOULIÈRE. Large bande de cuir ou d'étoffe qui sert à porter le fusil sur l'épaule. *Porter un fusil en bandoulière.*

BAUGE. Lieu fangeux où le sanglier se couche. *Faire sortir un sanglier de sa bauge.*

BLOTTIR (SE). Se dit des lièvres, des perdrix qui s'accroupissent, se tapissent contre terre pour se cacher. *Les perdrix se blottissent devant les chiens.* On dit également dans le même sens, *Se raser. Les perdrix se rasent quand elles aperçoivent l'oiseau. Ce lièvre était rasé dans son gîte.*

BOURRE. Ce qu'on met dans le fusil par-dessus la charge, pour la retenir et la presser. *Enfoncer la bourre (et non le bourre) avec la baguette. Il a tiré à bout portant et lui a mis la bourre dans le ventre.*

CANARDIÈRE. Sorte de long fusil propre à la chasse des canards sauvages et des autres oiseaux qu'on ne peut approcher que difficilement.

CAPSULE. Amorce pour les fusils à piston. *Acheter des capsules.*

CARNASSIÈRE. Espèce de petit sac ordinairement de cuir, où l'on met le gibier qu'on a tué à la chasse.

CHEVROTINE. Gros plomb dont on se sert pour tirer le chevreuil, le loup, etc. *Mon fusil est chargé de chevrotines, à chevrotines.*

COLLET. Piége consistant en un lacs de fil de laiton ou de crin attaché à un piquet, et dont on se sert pour prendre les lièvres, les perdrix, etc. *Tendre un collet. Prendre des lièvres, des lapins, des perdrix au collet.*

COMPAGNIE. Bande de perdrix, de gelinottes, etc. *Une compagnie de perdrix ou de perdreaux.*

COUCHER EN JOUE. Ajuster son fusil et viser pour tirer. *J'ai couché l'animal en joue. Il le tenait couché en joue.*

COURRE OU COURIR. Poursuivre à la course. *Courre* ou *courir le cerf, le lièvre. Chasse à courre. Ce lièvre a été souvent couru. Qui court deux lièvres n'en prend aucun.*

DÉBANDER OU DÉTENDRE. Mettre le chien d'un fusil au *cran de sûreté.*

DÉFAUT. Ce mot s'emploie principalement dans les phrases suivantes : *Les chiens sont en défaut, la bête les a mis en défaut,* ils ont perdu les voies de la bête ; et *les chiens ont relevé le défaut,* ils se sont remis sur les voies.

DÉMONTER. Casser une aile à un oiseau.

EPAULER. (*Crosser.*) Appuyer le fusil contre l'épaule en couchant en joue.

EVENTER. Sentir sans mettre le nez à terre.

FLAIRER. Sentir. *Quand les chiens flairent la bête.*

FUSIL. Le *canon* dont l'un des bouts se nomme *gueule* et l'autre *tonnerre,* peut être *uni*, *tors* ou *à rubans.* On dit qu'il est *damasquiné,* lorsqu'il est orné d'incrustations d'or, d'argent, de cuivre, etc. Au canon sont fixés la *culasse*, la *cheminée*, le *porte-baguette* et la *mire* ; cette dernière est un bouton qui sert à viser. Le *bois* ou *fût* est garni d'une plaque de métal qui s'applique contre l'épaule, et qu'on appelle *semelle* ou *plaque de couche*, et d'une autre pièce en forme de demi-cercle, qui entoure la *détente*, et qui se nomme *sous-garde*. La *batterie* comprend la *platine*, *le marteau ou chien*, *la noix*, *la bride de la noix*, *la gachette*, *le ressort de la gachette*, *et le grand ressort*.

GIBECIÈRE. Grande bourse ordinairement de cuir, où le chasseur met le plomb, la poudre et les autres choses dont il se sert à la chasse.

GITE OU FORME. Lieu où le lièvre repose. *Un lièvre en forme. Un lièvre va toujours mourir au gîte.* (Proverbe.)

GLU. Matière visqueuse et tenace avec laquelle on prend les oiseaux. *Cette glu est bien forte. Prendre des oiseaux à la glu.*

GLUAU. Petite branche enduite de glu. *Paquet de gluaux. Tendre des gluaux.*

LACET OU LACS. (On prononce *La*.) Nœud coulant qui sert à prendre des oiseaux, des lièvres, etc. *Un lacs de crin. Vendre des lacs. Prendre un lièvre au lacet. Tendre un lacet.*

LANCER. Chasser le gibier du gîte.

MOTTER (SE). Se dit des perdrix, lorsqu'elles se cachent derrière les mottes de terre.

MAILLER. Se dit des perdreaux à qui les *mailles* (taches) poussent sur les plumes, lorsqu'ils deviennent forts. *Les perdreaux ne maillent pas encore.*

PARIADE. Saison où les perdrix s'apparient ; perdrix appariées. *La chasse est défendue pendant la pariade. Il y a cinq ou six pariades dans ce champ.* Dans le dernier sens on dit plus souvent *un couple*.

PASSÉE. (Ne dites pas *Passe*.) Le moment du soir où les bécasses se lèvent du bois pour aller dans la campagne. *Tuer, prendre des bécasses à la passée. Voici bientôt l'heure de la passée.*

PIPÉE. Sorte de chasse dans laquelle on contrefait le cri de la chouette, pour attirer les oiseaux dans un arbre dont les branches sont garnies de gluaux où ils se prennent. *Faire une pipée. Prendre des oiseaux à la pipée.*

PISTE , VOIE OU TRACE. Vestige que laisse l'animal aux endroits où il a passé. *Suivre la bête à la piste. On a perdu la piste de la bête. Les chiens sont sur la voie , sur les voies. La bête a passé par ici, en voilà les traces. La trace est encore toute fraîche.*

POIRE A POUDRE OU POUDRIÈRE. Sorte de petite bouteille de cuir bouilli, de corne, de cuivre, etc., dans laquelle on met la poudre de chasse.

RAQUETTE. Piége formé d'un lacs de crin et d'un cercle de bois ayant à peu près la forme d'une raquette, et qui sert à prendre les grives.

RATER. Se dit d'une arme à feu qui manque à tirer , soit que l'amorce ne prenne point, soit que le coup ne parte pas. *La compagnie de perdrix partit à la portée de son fusil , mais son fusil rata.*

REJET. *(Regibeau.)* Piége à ressort et à nœud coulant, qui sert à prendre les bécasses par les pieds.

REPOUSSER. *(Rebider.)* Faire un mouvement au moment de la détonation, en parlant d'une arme à feu.

TERRIER. *(Bôre.)* Trou , cavité dans la terre où certains animaux, tels que renards , lapins , putois , etc., se retirent pendant le jour. *Enfumer un renard dans son terrier.*

TINET. *(Tinau.)* Espèce de bâton dont on se sert quelquefois pour porter le gros gibier à deux personnes , en le tenant suspendu.

TIR. *Chasser au tir* se dit lorsqu'on se sert d'un fusil, et *chasser à courre* ou *au courre* , lorsqu'on n'emploie que des chiens.

TIRE-BALLE , TIRE-BOURRE. Instrument dont l'un sert à tirer d'un fusil la balle qui y est entrée de force, et l'autre, à ôter la bourre afin qu'on puisse en retirer la charge.

TIRER. Ce mot a plusieurs significations : *Tirer en l'air. Tirer à poudre. Tirer à plomb. Tirer sur quelqu'un. S'exercer à tirer le pistolet. Tirer au vol, à la course, en forme. Tirer un lièvre.*

TRAQUENARD. *(Sep.)* Piége de fer à ressort, ayant la forme d'un cercle lorsqu'il est ouvert, et qui sert à prendre les loups, les renards, les fouines, les rats, etc.

TRAQUER. Faire une *traque*, une *battue*, une *enceinte* dans un bois avec des *traqueurs*, pour chasser le gibier sous les coups des tireurs. *Traquer un bois. Traquer un loup.*

TRÉBUCHET. *(Vechotière.)* Piége de planche ayant la forme d'une longue boîte, avec un ou deux couvercles qui retombent et enferment l'animal qui y entre. Il sert surtout à prendre les fouines et les putois.

VISER, mirer regarder un but pour y adresser un coup de fusil. *Viser un animal à la tête.*

Châssis. Prononcez l'A comme dans *Châtier*.

Châtain. Cet adjectif ne peut pas qualifier un nom de personne, et la phrase, *Cet homme est châtain*, est incorrecte. Il faut dire *Cet homme est* BRUN, A LES CHEVEUX CHATAINS.

Château. La première syllabe est longue comme dans le mot qui précède.

Chatou. SAVON, SEMONCE, SACCADE, GARDE. *Donner un savon à quelqu'un. Il lui a fait une forte, une verte semonce. Il a eu une rude, une furieuse saccade. Monter une garde à quelqu'un.*

Chaude. Voyez le mot qui précède.

Chaude marque. Oppression ou étouffement qui survient quelquefois pendant le sommeil, en sorte qu'on croit avoir un poids énorme, un animal, etc., sur l'estomac, mais qui cesse dès qu'on vient à se réveiller. CAUCHEMAR. *Etre sujet au cauchemar. Avoir le cauchemar.*

Chauder (Se). S'ÉCHAUDER, SE BRULER. *S'échauder la main, le pied. Elle s'est échaudée en voulant retirer la marmite du feu. Se brûler à la main, à la jambe.*

Chaudrer. Engraisser un terrain avec de la chaux. CHAULER.

Chauquer. APPUYER, SERRER, PRESSER, ENTASSER. *Etre serrés, pressés, comme des harengs en caque. On les avait entassés les uns sur les autres dans un méchant cabas. Appuyez davantage sur le cachet. Pour bien écrire il ne faut pas appuyer.*

Chauquer. Couvrir la femelle, en parlant du coq et des autres oiseaux. CÔCHER.(L'O est long.)

Chaur. TROUÉE, BRÈCHE, VIDE. *Dans cette haie il y a une trouée par où nous pourrons aisément passer. Il y a une brèche à ce mur, à cette haie. La mort de ce prince fait un grand vide à la cour.*

Chaurai. Machine roulante où de petits enfants se tiennent debout sans pouvoir tomber, et qui les aide à marcher. ROULETTE D'ENFANT.

Chauspougner. PATROUILLER, TRIPOTER des fruits, des viandes : FROISSER du papier, du drap ; MALTRAITER des étoffes, etc. *Un cuisinier qui patrouille des viandes. Qui est-ce qui a patrouillé tous ces fruits-là ?*

Chauspougner (Se). SE POUSSER, SE BOUSCULER, SE HOUSPILLER.

Chaver. S'ÉCORCHER, S'EXCORIER, AVOIR DES ÉCORCHURES.

Chemineau. Voyez *Cuisine.*

Chenil. Lieu où l'on met les chiens de chasse. On ne prononce pas l'L. (Acad.) *Enfermer les chiens dans le chenil. C'est un vrai chenil.*

Chenole du cou. VERTÈBRES CERVICALES, ÉPINE DU COU.

Chenu signifie Blanc de vieillesse, et non MINABLE, DÉGUENILLÉ, DÉPENAILLÉ. *Devenir chenu. Tête chenue. Barbe chenue.*

Cheptel. Prononcez *Chetel.* (Acad.) *Bail à cheptel. Donner des bestiaux à cheptel.*

Cher. Cet adjectif ne prend un accent qu'au féminin. Il en est de même de *Fier* et *amer*. *Mon cher père. Ma chère mère.*

Cherbinade. GLISSADE, MARQUE.

Cherbiner. GRATTER. *Les poules grattent la terre, grattent le fumier pour chercher de la pâture.*

Cherubin. On prononce Ch comme dans *Cher.*

Chessemenage. VISITE DOMICILIAIRE.

Chesseure. Bout de ficelle attaché à l'extrémité d'un fouet. MÈCHE. *La mèche de votre cravache, de votre fouet est usée.*

Cheurre. SECOUER. *Secouer un manteau. Secouer la poussière de son habit, de ses pieds, de ses souliers. Secouer la tête.*

Cheurre. SECOUER un arbre; RAMASSER, CUEILLIR des fruits; FAIRE LA CUEILLETTE des pommes, des poires, etc.

Cheval. Termes relatifs aux différentes parties du corps d'un cheval, etc.

ALLURE. Façon de marcher. Les *allures naturelles* du

cheval sont le pas, le trop et le galop. L'amble est ordinairement une *allure. artificielle.*

BARRES. Partie de la mâchoire dépourvue de dents, et sur laquelle le mors appuie. *Ce cheval a les barres usées, échauffées.*

BÉGU. Se dit d'un cheval qui marque toujours, quoiqu'il ait passé l'âge. *Cheval bégu. Jument bégue.*

BERCER (SE). Se dit du cheval dont le corps éprouve un balancement latéral en marchant.

BILLARDER. Se dit du cheval qui jette les jambes de devant en dehors. *Tous les chevaux panards billardent.*

BOULET. Jointure qui est au-dessus du paturon, et à la partie postérieure de laquelle se trouve le *fanon*, touffe de crin qu'on prend ordinairement avec la main, lorsqu'on veut lever le pied à un cheval. *Etre droit sur ses boulets. Marcher sur ses boulets.*

BOULETÉ. On dit qu'un cheval est *bouleté*, lorsqu'il a le boulet hors de sa situation naturelle.

CHANFREIN. Partie de la tête qui s'étend entre les sourcils et les joues, depuis les oreilles jusqu'aux naseaux. Elle forme le devant de la tête et est souvent marquée d'une *étoile* ou d'une *liste.*

CHATAIGNE. Excroissance cornée en forme de châtaigne qui vient à la face intérieure de l'avant-bras.

CHEVAL. Les parties extérieures du cheval se divisent en *avant-main*, *corps* et *arrière-main*. L'avant-main comprend *la tête*, *l'encolure*, *le garrot*, *le poitrail* et *les membres antérieurs*. Le corps est formé *du dos*, *des reins*, *des côtes*, *des flancs* et *du ventre*. L'arrière-main se compose de *la croupe*, *de la queue* et *des membres postérieurs*.

CÔTE. Un cheval peut avoir la côte *plate* ou *ronde.*

COUPER (SE). Se dit lorsqu'un pied du cheval attrape l'autre, soit en marchant, soit en trottant.

COURONNE. Partie du pied immédiatement au-dessus du sabot.

COURONNER (SE). Se blesser au genou en tombant, de manière à emporter le poil qui couvre cette partie.

CROUPE. La croupe peut être *large*, *double*, *tranchante* ou *de mulet*, *horizontale*, *avalée*, etc.

DENTS. Le cheval a six *incisives* à chaque mâchoire, savoir : deux pinces qui occupent le milieu, deux *mitoyennes* et deux *coins*. Viennent ensuite les *molaires* au nombre de six à chaque côté de chacune des mâchoires. Entre les coins et les molaires, il existe, chez la plupart des chevaux, une petite dent pointue nommée *crochet*.

DOS. Lorsque le dos est arqué, on dit que le cheval est *bossu* ; lorsque, au contraire, il est un peu enfoncé, le cheval est *ensellé*.

ENCOLURE. Cou du cheval. Elle peut être *courte*, *longue*, *grêle*, *droite*, *courbée*, *de cygne* (courbée seulement près de la tête), *de cerf*, etc.

EXTRÉMITÉS. Partie inférieure des jambes. *Ce cheval a la crinière, la queue et les extrémités noires.*

FAUCHER. Traîner en demi-rond une des jambes de devant. *Ce cheval fauche, il a été entr'ouvert, il a fait quelque effort.*

FESSES. Elles sont *plates*, *fournies*, *rondes*, etc.

FLAGEOLER. Se dit des jambes du cheval, lorsque la faiblesse ou la fatigue les rend tremblantes. *Les jambes lui flageolent.*

FLANC. Partie située entre le défaut des côtes et les hanches. Les flancs sont *creux* ou *remplis*.

FORGER. On dit qu'un cheval *forge*, lorsqu'en trottant il fait entendre un bruit à peu près semblable à celui d'une petite clochette, produit par le choc des fers.

GANACHE. Mâchoire inférieure. Le creux qui se trouve entre les deux *branches* de la ganache, s'appelle *auge*. Avoir la ganache pesante. Avoir l'auge empâtée.

GARROT. Partie située au-dessus des épaules et où se termine l'encolure. *Le garrot d'un cheval doit être haut et tranchant. Ce cheval a été blessé sur le garrot.*

GENOU. On dit que le genou est *arqué*, lorsqu'il est dirigé en avant ; *creux*, *effacé* ou *de mouton*, lorsqu'il est dirigé en arrière ; *cambré*, lorsqu'il fait saillie en dehors et que le pied rentre en dedans ; le cheval est alors *panard*. Enfin on dit qu'un cheval est *cagneux*, qu'il a la jambe *cagneuse*, ou qu'il a des *genoux de bœuf*, lorsque les pieds sont dirigés en dehors.

GIGOTTÉ. On dit qu'un cheval est *bien gigotté* pour dire qu'il a les jambes bien faites.

HANCHE. (*Cranzan.*) Saillie que fait, des deux côtés de la croupe, le sommet du fémur. Lorsque les hanches sont proéminentes, on dit que le cheval est *cornu*.

JARRET. L'endroit où se plie la jambe de derrière. Il peut être *net* ou *empâté*, *droit* ou *coudé*. On dit aussi d'un cheval qui se tient bien, qu'il est *ferme sur ses jarrets*.

JARRETÉ. Qui a les jambes de derrière tournées au dedans, et si peu ouvertes, que les deux jarrets se touchent presque en marchant. *Cette jument serait belle si elle n'était pas jarretée.*

MEMBRES. Les membres antérieurs comprennent *l'épaule*, *le bras* qui est appliqué contre la poitrine, *l'avant-bras* qui part du corps et se termine au *genou*, *le canon* à la partie postérieure duquel se trouve une espèce de corde appelée *tendon*, *le boulet*, *le paturon*, *la couronne* et *le sabot*. Les différentes parties des membres postérieurs portent les mêmes dénominations, à l'exception du genou, de l'avant-bras, du bras et de l'épaule, qui se nomment *jarret*, *jambe*, *fesse* et *hanche*.

NASEAU. Narine du cheval. *Ce cheval a les naseaux fort ouverts.*

OMBILIC OU NOMBRIL. (*Boudelette.*) Partie proéminente qui est au milieu du ventre et qui provient de la cicatrice du cordon ombilical. Le nombril (prononcez *Nombri*) devient quelquefois assez volumineux par suite d'une descente nommée *hernie ombilicale* ou *hernie du nombril* (grosse boudelette).

OREILLE. Elle est *relevée*, *hardie*, *pendante* ou *de cochon*, etc.

PATURON. Partie de la jambe entre le boulet et la couronne. Lorsque le paturon est court, on dit que le cheval est *court-jointé* ; dans le cas opposé, on dit qu'il est *long-jointé*. *Les chevaux court-jointés deviennent aisément bouletés et droits sur leurs membres.*

POITRAIL. La partie antérieure du corps du cheval, au-dessous de l'encolure. *Ce cheval a un beau poitrail. Un cheval qui a le poitrail large, qui a le poitrail étroit.*

QUEUE. Elle est formée du *tronçon* et des *crins*. On dit qu'un cheval porte la queue *en trompe*, lorsqu'il la relève au-dessus de l'horizontale ; qu'il est *courtaud* ou *écourté*, lorsqu'on lui a coupé une certaine partie du tronçon et rogné les crins au niveau de cette amputation. Une queue *en balai*, a le tronçon coupé, mais non les crins. Une *queue de rat* est dégarnie de crins.

RASER. Se dit d'un cheval qui ne *marque* plus, c'est-à-dire dont la cavité des dents incisives ne paraît plus ou presque plus. *Ce cheval rase, commence à raser.*

SABOT. La partie du sabot que l'on voit lorsque le pied est posé sur le sol, se nomme *paroi* ou *muraille*. Le dessous du pied comprend la *sole* et la *fourchette*.

salière. Creux qui se forme au-dessus des yeux, quand les chevaux vieillissent.

squelette. Les différents os qui forment le squelette des quadrupèdes portent, en général, les mêmes dénominations que chez l'homme. Voyez ce mot.

tempe. Partie de la tête entre l'oreille et le front, au-dessus des *joues*.

tête. Un cheval peut avoir la tête *busquée* (arquée), *lourde, légère, fine, grosse*, etc.

ventre. Lorsqu'un cheval a le ventre peu développé, on dit qu'il est *étroit de boyau*. Le ventre *de vache* est ovale et large du bas ; le ventre *de biche* ou *retroussé* est relevé et a peu de développement.

Cheval. Liste détaillée des principales robes du cheval.

alezan. (*Blond, roux.*) De couleur fauve tirant sur le roux. Ce poil diffère peu du bai, mais la crinière et la queue sont de la même couleur que le reste du corps, tandis que dans le bai elles sont noires. On subdivise l'alezan en *clair, doré* et *brûlé*. *Un cheval de poil alezan. Un cheval alezan. Une jument alezane.*

bai. (*Rouge.*) D'un rouge brun avec la queue et la crinière noires. Les principales nuances sont : *le bai cerise, le bai doré, le bai châtain* et *le bai brun*. On dit que le bai est *miroité*, lorsqu'il se présente sur la croupe des pommelures brunes. *Ce cheval a le poil bai. Monter un cheval bai, une jument baie. Une jument bai brun.*

blanc. Les différentes nuances du blanc se résument en *blanc mat, blanc argenté, blanc porcelaine, blanc pommelé, blanc moucheté de noir* et *blanc truité* (à mouchetures rouges).

gris. (*Gris noir.*) Mêlé de noir et de blanc. *Gris clair, gris argenté*, *gris sale*, *gris foncé*, *gris ardoisé*, *gris de fer*, *gris pommelé*.

ISABELLE. De couleur à peu près jaune. *Isabelle clair, isabelle doré, isabelle foncé, isabelle brun.*

LOUVET. Qui approche de la couleur du loup.

NOIR. Il est dit *foncé* ou *mal teint* selon la nuance.

PIE. (*Cajolé*.) Blanc et noir ou blanc et alezan par taches.

ROUAN. (*Gris rouge*.) Mêlé de blanc, de noir et de roux. Il offre quatre variétés : le *rouan clair* où les poils blancs sont les plus nombreux ; le *rouan foncé* où ce sont les noirs ; le *rouan vineux* où les poils roux dominent, et le *rouan cap de more* qui se dit lorsque la tête et les extrémités sont noires.

RUBICAN. Se dit de tout cheval noir, bai ou alezan dont la robe et surtout les flancs sont semés çà et là de poils blancs.

SOURIS. De la couleur de cet animal.

MARQUES PARTICULIÈRES.

BALZANE. Marque blanche que quelques chevaux ont aux pieds. *Balzane prolongée. Petite balzane. Ce cheval a trois balzanes, quatre balzanes.*

EPI. Endroit où le poil est relevé en sens invers.

FEU OU TACHE DE FEU. Tâche roussâtre qui se trouve quelquefois à la tête, aux flancs, aux fesses.

LISTE. (*Hiémeurre*.) Bande de poils blancs que certains chevaux portent sur le chanfrein. Suivant la forme de cette bande, on dit que le cheval est marqué d'une *liste étroite, allongée, triangulaire*, etc., et on ajoute qu'il *boit dans son blanc* lorsque la lèvre supérieure est blanche.

PELOTTE OU ÉTOILE. Même marque, lorsqu'elle est presque ronde.

Cheville. Les L de ce mot sont mouillées. *Cheville de bois, de fer.*

Chiche. Poire ou pomme séchée au four. POIRE, POMME SÉCHÉE, ETAPÉE.

Chicoter. PINTER, CHOPINER. *C'est un homme qui n'aime qu'à pinter, qui ne fait que pinter. Il s'amuse à chopiner.* Chicoter signifie Contester sur des bagatelles.

Chimagrawe. SIMAGRÉE. *Cette femme fait bien des simagrées. Prenez ce qu'on vous donne et ne faites pas tant de simagrées. Il a fait la simagrée de refuser cette place, mais sa résistance n'a pas été longue.*

Chinan. Petite lame provenant d'une baguette, d'un brin d'osier fendu, dont on fait des paniers. ÉCLISSE.

Chine. Ecrivez et prononcez ÉCHINE. *Il s'est rompu l'échine.*

Chineler. SE FENDRE, SE DÉCHIRER EN ÉCLAT, ÉCAFER.

Chinée. GRIMACE.

Chinelette. CAILLETTE, BAVARDE.

Chinelette. Petit éclat de bois qui est entré dans les chairs. ÉCHARDE. *On lui a tiré une écharde du pied. Il lui entra une écharde sous l'ongle.*

Chinelette. Partie d'un morceau de bois qui est rompu en long. ECLAT, FILET. *On a fendu cette bûche par éclats. Tout s'en va par filets.*

Chinelière. BAGUETTE PROPRE A FAIRE DES ÉCLISSES.

Chinisse. TRIPOTAGE, PÊLE-MÊLE, TOHU-BOHU.

Chinisser. TRIPOTER. *Je ne sais ce qu'ils tripotent ensemble.*

Chiper. PRENDRE, DÉROBER. Ce mot est français.

Chipoteur. Dites CHIPOTIER. *C'est un franc chipotier.*

Chipoter signifie Faire des difficultés sur de petites choses, faire peu à peu, lentement et à diverses reprises, ce qu'on a à faire. *Elle ne fait que chipoter.* Il ne faut pas l'employer comme synonyme de TRIPOTER, qui signifie Brouiller, mélanger différentes choses ensemble et en faire quelque chose de mauvais ou de malpropre ; semer la discorde, intriguer, etc. *Ces enfants ont tripoté tout le jour avec de la terre et de l'eau. Je ne sais ce qu'ils tripotent ensemble.* Ne dites pas non plus, *Cela me chipote*, en parlant d'une chose qui n'est pas importante, mais qui cependant tourmente, fait de la peine ; dites, *Cela me* CHICANE, *me* TOURMENTE. *Cette affaire n'est qu'une bagatelle, mais elle ne laisse pas de le chicaner.*

Chirer. Ce mot n'est pas français, il faut dire DÉCHIRER. *Déchirer de la mousseline. Ma robe s'est déchirée.*

Chirographaire. Prononcez *Kirographaire.* (Acad.) *Créancier, créance chirographaire.*

Chiromancie, chiromancien. (Prononcez *Ki.* (Acad.) *La chiromancie est une science frivole.*

Chirurgie, chirurgien. Ne prononcez pas *Chi-ru-gie*, *chi-ru-gien*, mais faites sentir l'R qui précède le G. *Instrument de chirurgie.*

Chitte. CHIURE, TACHE, FIENTE, EXCRÉMENT. *Un miroir couvert de chiures de mouches. Fiente de pigeon.*

Chitte. COURS DE VENTRE, FOIRE, DIARRHÉE, DÉVOIEMENT. *Des fruits qui donnent la foire, la diarrhée, le dévoiement*

Chitter. FOIRER. *Il a foiré partout.*

Chitteux. FOIREUX. *Un foireux, une foireuse. Avoir la mine foireuse.*

Chlinguer. Frapper avec quelque chose de délié, de pliant. CINGLER. *Cingler le visage d'un coup de fouet. Cingler se dit également De l'action du vent, de la pluie, de la grêle, etc. Il fait un vent qui cingle le visage. Le vent cingle.*

Chôgna. LAMBIN, LANTERNIER, MUSARD, SOURNOIS, MALICIEUX.

Chôgner. LAMBINER, TOURNAILLER, MUSER.

Chorner. Rompre une corne, les cornes à un animal. ÉCORNER. *Écorner un taûreau. Cette vache s'est écornée en tombant.*

Choucheterie. MINUTIE, BARGUIGNAGE, HÉSITATION.

Choucheteux. MINUTIEUX, BARGUIGNEUR, INDÉCIS.

Choufflu. JOUFFLU, MAFFLÉ, MAFFLU. *Cette femme est trop joufflue. Gros joufflu, grosse joufflue.*

Un visage mafflé. C'est une grosse mafflée ou *mafflue.*

Chour. GIRON. *Cacher dans son giron. Cet enfant dormait dans le giron de sa mère.*

Chour. TABLIER.

Chour. SOURCE. *Découvrir, trouver une source. Détourner une source.*

Chourder. SOUDRE, JAILLIR, SAILLIR. *C'est un pays fort aquatique, l'eau y sourd partout. On voit l'eau sourdre de tous côtés.* (Les autres temps du verbe *Sourdre* ne sont pas en usage.) *Quand Moïse frappa le rocher, il en saillit, il en jaillit une source d'eau vive.*

Chouvian. Voyez *Boulañger.*

Chouvie. DÉBRIS, POUDRE, POUSSIÈRE.

Chrétienté. Prononcez *Cré-ti-in-té*, et non *Cré-tienn-té. Dans toute la chrétienté.*

Chuchier. CHUCHOTER. *Elles chuchotent entre elles. Chuchoter quelques mots à l'oreille.*

Chuler. RAPER, USER, CHIFFONNER, FRIPER.

Chûteurre. DÉPOUILLE D'UNE FUMURE, RÉCOLTES D'UN TERRAIN FUMÉ.

Chuve. SUIE. *Noir comme suie, comme de la suie. Un tuyau de poêle engorgé par la suie.*

Cicerone. Celui qui montre aux étrangers les curiosités d'une ville. On prononce *Chicheroné*. (Acad.) *Nous étions accompagnés d'un cicerone. Plusieurs cicerones nous proposèrent leurs services.* Quelques lexicographes prétendent et nous pensons qu'on doit prononcer *Ci-cé-ro-né*.

Ciglisse. Sorte de voiture sans roues, que l'on traîne sur la neige, sur la glace ou dans les rues. TRAINEAU.

Ci-inclus, ci-joint, ci-annexé restent invariables quand le substantif qui suit est employé sans article, ou lorsque, précédant un substantif qui a l'article, ils commencent la phrase. *Vous trouverez ci-joint, ci-inclus, copie de la lettre. Vous trouverez ci-jointe, ci-incluse la copie, une copie du traité. Les papiers ci-joints. Ci-joint l'expédition du jugement. (Acad.)*

Cil. Le poil des paupières. On mouille l'L. (Acad.) *Les cils des paupières. Un cil m'est entré dans l'œil.*

Cile. Instrument dont on se sert pour scier les blés. FAUCILLE. (Les L sont mouillées.) *Les moissonneurs ont déjà la faucille à la main.*

Ciler. COUPER, SCIER. *C'est le temps de scier* (et non *ciler*) *les blés. Couper les blés.*

Cileur. SCIEUR. *On a mis les scieurs dans les blés, dans ce champ.*

Cimetière. Ce mot est masculin. *Porter un corps au cimetière.* (Il faut bien se garder de prononcer *Cimetié*.)

Cinq. La lettre Q ne se prononce point quand *Cinq* est immédiatement suivi de son substantif commençant par une consonne. *Les cinq sens. Cinq fois.* Dans tous les autres cas le Q se prononce. *Cinq multiplié par trois. Ils étaient cinq.* (Acad.)

Civran. BRAS d'une civière, d'une brouette, d'un brancard.

Clabot. CLOCHETTE, SONNETTE.

Clacoter. BALLOTTER, BRANLER. *Cette porte, cette fenêtre ballotte, arrêtez-la. Ce violon ballotte dans son étui.*

Claine. SCORIE DE FER, SCORIE DE BOCARD. SCORIE BROYÉE.

Claper. CLAQUER, POUSSER, BATTRE. *Claquer des dents. Il faut attacher cette jalousie, cette persienne qui bat contre le mur.*

Classifier. Ce mot n'est pas français, il faut dire CLASSER. *Classer des plantes.*

Cliche. Fermeture composée *d'un battant, d'un mentonnet, d'un bouton, et d'un levier ou bascule.* Dites CLENCHE, CLINCHE ou LOQUET. *Cette porte ne ferme qu'au loquet. Haussez, levez le loquet. Tournez le bouton du loquet.*

Clicher. Baisser le loquet, fermer au loquet. CLENCHER.

Clichet. Espèce de petit verrou plat qu'on met à des portes d'armoires, etc., pour les fermer. TARGETTE.

Clicheter. Remuer le loquet d'une porte pour appeler. LOQUETER.

Clignan. Voyez *Chanvre*.

Clipter. DÉBITER, SEMER, RÉPANDRE, PUBLIER.

Clive. CRIBLE A FARINE, TAMIS DE BOIS.

Cloper. En parlant d'un fer de cheval, Branler, être près de tomber. LOCHER. *Regardez aux pieds de ce cheval, j'entends un fer qui loche.*

Cloper. BOITER. Dites CLOCHER. *Il ne faut pas clocher devant les boiteux.*

Clochette. Voyez Bouiette.

Clou à patte. Espèce de grand clou recourbé en équerre, qui sert à fixer un lambris, un chambranle, etc. PATTE.

Clousser. Dites GLOUSSER. *Une couveuse qui glousse.*

Clozai. CASE, COMPARTIMENT, LOGE.

Cocher. CHATRER, COUPER. *Châtrer une truie, une chienne.*

Cocheux. Celui qui fait métier de châtrer les animaux domestiques. CHATREUR. *Couteau de châtreur.*

Codasser. En parlant du cri que fait la poule lorsqu'elle veut pondre ou après avoir pondu, CAQUETER.

Cognac. Prononcez l'O comme dans *Cognée.*

Coi. TRANQUILLE. Le féminin est *Coite. Demeurer coi. Chambre coite.* Ce mot a vielli.

Coicher. ÉCRASER, PLIER, FLÉCHIR, TOMBER. *Fléchir sous le joug.*

Coïne. Peau de cochon. COUENNE. *Couenne de lard. Frotter avec de la couenne.*

Colchique. Plante. Ce mot est masculin. *Le colchique est un poison, surtout pour les chiens.*

Collationnement. Ce mot ne se trouve pas dans les dictionnaires. Il faut dire COLLATION. *Faire la collation de divers exemplaires. Il a fait la* *collation de cette copie avec l'original, sur l'original. La collation du manuscrit est achevée.* (Courier.)

Collègue se dit ordinairement de Ceux qui sont revêtus des mêmes *fonctions* ou de la même *mission*; à la différence de CONFRÈRE qui se dit d'ordinaire de Ceux qui exercent la même *profession* ou qui sont membres de la même *corporation*. (Acad.) Ainsi les ministres, les sénateurs, les représentants, les gouverneurs de provinces, les bourgmestres, les magistrats d'un parquet, etc., se traitent de *Collègues;* les académiciens, les avocats, les médecins, les notaires, les évêques, les curés, etc., se nomment entre eux *Confrères.*

Coller. Voyez *Laitière.*

Colorer, colorier. Le premier signifie Donner la couleur, de la couleur, et, au figuré, Donner une belle apparence à quelque chose de mauvais. Le second ne se dit que Des couleurs qu'on applique sur une estampe, sur un dessin, etc., et ne s'emploie pas au figuré. *Un vif incarnat colorait son visage. Le soleil colore les fruits. L'art de colorer le verre, le cristal. Les raisins commencent à se colorer. Colorer un mensonge. Vice coloré. Ce peintre colorie mieux qu'il ne dessine.*

Combien. On comprend facilement qu'il serait ridicule de dire : *Le combien* du mois sommes-nous aujourd'hui? au lieu de *Quel quantième du mois avons-nous aujourd'hui? Quel quantième est-ce, quel jour du mois est-ce aujourd'hui?*

Commencer à, désigne une action qui aura du progrès, de l'accroissement ; *Commencer de*, se dit d'une action qui aura de la durée. *Le jour commence à luire. Il commence à pleuvoir. Cet enfant commence à parler. Lorsqu'il commença de parler, chacun se tut pour l'écouter. Il avait commencé d'écrire sa lettre. Je commençais à peine de dormir, quand ce bruit me réveilla. Ses nuits sont plus calmes, il commence à dormir un peu.* Cependant on dit quelquefois, *Commencer à*, pour *Commencer de. Commençons à diner. Ils commencent à jouer.* (Acad.)

Commémoraison, commémoration. Le premier ne se dit que De la mention, du mémoire que l'on fait à la messe, aux vêpres, etc., d'un saint ou d'une sainte, le jour qu'on célèbre une autre fête. Dans toutes les autres acceptions, servez-vous du mot *Commémoration. L'Eglise a fait commémoraison de tel saint. On a chanté un Te Deum en commémoration de cette victoire.* On dit cependant indifféremment, *La commémoraison* ou *la commémoration des morts*, pour désigner La fête que l'Eglise célèbre le jour des Morts.

Commerce. Définition de quelques termes relatifs au commerce.

ABATANT. Partie du comptoir qu'on lève et qu'on abaisse pour entrer ou pour sortir.

A-COMTE. Ce qu'on donne sur une somme due. *Voilà un bon à-compte.* Cette expression ne s'écrit avec un tiret que lorsqu'elle est employée substantivement. *Il a donné mille francs à compte.*

ACTIF. Sommes qui sont dues. Il se dit par opposition à Passif. *Son actif s'élève à trente mille francs, et son passif à dix mille.*

AMPLIATION. Double d'une quittance, d'un compte. *L'ampliation d'une quittance.* On écrit ordinairement au bas de ces sortes de copies, *Pour ampliation.*

AUVENT. Petit toit en saillie attaché au-dessus d'une boutique pour garantir de la pluie. *Se mettre à couvert de la pluie sous un auvent.*

AVAL. Souscription qu'un tiers met au bas d'un effet de commerce, et par laquelle il s'oblige d'en payer le montant, s'il n'est pas acquitté par celui qui a souscrit ou accepté l'effet. *Mettre son aval au bas d'une lettre de change. L'aval peut être fourni par acte séparé.* Celui qui souscrit un aval se nomme *donneur d'aval. Le donneur d'aval est tenu solidairement et par les mêmes voies que les tireurs et endosseurs, sauf les conventions différentes des parties.* (Code de C.)

AVOIR ou CRÉDIT. La partie d'un compte où l'on porte les sommes dues. Ils se disent par opposition à *Doit* et *Débit. Tout compte courant est tenu par débit et par crédit. Porter un article, une somme au crédit d'un compte. Le côté du crédit. Le côté du débit. J'ai porté telle somme à votre débit.*

BALANCE. Chiffre qui représente la différence entre le débit et le crédit de quelqu'un. *La balance de son compte, en ma faveur, est de dix mille francs.* Il se dit aussi de l'action d'arrêter, à une certaine époque, les écritures d'une maison de commerce. *Ce négociant fait sa balance tous les ans.*

BANNE. Espèce de tente que les marchands placent, en guise d'auvent, au devant de leurs boutiques, pour se garantir de l'ardeur du soleil.

BAZAR. Lieu couvert où sont réunies des boutiques d'étoffes, de meubles, de bijouterie, etc. *Beau, vaste, riche bazar.*

BILAN OU INVENTAIRE. Etat indiquant l'actif et le passif d'un négociant.

BOCAL. Bouteille de verre ou de grès, dont le col est court et l'ouverture large. *Un bocal de tabac. Mettre des poissons rouges dans un bocal.*

BOUCAUT. Tonneau, futaille grossièrement faite, qui sert à renfermer certaines marchandises sèches. *Un boucaut de sucre, de café, de riz, de tabac. Un boucaut de morue.*

BRIC-A-BRAC (MARCHAND DE). Marchand qui achète et revend toute sorte de vieille ferraille, de vieux cuivres, de vieux tableaux, et divers autres objets de hasard.

COLIS. Caisse, balle ou ballot de marchandises. *Expédier, recevoir vingt colis, trente colis.*

COMPTOIR. Sorte de bureau ou de table longue et étroite sur laquelle on étale les marchandises que l'acheteur demande, et où il y a ordinairement un tiroir fermant à clef, pour serrer l'argent. *Une demoiselle de comptoir.*

CRÉDITER. Porter une somme au crédit, à l'avoir de quelqu'un. *Je vous ai crédité des cinq cents francs que vous m'avez prêtés, que vous m'avez remboursés.*

DÉBITER. Vendre. *Débiter en gros, en détail.*

DÉBITER. Inscrire une somme que doit quelqu'un à son débit. *Je vous ai débité de cette somme.*

DOCUMENTS. Les principaux documents de douane, d'accise et d'octroi sont : *l'acquit de payement*, qui constate qu'on a payé les droits d'entrée ou de sortie, ou les droits d'accise ou d'octroi ; *l'acquit à caution*, billet que les employés des accises délivrent pour que telle marchandise qui n'a pas encore payé les droits, ne soit point visitée en route, et puisse arriver au bureau de destination où les droits doivent être acquittés ; *l'acquit de consignation*, reçu des droits de douane dus pour une marchandise que l'on conduit dans un pays étranger, et qui donne le droit de la ramener et de reprendre la somme versée en rentrant dans l'Etat d'où l'on était sorti ; *le passa-vant*, billet qui autorise à transporter d'un lieu à un autre des marchandises sujettes à l'accise, ou à circuler avec des marchandises dans le rayon réservé à la douane ; *le passe-debout*, permission donnée à un négociant ou à un voiturier, de faire entrer, sans payer l'octroi, des marchandises dans une ville, où elles ne pourront être vendues, ni même déchargées, et qu'elles ne feront que traverser pour être conduites à leur destination.

ÉCHÉANCE. Le terme où échoit le payement d'une chose due. *L'échéance d'une lettre de change.*

ÉCHOPPE. Petite boutique ordinairement en appentis, et adossée contre un mur. *On a fait abattre les échoppes qui étaient autour de cette église. Il n'a qu'une échoppe pour boutique.*

EFFET DE COMMERCE. Lettre de change ou billet à ordre. Dans une lettre de change trois personnes au moins sont nécessaires : *le tireur*, qui souscrit l'effet ; *le preneur*, à l'ordre duquel l'effet est tiré ; et *le tiré*, qui doit le payer. Le preneur peut passer l'effet à l'ordre d'une autre personne, et, en ce cas, il prend le nom *d'endosseur*. Le dernier endosseur ou le preneur, lorsqu'il n'y a pas eu d'endossement, s'appelle *porteur*. *Le billet à ordre* est une obligation donnée par le *souscripteur* avec faculté, au *preneur*, de la passer à l'ordre d'une autre personne par la voie de *l'endossement*.

ENCAISSER. Recevoir le payement d'une marchandise, d'un effet.

ENDOSSER. Passer un effet de commerce à l'ordre d'une autre personne, au moyen d'une suscription placée au dos de l'effet.

ÉPICERIE. Ce mot désigne non-seulement toutes sortes d'épiceries, comme la canelle, la muscade, le poivre, etc., mais encore le sucre, le café et toutes les substances coloniales. *Magasin d'épicerie.*

ESCOMPTE. Remise faite à celui qui paye au comptant ou avant l'échéance. *Il a pris tant pour l'escompte.*

ÉTALAGE. Marchandises qu'on étale, qu'on déploie, pour servir de montre. *L'étalage d'un marchand. Ce magasin n'a de beau que l'étalage.*

ÉTIQUETTE. Petit écriteau qu'on met à des sacs d'argent, à des liasses de papiers, à des étoffes, etc., pour en indiquer le contenu ou le prix.

FACTURE Etat indiquant en détail la quantité, la qualité et le prix des marchandises livrées.

FAVEUR (PRENDRE). S'accréditer. *Cette marchandise, ce livre prend faveur.*

FUTAILLE. Le bois d'un tonneau. *Futaille vide.*

HONNEUR. *Faire honneur à une traite*, c'est L'accepter et la payer.

LETTRE DE VOITURE. Billet contenant l'indication des objets dont un voiturier est chargé, et sur la présentation de laquelle il est payé de son salaire.

LIQUIDES. Boissons spiritueuses.

LIVRE. Les principaux livres de commerce sont : *le brouillon, brouillard* ou *main-courante,* sur lequel on prend note des opérations de commerce à mesure qu'elles se présentent ; *le journal,* qui n'est que la copie du précédent mise au net ; *le grand-livre,* où l'on ouvre un compte à toutes les personnes avec lesquelles on fait des affaires ; et *le carnet d'échéance,* sur lequel on inscrit les effets à payer.

MAIN. Espèce de pelle de fer-blanc ou de bois, à manche très-court, dont on se sert pour prendre du sel, du café, de la farine, etc.

MARCHEPIED. Petit meuble à deux, trois ou quatre degrés, dont on se sert pour atteindre aux rayons élevés d'une boutique.

MERCERIE. Marchandise servant à la parure et à l'habillement, comme le fil, les aiguilles, les épingles, les cordons, etc.

MONTRE. Boîte vitrée dans laquelle les orfèvres, bijoutiers, tabletiers, etc., mettent leurs marchandises, afin qu'on les voie sans pouvoir y toucher.

ORDRE OU ENDOSSEMENT. Ecrit succinct que le propriétaire d'un billet ou d'une lettre de change met au dos de cet effet, pour en faire le transport à une autre personne. *Mettre un ordre, son ordre au dos d'un billet. Mettre l'endossement, son endossement sur une lettre de change. Cette lettre de change a plusieurs endossements.*

OUVRIR *un compte avec quelqu'un,* Porter sur ses livres le nom d'une personne avec qui on entre en relation d'affaires. *Ouvrir un crédit.* Autoriser à prendre à une caisse, à tirer une lettre de change.

PAIR (AU). Sans perte ni gain. *Négocier un effet au pair.*

PORTEUR. Celui en faveur de qui une lettre de change, un billet a été souscrit ou endossé. *Billet payable au porteur,* ou simplement, *Billet au porteur,* Billet sur lequel, sans désigner aucune personne en particulier, on promet de payer à celui qui en sera le porteur.

PRÉEMPTION. Droit qu'ont les employés de la douane, dans certains cas, *de préempter une marchandise,* c'est-à-dire de l'acheter à la valeur déclarée pour l'acquit des droits d'entrée ou de sortie.

PROTÊT. Sommation de payer une lettre de change ou un billet à ordre. Il y a deux sortes de protêts : le *protêt faute de payement* et *le protêt faute d'acceptation. Faire signifier un protêt. Protester, faire protester un billet.*

PROVISION. Somme qui est due par le tiré, et qui doit servir à payer une lettre de change. *Il y a provision, si, à l'échéance de la lettre de change , celui sur qui elle est fournie est redevable au tireur d'une somme au moins égale au montant de la lettre de change.* (Code de C.)

RAYON. Planche posée horizontalement dans une boutique, dans un magasin, pour y ranger des marchandises. *Prenez cette pièce d'étoffe sur le rayon d'en haut.*

ROCOCO. Se dit de Toute étoffe qui est vieille et hors de mode.

SOLDE. (Ce mot est masculin.) Payement qui se fait pour rester quitte d'un compte. *Pour solde. Pour solde de tout compte.* Il se dit aussi De la somme qui fait la différence entre le débit et le crédit, lorsque le compte est vérifié et arrêté.

TARE. Voyez *Pesage.*

TENTE. Espèce de pavillon, fait ordinairement de toile, dont on se sert pour mettre des marchandises à couvert et pour d'autres usages. *Les marchands avaient tendu leurs tentes à la foire.*

TIRER. Lancer une traite. *Tirer une lettre de change sur quelqu'un,* ou simplement *Tirer sur quelqu'un.*

TRAITE. Lettre de change. *Faire accepter des traites. Donnez-moi une traite sur Hambourg.*

TRANSIT. (Prononcez *Tranzite.* Acad.) Faculté de faire passer des marchandises, des denrées, à travers un État, une ville, sans payer les droits d'entrée. *Marchandises en transit.*

USANCE. Terme de trente jours. *Il a une lettre sur un tel à usance. Elle est payable à deux usances.*

VITRINE. Vitrage d'une boutique.

VUE (A) OU A PRÉSENTATION. Au moment de la présentation, sans délai d'échéance. *Une lettre de change payable à vue, payable à tant de jours de vue* (tant de jours après sa présentation).

Comparaître se conjugue avec l'auxiliaire *Avoir*. *Il n'a point comparu.*

Comparer. On doit dire : *Sa maison n'est pas à comparer* (et non *à comparaître*) *à celle d'un tel.*

Comperose. Vitriol. Ecrivez et prononcez COUPEROSE. Voyez *Vitriol*.

Concessionner. Ce mot n'est pas français ; il faut dire, DEMANDER EN CONCESSION, SOUMISSIONNER.

Concombre. Ce mot est masculin. *Les cornichons sont de petits concombres.*

Conjecture, conjoncture. Le premier signifie Présomption ; le second, Occasion, circonstance. *Je n'en parle que par conjecture. Se perdre en conjectures. Cet événement a donné lieu à bien des conjectures. Si ma conjecture ne me trompe. Heureuse, triste, fatale conjecture. La conjoncture est favorable. En cette conjoncture. Dans les différentes conjonctures de la vie.*

Consécutif, consentir, conserver, consister, consolation, consoler, consommer, consorts, consulat, consultation, consulter, consumer. Dans tous ces mots il faut prononcer l'S comme dans *Si*.

Conseilleur. Ce mot est vieux et ne s'emploie plus guère que dans le proverbe : *Les conseilleurs ne sont pas les payeurs.* Il faut, dans les autres cas, se servir du mot *Conseiller*. *La passion est une conseillère dangereuse. Celui qui vous a donné ce conseil est un mauvais conseiller.*

Consentir, devant un infinitif, demande *à* ou *de. Je consens à partir. Il consent d'être gouverné par ses amis.*

Conséquent ne doit pas s'employer dans le sens de CONSIDÉRABLE, IMPORTANT. Il signifie Qui raisonne, qui agit conformément à ses principes, à son opinion. *Cet homme est conséquent dans ses discours, dans ses projets, dans sa conduite. Etre conséquent à soi-même. Une affaire importante* (et non *conséquente*).

Consulte. Conférence que l'on tient pour consulter sur quelque affaire ou sur une maladie. CONSULTATION. *La maladie est grave, on doit faire une consultation. Les avocats sont entrés en consultation.*

Content. On doit dire, *Etre content de quelqu'un*, et non *sur* ou *après* quelqu'un. Ne dites donc pas : Je ne suis pas content *après* vous ; Je serais plus content *sur* lui s'il avouait sa faute, etc.

Continuer, devant un infinitif, prend *à*, lorsqu'il désigne une action commencée, que l'on continue sans interruption. Il prend *de*, lorsqu'il y a intervalle, interruption. *Je vais continuer à écrire ma lettre. Nous allons continuer à jouer. Mon frère continue de jouer* (il joue souvent comme par le passé). *Je ne continuerai pas longtemps à voir cet homme-là.*

Contradiction, contrariété. Pour ne pas confondre ces deux mots, il suffit de savoir que *contradiction* se rapporte à *contredire*, et *contrariété*, à *contrarier. Les grands n'aiment pas la con-*

tradiction (à être contredits). *Les contradictions ne l'ont pas rebuté* (quoiqu'il ait été contredit, il ne s'est pas rebuté). *Si j'ai réussi, ce n'est pas sans beaucoup de contrariétés* (sans avoir été contrarié).

Contraindre, devant un infinitif, prend *à* ou *de*. Au passif il demande toujours *à*. *On le contraignit à* ou *de faire telle chose. On le contraignit à se battre. La ville fut contrainte de se rendre.*

Convenance, convention. Il ne faut pas confondre ces deux mots. Le premier signifie Commodité, rapport. *Mariage de convenance. Ma maison a coûté cher, mais il a fallu payer la convenance. Convention* veut dire Marché, condition, clause. *Ils ont fait une convention* (pas une *convenance*) *entre eux que..... Je m'en tiens à la convention. Voici quelles ont été nos conventions.*

Coque. On doit dire, Un chapelet de coco ou de coque de coco, et non de *coq*. C'est un chapelet dont les grains sont faits avec de la coque du fruit du cocotier.

Coquelevain. Fruit d'un arbre des Indes, d'un brun noirâtre et de la grosseur d'un pois, qui a la propriété d'enivrer les poissons, de manière qu'on peut les pêcher à la main. Dites, COQUE DU LEVANT. (Coque est féminin.)

Coquille. Mouillez les L.

Corau. Rangée de perles ou d'autres choses de même nature, que l'on porte au cou pour se parer. COLLIER. *Enfiler un collier. Son collier est défilé.*

Corau (Faire le). En parlant de l'eau-de-vie, des liqueurs, Former un cercle de petites bulles d'air à l'entour du verre, de la fiole, etc. FAIRE LE CHAPELET.

Corbeau. PINCE, PINCE-A-BEC, PINCETTES.

Corbion. CORBEILLE, CORBILLON. (Ce dernier est un diminutif de Corbeille.) *Une corbeille de fruits. Le corbillon du pain bénit. Changement de corbillon fait trouver le pain bon.*

Cordeler. On dit également *Cordeler* ou *Corder* des cheveux, du chanvre, etc.

Cordonnier. Termes et instruments à l'usage du cordonnier.

ALÊNE. Espèce de poinçon emmanché dans un morceau de bois rond, et dont on se sert pour percer le cuir et pour le coudre. *Alêne plate, ronde, carrée.*

BRODEQUINS. Sorte de bottines à l'usage des femmes et des enfants, dont une partie est faite d'étoffe, *De jolis brodequins. Une paire de brodequins.*

CARRELET. Très-grosse aiguille dont la pointe est carrée.

CHAUSSON. Soulier de cuir très-doux et qu'on met dans les souliers ou dans les bottes, pour se garantir les pieds de l'humidité. Il se dit aussi d'Une espèce de pantoufle en tricot, en lisière, etc., qu'on porte dans les appartements sans autre chaussure, ou avec des sabots.

DÉFORMER. *(Chaler.)* Altérer la forme d'un soulier. *Déformer un soulier. Vos souliers se sont déformés.*

ÉCULER. Abaisser par derrière sur le talon. *Éculer des souliers, des bottes. Cet enfant marche mal, il écule ses souliers. Quand un soulier est trop court, il s'écule facilement.*

EMBAUCHOIR OU EMBOUCHOIR. Instrument de bois qui sert à

étendre la tige d'une botte. Il est composé du *devant*, du *derrière*, de la *clef* et du *pied*.

EMPORTE-PIÈCE. Instrument propre à faire des trous dan cuir.

ESCARPIN. (Ne dites pas *Esquerpin*) Soulier à simple semelle. *Danser en escarpins, avec des escarpins.*

FORME. Pièce de bois qui a la forme du pied, et sur laquelle on coud le soulier.

FUSEAU. Petit instrument de fer dont on se sert pour tordre le ligneul.

GUINCHE. Outil de bois dont le cordonnier se sert pour polir le talon d'un soulier, d'une botte.

LIGNEUL OU CHEGROS. Fil enduit de poix et aux extrémités duquel on ajuste des soies ou des aiguilles pour coudre le cuir.

MANICLE OU MANIQUE. Espèce de gant de cuir qui ne couvre qu'une partie de la main.

PANTOUFLE. Chaussure dont on se sert dans la chambre. *Être en pantoufle et en robe de chambre. Mettre ses souliers en pantoufles* (mettre le quartier de ses souliers sous le talon au lieu de le relever).

SANDALE. Chaussure que portent certains religieux, et qui est composée d'une simple semelle, tenue à l'aide de courroies qui se bouclent sur le coude-pied.

SOCQUE, CLAQUE. Sous-chaussure que l'on met pour préserver ses souliers de l'humidité et de la crotte. *La claque* est formée d'une semelle et d'une empeigne, sans quartier, avec un passe-talon arrondi et peu élevé. Le *socque* a une semelle de bois ordinairement articulée, ou bien c'est un grand soulier qu'on fixe au pied à l'aide d'un cordon qu'on serre sur le coude-pied.

SOULIER. Un soulier est composé de *l'empeigne*, du *quartier* ordinairement garni d'un *renfort*, et d'une ou de *deux semelles.* L'empeigne est cousue à la semelle au moyen d'une bande de cuir appelée *trépointe.*

TIRANT. Cordon attaché à la tige d'une botte, ou au quartier d'un soulier, pour aider à les chausser.

TIRE-BOTTE. Petite planche élevée d'un côté, qui a une entaille où peut s'emboîter le pied d'une botte, et dont on se sert pour se débotter seul.

TIRE-PIED. Grande lanière de cuir dont le cordonnier se sert pour tenir le cuir sur ses genoux.

TRANCHET. Espèce de couteau sans manche, servant à découper le cuir.

Corne ne doit pas s'employer dans le sens de COIN, ANGLE. *Le coin* (et non *la corne*) *d'un champ, d'un mouchoir.*

Corneille. Prononcez ce mot comme il est écrit, et non *Cornail. Une bande de corneilles.*

Coroïe. Ligne pâteuse qui se forme contre la croûte du pain qui n'est pas assez cuit. CIRE.

Corporé. BATI, TAILLÉ, FAIT. *Un homme bien bâti, mal bâti. Cet homme est bien taillé. Etre fait comme il plaît à Dieu.* Le mot *Corpulent,* dont on pourrait être tenté de se servir pour traduire l'adjectif *Corporé,* signifie Gros et grand. *Une femme corpulente. Il est très-corpulent.*

Corridor. Ne prononcez pas *Collidor. Cette porte donne sur le corridor.*

Cortès. Assemblée législative en Espagne et en Portugal. Ce mot est féminin. *Membre des cortès espagnoles, des cortès portugaises.*

Cosse. TRESSE CARRÉE, TRESSE RONDE.

Côté. Prononcez l'O comme dans *Côte*.

Cotrillon. Ecrivez et prononcez COTILLON. *Cotillon de flanelle. Aimer le cotillon.*

Couion, couionnade, couionner, couionnerie. Ecrivez et prononcez COÏON, COÏONNADE, COÏONNER, COÏONNERIE. *Grand coïon. Il est si coïon que... Il n'est pas homme à se laisser coïonner, à être coïonné. Il a fait voir en cette occasion toute sa coïonnerie. Il nous a dit cent coïonnades, cent coïonneries.* Ces mots sont libres, et l'on évite de s'en servir.

Couler, courir. En parlant des liquides, il faut se servir du verbe *Couler*. *Ce ruisseau, cette fontaine coule doucement. Ce tonneau, ce baril coule, coule de toutes parts.* Cependant lorsqu'il s'agit d'un liquide qui marche régulièrement et précipitamment, on emploie quelquefois le verbe *Courir*. *Le ruisseau qui court dans la prairie. L'eau qui court. Le sang court dans les veines.* Mais il n'est jamais permis de dire, *Ce vase court*; il faut dire, *Ce vase coule*.

Coup. *Tout à coup*, signifie Soudainement, en un moment. *Tout d'un coup*, veut dire Tout en une fois. *Ce mal l'a pris tout à coup. Cette maison est tombée tout à coup. Il gagna mille écus tout d'un coup.*

Coupe (A). A LA BAGUETTE. *Mener les gens à la baguette.*

Coupette. CIME, SOMMET, FAITE, HAUT. *La cime de la montagne était couverte de neige. Les* écureuils montent jusqu'à la cime des plus grands arbres. Le sommet d'une montagne. Le sommet de la tête. Le faîte d'une cheminée. Monter au faîte. Le haut d'une tour, d'une montagne, d'un rocher. Ils ne portent qu'une touffe de cheveux sur le haut de la tête.

Coupirai. CULBUTE, MOULINET.

Couple est féminin, lorsqu'il signifie simplement le nombre Deux. Il est masculin, lorsqu'il s'emploie pour désigner Deux êtres animés, liés ensemble par amour, par mariage, ou unis par la volonté, par un sentiment ou par toute autre cause qui les rend propres à agir de concert. *Heureux couple. Un joli couple d'amants. Ce serait dommage de séparer un si beau couple. Un couple de pigeons, de tourterelles, de chiens* (un mâle et une femelle). *Un couple d'amis. Un couple de fripons.* Mais on dira : *Une couple d'œufs. Manger une couple de pigeons.*

Courant. On doit dire : *Le cinq, le six,* etc., *du courant,* et non *le cinq, le six courant.* Ici on ne pourrait pas supprimer l'article, parce que le mot mois est sous-entendu. C'est comme si l'on disait : *Le cinq, le six du mois courant.*

Courbe. Morceau de bois légèrement courbé, ayant une entaille à chaque bout, et qui sert à porter sur l'épaule deux seaux pleins à la fois. PALANCHE.

Courian. COURROIE, CORDON *Attacher avec des courroies. Serrer; lâcher la courroie,* (Ne dites pas *le courroie.*) *Lier avec un cordon.*

Couriette. CORDON.

Courir se conjugue avec l'auxiliaire *Avoir*. *J'ai couru* (et non *je suis couru*) *le prévenir.*

Courreries. COURSES, VISITES.

Coutange. DÉPENSE, FRAIS. *Ne pas regarder à la dépense. Se mettre en frais.*

Coutanger. COUTER, CAUSER DE LA DÉPENSE.

Coutangeux. COUTEUX. *Les voyages sont coûteux.*

Coûter. Le participe passé de ce verbe est toujours invariable. (Acad.) *Les vingt mille francs que cette maison m'a coûté. Les efforts, la peine que ce travail m'a coûté.*

Couturière. Termes et instruments à l'usage de la couturière, de la lingère, du tailleur, etc.

AGRAFE. Une agrafe sa compose du *crochet* (crampion), et de la *porte* (maillette). *La porte d'une agrafe.*

AIGUILLE. (Prononcez *Aigu-iie.*) Espèce de broche aiguisée d'un bout en *pointe*, et percée de l'autre d'une ouverture nommée *trou* ou *chas*. Les principales espèces d'aiguilles sont : *l'aiguille à coudre, l'aiguille à ravauder, l'aiguille d'emballage*, etc.

AIGUILLÉE. Certaine étendue de fil, de soie, de laine, etc., coupée de la longueur qu'il faut pour travailler à l'aiguille. *Couper de longues aiguillées.*

ARRÊT. Point, ganse qu'on met à l'extrémité d'une ouverture, pour empêcher que le linge ou l'étoffe ne se déchire. *On a oublié de faire un arrêt à l'ouverture de cette chemise.*

BAGUER. Arranger les plis d'un habit, d'une robe, etc., et les arrêter à grands points. *Il faut baguer avant que de coudre.*

BASQUE. (*Panai.*) Pan d'habit; partie découpée et pendante d'une casaque, etc. *Habit à petites basques, à grandes basques. Tirer quelqu'un par la basque de son habit, par la basque.*

BATIR. Agencer, disposer les pièces d'un vêtement, en les faufilant avant de les coudre tout à fait. *Cette robe n'est pas cousue, elle n'est que bâtie.*

BOBINETTE. Petite bobine de fil.

BOUFFER. Se dit De l'effet de certaines étoffes qui se soutiennent d'elles-mêmes, et qui, au lieu de s'aplatir, se courbent en rond. *Une étoffe qui bouffe.*

BRIDE. Sorte de boutonnière formée de quelques fils entourés d'une suite de nœuds coulants, et qu'on place sur le bord de quelque partie de vêtement. *Les manches de cette robe sont fermées au poignet par des boutons qui entrent dans de petites brides.*

BRIDE. Ce mot se dit aussi D'une suite de points à chaînette qu'on fait à l'extrémité d'une ouverture en long, pour empêcher qu'elle ne se déchire et ne s'agrandisse. *Faire une bride à une ouverture de chemise à une boutonnière, etc.*

BUSC. Espèce de lame d'ivoire, de bois, de baleine ou d'acier, arrondie par les deux bouts, qui sert à maintenir le devant d'un corps de jupe ou d'un corset. Il est logé dans une coulisse nommée *busquière.*

BUSQUER. Faire sur le ventre un large pli rentré au haut d'une robe, afin qu'elle ne pende pas par devant.

CARREAU. Sorte de fer à repasser dont se servent les tailleurs pour rabattre les coutures des habits.

CARREAU. Petit nécessaire à l'usage de la couturière, dont le couvercle est surmonté d'une pelote.

CISEAU. (Ce mot s'emploie également au singulier et au pluriel.) Instrument tranchant composé de deux *branches* mobiles, jointes ensemble par un clou ou par une vis. *Mettre* les ciseaux, ou le ciseau, dans une étoffe. *Une paire de ciseaux.*

cordon. Petite corde, petite tresse faite de fil, de coton, de soie, etc. *Le cordon écru* (waukeu), est une espèce de cordon grossier fait de fil écru.

cordonnet. Cordon rond très-fin ; cordon plat très-étroit.

coulisse. (*Passe.*) Espèce de rempli dans lequel on passe un cordon pour serrer ou desserrer un vêtement. *Passer un lacet dans une coulisse.*

couture ronde. Cette couture est une espèce d'ourlet qui se fait sur le doigt en roulant les bords de l'étoffe que l'on assemble, et en les cousant à *points-côtés.*

couture rentrée. Pour faire cette couture on place les bords de l'étoffe l'un sur l'autre, on coud à l'endroit à *points-devant* écartés, on retourne et on fait une couture à l'envers à points très-rapprochés.

couture rabattue. Pour la faire on *surjette*, ou bien on coud à *points-côtés* et on rabat à l'envers soit les lisières, soit les bords des *plis-rentrés*, en les cousant l'un sur l'autre comme un ourlet.

détacher. Oter les taches à une étoffe. *Détacher un habit, Savon à détacher.*

écheveau ou échée. Assemblage de fils repliés en plusieurs tours et tenus par une espèce d'anneau appelé *centaine* ou *sentène* (menuche, peule).

écourté. (*Cawet.*) Se dit D'un vêtement qui est trop court. *Cet habit est écourté, bien écourté.*

effiler. Défaire fil à fil. *Effiler une toile. Bougier le bord d'une étoffe, de crainte qu'elle ne s'effile.*

emmanchure. Ouverture d'un habit, d'une robe, d'une chemise, etc., à laquelle on adapte une manche. *Cette emmanchure est trop étroite, trop large.*

EMPESER OU AMIDONNER. Apprêter le linge avec de *l'empois* pour lui donner une sorte de raideur. *Empeser un jabot. Cela est empesé trop ferme.*

EMPOIS. Espèce de colle faite avec de l'amidon, et dont on se sert pour rendre le linge plus ferme. *Empois blanc. Empois bleu. Passer le linge à l'eau d'empois.*

ENFILER. Passer un fil, ou quelque autre chose, par le trou d'une aiguille, d'une perle, etc. *Enfiler une aiguille. Enfiler un chapelet.*

ÉPAULIÈRE. Partie du vêtement qui couvre l'épaule.

ÉPINGLER. Attacher avec une ou plusieurs épingles.

ÉRAILLER. Se dit en parlant Des étoffes dont le tissu est comme égratigné. *Erailler du satin. Ces étoffes sont sujettes à s'érailler.*

ÉTRIQUÉ. Qui n'a pas l'ampleur suffisante. *Cet habit est étriqué. Cette robe est étriquée. Ces rideaux sont bien étriqués.*

ÉTUI. (*Nouniet, boucha.*) Espèce de petite boîte ronde et longue, dans laquelle on met des aiguilles, des épingles, etc.

FAUFILER. Faire une fausse couture à longs points, en attendant qu'on en fasse une autre *à demeure.*

FENTE DE JUPE. (*Fauquette, caborette.*) Ouverture faite pour faciliter l'entrée d'une jupe.

FER A REPASSER. Instrument de fer qui sert à repasser le linge.

FIL RETORS OU RETORDU. Fil composé de plusieurs *brins* retordus ensemble. On dit également, De la soie *retorse.*

FRONCES. Petits plis qu'on fait à une étoffe en la fronçant.

FRONCER. Former avec les doigts et l'aiguille une suite de petits plis égaux qu'on serre en tirant le fil. *Froncer des poignets.*

GODER. (*Poteler.*) Se dit D'un vêtement qui fait de faux plis, des espèces de *godets*, des poches, soit parce que la coupe en est mauvaise, soit parce que les parties en sont mal assemblées. *Voilà une manche qui gode.*

GOUSSET. (Ne dites pas *Guisset.*) Petite pièce de toile triangulaire, qu'on met à une chemise, à une blouse, etc., à l'endroit de l'aisselle. Il se dit également De toute pièce ayant la même forme qu'on met à d'autres vêtements. Ce mot se dit encore D'une petite poche qui est au dedans de la ceinture d'une culotte, d'un pantalon. *Tirer sa montre du gousset. Avoir le gousset garni..*

LACET. Cordon plat ou rond, garni de *ferrets* qu'on passe dans des *œillets*, pour serrer certains vêtements.

LÉ Largeur d'une étoffe entre les lisières *Drap de lit de deux lés, de trois lés. Cette toile est assez large pour qu'on puisse faire deux mouchoirs au lé, dans le lé. Cette robe a cinq lés* (et non *cinq largeurs*) *de tour.*

LISÉRÉ. (Ne prononcez pas *Liseret.*) Ruban fort étroit dont on borde un habit, un gilet, etc. Il se dit aussi d'Une raie plus ou moins étroite qui borde un ruban, un mouchoir, etc., et qui est d'une couleur différente de celle du fond. *Un ruban blanc avec un liséré rose. Ce mouchoir a un liséré violet.*

NÉCESSAIRE A OUVRAGE. Boîte renfermant ce qui est nécessaire pour coudre, broder, comme fil, ciseaux, aiguilles, épingles, etc.

ŒILLET. Petit trou entouré de fil, de soie, etc., qu'on fait à du linge, à des habits, pour passer un lacet, une aiguillette, un cordon. Il existe aussi des *œillets* de cuivre, d'argent et d'autre métal.

OURLER. (*Orciner.*) Faire un ourlet à du linge, à quelque étoffe. *Ourler des mouchoirs, des serviettes.*

OURLET. Repli qu'on assujettit, en le cousant, au bord d'une étoffe, pour empêcher qu'elle ne s'effile.

PAN. Partie considérable d'une jupe, d'une robe, du dessous

d'une chemise, d'un manteau, etc. *Le pan d'une robe. Les Romains se couvraient la tête d'un des pans de leurs robes lorsqu'il pleuvait.*

PASSE-CARREAU. Morceau de bois long sur lequel les tailleurs passent les coutures au fer.

PASSE-CORDON. Sorte d'aiguille à pointe émoussée, dont on se sert pour introduire du cordon dans une coulisse.

PATRON. Morceau de papier découpé pour servir de modèle.

PATTE. Petite bande d'étoffe qui est attachée par un de ses bouts à quelque partie d'un vêtement, et dont l'autre bout porte soit un bouton, soit une boutonnière.

PELOTE OU PELOTON. (*Luchai.*) Espèce de boule que l'on forme avec du fil, de la laine, de la soie, etc., en les roulant sur eux-mêmes. *On emploie tant de pelotons de fil à faire cette toile.*

PELOTE. (*Bouteux.*) Petit coussinet dont on se sert pour y ficher des épingles et des aiguilles. *Pelote carrée. Pelote ronde.*

PIQURE. Rang de points et arrières-points qui se font symétriquement, soit pour unir deux ou plusieurs étoffes mises l'une sur l'autre, soit pour orner certaines parties d'un vêtement. *La piqûre d'une jupe, d'une courte-pointe, d'une couverture, d'un matelas. La piqûre de ce collet d'habit, de ces poignets de chemise est fort bien faite.*

PLI-RENTRÉ. Pli ou espèce d'ourlet qu'on fait à une étoffe pour la coudre, lorsque le bord n'est pas une lisière.

POINÇON. Espèce de pointe d'acier, d'os, d'ivoire, etc., dont on se sert pour faire des trous ronds dans le linge.

POINT. On appelle *point-devant*, celui qui se fait en piquant l'aiguille en avant du point que l'on vient de terminer ; *point-arrière* ou *arrière-point*, celui qui se forme en piquant l'aiguille un peu en arrière du point précédent, en la faisant sortir en avant ; *point-noué* ou de *chaînette*, celui qui s'exécute en passant l'aiguille dans l'anneau que forme ce point ; *point de surjet*, celui qui se produit en appliquant les deux étoffes l'une sur l'autre et en piquant toujours l'aiguille du même côté ; *point-côté*, celui qui se compose en dirigeant l'aiguille non dans le sens de la couture, mais un peu en biais ; *point-croisé*, celui dont on se sert pour les étoffes de laine et qui se fait, au contraire des autres, de gauche à droite et a assez la forme d'une suite de V dont les pointes seraient bouclées ; enfin on appelle *point de boutonnière*, le point à chaînette dont on se sert pour les boutonnières.

RABATTRE. Aplatir une couture à l'aide du fer à repasser ; faire une couture rabattue.

RAVAUDER. (*Rassercer.*) Raccommoder grossièrement des bas, de vieux habits., à l'aiguille et sans pièces. *Ravauder des bas, une veste, un caleçon. Elle s'occupe à ravauder tout le long du jour.*

REMPLI. Pli qu'on fait à une étoffe, à une robe, etc., pour les accourcir sans en rien retrancher.

REMPLIER. Faire un rempli. *Il faut porter l'habit de cet enfant chez le tailleur, pour qu'il le remplie. Cette tapisserie est trop haute, il faut la remplier.*

RENTRAIRE. (Ne dites pas *Rentrer.*) Coudre, rejoindre deux morceaux de drap ou de quelque autre étoffe épaisse, qui ont été déchirés, coupés ; raccommoder un trou en imitant le tissu de l'étoffe. *Votre manteau est déchiré, faites le rentraire.*

RENTRAITURE.(Ne dites pas *Rentraite.*)Couture de ce qui est rentrait. *Cela est si bien rentrait, qu'on ne voit pas la rentraiture.* On se sert plus souvent du mot *Reprise*.

REPRISE. Réparation qu'on fait à une étoffe, à une dentelle qui a été déchirée, à un tissu dont une maille s'est échappée. *Il a fallu faire une reprise à cet habit. Il y a des reprises dans cette toile. Ses bas sont pleins de reprises.*

ROBE. Une robe est composée de la *jupe*, du *corsage* et des *manches*.

SURJET. Espèce de couture qu'on fait en tenant les deux étoffes qui doivent être jointes, appliquées l'une sur l'autre bord à bord et en les traversant toutes deux à chaque point d'aiguille. *Faire un surjet. Coudre un surjet.*

Couverte. Ce mot n'est pas français et doit être rendu par COUVERCLE OU COUVERTURE, suivant le cas. *Le couvercle d'un pot, d'une écuelle, d'une boîte, d'une pipe. La couverture d'un lit, d'une charrette, d'un livre. Couverture de laine, de coton. Il n'a jamais vu ce livre que par la couverture.*

Couverte. LINTEAU. Voyez l'article *Maçon*.

Couvertier. Marchand ou artisan qui vend, qui fait des couvertures. COUVERTURIER.

Couvisse. On dit UN OEUF COUVI, et non couvisse. *Dans cette omelette il y a quelque œuf couvi qui la gâte. Des œufs couvis.*

Couvisse. OEuf d'abeille, de fourmi, de punaise ; partie du gâteau d'une ruche qui contient les vers. COUVAIN. *Les fourmis cherchent avec avidité le couvain des punaises.*

Couvisses. OEufs de poisson, de grenouilles, de crapauds, avec la matière glutineuse qui les accompagne. FRAI. *Du frai de carpes, de grenouilles.*

Couvresse. Poule qui couve. Dites COUVEUSE. *Cette poule est bonne couveuse.*

Crabouillage. Mauvaise écriture. Dites GRIBOUILLAGE, CRIFFONNAGE.

Crabouiller. Faire du gribouillage. GRIBOUILLER. GRIFFONNER. *Il n'écrit pas, il griffonne.*

Crafougner. CHIFFONNER, FRIPER, FROISSER. *Chiffonner un habit, du papier. Friper ses habits. Votre manteau est tout fripé. Vous avez fripé votre robe, votre collerette. Livre fripé. Froisser du papier, du satin, du drap, à force de le manier.*

Crahai. Voyez *Maréchal*.

Craie. FENTE, OUVERTURE, CREVASSE, JOINT. *Regarder par la fente de la porte. Le vin s'enfuit, il faut étouper les fentes du tonneau. Il y a une ouverture, une crevasse à la muraille. Remplir les joints des pierres.*

Crainte (**De**). On dit quelquefois simplement, *Crainte de. Crainte de malheur, d'accident. Crainte de pis.* Mais on ne dit jamais *Crainte que. De crainte* (et non *Crainte*) *qu'on ne vous trompe.*

Crama. Voyez *Cuisine*.

Cramer, crameu, Voyez *Laiterie*.

Cramiage, cramiment. PÊLE-MÊLE, BROUILLAMINI. *C'est un pêle-mêle où il est impossible de se reconnaître, de rien distinguer. Il y a du brouillamini dans cette affaire.*

Cramier. BROUILLER, EMMÊLER, MÊLER un écheveau, du fil.

Cramier. ALLER DEÇA ET DELA, FAIRE DES ZIGZAGS, DES FESTONS.

Cramiette. Voyez *Cuisine*.

Crampion. CRAMPON d'un fer de cheval ; CROCHET d'une agraffe.

Cran. Pierre calcaire tendre, blanchâtre, légère et poreuse, dont on fait des tuyaux de cheminées, etc. TUF.

Crane. Pièce d'un tuyau, d'un tonneau, etc.; qui sert à retenir le liquide et à le faire couler quand on veut. ROBINET. (Gardez-vous bien de dire Robin.) Le robinet d'un tonneau, d'une fontaine de cuisine, etc. La clef d'un robinet. Ouvrir, fermer, tourner le robinet.

Cranquier. FAIBLIR, MOLLIR, FLÉCHIR, TORTILLER. Il a résisté longtemps, mais il commence à faiblir. Quoi qu'on fasse, je ne fléchirai pas. Il ne faut pas mollir dans cette affaire. Il ne faut pas tant tortiller, il n'y a pas à tortiller, il faut aller droit.

Cranquier. En parlant du fil trop tordu qui se resserre, se replie en petites boucles, SE CRISPER.

Cranzan. HANCHE.

Crapaud. Voyez l'article *Enfant*.

Crapaud. Morceau de fer ou de cuivre sur lequel tourne un pivot. CRAPAUDINE.

Crape. Plaque plus ou moins dure qui se forme sur la peau, sur une plaie, etc., par la dessiccation d'un liquide secrété à la surface. CROUTE. Quand une gale sèche, il s'y forme une croûte. Son corps n'est qu'une croûte.

Crapotâ. FOURBE, CAPON, FRIPON.

Crapoterie. FOURBERIE, BASSESSE, FRIPONNERIE.

Craque. Mensonge, imposture. Ce mot figure dans les dictionnaires, de même que le verbe CRAQUER. *C'est un homme qui ne fait que craquer.*

Cravatte. Ce mot est féminin. *Le nœud, les bouts d'une cravatte.*

Crawelu. COURBÉ, TORTU. *Cet homme est tout tortu. Il a les jambes tortues. Un arbre tortu. Un chemin, un sentier tortu. Avoir l'esprit tortu.*

Crawer. Empêcher de se développer, de croître. FAIRE RABOUGRIR, CASSER, ÉCRASER. *Les grandes gelées font rabougrir le jeune bois. Le travail m'écrase.*

Crawet. AVORTON, CRAPOUSSIN, RABOUGRI. *Ce n'est qu'un avorton, un crapoussin, une crapoussine. Un petit homme tout rabougri.*

Crayer. CRAYONNER. *Crayonner une tête, un bras, une main, un arbre.*

Crépe. CRÈCHE. Voyez *Cultivateur.*

Crêpe. Morceau d'étoffe noire et claire qu'on porte en signe de deuil. Ce mot est masculin. *Il porte un crêpe à son chapeau. Les militaires portent le crêpe au bras.*

Crète (De). Sur le côté le moins large. DE CHAMP. *Mettre de champ, poser de champ des briques, des pierres, des solives.*

Crettelai. RANG, RANGÉE, FILE.

Creugie. CROUPE d'une bête à cornes.

Crin. Entaille qu'on fait dans un corps dur, pour accrocher ou arrêter quelque chose. CRAN.

Faire un cran. Hausser un rayon de bibliothèque de deux crans, de trois crans.

Cringe. CRAMPE. *Il lui prit une crampe, il fut saisi par une crampe en nageant. Avoir des crampes.*

Criquet. BUTTE, ROIDILLON. *Nos chevaux eurent de la peine à monter ce roidillon. Au haut de la butte.*

Croc. Voyez *Cultivateur.*

Crocher. Labourer avec la houe à cheval. HOUER.

Croître et **décroître**, dans leurs temps composés, prennent *Avoir* ou *Être*, selon que le sens permet de répondre à l'une ou à l'autre de ces questions : *Qu'a-t-il fait?* ou *Qu'est-t-il devenu? En deux jours la rivière a crû, a décrû de deux pieds. Depuis hier la rivière est crûe, est décrûe de deux pieds.*

Crolle ne se trouve pas dans les dictionnaires. Il faut dire BOUCLE, ANNEAU. *Une boucle de cheveux. Friser à boucles, à grandes boucles. Etre frisé par anneaux.*

Croller. BOUCLER, FRISER, CRÊPER. *Elle est tous les soirs une heure à se friser, à se boucler. Ses cheveux bouclent, frisent naturellement. Ses cheveux commencent à se crêper. Cheveux crêpés* ou *crépus.*

Crombe. COURBE, COURBÉ, ARQUÉ, VOUTÉ, CAMBRÉ.

Crosser. Appuyer une arme à feu contre l'épaule. ÉPAULER.

Crouchant. CASSANT. *Il y a du fer qui est fort cassant.*

Crouchette. Petit instrument avec lequel on casse des noisettes ou des noix. CASSE-NOISETTE, CASSE-NOIX.

Crouler, s'écrouler, s'ébouler. *S'écrouler* se dit des choses qui tombent avec bruit, avec fracas; *s'ébouler* se dit des terres, du sable, du foin et, en général, de tout ce qui ne fait qu'un bruit sourd en tombant; *crouler* se dit dans l'un et l'autre cas. *Vous ferez écrouler la maison. Le torrent a fait ébouler cette butte. Ce bâtiment va crouler. La terre croula.*

Croupe-à-cenne. Fille malpropre. SALISSON, CENDRILLON. *C'est une petite salisson, une vraie salisson.*

Crupan. Voyez *Charpente*.

Ctore. Voyez *Crawelu*.

Cuchette. BUCHETTE, RAMILLE, BOIS-MORT. *Les pauvres gens vont ramasser des buchettes dans les bois.*

Cugne. Pièce de fer ou de bois terminée en angle aigu à l'une de ses extrémités, et dont on se sert principalement pour fendre du bois, pour affermir, assujettir des chevilles, des tenons, etc. COIN. *Coin de bois, de fer. Planter le coin. Lorsque le coin est engagé, on le dégage avec un plus gros.*

Cugner. COGNER. *Cogner une cheville.*

Cuirasseau. Espèce de liqueur. Ecrivez cu-
raçao, et prononcez *Curassau*.

Cuire, bouillir. On fait *cuire* les aliments
et l'on fait *bouillir* les liquides. *Mettre cuire, faire
cuire un chapon. Faire bouillir* (et non *cuire*) *de
l'eau. Du lait bouilli.*

Cuisine. Termes, meubles et ustensiles de
cuisine.

AIGUIÈRE. (Prononcez *Aighière*.) Sorte de cruche évasée,
sans couvercle, et dans laquelle on met de l'eau pour le service
ordinaire de la table, et pour d'autres usages.

ATRE. (*Asse de feu.*) L'endroit de la cheminée où l'on fait le
feu. *Oter les cendres de l'âtre. Les carreaux de l'âtre.*

BALAI, BALAYER. Prononcez ces mots comme ils sont écrits,
et non *Ballet, balier. Sa robe balaye le plancher.*

BALAYURES. (*Nichetés.*) Les ordures qui ont été amassées
avec le balai.

BAQUET. (Ne dites pas *Cuvelle.*) Petit cuvier très-bas servant
à différents usages.

BARATTE. Voyez *Laiterie*.

BARDER. Envelopper, couvrir de *bardes* de lard, c'est-à-dire
de tranches fort minces. *Barder un chapon, une gelinotte.*
Il ne faut pas confondre avec *larder*.

BASSINE. Espèce de grand plat creux, ordinairement de
cuivre rouge, et dans lequel on fait bouillir les sirops, les
confitures, etc.

BASSINOIRE. (Ce mot est féminin.) Bassin à long manche,
ayant un couvercle percé de plusieurs trous, et servant à
chauffer le lit. *Le manche d'une bassinoire.*

BILLOT de cuisine. (*Rôle, bloc.*) Gros tronçon d'arbre dont
la partie supérieure présente une surface plane, et sur lequel
on coupe la viande, le bois, etc.

BOUGEOIR. Espèce de chandelier très-bas que l'on porte au moyen d'un bouton ou d'un anneau.

BOUILLI. (Les L se mouillent.) Viande cuite dans un pot, dans une marmite, et qui a servi à faire du bouillon. Il se dit ordinairement Du bœuf. *Couper, servir le bouilli. Bouilli gras, maigre, entrelardé.*

BOUILLOIRE. (Ce mot est féminin.) Vaisseau de cuivre, de fer, de fer-blanc, destiné particulièrement à faire bouillir de l'eau. C'est une espèce de coquemar.

BOUQUET. Herbes liées ensemble. *Mettre un bouquet de persil dans un ragoût.*

BROCHE. Instrument de fer long, étroit, pointu par un bout et coudé par l'autre, ou garni d'une poulie, et que l'on passe au travers de la viande qu'on veut faire rôtir.

BRULER. Donner aux grains de café le degré de cuisson nécessaire avant de le moudre. On dit aussi *rôtir* ou *torréfier* du café.

BRULOIR A CAFÉ. Ustensile dans lequel on brûle les grains de café.

BUFFET OU ARMOIRE DE CUISINE. (*Dresse.*) Espèce d'armoire très-basse, dans laquelle on enferme la vaisselle, le pain, etc.

CAFETIÈRE, CHOCOLATIÈRE, THÉIÈRE, LAITIÈRE. Vase d'argent, de terre, de fer-blanc, etc, qui sert à faire ou à servir du café, du chocolat, du thé, du lait.

CASSEROLE. (*Cawet.*) Ustensile généralement connu. Il y a des casseroles de cuivre, de fonte, de terre cuite, etc.

CENDRIER. Petite cage dans un mur pour déposer les cendres.

CHANDELIER. On appelle *bobèche*, la petite pièce à rebord qui se place sur le chandelier et dans laquelle on introduit la chandelle; *brûle-tout*, ou *binet*, l'espèce de bobèche ou de cylindre garni d'une ou de plusieurs pointes, et qui sert à brûler la chandelle jusqu'au bout.

CHAPELER du pain. Oter, râper le dessus de la croûte.

CHAPELURE. Ce que l'on a ôté de la croûte du pain en le chapelant ; croûte de pain râpée ou pulvérisée. *Mettre de la chapelure, des chapelures de pain dans une sauce pour l'épaissir.*

CHAUDRON. Petite chaudière dans laquelle on fait cuire, bouillir, chauffer quelque chose. Il ne faut pas confondre le *chaudron* avec le *seau.* Voyez ce mot.

CHAUFFERETTE, COUVET. La *chaufferette* est une boîte de fer ou de terre cuite, dont le couvercle est percé de petits trous, et dans laquelle on met des braises pour se tenir les pieds chauds. Le *couvet* est un pot, un chaudron découvert, servant au même usage.

CHENET. (*Cheminau.*) Ustensile de fer qu'on place sur l'âtre, pour élever le bois et le faire brûler plus facilement. *Chenets à pommes de cuivre. Une paire de chenets.*

CLAYON OU PLAT D'OSIER. (*Volette.*) Petite claie ronde sur laquelle on met du gâteau, de la tarte, etc.

CLOCHE. Vase de verre ayant plus ou moins la forme d'une cloche, qu'on met à table sur le fromage, le beurre, etc.

COQUEMAR. Espèce de pot de fer-blanc, de cuivre, etc., ayant un long bec, et qui sert à faire bouillir ou chauffer de l'eau, du café.

COQUETIER. Petit ustensile de table, de buis, de porcelaine, etc., ayant ordinairement la forme d'un verre à liqueur, et dans lequel on met un œuf pour le manger à la coque.

COUPERET. Couteau fort large qui sert, dans les cuisines, à couper de la viande. *Il a coupé cette viande avec un couperet.*

COUVERT. On appelle ainsi la nappe avec les serviettes, les couteaux, les cuillers, etc, dont on couvre la table. *Mettre le couvert. Oter, ranger le couvert.* Il désigne plus particulièrement l'assiette, la serviette, etc., qu'on sert pour chaque personne. *Mettez encore un couvert pour monsieur. Une table de tant de couverts.* Il se dit encore d'Une cuiller et d'une fourchette réunies. *Une douzaine de couverts d'argent à filet.*

CRÉMAILLÈRE. (Gardez-vous bien de dire *Crama*.) Barre de fer munie de crans, et recourbée en crochet par le bas, qui sert à pendre au-dessus du feu les chaudrons, les marmites, etc. *Baisser, hausser la cremaillère d'un cran, de deux crans. Pendre la crémaillère.* La crémaillère porte ordinairement une allonge nommée *crochet* (potte).

CUILLER. Les espèces principales de cuillers sont : *la cuiller à bouche, la cuiller à café, la cuiller à potage, la cuiller à soupe* ou *louche* et *la cuiller à pot.*

CUVETTE OU BASSIN. Espèce d'écuelle sans oreilles dont on se sert principalement pour se laver les mains, pour faire la barbe, etc. Dans les chambres à coucher on place ordinairement une *aiguière* remplie d'eau dans la cuvette.

CUVIER OU TONNEAU A LESSIVE. Cuve où l'on fait la lessive. *Mettre le linge dans le cuvier.*

DESSERVIR. Oter, lever les plats de dessus la table. *Desservez. On a desservi.*

DRESSOIR OU ÉTAGÈRE. (*Chalette, menager.*) Meuble sans porte, composé de planches superposées horizontalement, sur lesquelles on place la vaisselle et autres objets dont on se sert à tout instant dans la cuisine.

ÉCHAUDER. Laver avec de l'eau bouillante. *Echauder un pot de terre.*

ÉCUELLE. Vase à *oreilles* dans lequel on met la soupe, le potage, etc.

ÉCUMOIRE. (*Chemerette.*) Espèce de cuiller percée de petits trous, et qui sert à écumer. Ce mot est féminin. *Une écumoire de fer-blanc.*

ÉGOUTTOIR. (*Bouc.*) Ustensile composé de tringles de bois

assemblées obliquement dans deux montants, et qui sert à égoutter la vaisselle.

ÉGRUGEOIR. (*Broie-sel.*) Sorte de petit vaisseau de bois, dans lequel on broie le sel à l'aide d'un *pilon*. *Mettez ce sel dans l'égrugeoir.*

ÉTEIGNOIR. Petit ustensile en forme de cornet, qui sert à éteindre la chandelle, la bougie.

ÉVIER. Pierre creusée sur laquelle on lave la vaisselle. On dit également *pierre d'évier* ou *pierre à laver*, mais c'est à tort qu'on donne quelquefois à cette pierre le nom de *lavoir*. *Le trou de l'évier. Jeter de l'eau par l'évier.*

FARCE. Différentes viandes hachées menu et assaisonnées d'épices et de fines herbes, qu'on met dans le corps de quelque animal ou dans quelque autre viande, dans des œufs, etc. *Faire une farce à une dinde. Farce de poisson. Des œufs à la farce. Farce épicée, salée.*

FARCIR. Remplir de farce. *Farcir des poulets, des pigeons. Des œufs farcis.*

FILTRE A CAFÉ. (*Mille-trous.*) Vaisseau de fer-blanc, dont le fond est percé d'une infinité de trous très-fins, et dans lequel on passe le café. Il se dit aussi d'Un sac d'étoffe de forme conique servant au même usage.

FLAMBER. Exposer à la flamme pour brûler les restes de plumes ou de poils. *Flamber des alouettes. Flamber un cochon de lait. Flamber* (ne dites pas *griller*) *un cochon.*

FONTAINE. Vaisseau de cuivre, de grès, etc., muni d'un robinet, dans lequel on garde de l'eau pour les usages domestiques. *Acheter une fontaine de grès pour une cuisine.*

FOUETTER. Battre des œufs, de la crème, etc., avec des verges pour les faire mousser. *Fouetter de la crème. Fouetter des œufs.*

FRICASSER. Faire cuire dans la poêle, dans une casserole, etc., quelque chose après l'avoir coupé par morceaux. *Fricasser des poulets, des tanches. Fricasser des navets, des pommes de terre.* (Il ne faut pas confondre ce mot avec le suivant.)

FRIRE. Faire cuire dans une poêle avec du beurre roux, ou du sain-doux, ou de l'huile bouillante. *Frire des œufs, des côtelettes. Le beurre frit dans la poêle. Poisson frit. Artichauts frits. Pommes de terre frites.*

FUMER. Exposer des viandes à la fumée plus ou moins longtemps, pour les sécher et les conserver. *Fumer des langues, des jambons, du bœuf salé, des harengs. Mettre un jambon dans la cheminée pour qu'il se fume.*

GARDE-MANGER. Espèce de cage fixe ou mobile, entourée d'une toile grossière nommée *canevas*, et dans laquelle on place les viandes pour les préserver de la corruption.

GARDE-NAPPE. Petit clayon plat qu'on met sur la table sous les plats, les écuelles, etc., afin de ne pas tacher la nappe.

GRATIN. (*Resan.*) La partie de certains mets liquides, farineux, etc., qui reste attachée au fond des vases où on les a fait cuire, et qui est souvent rousse et brûlée. *Le gratin d'une bouillie.*

GRIL. (*L* ne se prononce pas dans le langage familier, et se mouille quand on la prononce. Acad.) Ustensile fait de plusieurs verges de fer parallèles attachées à quelque distance l'une de l'autre, et sur lequel on fait rôtir de la viande ou du poisson. *Mettre du boudin sur le gril. La queue du gril.*

GRILLER. Rôtir sur le gril. *Griller des saucisses, des cuisses de dindon.*

HACHOIR. Espèce de petite hache ou de couteau à deux poignées, qui sert à hacher les viandes, les herbes, etc. Il se dit aussi d'Une petite table de chêne ou de hêtre sur laquelle on hache les viandes. *Un hachoir est nécessaire dans une cuisine.*

HUILIER. Meuble sur lequel on place les carafes où l'on met l'huile et le vinaigre qu'on sert sur la table.

JATTE. Vase de faïence, de porcelaine, dans lequel on sert

le café, le thé, etc. Il ne faut pas le confondre avec le *bol*, qui est beaucoup plus grand et sans anse ; ni avec le *goblet*, qui a la forme d'un verre et qui est fait de fer-blanc, d'étain, d'argent ; ni avec la *tasse*, qui est beaucoup plus petite et qui est nécessairement accompagnée d'une *soucoupe*. Quelques personnes donnent abusivement à la jatte le nom de *déjeuner*, ce qui est cependant tout autre chose. Le déjeuner est un plateau garni d'une jatte ou d'une tasse, d'un sucrier, d'une cafetière ou d'une théière, et en général de tout ce dont on a besoin pour déjeuner.

LARDER. Mettre des *lardons* dans de la viande. *Larder de la viande dru et menu, la larder de gros lard.*

LARDOIRE. Sorte de brochette pointue par un des bouts, pour piquer la viande et y laisser les lardons contenus dans l'autre bout, qui est creux et fendu en plusieurs branches. *Une lardoire de bois, de cuivre, de fer.*

LARDON. Petit morceau de lard coupé en long, qu'on introduit dans de la viande. *Mettre des lardons loin à loin, près à près.*

LAVETTE. Petit morceau de linge dont on se sert pour laver la vaisselle.

LAVOIR. Réservoir ordinairement couvert où l'on va laver le linge. On nomme également *lavoir*, la chambre, la pièce où l'on va laver la vaisselle.

LAVURE D'ÉCUELLES OU EAU GRASSE. Eau qui a servi à laver la vaisselle.

LÈCHEFRITE. Ustensile ordinairement de fer, qu'on met sous la broche pour recevoir la graisse et le jus de la viande que l'on fait rôtir.

MAIN. Espèce de pelle de tôle à manche très-court, dont on se sert pour prendre et pour porter de la braise, de la cendre. Il se dit également d'Un instrument à peu près de même forme dont on se sert pour prendre de la farine, du sel, etc.

MAIN. *(Cramiette.)* Espèce de double crochet servant à enlever de dessus le feu les vases à anses.

MANCHETTE OU PAPILLOTTE. Morceau de papier dont on enveloppe la crosse d'un jambon.

MANNE. (Ne dites pas *Mante.*) Sorte de panier rond, oval ou rectangulaire, à fond plat, assez profond, garni de deux poignées. *Mettre de la vaisselle dans une manne.*

MÉNAGE. Meubles et ustensiles nécessaires à une cuisine. *Cette servante tient son ménage bien propre. Son ménage s'en va pièce à pièce par la négligence et la maladresse de ses domestiques.*

MIJOTER. (Ce verbe est actif.) Faire cuire doucement et longtemps. *Mijoter du bœuf à la mode. Mijoter de la soupe.*

MITONNER. Se dit Du pain qu'on laisse tremper longtemps dans le bouillon sur le feu avant de servir le potage. *Le potage mitonne. Faire mitonner la soupe.*

MOUILLETTE. Petit morceau de pain long et mince, qu'on trempe dans les œufs à la coque *Faire des mouillettes.*

MOULIN A CAFÉ. Il est formé *d'une cage* avec *un tiroir, d'une trémie, d'une manivelle* et *d'une noix* qui tourne dans une pièce dentée, appelée *boîte.*

NOUET. Linge noué dans lequel on a mis des herbes pour les faire infuser ou bouillir. *Un nouet de rhubarbe. Mettez un nouet de fines herbes dans cette sauce.*

PANADE. Espèce de soupe ordinairement faite avec de l'eau, du sel, du beurre, un jaune d'œuf et de la croûte de pain qu'on laisse longtemps mitonner. *Manger de la panade. On lui a donné une panade.*

PANER. Couvrir de pain émietté de la viande qu'on a fait griller ou rôtir. *Paner des pieds de cochon, des côtelettes, une poularde.* On appelle *eau panée*, celle dans laquelle on a fait tremper du pain grillé pour en ôter la crudité et la rendre plus nourrissante.

PASSOIRE. (*Passerette.*) Espèce d'écuelle de terre ou de métal, percée d'un grand nombre de petits trous, et dans laquelle on écrase des pois, des lentilles, etc., pour en tirer la purée; des groseilles et d'autres fruits, pour en tirer le jus. *Une grande, une petite passoire.*

PASSOIRE A CAFÉ. (*Ramponneau.*) Vase de fer-blanc, de forme conique, dans lequel on met un filtre d'étoffe pour passer le café.

PELLE A FEU. (*Traifeu.*) Ustensile de cuisine plat, qui a un long manche, et qui sert à tirer, porter ou remuer les braises, les cendres, etc.

PINCETTE OU PINCETTES. Ustensile à deux *branches*, dont on se sert pour accommoder le feu. *Donnez-moi la pincette, les pincettes.*

POÊLE. (Prononcez *Poal* et non *Pelle.*) Ustensile fait de tôle ou de fer battu, garni d'un long manche appelé *queue*, et dont on se sert pour frire, pour fricasser. *Il n'y en a point de plus embarrassé que celui qui tient la queue de la poêle.*

POÊLON. Espèce de casserole à long manche, dans laquelle on fait de la bouillie, etc.

POIVRE. Il ne faut pas confondre cette épice avec le *Piment*, que quelques personnes appellent à tort *Poivre doux*, et qui est le fruit d'une tout autre plante.

POIVRIÈRE, POIVRIER. Le premier se dit d'Une petite boîte à divers compartiments, où l'on met du poivre, du piment, de la muscade, etc.; il se dit également d'Un ustensile de table de la forme d'une salière, dans lequel on sert le poivre; il se dit encore d'Un petit vase en forme de poire dont l'extrémité est percée de petits trous, et que l'on secoue pour saupoudrer de poivre divers aliments. On appelle *Poivrier*, Un vase, une boîte dans laquelle on conserve du poivre.

PORTE CARAFE. Petit plateau de porcelaine, d'argent, de

fer-blanc vernissé, etc., sur lequel on pose une carafe, une bouteille à table.

POT POURRI. Différentes sortes de viandes assaisonnées et cuites ensemble avec diverses sortes de légumes.

POTAGE. Soupe. *Potage gras. Potage aux oignons. Potage aux pois. Potage au lait. Dresser le potage. Servir le potage.*

RAGOÛT. Mets assaisonné de différents ingrédients, et apprêté pour satisfaire le goût, pour exciter l'appétit. *Un ragoût de champignons. Une poitrine de veau en ragoût. C'est un homme qui aime les ragoûts. Accommoder des langues en ragoût. Un ragoût de langues.*

RÔTI. Viande rôtie. *Il a toujours du rôti à son dîner. On a servi le rôti.*

RÔTIR. Faire cuire de la viande à la broche en la tournant devant le feu. Il signifie également, Griller, faire cuire sur le gril, sur les braises, dans les cendres etc. *Rôtir de la viande, du pain sur le gril. Rôtir du poisson sur les charbons.*

RÔTISSOIRE. (*Rotissière.*) Ustensile de fer-blanc demi-cylindrique, couché sur trois pieds, et dans lequel on rôtit de la viande au moyen d'une *broche* qui la tient suspendue dans l'instrument.

SALIÈRE. On appelle ainsi non-seulement Le petit vase dans lequel on sert le sel sur la table, mais aussi La boîte qu'on pend à la cheminée et dans laquelle on le conserve. La *Saunière* est Une caisse destinée au même usage, mais elle est beaucoup plus grande que la salière et se place à terre sur son fond.

SALMIGONDIS. Ragoût de plusieurs sortes de viandes réchauffées.. *Il fit un salmigondis de toutes les viandes qui étaient restées de la veille.*

SALOIR. Vaisseau de bois ou de grès, destiné à recevoir les viandes qu'on veut saler. *Mettre des flèches de lard dans un saloir.*

SAUCIÈRE. Vase dans lequel on sert de la sauce sur la table. *Saucière d'argent, de porcelaine.*

SEAU. (Prononcez *Sau* et non *Séau.*) Vaisseau de bois, de fer-blanc ou de cuivre, qui sert à puiser, tirer, porter de l'eau. *Un seau d'eau.*

SEAU A LAIT. (*Trayeu.*) Seau de fer-blanc ou de cuivre, dont on se sert ordinairement pour traire les vaches.

SERVICE. Nombre de plats qu'on sert à la fois sur la table et qu'on ôte de même. *Repas à trois services. Enlever le premier service.* Il se dit aussi d'Un assortiment de vaisselle ou de linge qui sert à table. *Service de porcelaine. Service de linge damassé.* Il ne faut pas confondre ce mot avec *Couvert* et dire par exemple : Il manque *un service*, au lieu de, Il manque *un couvert.* Voyez ce mot.

SERVIR. Placer les mets sur la table. *Le dîner est servi. A quelle heure voulez-vous qu'on serve? Servir à boire à quelqu'un.*

TATE-VIN. Instrument consistant en un tuyau de fer-blanc que l'on introduit dans un tonneau par la bonde, pour en extraire un peu du liquide qui y est contenu, afin de le déguster.

TERRINE. (*Crameu.*) Voyez *Laitière.*

TINETTE. Espèce de petit tonneau qui s'ouvre par le bout, et dans lequel on met du beurre, de l'eau, etc.

TIRE-BRAISE OU TISONNIER. Ustensile de fer recourbé vers le bout, et qui sert à attiser le feu, à tirer les braises, etc.

TORCHON. Morceau de grosse toile dont on se sert pour torcher, pour essuyer la vaisselle, la batterie de cuisine, les meubles, etc. *Torchon blanc. Torchon sale.*

TOURNEBROCHE. Appareil composé ordinairement d'un poids et de différents rouages, et qui sert à faire tourner la broche, lorsque celle-ci n'est pas mise en mouvement au moyen d'une simple manivelle.

CUL

TOURTIÈRE. Espèce de poêle couverte, munie de deux oreilles, et dans laquelle on fait cuire des tartres, des gâteaux.

TRÉPIED. Ustensile qui consiste en un cercle de fer soutenu par trois pieds, et sur lequel on place un poêlon, un pot, etc., devant le feu.

Cul. Derrière d'une charrette, d'un tombereau. Ce mot est français. *Mettez cela au cul de la charette. Il fut lié au cul d'une charette et fouetté par les carrefours. Mettre une charrette à cul* (les limons en l'air).

Culière. Ce mot est français ainsi que la locution triviale : *Se tenir, se jeter sur sa culière.*

Culotte. On peut dire indifféremment *une culotte, des culottes* ou *une paire de culottes. Porter des culottes. Une culotte de velours.* Il n'en est pas de même du mot *Pantalon*, qui ne s'emploie qu'au singulier.

Cultivateur. Liste des termes et instruments à l'usage du cultivateur.

ABAT-FOIN. Ouverture par laquelle on fait tomber le fourrage du grenier dans l'étable ou dans l'écurie.

ANDAIN. Rangée de foin qu'un faucheur coupe à la fois.

ASSOLEMENT. Partage des terres labourables en grandes portions ou *soles*, pour y faire succéder les récoltes suivant un certain ordre.

ATTACHE. Lien, courroie, chaîne qui sert à attacher un animal domestique. *L'attache d'un lévrier. Mettre un chien, un cheval à l'attache. Prendre tant pour l'attache d'un cheval*, ou simplement, *pour l'attache.* On appelle également *Attache* (sawe), La corde ou la chaîne qui sert à attacher l'animal qu'on fait paître *au piquet.*

AUGE. (Ne dites pas *Bac.*) Pierre ou pièce de bois creusée, qui sert à différents usages, et notamment à donner à boire et à manger aux cochons et autres animaux domestiques. *Donner à manger aux cochons dans l'auge. Mener boire les chevaux à l'auge.*

BATTRE. On bat le blé *au fléau, au tonneau* ou à l'aide d'une machine mue au moyen d'un *manége* ou d'un courant d'eau, et appelée *machine à battre.*

BÊCHE. Voyez *Jardinier*

BILLON. Terres élevées en dos d'âne à l'aide de la charrue, et séparées par des raies profondes.

BINER. Donner un léger labour à une terre en la piochant à l'aide d'une petite houe à main appelée *binette* ou *houette*, afin d'ameublir la terre et d'arracher les mauvaises herbes.

BOTTE. Grosse gerbe à un ou plusieurs liens.

BOTTELER. Lier en bottes. *Botteler du foin. Botteler de la paille.*

BROUETTE. Il serait inutile d'indiquer la différence qu'il y a entre *la brouette à civière* et *la brouette à coffre.*

BUTTER. (*Rafosser.*) Garnir d'une petite butte de terre le pied d'un arbre, d'une plante. *Butter un arbre, des céleris, des artichauts, des pommes de terre.*

BUTTER. En parlant du cheval, Broncher, trébucher. *Ce cheval butte à chaque pas.*

CAMION Petit tombereau traîné par des hommes.

CELLIER. Espèce de cave non voûtée dans laquelle on serre le vin, les légumes, etc. *Il n'y a point de cave dans cette maison, il n'y a que des celliers.*

CHARANÇON. Voyez *Insectes.*

CHAULER. (*Chaudrer.*) Répandre de la chaux sur des terres comme engrais; faire tremper du blé dans de l'eau de chaux avant de le semer.

COFFIN OU ÉTUI DE FAUCHEUR. (*Cornier.*) Etui plein d'eau que le faucheur suspend à sa ceinture, et dans lequel il met la pierre à aiguiser.

COMPOST. Mélange de terre et de végétaux ou de chaux, que l'on emploie comme engrais.

CRÈCHE. (*Crépe.*) Espèce de râtelier dans lequel on donne le fourrage aux bêtes à laine. La *crèche double* (crépai) se place au milieu de la bergerie, afin que les brebis puissent y manger de tous les côtés. *Mettre du foin, du fourrage dans une crèche.*

CRIBLE. (*Raige.*) Instrument dont on se sert pour nettoyer le grain, après l'avoir vanné. Celui que l'on emploie le plus ordinairement est une boîte carrée dont le fond est percé d'une grande quantité de petits trous. Le *crible à farine* (*clive*) est une espèce de tamis dont le fond est de peau ou de bois, et qui sert à nettoyer la farine d'avoine, le colza, etc.

CROCHET DE FUMIER. (*Croc*) Espèce de fourche recourbée dont on se sert pour tirer le fumier.

CURURE. Terre, boue qu'on ramasse en *curant* les canaux des prairies.

DAME, HIE OU DEMOISELLE. Gros pilon dont on se sert pour affermir un pavé, ou pour battre des terres.

DROUSSES. Voyez *Laine.*

EAU BLANCHE OU EAU DE SON. Eau dans laquelle on a jeté du son pour la faire boire aux chevaux.

ECOBUER. C'est la même chose qu'*Essarter*.

ECURIE se dit plus particulièrement du Lieu où on loge les chevaux, les ânes, et *Etable*, de l'Endroit où l'on met les bêtes à cornes, les chèvres, les cochons. *Fermer l'écurie quand les chevaux sont dehors. Etable à vaches. Etable à cochons.*

EMOTTER. Briser les *mottes* (soquai) d'un champ à l'aide d'un *émottoir*, d'un rouleau, d'un maillet, etc. *On émotte les terres quand il n'a pas plu depuis longtemps.*

ENRAYER. Tracer le premier sillon dans un champ qu'on veut labourer avec la charrue.

ENTRAVER. Mettre des entraves à un cheval.

ENTRAVES. (*Affierges.*) Chaîne, courroie, corde, garnie de deux anneaux nommés *entravons*, qu'on attache aux pieds d'un cheval pour l'empêcher de s'éloigner. *Mettre des entraves à un cheval. Briser ses entraves.*

EPI. (*Paume, pâte.*) Partie du blé, du seigle, de l'avoine, etc., placée au sommet de la tige, et formée par la réunion des fleurs ou des grains. *Les barbes des épis d'orge sont plus longues que celles des épis de seigle. Les blés sont en épi.*

ÉPIER OU MONTER EN ÉPI. (*Paumer, pâter.*) Donner, pousser des épis. *Les blés commencent à épier, à monter en épi. Les seigles sont déjà épiés.*

ESSART. (*Sart.*) Terrain qui peut ou doit être essarté. Quoique le mot *Sart* ne se trouve pas dans les dictionnaires, nous croyons cependant qu'on peut l'employer, attendu que l'administration du cadastre et bon nombre de gens instruits en font usage.

ESSARTAGE, ESSARTEMENT. Action d'essarter.

ESSARTER. Arracher le gazon et le mettre en *mottes* pour le sécher, et ensuite en *fourneaux* pour le brûler.

ETAUPINOIR. (*Sorcière.*) Machine traînée par des chevaux, et qui sert à épandre les taupinières.

FAUCILLE. (Ne dites pas *Cile.*) Instrument qui sert à couper ou scier le froment, le seigle, les genêts, etc. *Les moissonneurs ont déjà la faucille à la main Droit comme une faucille. Les champs promettent du blé à pleine faucille.* (Les L de ce mot sont mouillées.)

faux. Instrument consistant en une lame d'acier mince, légèrement arquée, pointue par un bout et ayant de l'autre une *queue* qui sert à la fixer, au moyen d'une *virole* et d'un *coin*, à l'extrémité d'un *manche* (faumen) en bois, de cinq à six pieds de long. La faux est quelquefois munie d'un assemblage de lames de bois ayant à peu près une direction parallèle, et alors elle prend le nom de *Faux à râteau* (barnais).

fiente. Ce mot se dit Des excrements de tous les animaux. *Fiente de pigeon. Fiente de vache. Fiente de loup.* On dit cependant plus souvent Du *crotin* de cheval, de la *bouse* de vache, de la *colombine*, etc. *La bouse de vache est un bon engrais pour les terres. La colombine est un très-bon engrais.*

fléau. (*Flai.*) Instrument qui sert à battre le blé, l'avoine, etc., et qui est composé du *manche* (montagne) et du *battoir* (batteurre), attachés au bout l'un de l'autre à l'aide d'une *courroie*. *Battre le blé avec le fléau.*

fourche. (*Foëne.*) Instrument de fer ayant deux ou trois branches pointues nommés *dents*, et une *douille* dans laquelle on introduit le *manche*. Le cultivateur se sert de la *fourche à fumier* et de la *fourche à foin.*

fourrage. La paille, le foin et toute autre espèce d'herbe qu'on donne pour nourriture aux bestiaux. *Fourrage vert. Fourrage sec.*

friche. Terrain qui ne rapporte point, soit que la culture en ait été négligée depuis longtemps, soit qu'on ne l'ait jamais cultivé. *Il y a trois ans qu'il n'a fait travailler à sa vigne, ce n'est plus qu'une friche. Il y a beaucoup de friches dans cette province. Laisser une terre en friche* (sans culture).

fumer. (*Ensiner.*) Epandre du fumier sur une terre cultivée, pour l'engraisser. *Fumer un champ.*

fumier. On appelle *eaux de fumier* (licurre), les eaux qui découlent d'une écurie, d'un tas de fumier, et *mare à fumier* (porgière), l'amas de ces eaux. Inutile de dire ce que l'on entend par *fosse à fumier*, *tas de fumier* (porge).

GERBE. Faisceau de blé, d'avoine, etc. *Entasser des gerbes. Lier des gerbes.*

GERBÉE. (*Menu.*) Botte de paille où il reste encore quelque grain. *Gerbée de froment Ces chevaux ne sont nourris que de gerbées. Il faut donner de la gerbée à ces chevaux.*

GRUAU. (*Grumai.*) Grain d'orge, d'avoine, moulu grossièment, pour le dépouiller de son écorce. *Du gruau d'orge, d'avoine. Bouillie de gruau. Le gruau* (bouillie de gruau) *engraisse.*

HACHE-PAILLE. (*Hakseleux.*) Instrument dont on se sert pour *hacher* la paille que l'on donne aux chevaux et au bétail. La paille ainsi découpée se nomme *paille hachée* (bakselle).

HERSE. (*Hierbe.*) Instrument armé de dents, que l'on traîne sur une terre labourée pour l'égaliser et pour recouvrir le grain nouvellement semé. *On n'a pas encore passé la herse sur ce champ.*

HERSER. (*Ahenner.*) Passer la herse sur un champ. *On n'a pas hersé ce champ.*

HOUE. (*Fosseu, haoue*) Instrument de fer plat et recourbé, avec lequel on remue la terre en la tirant vers soi. *Faire un fossé avec une houe.*

HOUE-A-CHEVAL. (*Croc.*) Espèce de charrue sans soc ni versoir.

HOUER. (*Dehaouer.*) Labourer avec la houe. *Il faut houer cette vigne, ce jardin.* On dit également *Houer* un champ, une terre essartée, ce qui signifie Y faire des raies avec une houe à cheval.

HOUETTE. (*Hawai.*) Petite houe.

HOYAU. Houe à deux fourchons, qui sert à fouir la terre.

JACHÈRE. Etat d'une terre labourable qu'on laisse reposer; la terre même quand elle repose. *Dans ce pays, une terre est ordinairement en jachère de trois années l'une. Laisser une terre en jachère. C'est une jachère. Labourer des jachères.*

JAVELER OU ENJAVELER. Mettre le blé, l'avoine en javelle. *Il faut javeler ces blés, ces avoines. Enjaveler des avoines, des blés.*

JAVELER. (*Roder.*) Laisser l'avoine, le blé, sur le sillon un certain temps, pour que la pluie, la rosée blanchisse la paille. *Il faut laisser javeler ce blé, cette avoine.*

JAVELLE. (*Jevai.*) Plusieurs poignées de blé scié, qui demeurent couchées sur le sillon jusqu'à ce qu'on en fasse des *gerbes*. *Mettre les javelles sur le lien.*

LICOU. (On ne dit *Licol* qu'en poésie.) Lien de cuir, de sangle ou de corde, dont on se sert pour attacher ou pour conduire les chevaux. Il est composé de la *tête* et de la *longe*.

LIEN. Corde, chaîne avec laquelle on attache les vaches, les chèvres, etc.

LIEN. Ce qui sert à lier un fagot, une botte, etc. *Un lien de paille, de jonc, d'osier.*

LITIÈRE Voyez *Liter*.

MALADIE DES CÉRÉALES. La *carie* n'attaque que le froment et convertit la farine en une poussière noire et puante. Le *charbon* produit à peu près les mêmes effets, mais il attaque toutes les céréales, et particulièrement l'orge et l'avoine. Dans le blé *carié* la farine seule est atteinte et répand une odeur désagréable; dans le blé *charbonné* la poussière n'a aucune odeur, et l'écorce et même les balles sont noirâtres. La *rouille* attaque les tiges et les feuilles des plantes, et se manifeste par une substance pulvérulente de la couleur du fer rouillé. Le *miellat*, qu'on appelle aussi *miellée* ou *miellure*, est une exsudation sucrée qui couvre toute la plante et qui est ordinairement suivie de la rouille. L'*ergot* est une maladie particulière au seigle ; il n'attaque jamais que quelques grains dans un épi, lesquels deviennent d'un noir rougeâtre et d'une longueur démesurée. On pourrait en quelque sorte ranger parmi les maladies du blé la présence d'une plante appelée vulgairement *nielle* (rougette), et par les botanistes *lychnis gythago*, dont la graine rend le pain d'un bleu rougeâtre.

MANGEOIRE. (*Bac*, *cantine*, *staminée*.) Espèce d'auge dans laquelle on donne à manger aux chevaux, aux bêtes à cornes, etc. *Mettre de l'avoine dans la mangeoire. Tourner le dos à la mangeoire.*

MARS. (Ne dites pas *Marsage*.) Grains qu'on sème en mars. *Le temps a été bon pour les mars de cette année.*

MEULE. (*Moïe*.) Pile, gros tas de foin, de genêts, de fagots, de gerbes, etc., qu'on fait lorsqu'on ne peut pas mettre ces objets à couvert. *Faire une grosse meule.*

MEULON OU MOYETTE. (*Tassai*, *croupette*.) Tas composé d'une petite quantité de blé, d'avoine, qu'on fait dans les champs avant d'engranger.

MOISSON. Récolte des blés et autres graines. *Le temps est bon pour la moisson. Faire la moisson.*

MOISSONNEUR. Celui qui coupe les blés. *On a mis les moissonneurs dans ce champ.*

MOTTE. (*Soquai*.) Petit morceau de terre détaché avec la charrue, la bêche ou autrement. *Un champ plein de mottes. Rompre, casser, briser les mottes d'un champ. Se battre à coups de mottes. Une motte de gazon.*

MOTTE. (*Hoquette*.) Petite butte, petite éminence isolée. *Aplanir une motte.*

MOTTE. Portion de terre qui tient aux racines des plantes, quand on les lève ou qu'on les arrache. *Replanter un arbre avec sa motte.*

MOTTE A BRULER Petite masse plate et ronde qui est faite

ordinairement avec le tan qu'on ne peut plus employer à préparer les cuirs, et qui sert à faire du feu. *Brûler des mottes.*

PELLE. (*Choipe, écoupe.*) Instrument de fer ou de bois, large et plat, attaché à un long manche au moyen d'une *douille*, et servant à épandre les taupinières, à charger de la terre, etc. *Remuer le blé avec une pelle.* (On prononce *Pèle*, Acad.)

PELLÉE, PELLERÉE, PELLETÉE. Autant qu'il en peut tenir sur une pelle. *Une pellée de plâtre. Une pelletée de terre.*

PERCHOIR OU JUCHOIR. (*Joc.*) Perche sur laquelle les poules vont *jucher*.

PIC. Espèce de pioche pointue dont on se sert pour casser des morceaux de roche, et pour ouvrir la terre.

PINCE. (*Pont de fer, hamaide.*) Barre de fer pointue par un bout et aplatie par l'autre, dont on se sert dans les carrières, etc. *Lever une grosse pierre avec une pince.*

PIOCHE. Houe très-étroite.

PLANTE Les agronomes divisent les plantes, ou plutôt les récoltes, en six classes principales savoir : 1° les *céréales*, qui comprennent le froment, le seigle, l'orge, l'avoine, le millet et le maïs ; 2° les *légumineuses*, tels sont les haricots, les fèves, les féveroles, les pois, les vesces, les lentilles et le sarrazin ; 3° les *plantes fourragères*, comme le trèfle, la luzerne, le sainfoin, la spergule, le ray-grass ; 4° les *racines*, qui sont la pomme de terre, la carotte, le navet, la betterave, le topinambour ; 5° les *plantes oléagineuses*, comme le colza, la navette, la cameline, le pavot, la moutarde ; 6° les *plantes textiles*, qui sont le chanvre et le lin. Les deux dernières classes se nomment aussi *plantes industrielles*.

POULAILLER. Lieu où l'on enferme les poules et autres oiseaux domestiques.

PUISARD. Espèce de puits pratiqué pour recevoir les eaux

CUL 157

inutiles et les absorber. *Pratiquer des puisards dans une cour. Le puisard d'une citerne.*

PUITS. La pierre percée ou le châssis de pierre de taille, de bois, qui se place horizontalement au-dessus du puits pour en former le bord, se nomme *margelle.* On tire l'eau d'un puits à l'aide d'une chaîne au bout de laquelle est fixée une *main* qui accroche le seau. Cette chaîne s'enroule sur un *treuil* que l'on fait tourner au moyen d'une *manivelle*, ou bien elle coule sur une *poulie,* ou bien encore elle est attachée au bout d'une *bascule*, espèce de levier soutenu par un pieu et à l'extrémité duquel on attache un poids assez lourd pour élever le seau plein d'eau.

PURIN. Urine des animaux domestiques, eau qui découle du fumier.

RABATTRE. Faire passer le rouleau sur une terre ensemencée, pour la rendre plus ferme. *Rabattre les avoines.*

RABLE, ROUABLE OU RABOT. (*Raufe.*) Instrument formé d'un bout de planche attaché à un long manche, et dont on se sert pour remuer le mortier, pour tirer les braises du four, etc.

RAIE OU SILLON. Longue trace que fait la charrue dans la terre qu'on laboure. *Des sillons bien droits, bien espacés. La pluie avait rempli les sillons. Faire, tracer un sillon. Dans ce pays les laboureurs font les raies fort creuses.* Ces mots se disent également Du ruban de terre que l'on retourne avec la charrue.

REGAIN. Herbe qui revient dans les prés après qu'ils ont été fauchés. *Ce n'est pas du premier foin, ce n'est que du regain.*

ROULEAU. (*Role.*) Gros cylindre de bois, de pierre ou de fonte, servant à affermir les terres nouvellement ensemencées.

ROULON. (*Bouzon.*) Chacun des petits barreaux d'un râtelier, d'une échelle, d'une civière, etc., lorsqu'ils sont ronds.

SAPE. Espèce de grande faucille ou plutôt de petite faux, dont on se sert pour couper les céréales, en la tenant de la main droite, tandis que de la main gauche on réunit les brins au moyen d'un *crochet*.

SCIER. (Ne dites pas *Ciler.*) Couper les blés. *C'est le temps de scier, de couper les blés.*

SCIEUR. (*Cileur.*) Celui qui scie les blés, *On a mis les scieurs dans les blés, dans ce champ.*

SECHERON. (*Sechiran.*) Pré situé sur un lieu élevé et sec.

SEIGLE ERGOTÉ. (*Dent de loup.*) Grain de seigle qui, par suite d'une maladie qu'on appelle *ergot*, acquiert une longueur de cinq à six lignes; il est cassant, d'une forme arquée, d'une couleur gris-violâtre. C'est un poison assez violent.

SEMAILLE. Action de semer les grains; saison, temps durant lequel on ensemence les terres; grains semés. *Semailles d'automne, de printemps. Pendant les semailles. Les grandes pluies ont gâté toutes les semailles. On est occupé maintenant aux semailles.*

SEMER, ENSEMENCER. (Ne dites pas *Semencer.*) *Semer à la volée, à la main, en lignes, au plantoir. Ensemencer un champ. Des terres ensemencées. Qui est-ce qui a semé vos terres? Elles n'ont pas été bien semées.*

SERPE. (*Sarpe.*) Espèce de petite hache recourbé vers la pointe, et dont on se sert pour émonder les arbres, etc.

SOLE. (*Virée, tournée.*) Certaine étendue de champ, sur laquelle on sème successivement par années, des blés, puis des menus grains, et qu'on laisse en jachère la troisième année. *On divise ordinairement une terre en trois soles. Il y a dans cette ferme quatre-vingt-dix arpents en tout; c'est trente arpents par sole. La sole de froment est plus forte cette année qu'à l'ordinaire.*

soupe. (*Brichôtte.*) Breuvage qu'on donne aux animaux domestiques, et qui consiste en une eau dans laquelle on a fait infuser ou bouillir du regain, du son, des herbes potagères, de la semence de foin, etc.

tarare. (*Grand van.*) Machine de forme variable, à l'aide de laquelle on vanne et on crible en même temps le blé, l'avoine, etc. (Ce mot est masculin.)

tasser. (*Toquer.*) S'étendre, se multiplier, s'élargir, en parlant des grains, des herbes. *Cette oseille commence à bien tasser.*

taupière. Instrument qui sert à prendre les taupes.

taupinière ou taupinée. (*Froumiche.*) Petit monceau de terre qu'une taupe a élevé en *fouillant*. *Epandre les taupinières.*

tas de foin. (*Hochet, percheran.*) Petit monceau de foin qu'on forme sur les prés afin de le préserver de la pluie. On met le foin en *gros tas* ou *meulons*, ou bien en *petits tas* ou *veillotes*, suivant qu'il est plus ou moins fané.

terreau. Terre mêlée de fumier pourri. On donne aussi quelquefois le nom de terreau à la terre végétale.

toit a porcs. (*Aran.*) Petite loge où l'on enferme les porcs.

tourniquet. Croix de bois ou de fer mobile et posée horizontalement sur un pivot, dans un sentier, au lieu de barrière, pour ne laisser passer que les gens de pied.

tremois. Se dit Des menus grains, et notamment d'un mélange d'avoine et d'orge.

trochée, touffe. (*Heurrée, toquée.*) L'ensemble des tiges que pousse une plante.

trochet. (*Troclet.*) Voyez *Jardinier.*

van. Instrument d'osier dont on se sert pour nettoyer le grain.

. **vannette**. Corbeille plate, à petit bord, dont on se sert pour nettoyer l'avoine avant de la donner aux chevaux.

Cunieu. GATEAU A CORNES et, au figuré, ÉTRENNES, OEUFS DE PAQUES.

Cure. Soin, souci. Ce mot n'est usité que dans les phrases suivantes : *A beau parler qui n'a cure de bien faire. Il n'a cure de rien.*

Curie. CHAROGNE. *Puant comme un charogne.*

Curner. Casser, abattre, émousser un angle, des angles. ÉCORNER. *Ecorner une table, une pierre, un livre.*

Curner. FAIRE UN CRAN, UNE BRÈCHE, UNE BLESSURE. Voyez *Charder*.

Custode. N'employez pas ce mot dans le sens de GAINE, ÉTUI, BOITE. *Etui à lunettes. Boîte de montre. La gaine d'une paire de ciseaux.* Custode ne se dit que Du fond d'un carrosse ; du chaperon d'un fourreau de pistolet. On l'emploie aussi pour désigner Les rideaux qu'on met dans certaines églises, à côté du maître-autel. Anciennement il signifiait encore Rideau de lit, et de là, le proverbe : *Donner le fouet sous la custode* (châtier en secret).

Cutée ou cuitée. La quantité de pains qu'on fait cuire à la fois dans un four. FOURNÉE. *Prendre un pain sur la fournée.*

Cuvelle. Ce mot n'est pas français. Voyez *Cuisine*.

D

D. C'est à tort qu'on prononce en général le *D* des mots terminés en *de* comme un *t*. Dites : Une femme *timidd* et non *timitt* ; Tomber *raidd* mort, et non *raitt* mort.

Dabô. BADAUD, DADAIS, NIAIS, NIGAUD. *Un vrai badaud. Cette femme est bien badaude, bien nigaude. C'est un grand dadais. Il a l'air niais, la mine niaise. Faire, contrefaire le niais.*

Dache. MARE, FLAQUE, MARGOUILLIS. *Dans ce village on abreuve les bestiaux à une mare. Il y a des flaques d'eau dans ce chemin. Mettre, laisser quelqu'un dans le margouillis.*

Dada est un terme enfantin qui signifie Cheval, mais il ne faut pas le confondre avec DADAIS, DANDIN, qui veulent dire Niais. *C'est un grand dadais. Un grand dandin. Un vrai dandin.*

Daguet. POIX. *Frotter, enduire de poix.*

Daguet. Graisse de porc dont on se sert pour frotter les essieux des voitures. VIEUX-OING. Lorsque le vieux-oing est devenu noir par le mouvement des roues, il prend le nom de CAMBOUIS. *Graisser les roues d'une voiture avec du vieux-oing. Il y a des taches de cambouis à votre manteau.*

Dalent, dalemment. Ecrivez et prononcez DOLENT, DOLEMMENT. *Il est toujours dolent. Une mine dolente. Un ton dolent. Une voix dolente. Faire le dolent. Parler dolemment.*

Dambler. DANSER, SE REMUER, SAUTER.

Darrer. S'ÉLANCER, SE PRÉCIPITER.

Date, dater, datif. Quoique l'A soit long, il faut bien se garder de le marquer d'un accent circonflexe. *Une amitié de vieille date. Dater une lettre. Ce mot est au datif.*

Daune. ALOURDI, ÉTOURDI. *Je suis tout alourdi. J'ai la tête alourdie. Il est encore tout étourdi du bateau. Il tomba tout étourdi du coup.*

De. On sait qu'il faut dire : *voilà* DE *belles maisons*, DES *terres productives*, en supprimant l'article lorsque l'adjectif est placé avant son substantif, et en l'employant lorsqu'il est après. Mais doit-on dire : *voilà des tables rondes et en voilà* DE OU DES *carrées ; ce marchand a vendu beaucoup de drap à la foire*, DU *bon et* DU *mauvais, ou bien* DE *bon et* DE *mauvais ; il y a des roses de différentes couleurs*, DES *blanches*, DES *jaunes*, DES *rouges*, etc., ou bien DE *blanches*, DE *jaunes*, DE *rouges ?* Pour résoudre cette question il suffit de placer un adverbe devant l'adjectif. Il est certain, en effet, qu'on doit dire : *en voilà d'exactement carrées ; il en a vendu de très-bon et de très-mauvais ; il y en a de parfaitement blanches, etc.* Cependant en parlant d'encres, on dira : *j'en ai de la bleue, de la rouge,* parce qu'ici il s'agit d'une espèce particulière d'encre, et non de l'encre en général.

Debarboter (Se). BARBOTER, GROGNER, MARMOTTER.

Debaver. BAVER SUR, SALIR, TACHER, TREMPER DE BAVE.

Debiser. GERCER. *Le froid, la bise gercent les lèvres, gercent les mains. Les lèvres se gercent au grand froid.*

Debisure. GERÇURE. *Pommade bonne pour les gerçures.*

Deboiteler. DÉBOITER. *La chute qu'il a faite lui a déboité un os, lui a déboité l'épaule.*

Debouïter. Faire des bosses, des creux par accident à de la vaisselle, à de l'argenterie, etc. BOSSUER, BOSSELER. *Bossuer des plats. Bossuer une cuiller d'argent. Cette écuelle s'est bosselée en tombant.*

Debrener. EMBRENER.

Debranquener. DÉMANTIBULER, DÉBOITER. *Il criait à se démantibuler la mâchoire. On a démantibulé cette pendule en la transportant. Ce tournebroche est tout démantibulé. A force de pousser la porte, on l'a toute déboitée. Une table qui se déboîte.*

Debrauler. Voyez *Débranquener.*

Debrichelant. Voyez *Brichelant.*

Debricheler. CROTTER, ÉCLABOUSSER, SALIR. *Un cheval qui galopait m'a éclaboussé, a éclaboussé mon manteau. Marchez avec précaution, prenez garde de vous salir.*

Debusquer signifie Chasser, et non DÉGUERPIR, DÉLOGER, SORTIR. *Il a été obligé de déguerpir. Allons, déguerpissez. Délogez de là au plus vite, c'est ma place.*

Decarteler. DÉCOUPER, DÉPECER, DÉMEMBRER. *Dépecer de la viande, de la volaille. Il se ferait plutôt démembrer et mettre en pièces.*

Déceler. L'L ne se double jamais. *De telles fautes décèlent une grande négligence.*

Decesser n'est plus un usage, il faut dire CESSER, DISCONTINUER. *Depuis ce matin il n'a pas cessé de travailler.*

Déchange. Lieu où l'on va changer des pièces de monnaie pour d'autres. CHANGE. *Payer comme au change. Aller au change.*

Déchangoré. DÉBRAILLÉ, DÉCOLLETÉ. *Un homme tout débraillé. Une femme trop décolletée, toute décolletée.*

Déchardulé. ÉBRÉCHÉ, en parlant d'un épi.

Déchasser. ÉLOIGNER, CHASSER.

Déchaux ne s'emploie qu'avec le mot *Carme*. Dans les autres cas, traduisez par SANS BAS, SANS SOULIERS.

Dechineter. BRUTALISER, MALTRAITER.

Dechiter. En parlant des mouches, des puces, etc. COUVRIR DE CHIURES, DE TACHES. *Un miroir couvert de chiures de mouches.*

Dechiter. EMBRENER, SALIR.

Déchoi. Ecrivez et prononcez DÉCHET. *Il y a toujours du déchet sur le vin et sur le blé que l'on garde trop longtemps.*

Déchoir. Même règle pour le choix de l'auxiliaire qu'au verbe *Cesser*. *Il est bien déchu de son* *crédit. Il est fort déchu dans l'estime du public. Depuis ce moment il a déchu de jour en jour.*

Déclaver. DÉGAGER, DÉPÊTRER, DEBARRASSER. *On eut de la peine à le dégager de dessous son cheval.*

Décider devant un infinitif, demande la préposition à. *Cette raison m'a décidé à partir. Je suis décidé à partir* (et non *de partir*). *Je me décide à rester.* Cependant lorsqu'il signifie Prendre une résolution, déterminer ce qu'on doit faire, il prend de. *Nous décidâmes de partir sur-le-champ.*

Declicher. LEVER LA CLENCHE, LE LOQUET.

Déclicher. LACHER un fusil, un pistolet, TIRER A LA DÉTENTE.

Déclore. ÉCLORE. *Voilà des poussins qui viennent d'éclore.*

Décombler. Oter les décombres, les débris, les plâtras qui embarrassent un terrain, qui bouchent un passage. DÉCOMBRER. *Décombrer le pied d'une muraille.*

Décombres. Ce mot est masculin.

Decordeler. Détortiller une corde. DÉCORDER.

Découcher signifie Coucher hors de chez soi, être cause que quelqu'un quitte le lit où il couche. *Depuis huit jours il a découché trois fois. Ce mari ne découche point d'avec sa femme. Le maître de la maison m'avait offert son lit, mais je n'ai pas voulu le découcher.* Il serait très-incorrect d'employer ce mot dans le sens de SE LEVER.

Décracher (Se). CRACHER, FAIRE LA GRIMACE.

Décraïer (Se). SE FENDRE, SE GERCER, SE CREVASSER, S'OUVRIR, SE LÉZARDER. (Ce dernier ne se dit qu'en parlant des murailles.) *La grande sécheresse fend, faire gercer, crevasser la terre. Cette muraille commence à se crevasser. Ce mur est tout lézardé.*

Décramier. DÉMÊLER, DÉGAGER. *Démêler les cheveux. Tirez un bout de fil, et l'écheveau se démêlera facilement.*

Décrampier. DÉGRAFER. *Dégrafer un manteau.*

Décroître. Voyez *Croître.*

Décuire signifie Rendre plus liquide en ajoutant de l'eau; devenir liquide faute d'avoir été assez cuit. *Ce sirop est trop épais, il faut le décuire. Ces confitures se décuisent.* Mais il ne faut pas employer le verbe *Décuire* dans le sens d'e ÉBOUILLIR, RÉDUIRE PAR L'ÉBULLITION. *Ne laissez point tant ébouillir le pot. Il faut faire bouillir cette liqueur jusqu'à ce qu'elle soit réduite à moitié.*

Défiler. Défaire un tissu fil à fil. Dites EFFILER. *Effiler une toile. Bougier le bord d'une étoffe de crainte qu'elle ne s'effile. Défiler* signifie Oter le fil, le cordon qui était passé dans quelque chose. *Son collier s'est défilé. Défiler des perles. Défiler un collier, un chapelet.*

Défirloqué. DÉGUENILLÉ.

Dégaucher. Dresser le parement d'une pierre, d'une pièce de charpente, de menuiserie. Ecrivez et prononcez DÉGAUCHIR.

Dégauger. DÉCONCERTER, DÉCOURAGER.

Dégénérer prend, dans ses temps composés, l'auxiliaire *Avoir* ou l'auxiliaire *Etre*, selon que le sens de la phrase permet de poser l'une ou l'autre de ces questions : *Qu'a-t-il fait ?* ou *Qu'est-il ? Cet auteur pense que l'espèce humaine a bien dégénéré. Nous sommes bien dégénérés.*

Dégoter signifie Déplacer, chasser quelqu'un de son poste. *On l'a dégoté. Il a été dégoté.* Mais ce mot ne doit pas être employé dans le sens de DÉGOURDIR, c'est-à-dire Faire perdre à quelqu'un sa gaucherie, sa timidité. *Ce jeune homme a besoin que le commerce du monde le dégourdisse. C'est un homme, un gaillard bien dégourdi. Cette femme a l'air bien dégourdie* (et non *dégotée*).

Dégoût. Ce mot ne doit pas être employé pour ÉGOUT. *Il n'est pas permis de laisser tomber l'égoût de ses eaux chez son voisin. On a fait des canaux de plomb pour recevoir l'égoût des eaux. Ce cloaque, cet égoût empuantit tout le quartier.*

Dégrafiner. ÉGRATIGNER, DÉVISAGER. *Ces deux enfants ne sauraient jouer ensemble qu'ils ne s'égratignent. Quand cette femme est en furie, elle dévisagerait un homme. Ce chat est méchant, il vous dévisagera. Si on ne les eût retenues, ces deux femmes se seraient dévisagées.*

Dégratter. GRATTER, RACLER. *Gratter des souliers avec un couteau pour enlever la crotte. Racler les allées.*

Degrogner (Se). GRONDER, GROGNER. *Mon chien se mit à gronder.*

Déhacher. HACHER, TIRAILLER, TIRER. *Il ne coupe pas cette viande, il la hache. Il a fallu le tirer à quatre pour l'emmener. Les écoliers en se tiraillant entre eux, dechirent souvent leurs habits. Il y a une heure qu'ils ne font que me tirailler. Tirer de la laine.*

Dehalle. DÉBARRAS. *Les voilà partis, c'est un grand débarras.*

Déhanchelé. Qui a les hanches rompues ou disloquées, ou qui paraît les avoir telles. DÉHANCHÉ. *Cet homme est tout déhanché. Un cheval déhanché.*

Déhouer. Labourer une terre avec une houe une binette, une pioche. HOUER. *Il faut houer cette terre, ce jardin.*

Dehucher. MÉPRISER, DÉNIGRER, DÉCRIER, INJURIER, INSULTER, TANCER, GRONDER, RÉPRIMANDER, DIRE DES SOTTISES. *Il ne parle de cet homme que pour le dénigrer. Il en dit beaucoup de mal et le décrie partout. Il injurie tout le monde. Il est allé l'insulter jusque chez lui. Gronder ses valets. On l'a tancé vertement.*

Déjeter. Ce verbe ne s'emploie que pronominalement et signifie Se courber, se contourner. *Le bois de ce meuble s'est déjeté. Sa colonne vertébrale s'est un peu déjetée.* Mais il ne faut pas l'employer dans le sens de BOULEVERSER, DÉRANGER, METTRE EN DÉSORDRE, BOUSCULER. AGITER, SECOUER. *Bouleverser tout dans une chambre. On a tout bousculé mes livres. Nous fûmes horriblement bousculés dans la* *foule. Se déjeter* ne doit pas non plus s'employer au lieu de se débattre, s'agiter. *Se débattre comme un possédé. Un oiseau qui se débat quand on le tient. Ce malade s'agite continuellement.*

Déjeuner. Le premier *e* est aigu ; il ne faut par conséquent pas prononcer *D'jeuner*. On remarquera en outre que l'*u* n'est pas marqué d'un accent circonflexe, quoique ce mot soit formé de la particule *de* et du verbe *jeûner. Il n'a point encore déjeuné.*

Déjeuner, dîner, souper veulent la préposition *de*, devant un nom de chose, et la préposition *avec*, devant un nom de personne. *Déjeuner d'un* (et non *avec un*) *pâté. Gardez les restes du dîner, nous en déjeunerons demain. Dîner d'un poulet, d'un morceau de bœuf. Qui dîne avec son juge a gagné son procès.* (C. Delavigne.)

Déjoint. JOINT, FENTE, CREVASSE. *Ces ouvrages de menuiserie sont si bien travaillés qu'on n'en voit pas les joints. Regarder par la fente de la porte. Il y avait une crevasse à la muraille.*

Délacher. LACHER, DÉTACHER. *Lâcher un âne dans un pré. Détacher un chien.*

Délaver. Ce mot est français. *Du foin delavé.*

Délibérer ne signifie pas LIBÉRER, DÉLIVRER, SAUVER. *J'ai transigé avec lui pour me libérer des poursuites qu'il faisait contre moi. Ce débiteur s'est enfin libéré. Je voudrais bien me délivrer de cet homme.*

Délices est un substantif féminin. Il *fait toutes* (et non *tous*) *ses délices de l'étude*. Il s'emploie quelquefois au singulier, et alors il est masculin. *C'est un délice. Quel délice !*

Délocté. DÉGUENILLÉ. *Il est tout déguenillé.*

Déloffré. DÉCONCERTÉ, TRISTE, ABATTU, ACCABLÉ.

Déloger, découcher. Il ne faut pas confondre ces deux mots. *Déloger* signifie Quitter le logement, décamper. *Découcher* veut dire Coucher hors de chez soi. *Il déloge à la fin du mois. Je vous ferai bien déloger de là. Depuis huit jours il a découché trois fois.* Voyez Découcher.

Demadrer. Faire perdre à quelqu'un sa gaucherie, sa timidité. DÉGOURDIR, DÉNIAISER. *Ce jeune homme commence à se dégourdir. Il était fort simple, mais son voyage à Paris l'a un peu déniaisé. Il s'est déniaisé en fort peu de temps. Il se déniaisera dans le monde.*

Demander *à faire une chose*, signifie Manifester le désir de la faire soi-même ; *Demander de faire une chose*, c'est Prier un autre de la faire. *Demander à boire. Demander à entrer, à parler. Je vous demande de m'écouter.*

Démantibuler. Disloquer, détruire. Ce mot est français.

Démarloter (Se). Voyez *Débarboter*.

Demauhontier. HUER, SE MOQUER, RAILLER, TRAITER DE VILAIN.

Deméfier (Se). Dites SE DÉFIER OU SE MÉFIER.

Il se méfie de tout le monde. C'est un homme dont il faut se défier.

Demène. DIRECTION. *On lui a confié la direction de cet établissement. Prendre la direction de quelque affaire.*

Demener (Se) signifie Se débattre, s'agiter, se remuer violemment, se donner beaucoup de mouvement. *Il se demène comme un possédé, comme un diable dans un bénitier. Il s'est bien demené* (il a fait bien des courses) *pour cette affaire.* Mais *Se démener* ne signifie nullement GRONDER, GROGNER, CRIAILLER, TEMPÊTER, PESTER. *Il n'est pas content, il gronde. Il gronde contre nous. Il faut le laisser gronder. Cette femme ne fait que grogner. Cette femme criaille sans cesse après ses domestiques. Tempêter pour rien.*

Demeurage. LOGEMENT, CORPS DE LOGIS. *Il occupe un petit corps de logis sur le devant. Son logement consiste en trois ou quatre pièces.*

Demeurant, résidant sont invariables, excepté lorsqu'ils sont accompagnés de l'un des temps du verbe *Etre*. *Au lieu où la dite dame est demeurante. Le lieu où elle est résidante.*

Demeurer se conjuge avec *Avoir* ou avec *Etre*, selon que le sens permet de répondre à l'une ou à l'autre de ces deux questions : *Qu'a-t-il fait?* ou bien, *Où est-il? Comment est-il? Il a demeuré trois ans à Madrid. Mon cheval est demeuré en chemin. Il a demeuré longtemps en chemin. Je reprends mon discours où j'en étais demeuré. Elle* *est demeurée court après les premiers mots de son compliment. Nous sommes demeurés d'accord.*

Demi. On ne fait accorder cet adjectif en genre que lorsqu'il vient immédiatemnet après un substantif qui désigne une quantité entière. *Deux mètres et demi. Une aune et demie. Une demi aune.* Employé comme substantif, il est masculin lorsqu'il signifie La moitié d'une unité, et féminin lorsqu'il veut dire Demi-heure.. *Deux tiers et un demi* (et non *une demie*). *Quatre demis valent deux unités. Cette horloge sonne les heures et les demies. La demie est-elle sonnée ? Demi* s'emploie aussi adverbialement, et signifie A moitié, presque. *Cela est demi-cuit. Il est demi-fou. J'étais demi-mort.* Dans ce sens on dit aussi *A demi. Cela est plus d'à ou qu'à demi fait. Faire les choses à demi.*

Demorcellement MORCELLEMENT, DÉMEMBREMENT.

Demorceler. MORCELER, DÉMEMBRER. *Morceler une terre, un héritage. On a démembré cette terre.*

Démordre est un verbe neutre qui ne peut pas s'employer pronominalement. *Vous avez beau faire, vous ne l'en ferez pas démordre. C'est un entêté, il n'en démordra* (et non *il ne s'en démordra*) *pas.*

Dénaiver. DÉTRUIRE, EXTIRPER. *Détruire une race, une famille. Il y a de mauvaises herbes qu'on a bien de la peine à extirper.*

Dénivrer. Ce mot n'est pas français, il faut dire DÉSENIVRER. *Le sommeil l'a désenivré.*

Dentellière. Le métier de la dentellière se compose du *carreau*, petite table surmontée d'un coussinet, et des *fuseaux* sur lesquels on dévide les fils.

Dépaiger. DÉPÊTRER, DÉBARRASSER. *Dépêtrer un cheval qui s'est embarrassé dans ses traits.*

Dépairier. Oter l'une des deux choses qui font une paire. Dites DÉPARIER. *Déparier des gants, des souliers, des bas. Déparier des chevaux de même poil.*

Déparpiller. Dites ÉPARPILLER. *Des papiers qui s'envolent et s'éparpillent.*

Dépêcher (Se) devant un infinitif demande la préposition de. *Dépêchez-vous de partir* (et non *à partir*).

Dépenseur. Qui aime la dépense. Il faut dire DÉPENSIER. *C'est un grand dépensier, une grande dépensière.*

Dépisser. PISSER SUR, COUVRIR, TREMPER D'URINE, ARROSER.

Déplumer. Ce mot est français. *Déplumer un oiseau. Les oiseaux se déplument pendant la mue. Avoir l'air déplumé.* Dans le sens indiqué par le premier exemple, c'est-à-dire, lorsque ce mot signifie Oter, arracher les plumes, il vaut mieux se servir du verbe *Plumer*.

Dépocté. MARQUÉ DE LA PETITE VÉROLE, GRÊLÉ, GRAVÉ. *Cet homme est facile à reconnaître, il est fort grêlé. Etre tout gravé de la petite vérole. Avoir le visage grêlé, tout grêlé.*

Dérailler ne doit pas s'employer dans le sens de DÉSENRAYER. *Il faut désenrayer. La descente est moins rapide, on peut désenrayer la roue.*

Derame n'est pas français, il faut dire TINTAMARRE, VACARME, DÉROUTE. *Quel tintamarre est-ce que j'entends ? Faire un vacarme épouvantable.*

Déroquer. DÉMARRER, DÉGAGER, METTRE EN TRAIN, EN MOUVEMENT.

Désagrafer. Dites DÉGRAFER. *Dégrafer un manteau.*

Descartes, Desmaret, Despréaux, Destouches. Prononcez *Dècarte*, *Dèmaret*, *Dèpréaux*, *Dètouche*.

Descendre. Même règle pour le choix de l'auxiliaire, qu'au verbe *Demeurer*. *Il a descendu bien promptement. Il était monté, il est descendu. La justice a descendu chez lui. Le thermomètre a descendu de quatre degrés depuis hier.*

Descieffe. LIMITE, BORDURE.

Désirer, devant un verbe à l'infinitif, est suivi de la préposition *de*, lorsqu'il exprime un désir dont l'accomplissement est incertain, difficile ou indépendant de la volonté. *Désirer de réussir. Il y a longtemps que je désirais de vous rencontrer.* Quand, au contraire, il exprime un désir dont l'accomplissement est certain ou facile et plus ou moins dépendant de la volonté, il s'emploie sans la préposition *de*. *Je désire le voir, l'entendre, amenez-le-moi. Venez, elle désire vous parler.* (Acad.)

Désister. On doit dire *Se désister*, et non *Désister* de quelque chose, ce verbe étant essentiellement pronominal. *Se désister d'une poursuite, d'une demande, d'une entreprise.* Ce serait une faute tout aussi grave d'employer ce verbe dans le sens de CESSER, DISCONTINUER.

Désoché1é. DÉCHARNÉ. *Corps décharné, visage décharné:*

Dessaineter. ENSANGLANTER, TACHER, COUVRIR DE SANG. *La blessure qu'il reçut ensanglanta ses habits. La terre était ensanglantée.*

Dessaiwer. Mettre de la viande dans l'eau pour qu'elle ne soit plus aussi salée. DESSALER. *Dessaler de la morue. Mettre de la viande à dessaler.*

Dessawer. DÉTACHER.

Dessein, dessin. Ecrivez sans e avant l'*i*, lorsqu'il s'agit du travail d'un *dessinateur*. *Concevoir un dessein. Il était parti avec le dessein d'aller vous voir. Dessin au crayon, à la plume. Apprendre le dessin. Le dessin d'une indienne, d'un papier tenture.*

Desserrer ne signifie pas OUVRIR, DÉTOURNER LA CLEF, DÉVERROUILLER.

Dessolir. ÉBRANLER, DÉJOINDRE, MOUVOIR, REMUER. *Cette mine, cette batterie a ébranlé le bastion.*

Dessouffler. ESSOUFFLER. *Je me suis essoufflé à monter cet escalier. Il est revenu tout essoufflé.*

Dessouler. Ce mot se trouve dans les dictionnaires. *On prétend que la soupe à l'oignon dessoule ceux qui ont trop bu. Il ne dessoule jamais.*

Dessuiturer. DÉFRUITER, RÉCOLTER LES DÉPOUILLES D'UNE FUMURE, PROFITER DES RÉCOLTES D'UN TERRAIN FUMÉ.

Dève. Voyez *Tonnelier*.

Devenir, venir. C'est une faute grave de confondre ces deux verbes. Le premier signifie Etre fait ; le second veut dire Arriver. Il faut donc dire : *D'où venez-vous ? J'en viens* (et non *j'en deviens*). *Devenir grand, devenir maigre. Ces fruits deviennent* (et non *viennent*) *rouges en mûrissant. Regarder de quel côté vient* (et non *devient*) *le vent.*

Déverser. VERSER. *Les cabriolets qui sont suspendus trop haut sont sujets à verser. Nous avons versé à tel endroit.*

Dévoiement. Prononcez *Dévoamant*, sans faire sentir l'E. *Les raisins lui ont donné le dévoiement.*

Devoir. Les locutions wallones, *Il ne devrait pas, il ne pourrait pas valoir*, se traduisent par IL NE FAUDRAIT PAS, IL NE SERAIT PAS A DÉSIRER, IL NE FERAIT PAS BEAU VOIR.

Diable. Dites, *Faire le diable à quatre*, et non *en quatre*.

Dieu-levé. Le temps de la messe où le prêtre élève l'hostie. Dites LEVER-DIEU. *Il n'est arrivé qu'au lever-Dieu.*

Dicasse. KERMESSE, FÊTE.

Différer ne doit pas être employé dans le sens de DISCONVENIR. *Disconvenez-vous du fait? Il n'en disconvient pas.*

Digestion, indigestion. Faites sentir légèrement le T. *L'exercice facilite la digestion.*

Dîner, souper, déjeuner, goûter. Ces verbes se conjuguent avec l'auxiliaire *Avoir*, et il serait vraiment ridicule de dire : *Je suis dîné, je suis soupé*, etc., au lieu de, *J'ai dîné, j'ai soupé.*

Dingler. Faire sonner une cloche en sorte que le battant ne touche que d'un côté. TINTER. *Tinter la petite cloche, la grosse cloche. On tinte à la paroisse. Voilà la messe qui tinte. La cloche tinte.*

Disconvenir se conjugue toujours avec l'auxiliaire *Etre. Il n'en est pas disconvenu.*

Disparaître, dans ses temps composés, prend *Avoir* ou *Etre*, selon que le sens permet de poser l'une ou l'autre de ces deux questions : *Qu'a-t-il fait?* ou *Qu'est-il? Un tel a fait banqueroute et a disparu. Elle est disparue avec lui.*

Disputer ne s'emploie avec le pronom personnel que lorsqu'il signifie Etre en rivalité, comme dans l'exemple suivant : *Deux rivaux se disputent sa main.* Mais on dira *Disputer* (et non *se disputer*) ensemble. *Il aime à disputer. Ces deux femmes disputent de beauté, de laideur. Le disputer à quelqu'un en richesse, en valeur.* On doit savoir que *Disputer* n'a pas la même signification que SE QUERELLER. On *dispute* sans aigreur, par forme de conversation ; on *se querelle* lorsqu'on est animé par la colère.

Dit. Lorsque ce participe est placé immédiatement après un article ou un pronom, il ne forme avec lui qu'un seul mot. *Ledit tel. Ladite maison. Audit lieu. Mondit seigneur. Sondit procès-verbal.*

Divers On ne fait sentir l'S que devant une voyelle ou une H muette. *Les divers sens* (diver san) *d'un mot.*

Dodiner, dandiner. *Se dodiner* signifie Avoir beaucoup de soin de sa personne. *Se dandiner* veut dire Balancer son corps nonchalamment. *Ce paresseux ne fait que se dodiner. Il marche en se dandinant. Il est toujours à se dandiner.*

Doigter, doigtier. Le premier signifie Méthode, manière de poser, de faire agir les doigts pour jouer d'un instrument de musique. Un *doigtier* est une enveloppe dont on se couvre un doigt. *Ce maître a un excellent doigter. Indiquer le doigter. Un doigtier de cuir, de linge.*

Doquet. Assemblage de fleurs liées ensemble. BOUQUET *Offrir un bouqvet à une dame. Le bouquet de la mariée.*

Dorlaine. GRIMACIÈRE.

Dormeau. DORMEUR. *Il faut réveiller ce dormeur. C'est un grand dormeur.*

Dôse. ÉLEVURE, BUBE. *Avoir des élevures sur la peau.*

Dosseau. Voyez *Menuisier*.

Double. Ce mot, employé comme substantif,

est masculin. *Mettre une chose en plusieurs doubles.*

Double. Voyez *Cartes.*

Doucinasse. DOUCEATRE. *Cela a quelque chose de douceâtre. Un goût douceâtre. Une eau douceâtre.*

Douille. DOUILLET, SENSIBLE. *Elle est fort douillette.*

Oovisse. Voyez *Douille.*

Dragon. Tache qui vient sur la prunelle des hommes et des chevaux. Ce mot est français. *Avoir un dragon dans l'œil.*

Dresse. Voyez *Cuisine.*

Dringuelle. PIÈCE, POURBOIRE, ÉPINGLES, ET HAÏE AU BOUT. *Il lui a donné la pièce pour lui faire faire telle chose. Un commissionnaire, un cocher qui demande le pourboire. Ce sont les épingles de madame. Il m'a vendu sa terre, je lui ai donné cent louis pour les épingles de sa femme. Son emploi lui vaut mille francs par an, et haïe au bout.*

Drisse, drisser. Voyez *Chitte, chitter.*

Droldement. Ecrivez et prononcez DRÔLEMENT. *Il s'est tiré drôlement d'affaire.*

Drôle. Prononcez l'O comme dans *Pôle*, et non comme dans *Colle*. Il en est de même des dérivés *Drôlement, drôlerie, drôlesse. C'est un drôle de corps. C'est un drôle bien rusé. Vous êtes un drôle.*

Drôleresse. DRÔLESSE. *C'est une drôlesse.*

Drousse. Voyez *Laine.*

Du. Pour distinguer l'article *Du*, du participe du verbe *Devoir*, on met sur ce dernier un accent circonflexe; mais au pluriel et au féminin, ce signe est inutile et disparaît. *Je ne réclame que mon dû. Les sommes dues par un tel.*

Durant. Cette préposition se place quelquefois après le nom qu'elle régit. *Sa vie durant* (et non *durante*). *Six ans durant.*

Durette. Sorte de petit calus, dureté qui se forme principalement aux pieds et aux mains par l'épaississement de la peau. DURILLON. *Avoir un durillon à la main. Avoir des durillons aux pieds.*

E.

Eau-de-vie. Ce substantif est féminin. *Les eaux-de-vie de Cognac sont fort estimées.*

Ebène. Ce mot est féminin. *Ebène grise.*

Ebullition. Prononcez les L comme dans *Village*.

Ecaïette. Personne frivole et babillarde. Dites CAILLETTE. *C'est une caillette. Cet homme est une franche caillette.*

Echange. Ce mot est masculin. *Faire un échange. Echange avantageux.*

Echauffement. On appelle ÉCHAUFFURE ou ÉCHAUFAISON et non *échauffement*, l'indisposition qui se manifeste par une éruption à la peau. *Ce n'est pas une maladie, ce n'est qu'une échauffaison. Ce n'est qu'une échauffure. Mais on dira : Un* *échauffement de poitrine. Cette maladie provient d'un échauffement.*

Echapper se conjugue avec *Avoir*, lorsqu'il signifie Se sauver, s'oublier, se perdre ; il se conjugue avec *Etre*, quand il veut dire Etre hors de danger, de poursuites ; arriver par imprudence, par indiscrétion, etc.; et lorsqu'il est employé impersonnellement. Enfin il prend *Etre* ou *Avoir*, lorsqu'il se dit Des choses qu'on laisse aller, sortir, tomber involontairement. *Le véritable sens avait échappé à tous les traducteurs. La patience lui a échappé. Il est impossible qu'une pareille bévue lui soit échappée. Quelques fautes, quelques négligences vous sont échappées par-ci par-là. Il lui est échappé un mot inconvenant. Cela m'avait* ou *m'était échappé de la mémoire. Sa canne lui a échappé* ou *lui est échappée des mains. Un cri lui a échappé* ou *lui est échappé.*

Echec. Faites sentir le C, excepté lorsqu'il s'agit Du jeu des échecs. *Tant d'échecs* (échek) *ne découragent point cet auteur. Jouer aux échecs*, (échet).

Echerpe. Ecrivez et prononcez ÉCHARPE. *Porter le bras en écharpe.*

Echouer se conjugue avec l'auxiliaire *Avoir*. *On trouva une baleine qui avait échoué sur la côte. Cette affaire a échoué.* Cependant quelques écrivains ont employé l'auxiliaire *Etre*.

Echoir se conjugue avec l'auxiliaire *Etre*. *Cela lui est échu en partage.*

Eclairer. On ne dit plus *Eclairer à quelqu'un*. (Acad.) *Eclairez monsieur* (et non *à monsieur*).

Ecorcer, écorcher. On *écorce* un arbre, on *écorche* un animal. *Il faut tondre les brebis et non les écorcher. Autant fait celui qui tient que celui qui écorche. On écorce le bois en mai, parce que la sève, qui est alors fort abondante, facilite la séparation de l'écorce.*

Ecouter se dit quelquefois pour Obéir. *Ces enfants n'écoutent personne.* Mais il ne doit pas s'employer dans le sens d'ATTENDRE. *Il y a longtemps qu'on attend* (et non *qu'on écoute*) *après vous.*

Ecritoire. Petit meuble qui contient ou renferme les choses nécessaires pour écrire, encre, papier, plumes, canif, etc. Ce mot est féminin. *Ecritoire bien garnie. Une écritoire de bureau.* Il ne faut pas confondre l'*écritoire* avec l'*encrier*, qui est un petit vase de verre, de grès, etc., dans lequel on met uniquement l'encre. *Encrier de verre, de porcelaine.*

Eculer. Voyez *Cordonnier.*

Ecumoire. Voyez *Cuisine.*

Egaler. Lorsqu'on dit : *Cinq multiplié par quatre égale vingt*, le mot *égale* est la troisième personne du présent de l'indicatif du verbe *égaler*, et non un adjectif. En conséquence, il doit être terminé par un *e* muet.

Ege. Tous les mots terminés en *ege* portent un accent aigu sur l'*e* qui précède le *g;* ceux terminés en *eche* sont marqués d'un accent circonflexe ou d'un accent grave. On doit donc écrire *Barége, collége, cortége, manége, sacrilége, siége, abrége, assiége, protége,* etc.; et *Calèche, flammèche, flèche, mèche, sèche, bêche, dépêche, pêche, prêche,* etc.

Eger. Les verbes en *éger* conservent l'accent aigu dans tous les temps et dans toutes les personnes. *Qui est-ce qui vous protége? Les débauches abrégent la vie.*

Eglise. Parties, meubles et ornements d'une église.

AIGLE. Pupitre consistant ordinairement en la représentation d'un aigle ayant les ailes étendues, qu'on place au milieu du chœur de l'église. *Chanter à l'aigle.*

ASPERGÈS, ASPERSOIR OU GOUPILLON. Petit bâton garni de soies de cochon; boule de métal creuse percée de petits trous, qui sert à jeter de l'eau bénite. *Présenter l'aspergès, l'aspersoir. Jeter de l'eau bénite avec l'aspersoir. Asperger avec un goupillon.*

AURÉOLE. Cercle lumineux dont les peintres entourent ordinairement la tête des saints.

AUTEL. L'autel du milieu se nomme *maître autel* ou *grand autel*, et ceux des côtés, *autels latéraux* ou *petits autels*. Un autel se compose *du marche-pied, de la masse* ou *table, du tabernacle, de niches, de colonnes,* etc.

BALUSTRADE. Suite de petits piliers nommés *balustres*, portant une tablette d'appui, et servant à séparer le chœur de la nef, à entourer le jubé, etc. *Balustrade de marbre, de pierre, de fer.* On dit aussi quelquefois *Balustre* au lieu de *Balustrade. Un balustre d'autel.*

BANC. Un banc ordinaire est formé *du siége, de l'agenouilloir, de l'accoudoir, des montants* et *des semelles.*

BASSIN. (*Pailelette.*) Petit vase dont on se sert quelquefois, au lieu de *bourse*, pour aller à la quête.

BEDEAU OU SUISSE. Officier armé d'une *hallebarde*, et qui est chargé de la police de l'église.

BEFFROI. Tour ou clocher d'où l'on fait le guet, et où il y a une cloche pour sonner l'alarme ; cette cloche même. *On a sonné la cloche du beffroi* ou simplement *le beffroi. Le beffroi sonne.* (Voyez TOCSIN). Ce mot se dit aussi De la charpente qui porte les cloches. *Il faut refaire le beffroi de cette tour.*

BURETTES. Petits vases où l'on met l'eau et le vin pour dire la messe.

CALICE. On nomme *corporal*, le petit linge sur lequel on met le calice ; *purificatoire*, celui qui sert à essuyer le calice après la communion ; *patène*, le petit plateau de métal qu'on donne à baiser aux personnes qui vont à l'offrande ; *pale*, le carton carré garni ordinairement de toile blanche, qui se pose sur le calice et sur lequel on place *le voile* et *la bourse*.

CANDÉLABRES. Grands chandeliers qui se posent ordinairement à terre des deux côtés du marche-pied de l'autel.

CANONS. Tableaux écrits ou imprimés qu'on place au milieu et aux deux côtés de l'autel, et qui contiennent quelques prières de la messe.

CATAFALQUE. Espèce d'estrade sur laquelle on place, au milieu de l'église, le cercueil d'un mort qu'on va enterrer, ou bien la représentation d'une bière.

CAVEAU. Souterrain pratiqué sous l'église ou sous le cimetière.

CHAIRE. Elle se compose de la *chaire* proprement dite, de l'*escalier* et de l'*abat-voix* ou *dais*.

CIBOIRE. Espèce de calice dans lequel on conserve les hosties pour la communion des fidèles. *Serrer le saint ciboire dans le tabernacle.*

CLOCHE. L'anneau qui est à l'intérieur de la cloche et

auquel est attaché le *battant* , se nomme *belière.* La cloche est fixée, au moyen *d'oreilles*, à la *hune*, grosse pièce de bois terminée par deux *tourillons* qui jouent sur deux plaques de métal , nommées *crapaudines.*

CLOCHER. Espèce de tour en maçonnerie ou en charpente , ordinairement terminée par une pointe nommée *flèche* On appelle *abat-vent* , les persiennes qui servent à passer le son des cloches et à le diriger par en bas.

CONFESSIONNAL. Ouvrage de menuiserie formé ordinairement de trois *loges* , dont celle du milieu est fermée par une porte, et communique avec les loges des pénitents au moyen d'un *guichet grillé* , au-dessous duquel se trouve une petite planche qui sert d'appui , et qu'on nomme *accotoir*.

CRÉCELLE. (*Tartelle.*) Moulinet de bois qui fait un bruit aigre, et dont on se sert, au lieu de cloches, le jeudi et le vendredi de la semaine sainte. *Sonner de la crécelle.*

DAIS. Espèce de ciel soutenu par deux ou quatre colonnes , sous lequel on porte le Saint-Sacrement, surtout dans les processions. *Tenir les cordons du dais.*

ÉTEIGNOIR. Petit ustensile en forme de cône, ayant un long manche , et qui sert à allumer et à éteindre les cierges.

FONTS. Bassin, grand vaisseau de pierre , de marbre ou de bronze , où l'on conserve l'eau dont on se sert pour baptiser. *Bénir les fonts. Les fonts baptismaux.*

GIRANDOLE. Grand chandelier à plusieurs branches qu'on suspend au plafond , qu'on attache à un mur , ou qu'on pose sur un pied.

JUBÉ. Espèce de tribune ou de galerie où l'on place ordinairement l'orgue et les chantres.

LAMBRIS. Espèce de plafond formé de planches minces.

LAVABO. Petit linge dont le prêtre qui dit la messe se sert pour essuyer ses doigts.

LUSTRE. Espèce de lampe ou de chandelier de bronze, à plusieurs branches ornées de cristaux, qu'on suspend au plafond.

LUTRIN. Pupitre à l'usage des chantres, chœur. *Chanter au lutrin. C'est lui qui dirige le lutrin.*

MONUMENT FUNÉRAIRE ou simplement MONUMENT. Ouvrage d'architecture que l'on élève à la mémoire d'un mort, à l'endroit où il est enterré. Selon qu'il consiste en une simple colonne posée sur un piédestal, en une construction rectangulaire sans ornements, surmontée de la représentation d'une bière, ou enfin en un ouvrage plus grand, accompagné de riches sculptures, il prend le nom de *colonne funéraire*, de *tombeau* ou de *mausolée*. Il existe aussi d'autres monuments qui n'ont pas de dénominations particulières.

NAPPE. *La nappe d'autel* est le linge dont on couvre l'autel, et *la nappe de communion*, celui qu'on place devant les communiants.

NAVETTE. Petit vase de cuivre ou d'argent où l'on met l'encens qu'on brûle dans l'encensoir.

NEF. Partie de l'église qui s'étend depuis la porte principale jusqu'au chœur. Lorsque l'église comprend plusieurs nefs, *les nefs latérales*, qui ont ordinairement moins d'élévation que la *nef principale*, se nomment *bas côtés*.

NICHE. Enfoncement, creux dans lequel on place une statue.

ORNEMENTS SACERDOTAUX. Ils comprennent *l'amict* (prononcez *ami*), *l'aube*, *l'étole*, *la chasuble*, *le manipule*, *la chape*, *le voile*, *le surplis et le bonnet carré*. Les diacres au lieu de chasubles mettent des *dalmatiques*. Les évêques portent en outre *le rochet*, espèce de surplis à manches étroites, *le camail*, sorte de petit mantelet violet qui descend jusqu'à la ceinture, *la mitre*, bonnet d'une forme particulière, et *la crosse*. Le bonnet carré rouge dont se couvrent les cardinaux s'appelle *barretto*, et celui orné de trois couronnes dont se coiffe le pape, se nomme *tiare*.

OSTENSOIR. (Ne dites pas *Remontrance*.) Pièce d'orfévrerie dans laquelle on expose la sainte hostie qu'on y voit à travers une glace.

PISCINE. Lieu dans une église où l'on jette l'eau qui a servi à laver les vases sacrés, les linges servant à l'autel, et autres choses semblables.

POÊLE OU DRAP MORTUAIRE. Grande pièce d'étoffe noire et blanche dont on couvre le cercueil pendant les cérémonies funèbres.

PORCHE. Espèce de vestibule que l'on construit quelquefois à l'extérieur et devant la porte principale d'une église.

PORTE-MISSEL. Espèce de pupitre qu'on place sur l'autel pour porter le missel.

RELIQUAIRE. (On prononce *Relikair*.) Sorte de boîte, de coffret, etc., où l'on enchâsse des reliques.

SACRISTIE. Lieu où l'on serre les vases et les ornements, et où les prêtres vont se revêtir des habits d'usage pour le service divin.

SOCLE. Sorte de petit piédestal sur lequel on pose une statue, des vases, etc.

SOUCHE. Bout de cierge postiche fait de bois ou de fer-blanc, et sur lequel on place le cierge véritable.

STALLE. On appelle ainsi les siéges de bois placés dans quelques églises autour du chœur, dont le fond se lève et se baisse, et sur lesquels sont assis les religieux et ceux qui chantent au chœur.

TABERNACLE. Ouvrage de menuiserie fermant à clef, et où l'on place l'ostensoire, le ciboire, etc.

TABOURET. Siége sans bras ni dossier, dont on se sert quelquefois dans le chœur, au lieu de fauteuil.

TAMBOUR. Petite enceinte de menuiserie avec une ou plusieurs portes, placée intérieurement à l'entrée de l'église, pour empêcher le vent d'y pénétrer.

TOCSIN. Bruit d'une cloche qu'on tinte à coups pressés et redoublés, pour donner l'alarme, pour avertir du feu. *Sitôt qu'on sonna le tocsin, les habitants accoururent de toutes parts pour éteindre le feu. Dès que l'ennemi paraît, on sonne le tocsin.* Il se dit aussi De la cloche destinée à sonner le tocsin. *Le tocsin est bien placé dans cette tour.*

TOMBE OU PIERRE TUMULAIRE. Grande table de pierre, de marbre, de cuivre, etc., dont on couvre une sépulture. *Ci-gît, sous cette tombe. Mettre une épitaphe sur une tombe.*

TRONC. (*Bloc.*) Boîte de bois ou de fer qui a une fente pour recevoir l'argent des aumônes.

VASISTAS. (Prononcez *Vazistâsse.* Acad.) Petite partie d'une fenêtre qu'on ouvre à volonté pour donner de l'air.

Egrou. Ecrivez et prononcez ÉCROU. *Cette vis n'est pas assez grosse pour l'écrou.*

Elixir. Ce mot est masculin. *Excellent élixir.*

Ellébore. Ce mot est masculin. *Ellébore blanc.*

Embarbouiller. EMPÊTRER, EMBOURBER, ENTORTILLER, ENTRAÎNER. *Empêtrer, embourber quelqu'un; s'empêtrer, s'embourber, dans une méchante affaire.*

Embauchoir. Voyez *Cordonnier.*

Embaumer, empailler. Il ne faut pas confondre ces deux mots. *Embaumer*, c'est Remplir un cadavre de drogues odorantes et dessiccatives. *Empailler*, c'est Préparer un animal mort, en enlevant les parties internes pour les remplacer par de la paille ou du chanvre, de manière à lui conserver, autant que possible, l'apparence de la vie. *Un oiseau empaillé* (et non *embaumé*).

Embellir. Même règle pour le choix de l'auxiliaire qu'au verbe *Grandir.*

Embêter. Ce mot grossier ne figure pas dans les dictionnaires. On peut le rendre par ENNUYER, IMPATIENTER, SCIER, SCIER LE DOS, ENJÔLER. *Cela m'ennuie à la mort. Vous m'impatientez par vos discours. Enjôler une fille. Ce fripon l'a enjôlé.*

Emmalgame, emmouracher, ennuiter. Ecrivez et prononcez AMALGAME, AMOURACHER, ANUITER.

Empagne. Voyez *Cordonnier.*

Empêche n'est pas français, il faut dire EMPÊCHEMENT.

Emplâtre. Ce mot est masculin. *Appliquer un emplâtre. Quel emplâtre que cet homme-là !*

Empocheter. Mettre en poche. Dites EMPOCHER. *A mesure qu'il gagne de l'argent au jeu, il l'empoche.*

Empresser (S'), devant un infinitif, demande la préposition *à,* lorsqu'il signifie Agir avec une ardeur inquiète ; se donner du mouvement pour réussir. Il prend *de,* lorsqu'il veut dire simplement Se hâter. *S'empresser à faire sa cour. Celui qui paraît le plus empressé à nous plaire est plus occupé de lui que de nous. S'empresser de parler. Je m'empressai de l'avertir.*

Encensoir. Ce mot est masculin. *Un encensoir d'argent.*

Encheurre. PUANTE, FAINÉANTE, SALAUDE, GUENIPE. *Allez vous nettoyer, petite salaude. Qui nous a amené cette guenipe, cette grande guenipe?*

Encoignure. On prononce et plusieurs écrivent *Encognure*. (Acad.) *On a ménagé un cabinet dans cette encoignure.*

Enclos, clos. Ces mots servent l'un et l'autre à désigner Un terrain entouré de haies, de murailles, etc. *Grand enclos. Il y a un bel enclos à la suite du jardin. Un clos de vingt arpents. Entrer dans un clos.*

Endormir est français dans le sens d'Engourdir. *Cette attitude forcée m'a endormi la jambe. Avoir une jambe endormie, un bras endormi.*

Endroit (A l') ne signifie pas Vis-à-vis, mais Envers, à l'égard.

Enfant. Termes, vêtements et objets à l'usage des enfants.

BAVETTE. (Ne prononcez pas *Baverette*.) Petite pièce de toile ou d'autre étoffe qu'on attache sur la poitrine des enfants, pour recevoir la *bave* qui découle ordinairement de leur bouche. *Mettre une bavette à un enfant. Porter la bavette. Cet enfant est encore à la bavette.*

BÉGAYER. Se dit D'un enfant qui commence à parler. *Il ne fait encore que bégayer. Cet enfant commence à bégayer quelques mots.*

BERCEAU. (Il serait très-ridicule de dire *Berce*.) Sorte de petit lit mobile suspendu au moyen de *pivots*, ou posé sur des semelles courbes. *Berceau d'osier. Berceau d'acajou. Mettre un enfant dans son berceau. Un enfant qui s'amuse dans son berceau* (et non *dans son berce*).

BIBERON. Petit vase qui a un bec ou tuyau par lequel on fait boire les petits enfants qui ne prennent pas le sein. *Boire au biberon. Elever un enfant au biberon.*

BOBO, DADA, DODO, QUENOTTE. Termes dont se servent les enfants et ceux qui leur parlent, et qui signifient Mal, cheval, dormir, dent. *On lui a fait bobo, du bobo... Avoir un petit bobo. Un petit dada. Aller à dada. Faire dodo. Aller à dodo. Cet enfant a mal à ses quenottes. De belles, de jolies quenottes.*

BONNE. Fille ou femme chargée de soigner un enfant, de le promener. *Bonne d'enfant. Petite bonne. Allez, petite, rejoindre votre bonne. La bonne, veillez sur cet enfant. Contes de bonnes.*

BOURRELET. Espèce de bandeau rembourré dont on ceint la tête des enfants, pour empêcher qu'ils ne se blessent quand ils tombent.

CHOU OU CHOUCHOU. Mot de tendresse qu'on emploie quelquefois en parlant aux enfants.

CLAQUER. Donner une *claque*, c'est-à-dire, un coup du plat de la main.

CLAQUER. (*Chaquer.*) Se dit Des enfants qui frappent dans la main de quelqu'un en signe d'amitié ou de soumission.

CRAPAUD. Dans la province de Luxembourg on a assez l'habitude de donner aux enfants le nom de ce sale animal. On éviterait d'être dégoûtant, si l'on employait l'un des mots MARMOT, MIOCHE, MARMOUSET, CRAPOUSSIN, etc.

CRAPOUSSIN. Terme populaire qui se dit Des enfants, et, en général, Des gens petits et contrefaits. *Ce n'est qu'un crapoussin, qu'une crapoussine.*

CROUTE DE LAIT. (*Boxette.*) Croûte qui survient sur la tête des enfants à la mamelle.

DEMAILLOTER. Oter le maillot. *Démailloter un enfant.*

DENTITION. Eruption des dents. *Dentition facile, difficile. Le temps de la dentition.*

DORLOTER. Gâter, traiter délicatement, avec complaisance. *Cette mère dorlote son enfant.*

EMMAILLOTER. (*Refacher.*) Mettre un petit enfant dans un maillot. *Les sauvages n'emmaillotent point les enfants.*

ENGOUER (s'). S'embarrasser le gosier en buvant ou mangeant trop avidement, ou même en criant. *Il buvait et mangeait si avidement qu'il s'est engoué. A force de crier il s'engoua.* On se sert plus souvent des mots *Etouffer*, *s'étrangler*. *Cet enfant s'étrangle à force de crier.*

FESSER. Donner une *fessée* soit avec des verges, soit avec la main. *Fesser un enfant. Il a eu la fessée.*

FOUETTER OU DONNER LE FOUET. (Prononcez *Fou-et-ter*, *fou-è*.) Frapper un enfant avec un fouet ou avec des verges. *Fouetter un enfant. Donner le fouet à un enfant. Avoir le fouet.*

GIGOTTER. Se dit D'un enfant qui remue continuellement les jambes. *Cet enfant ne fait que gigotter.*

HOCHET. Jouet d'ivoire, de cristal, d'argent, etc., qu'on met entre les mains d'un petit enfant, pour qu'il le porte à sa bouche et le presse entre ses gencives, pendant le travail de la dentition. *Un hochet de cristal garni de grelots d'argent.*

JARGONNER. Se dit De l'espèce de ramage que les enfants font lorsqu'ils commencent à parler.

JOUET OU JOUJOU. (*Kıkaie.*) Bagatelles qu'on donne aux enfants pour les amuser et avec lesquelles ils jouent. *Cela lui sert de jouet. Le hochet est le jouet ordinaire des enfants. Il faut lui donner un joujou pour l'apaiser. Donner des joujoux à un enfant.*

LANGE. (*Drapai.*) Morceau d'étoffe ou de toile, dont on enveloppe les enfants au berceau. *Des langes fins. De beaux langes. Un lange de satin, de molleton, de piqué.* Il ne faut pas confondre les *langes*, qui servent à envelopper l'enfant, avec les *linges*, qui servent à l'essuyer.

LAYETTE. Le linge, les langes, le maillot, et tout ce qui est destiné pour un enfant nouveau-né. *Préparer*, *donner une layette*, *une belle layette*.

MAILLOT. (*Fachette.*) Morceau de molleton, de flanelle, etc., dont on enveloppe un enfant pour le coucher, et qui est entouré d'une *bande* de même étoffe. *Un enfant au maillot.*

MAMELON OU BOUT DE SEIN ARTIFICIEL. Petit instrument servant à remplacer le bout du sein naturel, lorsqu'il est mal conformé ou douloureux. Il consiste en un mamelon de brebis préparé et monté sur une espèce de trompe de buis.

MARMAILLE. Nombre de petits enfants. *Voilà bien de la marmaille. Faites taire cette marmaille.*

MARMOT. Petit enfant. *Vous êtes un beau marmot. Que nous veut cette marmotte ?*

MARMOUSET. Se dit, par dérision, D'un petit enfant mal fait. *Voilà un plaisant marmouset.*

MENOTTE. (Ne dites pas *Minottes*) Main d'un enfant. *Il a de jolies menottes, de petites menottes.*

MIOCHE. Petit enfant.

MOUTARD. Se dit, par plaisanterie, Des enfants en général, abstraction faite de leur sexe et de leur caractère. Quelques gens disent, au féminin, *Moutarde.*

NOUET. (*Sucette.*) Petit linge noué dans lequel on a mis du sucre pilé pour le faire sucer à un enfant.

ONDOYER. Répandre de l'eau sur la tête d'un enfant, au nom des trois personnes de la Trinité, sans observer les cérémonies ordinaires du baptême. *Cet enfant est en danger, il faut l'ondoyer.*

PIAILLER. Crier continuellement par dépit ou par malignité. *Des enfants qui piaillent toujours.*

PIAULER. Se dit Des enfants qui se plaignent en pleurant et qui imitent, en quelque sorte, le piaulement des poulets. *Cet enfant ne fait que piauler.*

POUPARD. (*Papa*). Mot qui n'est en usage que parmi les

enfants et les nourrices, et qui signifie Petit enfant. *Voilà un joli poupard, un beau poupard, un gros poupard.*

POULET. Terme de caresse. *Viens, mon poulet. Une jolie poulette.*

RELEVAILLES. Cérémonie qui se fait à l'église lorsqu'une femme y va la première fois après ses couches, pour se faire bénir par le prêtre. *Le jour de ses relevailles. Elle vient de faire ses relevailles. Assister à des relevailles.*

ROULETTE. (*Chariot.*) Machine roulante où un enfant se tient debout sans pouvoir tomber, et qui l'aide à marcher.

SEIN. Partie charnue où se forme le lait. *Le sein droit, le sein gauche d'une femme. Elle a mal à un sein.* Les personnes bien élevées ne se servent de ce mot que lorsqu'il y a absolument nécessité, et au lieu de dire : *Prendre le sein, donner le sein*, elles disent : *Boire, donner à boire.*

SEVRER. (*Spanir.*) Oter à un enfant l'usage du lait de sa nourrice. *On n'a sevré cet enfant qu'à deux ans.*

TAPER. Donner une ou plusieurs tapes. *Il l'a bien tapé. Je vous taperai.*

TAPOTER. Frapper souvent, à plusieurs reprises. *Cette mère est de mauvaise humeur, elle tapote toujours ses enfants.*

TETER. (*Laiter.*) Prendre le sein. *Cet enfant a tété de plusieurs laits. Cet enfant tette bien, donnez-lui à téter.* On évite de se servir de ce mot et on le remplace par le verbe BOIRE.

TRÉMOUSSER (SE). Se remuer, s'agiter d'un mouvement vif et irrégulier.

Enflammation, enflammable. Il faut dire INFLAMMATION, INFLAMMABLE. *Le feu prit aux poudres; et l'inflammation fut si prompte, qu'elle fit un ravage affreux. Inflammation de poitrine. Le* *soufre, le camphre sont des matières fort in-flammables.*

Engager et **s'engager**, devant un infinitif, demandent la préposition *à. On l'avait engagé à entrer dans ce parti. Il s'est engagé à nous venir voir dans tel temps.*

Engeler. GELER. *Il fait si grand froid que le vin gèle dans le verre. Vous avez les mains si froides que vous me gelez. Je suis gelé de froid. Cette chambre est si froide qu'on y gèle. Tous les poiriers ont été gelés* (et non *engelés*).

Engelure. Ce mot est français. *Avoir des engelures aux pieds, aux mains. Ses engelures lui démangent beaucoup.*

Engrais. Il faut dire : Mettre des moutons, des bœufs à l'ENGRAIS, et non *en graisse* ou *sur graisse.*

Engraisser, graisser. Ces verbes correspondent respectivement aux substantifs *Engrais* et *graisse.* On doit donc dire : *Engraisser une terre, engraisser un animal. Cette personne a beaucoup engraissé depuis un an;* et, en se servant du verbe *graisser : Graisser des bottes, des souliers. Graisser les roues d'une voiture. Graisser son linge, ses habits.*

Engueuler. Ce terme grossier, qui ne figure pas dans les dictionnaires, peut se traduire par HUER, POURSUIVRE, ACCABLER DE HUÉES. *A peine eut-il ouvert la bouche pour parler, qu'on le hua. Il se fit huer de tout le monde. La canaille le poursuivit de ses huées.*

Enivrer. Ce mot étant formé de la préposition *En* et du substantif *Ivresse*, on doit prononcer *En-nivrer* et non *É-nivrer*. *Ils le firent tant boire qu'ils l'enivrèrent.*

Enorgueillir. Par la même raison il faut prononcer *En-norgueillir* et non *É-norgueillir*. *La fortune l'a bien enorgueilli.*

Enregistrement, enregistrer. Prononcez *En-rgistrement, en-rgistrer* et non *En-ré-gistrement, en-ré-gistrer*. On peut dire aussi *Enregîtrement, enregîtrer. Enregistrer* ou *enregîtrer un acte de vente. Droit d'enregistrement* ou *d'enregîtrement*.

Enrosser. GOURER, DUPER, TROMPER.

Enrouiller. Ce mot est français, mais on dit plus ordinairement ROUILLER. (Acad.) *L'humidité enrouille*, et mieux, *rouille le fer. Le fer s'enrouille aisément. Il a laissé rouiller ses armes.*

Ensine. FUMIER, ENGRAIS.

Ensiner. FUMER, ENGRAISSER. *Fumer un champ.*

En-tête. Ce substantif composé est français et masculin. *Faire imprimer des en-têtes de lettres. Ecrire un en-tête à un tableau.*

Entre ne perd son *e* final que dans les mots composés, comme *entr'ouvrir, s'entr'aider, s'entr'égorger*, etc. Mais on écrira : *Entre eux, entre autres*, et non *Entr'eux, entr'autres*.

Entre les deux. Médiocrement. Dites ENTRE-DEUX. *Ce mouton est-il dur ou tendre ? Entre-deux. Fait-il froid ? Entre-deux.*

Entrefonds. Espèce de petit mur peu épais, fait de bois ou de maçonnerie, et servant à la distribution d'un appartement. Ce mot ne figure pas dans les dictionnaires, il faut dire CLOISON. *Leurs chambres ne sont séparées que par une cloison. Cloison d'ais, de planches. Cloison de briques. Cloison de menuiserie.*

Entrer, dans ses temps composés, prend l'auxiliaire *Etre.* (Acad.) *Ce sont de ces choses qui ne me sont jamais entrées dans l'esprit.*

Envergure. Prononcez le *G* comme 'dans *Augure. Le condor a, dit-on, jusqu'à vingt-cinq pieds d'envergure.*

Enveser. ENDÊVER, ENDIABLER, ENRAGER. *Il endêve de voir qu'on ne lui parle pas. Faire endêver, endiabler quelqu'un.*

Envieillir n'est plus en usage; on dit maintenant VIEILLIR. (Acad.) *Je le trouve bien vieilli* (et non *bien envieilli*). *Six mois de captivité l'ont vieilli de dix ans. Il se mit une perruque et des lunettes pour se vieillir.*

Epeautre. Ce mot est masculin. *Voilà un bel épeautre.*

Epidémie, épizootie. Conformément à l'étymologie, le premier se dit Des personnes et le second Des animaux. *Cette maladie, qui n'avait d'abord atteint que quelques personnes, dégénéra en épidémie. Il régnait une épidémie dans le pays. La dernière épizootie* (et non *épidémie*) *a détruit beau-*

coup de bestiaux dans ce canton. Il en est de même des adjectifs *Epidémique* et *épizootique*.

Episode. Ce mot est masculin. *Un triste épisode.*

Eplucher signifie Nettoyer des herbes, des grains, etc.; en ôter les ordures et ce qu'il y a de mauvais, de gâté. *Eplucher des herbes, de la salade, du riz, du drap, des laines.* Mais ce serait à tort qu'on emploierait le verbe *Eplucher* dans le sens de PELER, RATISSER. *Peler* (et non *éplucher*) *une pomme, une poire. Ratisser des navets, des carottes.*

Equerre. Ce mot est féminin. *Une fausse équerre.*

Equestre, équitation, équilatéral, équiangle. On prononce l'U. (Acad.) *Statue équestre. Ecole d'équitation. Deux figures équiangles.*

Erysipèle ou **érésipèle**. Ce mot est masculin. *Erésipèle dartreux.*

Esclandre. Ce mot est masculin. *Il est arrivé un grand esclandre dans cette famille. N'allez pas faire un esclandre en pleurant, en criant, retenez-vous.*

Escroc. On prononce *Escro. Un vil escroc.*

Espace. Ce mot est masculin, excepté lorsqu'il désigne Ces petites pièces de métal que, dans les imprimeries, on met entre les caractères pour séparer les mots l'un de l'autre. *Un grand espace de temps. Mettre une espace entre deux mots. Une forte espace. Une espace fine.*

Essayer, devant un infinitif, prend la préposition *à*, lorsqu'il signifie S'exercer à. Dans les autres acceptions, il demande la préposition *de*. Un enfant essaie *à marcher*. Un homme malade essaie *de marcher. J'ai essayé de le persuader. S'essayer* veut toujours la préposition *à. S'essayer à nager.*

Essayer signifiant Tâcher, faire ses efforts, demande un régime indirect. *Essayez-y* (et non *essayez-le*). *Je ne sais si j'en viendrai à bout, je n'y ai pas essayé* (et non *je ne l'ai pas essayé*).

Essience (**En**). EN VAIN, EN PURE PERTE. *Vous vous tourmentez en pure perte. Vous prenez bien de la peine en pure perte.*

Estomaquer ne s'emploie que *pronominalement*, et signifie Se tenir offensé de ce qu'une personne a dit ou fait, s'en formaliser, et non SURPRENDRE, STUPÉFIER, INTERDIRE. *Il s'est estomaqué* (formalisé) *de ce que je ne lui ai pas rendu sa visite assez tôt. Il n'a pas sujet de s'estomaquer, de s'en estomaquer. Je fus bien surpris de sa réponse. Cette nouvelle l'a stupéfié* (et non *estomaqué*). *Il était si interdit que...*

Et cætera. Prononcez *Ett-cé-tera*, et non *ett-zé-tera*.

Etelle. Eclat, morceau de bois que la hache, la doloire, le rabot, etc., fait tomber du bois qu'on abat ou qu'on met en œuvre. COPEAU. *Brûler des copeaux. Gros copeaux. Menus copeaux. Copeaux de hêtre.*

Etelle. Voyez *Harnais*.

Etendière. Voyez *Maçon*.

Etiqueter. On ne double jamais le *t*. *Les apothicaires étiquètent leurs fioles.*

Etoc ou **estoc**. (On prononce le C.) Souche morte d'un arbre qui a été coupé. Ce mot ne se dit plus guère que dans les phrases suivantes : *Couper une forêt, faire une coupe à blanc estoc. Etre réduit à blanc estoc.* Dans les autres cas servez-vous du mot SOUCHE. *Ces souches ont repoussé. On a arraché toutes les souches qui restaient dans cet endroit de la forêt. Souche de chêne. Souche de hêtre. Souche pourrie. Brûler des souches.*

Etocage. Génération, suite de descendants. SOUCHE. *La succession du père s'est partagée par tête, parce que tous les enfants étaient vivants ; celle de la mère s'est partagée par souches, parce qu'un des enfants était mort et que les petits-enfants sont venus à partager avec leurs oncles, par représentation de leur père.*

Etoile qui chirre. ÉTOILE TOMBANTE, FILANTE.

Etonner. Il faut dire : JE M'ÉTONNE, JE SUIS ÉTONNÉ que... et non Ça m'étonne que... *Je m'étonne qu'il ne voie pas le danger où il est.*

Etre. Dans les temps où ce verbe prend l'auxiliaire *Avoir*, il se dit quelquefois pour *Aller* ; mais avec cette différence que, dans *J'ai été à Rome*, par exemple, *J'ai été* fait entendre qu'on y est allé et qu'on en est revenu ; et que, dans *Il est allé à Rome*, le verbe *Il est allé* marque que celui dont on parle n'est pas encore de retour. (Acad.)

Etre. *C'est à vous à* signifie C'est votre tour à; *c'est à vous de* veut dire, C'est un devoir, une obligation, un droit pour vous de. *C'est à vous à jouer. C'est à vous de parler. C'est à moi de chercher le coupable et de le punir.* (Gamotte.) Au reste les écrivains sont loin d'avoir toujours observé cette règle : *C'est au Seigneur à vouloir, et à la créature à se soumettre et à obéir.* (Massillon.) *C'est à vous à faire l'éloge de l'amitié. C'est à vous de détruire la politique qui érige le crime en vertu.* (Voltaire.)

Etre, devant un nom de nombre ou un adverbe de quantité, ne doit pas être suivi de la préposition *à. Nous sommes dix* (et non *à dix*) *du même avis. Nous étions douze à table.* Pour bien comprendre cette observation, il suffit de répéter le pronom personnel. On ne dira effectivement pas : *Nous sommes à nous dix*, mais bien, *Nous sommes nous dix du même avis.*

Evaltonné. ÉVENTÉ, ÉVAPORÉ. *Cette femme est bien éventée. C'est un éventé, une jeune éventée. Un jeune homme évaporé. Une évaporée.*

Evaluer, estimer, avant ou après un nom de nombre ou un adverbe de quantité, peuvent être accompagnés de la préposition *à*, ou employés sans préposition. *A combien* ou *combien a-t-on évalué sa maison? Sa propriété fut évaluée cent mille francs* ou *à cent mille francs. On évalue le dommage à tant. Cette corniche a été évaluée à trois toises d'ouvrage. Cette terre a été estimée tant, estimée à tant. Combien estimez-vous cela?*

Evangile. Ce mot est masculin. *La messe est bien avancée, le premier évangile est dit.*

Excuse. *Demander excuse* est une locution vicieuse, il faut dire FAIRE EXCUSE, DEMANDER PARDON. *Faire des excuses à quelqu'un. Je vous en fais mille excuses. Je vous en fais excuse pour lui. Il n'est pas encore venu ? Je vous fais excuse, je vous fais bien excuse, il est venu et il est reparti.*

Exemple, exemplaire. Prononcez l'x comme dans *Exiger*.

Exemple. Ce mot est masculin, excepté lorsqu'il désigne Un modèle d'écriture. Dans ce dernier cas il est masculin et féminin, mais l'Académie semble préférer le masculin. *Vous avez un bel exemple devant les yeux. Son maître à écrire lui donne tous les jours de nouveaux exemples.*

Exempt, exempter, exemption. Le *p* ne se prononce point dans les deux premiers et se fait sentir dans le dernier. (Acad.) *Etre exempt de passion. Il obtint une exemption.* Il n'est pas correct de dire, dans un certificat de santé, qu'un animal est *exempt* de maladie contagieuse; il faut dire qu'il *n'est atteint* d'aucune maladie contagieuse.

Exorde. Première partie d'un discours oratoire. Ce mot est masculin. *Cet exorde est trop long, trop court.*

Exprès, expressément. On entend assez souvent confondre ces deux adverbes, et cependant ils sont loin d'avoir le même sens. *Exprès* veut dire A dessein, et *Expressément* signifie Au moyen *d'expressions* claires. *Il le fait exprès* (et non *expressément*) *pour me fâcher. Il a fait bâtir cet appartement exprès pour ses amis. Il est venu exprès, tout exprès pour demander cet emploi. Cela est énoncé expressément dans le contrat. Je lui avais commandé, défendu expressément de faire telle chose.*

Extendre, extendue. Ces mots ne sont plus français, il faut dire ÉTENDRE, ÉTENDUE.

Exterminé ne doit pas s'employer pour DÉTERMINÉ, c'est-à-dire, Méchant, emporté. *Il ne faut pas le fâcher, c'est un déterminé, c'est un franc déterminé, un vrai déterminé.*

F

F. Les lettres F, H, L, M, N, R et S sont du genre féminin lorsqu'on les appelle, suivant la prononciation ancienne et usuelle, *Effe*, *Hache*, *Elle*, *Emme*, *Enne*, *Erre* et *Esse*. Elles sont du genre masculin quand on les nomme, suivant la méthode moderne, *Fe*, *He*, *Le*, *Me*, *Ne*, *Re*, *Se*. Ainsi on peut écrire : *Une grande* F, *une* H *aspirée*, *une double* LL, *une* L *mouillée* ; ou bien *Un grand* F, *un* H *aspiré*, *un double* LL, *un* L *mouillé ;* mais dans ce dernier cas on doit prononcer Un grand *Fe*, un *He* aspiré, un double *Le*, un *Le* mouillé.

Nous ferons observer que l'Académie emploie ordinairement le féminin.

Face se dit Du visage entier, et ne doit pas s'employer comme synonyme de JOUE. *Une face de carême. Avoir une face de réprouvé. Avoir une grosse face, la face large et rubiconde. Baiser à la joue, sur la joue. Avoir une fluxion sur la joue. Joue* (et non *face*) *droite, gauche.*

Facétieux signifie Plaisant, qui divertit, qui fait rire, et non AFFABLE, POPULAIRE, ABORDABLE. *Un homme facétieux* (plaisant). *Un conte facétieux, une histoire facétieuse.*

Fache. CEINTURE d'un pantalon, d'une culotte, d'un caleçon. *Faire élargir, faire rétrécir sa ceinture.*

Fache. FAGOT, FASCINE.

Fâcher. On doit dire Se fâcher CONTRE quelqu'un, et non *sur* ou *après* quelqu'un. *Il est horriblement fâché contre vous* (et non *après vous*). *Je me suis fâché contre lui* (et non *sur lui*).

Fachette. MAILLOT. Voyez *Enfant*.

Façonneur. Qui fait trop de façons, de cérémonies. Dites FAÇONNIER. *Que vous êtes façonnier! Cette femme est trop façonnière.*

Faculté. Ne prononcez pas *Fagulté*.

Faîne. Fruit du hêtre. Prononcez *Fènn* et non *Fa-inn*. *Des pourceaux engraissés de faine. De l'huile de faine. Ramasser les faines, la faine.*

Faïau. FANON. Voyez *Cheval*.

Faillir, devant un verbe à l'infinitif, demande

à ou *de*, mais *de* est plus en usage. *J'ai failli de tomber, à tomber. J'ai bien failli de l'oublier. Il a failli à me blesser. Il a failli à être ministre. Le malheur qui faillit de nous arriver, à nous arriver. Cet événement faillit à retarder notre départ.* Souvent aussi l'on supprime la préposition, surtout dans le langage familier. *Il faillit être assassiné. Nous faillîmes périr. Il faillit être ministre. Il a failli vous arriver un grand malheur.*

Faire. *Ne faire que sortir, que s'éveiller* signifie Sortir, s'éveiller souvent. *Ne faire que de sortir, que de s'éveiller* veut dire N'être sorti, éveillé que depuis un instant. *Il ne fait que jouer, qu'étudier, qu'aller et venir. Ne faire que d'arriver.*

Faire. On dit Avoir *affaire*, et non *à faire*, à quelqu'un. *Avoir affaire à la veuve et aux orphelins. Avoir affaire à forte partie. Il faut prendre garde à qui on a affaire. Si vous ne changez de conduite, vous aurez affaire à moi.*

Faire. *C'est à faire à...*, devant un infinitif, demande la préposition *de. C'est à faire à lui d'ordonner* (et non *à ordonner*) *une fête.*

Fait. Les expressions *Etre au fait, mettre au fait, se mettre au fait*, sont françaises. *Quand vous serez au fait. Cette jeune fille est bien au fait du ménage. Il se fut bientôt mis au fait de son nouvel emploi.*

Fait (A), **fait-à-fait.** Ces expressions ne sont pas françaises, il faut dire A MESURE, AU FUR ET A MESURE, SUCCESSIVEMENT, TOUR A TOUR. *On* *vous payera à mesure que vous travaillerez. Vous n'avez qu'à travailler, et on vous payera à mesure. Travaillez, vous serez payé au fur et à mesure, à fur et mesure. Vous serez payé à mesure de votre travail.*

Falbana. Bande d'étoffe plissée que l'on met pour ornement à une robe, à des rideaux, etc. Ecrivez et prononcez FALBALA. *Rideaux garnis de falbalas. Robe, jupe à falbalas.*

Falli. EXTÉNUÉ, RENDU, RÉDUIT. *Un homme exténué de fatigue. Je suis rendu, je ne saurais aller plus loin.*

Falotin. Ridicule, plaisant, drôle. FALOT. *Conte falot. Aventure falote. Il fait le falot* (et non *le falotin*). *C'est un plaisant falot.*

Faner ne peut pas s'employer neutralement. Il faut dire : *Cette femme commence à se faner* (et non *à faner,* ce qui serait tout autre chose). *Les fleurs commencent à se faner dès qu'elles sont cueillies.*

Fantasque, fantastique. Il ne faut pas confondre ces deux mots. Le premier signifie Capricieux, sujet à des fantaisies, bizarre, extraordinaire dans son genre. *Homme fantasque. Humeur fantasque. Il est fantasque comme une mule. Opinion fantasque. Ouvrage fantasque. Habit fantasque. Fantastique* signifie Chimérique, visionnaire, plein d'imaginations ridicules. *Un être fantastique. Projets fantastiques. Visions fantastiques. Cet homme est un fantasque* (et non *un fantastique*).

Faon, faonner. On prononce *Fan, fanner.* On appelle *Faon*, Le petit d'une biche ou d'un chevreuil.

Faquin est un terme de mépris qui signifie Homme de néant, homme qui fait des actions basses. *Ce n'est qu'un faquin. On l'a traité comme un faquin. C'est un métier de faquin. Faquin fieffé* Il ne faut donc pas employer ce mot dans le sens de freluquet, coquet, pimpant, élégant. *Elle était extrêmement pimpante. Vous voilà bien pimpante aujourd'hui. Faire le pimpant.*

Farauder. fignoler.

Fariote. chansonnette. *Une jolie chansonnette.*

Farme. barbe, arête d'un épi.

Farme. Feuille du blé, de l'avoine. pampe. *Pampe de blé, d'avoine.*

Fat. Le T se prononce. (Acad.) *Rien n'est plus ridicule qu'un vieux fat.*

Faugi. Ardoise irrégulière par la forme et par l'épaisseur. faisceau.

Fauldes se dit Des *fossés* où l'on fait le charbon d'après un autre système que celui en usage dans notre province. Il ne faut pas appeler ainsi les monceaux, les piles ordinairement coniques, que l'on forme avec le bois destiné à être réduit en charbon et qui se nomment fourneaux.

Fauquette. fente d'un jupon.

Faute. Ne dites pas : *C'est de ma faute si l'entreprise a échoué*, dites : *C'est ma faute* ou *c'est à moi la faute si*, etc. Ne dites pas non plus : *Une* *faute d'attention ;* il faut dire : UNE FAUTE D'INATTENTION ou simplement UNE INATTENTION, UNE INADVERTANCE. *C'est une inadvertance. Commettre des inadvertances. Pardonnez-lui ses inadvertances. C'est une pure inattention.*

Fel. VERT, FIER, BREF, SEC. *Faire une réponse bien verte. Fier coup de tonnerre. C'est une fière étourderie. Il a reçu un fier coup à la tête. Elle est fière de sa fille. Voilà un fier marcheur, il ne peut faire une lieue sans être fatigué. Parler, répondre d'un ton bref. Cet homme est sec. Réponse sèche.*

Fellement. FIÈREMENT, FURIEUSEMENT, TERRIBLEMENT. *Je l'ai fièrement tancé. Il ment furieusement. Il pleut, il neige terriblement. Il est terriblement ennuyeux.*

Fenasse. Plante dont la fleur est disposée en épi. GRAMINÉE.

Fenau. Action de couper les foins ; temps pendant lequel on les coupe. FENAISON ou FANAISON. *Le temps de la fenaison est bien avancé. Pendant la fanaison.*

Fendant ne signifie nullement BUCHE, BOIS DE QUARTIER. *Ce n'est pas du bois de quartier, ce sont des rondins. Mettre une bûche au feu.* On appelle *Fendant,* Un coup d'épée dirigé de haut en bas ; un homme qui fait de grandes menaces, qui fait le fanfaron. *Il fut blessé dangereusement d'un fendant qu'il reçut dans le combat. Cet homme fait bien le fendant, quand il ne voit personne à combattre.*

Fenil. Le lieu où l'on serre les foins. On mouille l'L. *Le fenil est plein.*

Ferdauchaine. FREDAINE, POTS CASSÉS, FOLLE ENCHÈRE. *Faire une fredaine. Il en payera les pots cassés. Payer la folle enchère de quelque chose, en payer la folle enchère.*

Ferfoutte. PROMENER, PAITRE, AU DIABLE. *Allez vous promener, vous m'ennuyez. Vous avez vu comme je l'ai envoyé paître. Va-t'en au diable, à tous les diables, à tous les cinq cents diables.*

Férir. SE PRODUIRE UNE ÉRUPTION.

Ferraille, ferronnerie. Le premier se dit collectivement D'une certaine quantité de vieux morceaux de fer usés ou rouillés. *Ferronnerie* s'emploie pour désigner Les ouvrages de fer en général. *Ce n'est que de la ferraille. Vendeur de vieille ferraille.* Le marchand qui vend de la ferronnerie prend le nom de *Ferronnier. Acheter des chenets chez un ferronnier.*

Ferret. Perche munie d'un crochet de fer à deux branches, l'une droite et l'autre courbe, dont on se sert pour pousser une barque. GAFFE. *Pousser la barque au large avec la gaffe.*

Fesser signifie Fouetter, frapper sur les fesses avec des verges ou avec la main. *Fesser un enfant.* Mais il ne veut pas dire CLISSER, ENTRELACER, FICELER. *Bouteille clissée.*

Feuillage. Planche mince. VOLIGE, DEMI-PLANCHE.

Fier fait FIÈRE au féminin, et non *Fierte*. *Faire la fière. Elle est fière d'avoir réussi.*

Fieuz et houtte. QUITTE ET LIBRE, SANS REVANCHE.

Fignoler. Ce verbe est neutre et signifie Se distinguer par un ton, des manières affectées. Mais il ne faut pas l'employer dans le sens D'ENJOLIVER, ORNER, PARER. *Il a enjolivé sa maison, son jardin.*

Fille. Mouillez les L, ou bien prononcez, à la parisienne, *Fi-ie*. On se rendrait vraiment ridicule en disant : une *fill* unique, une *vieill fill*. La même observation s'applique aux mots suivants : *aiguille, anguille, comomille, cédille, charmille, chenil, cheville, coquille, esquille, étrille, famille, faucille, goupille, grille, guenille, lentille, pacotille, pastille, quille, roquille, vetille, vrille,* etc.

Filoset. CORDON. *Cordon de coton. Cordon de soie. Filoselle*, dont on serait peut-être tenté de se servir, est un substantif féminin qui sert à désigner Une espèce de grosse soie. *Des bas de filoselle.*

Filou. Ce mot n'a pas de féminin et, au lieu de *Filoute*, il faut dire TRICHEUSE.

Fils. Les grammairiens ne sont pas d'accord sur la prononciation de ce mot. Nous pensons qu'il convient de dire *Fisse*, même devant une consonne. *Le repentir est fils de la vertu.*

Finard. Qui est fin, rusé dans de petites choses. Dites FINAUD. *C'est un fin ud, une finaude.*

Finir, devant un infinitif, demande la préposition *de*. *Avez-vous fini de parler* (et non *à parler*)?

Fiorain. Qui n'est pas du lieu. FORAIN. *Les propriétaires forains*, ou simplement, *Les forains.*

Firloque. LOQUE, GUENILLE, CHIFFON. *Cet habit s'en va en loques, tombe en loques. Que voulez-vous faire de cette guenille, de ces guenilles. Cet homme ne porte que des guenilles. Le papier se fait ordinairement de chiffons broyés et réduits en pâte.*

Firloquier. Voyez *Loquier*.

Flache (A). A FLOTS, A FOISON. (Prononcez Foazon.) *Le sang coulait à grands flots de sa blessure. Il y a de tout à foison.*

Flachisse. MARE, MARGOUILLIS.

Flairer ne signifié pas PUER, mais Sentir. *Flairez (sentez) un peu cette rose. Il a flairé cela de loin.*

Flammache. Petite parcelle d'une matière combustible qui s'élève en l'air tout enflammée. FLAMMÈCHE. *Il ne faut qu'une petite flammèche pour causer un grand embrasement.*

Flammée. FLAMME.

Flammer. Dites FLAMBER. *Ce bois ne flambe point. Faites flamber ce feu. Mon argent est flambé, je n'espère plus le ravoir. C'est une affaire flambée. Cet homme est flambé.*

Flammeron. Morceau de charbon de bois qui n'est pas bien cuit. FUMERON.

Flandrin. Sobriquet que l'on donne aux hommes élancés qui n'ont pas une contenance ferme. Ce mot est français. *C'est un grand flandrin.*

Flanqué. Qui a les flancs creux et décharnés. EFFLANQUÉ. *Un cheval efflanqué.*

Flatte. FIENTE, EXCRÉMENT, MOTTE DE FIENTE.

Flatter. FIENTER. *Un animal qui ne fiente pas, qui fiente bien.*

Flauwe. FABLE, CONTE, CONTE DE FÉES. *Vous nous contez des fables. Fables que tout cela. Il nous amuse ici avec ses contes. Les enfants aiment les contes de fées.*

Flauwe. FAIBLE, ENGOURDI.

Flauzer. CARESSER, FROTTER.

Flenir. SE FANER, SE FLÉTRIR. *Les fleurs commencent à se faner dès qu'elles sont cueillies. Le vent de bise, le hâle flétrit les fleurs. Les fleurs se flétrissent.*

Fleurissant, florissant. Le premier se dit au propre, et le second au figuré. *Les plaines fleurissantes. Une ville florissante.* Il en est de même de l'imparfait *fleurissait* et *florissait*, avec cette différence cependant, que *fleurissait* se dit quelquefois au figuré, et jamais *fleurissant.*

Fleve. FAIBLE. *Avoir les jambes faibles. Ce cheval est trop faible pour porter une charge si pesante. Cette poutre est trop faible.*

Fligeant. PLIANT. FLEXIBLE. *L'osier est extrêmement pliant. Une branche flexible.*

Fliger. PLIER, PLOYER, FLÉCHIR. *Ployer le genou en marchant. C'est un roseau qui plie à tout vent. Ce bois rompt plutôt que de fléchir.*

Flime. Matière aqueuse, épaisse et filante

qu'on jette en crachant, en vomissant, etc. FLEGME, CRACHAT. *Il a jeté beaucoup de flegme, des flegmes sanguinolents. Crachat sanguinolent.*

Floc. NOEUD DE RUBAN.

Flochant. GRAS, BRILLANT, VIVANT, BIEN NOURRI, DE BELLE VENUE.

Floche. Houppe. Ce mot est français.

Floche. FLOCON DE NEIGE. *Il tombait de la neige par flocons, à gros flocons.*

Flomiche. DOUCEREUX, FLAGORNEUR. *C'est un homme doucereux. Il a l'air doucereux, la mine doucereuse, le ton doucereux. C'est un vrai flagorneur, une grande flagorneuse.*

Flomicheries. FLAGORNERIES, CANCANS, DOUCEURS. *Il s'est insinué dans cette maison par ses flagorneries. Aimer les cancans. Prêter l'oreille aux douceurs.*

Flomicher. FLAGORNER, CANCANNER, FAIRE LE DOUCEREUX. *Il est entouré de parasites qui le flagornent. Il va flagorner aux oreilles de son maître.*

Florée. Petits flocons de moisissure qui paraissent sur le vin, dans les tonneaux ou dans les bouteilles, lorsqu'il vient à se gâter. FLEURS.

Florée. SEMENCE, GRAINE DE FOIN.

Flot (Nouer à). NOUER A BOUCLES.

Flux. L'X final ne se fait pas sentir. *Avoir le flux de ventre.*

Foine. Voyez *Cultivateur*, *Pêche*.

Fonçage. PLANCHER.

Foncer signifie Mettre un fond à un tonneau,

à une cuve, etc. *J'ai fait foncer des tonneaux à neuf.* Mais il ne faut pas confondre ce mot avec ENFONCER, qui signifie Pousser vers le fonds, briser en poussant, aller au fond. *Enfoncer un vase dans l'eau. Enfoncer une porte. Enfoncer le plancher. S'enfoncer dans la boue. Le plancher s'enfonça.* Dans cette dernière acception, il ne s'emploie qu'avec le pronom personnel. Il ne faut donc pas dire : *Enfoncer* ni *foncer*, mais bien S'ENFONCER *dans un bourbier, dans un marais.*

Fond, fonds. On écrit sans s à la fin, lorsqu'il s'agit d'une situation, d'un emplacement, d'une partie d'un objet. *Le fond d'un puits, d'un tonneau, d'un vase, de la mer, d'une rivière, d'un chapeau. Une maison bâtie dans un fond. Au fin fond des enfers. Couler à fond. De fond en comble. Faire fond sur quelqu'un, sur quelque chose. Le fond d'un cachot. Une broderie sur un fond blanc, sur un fond vert. Bâtir sur un fond peu solide. Le fond du tableau est trop clair. Nous sommes d'accord sur le fond, il ne s'agit plus que de s'entendre sur la forme. Traiter une matière à fond.* On écrit avec un s, lorsqu'il est question d'une *propriété,* d'une *possession* soit agricole, soit commerciale, soit morale ou intellectuelle. *Un fonds sujet à usufruit. Il ne faut pas bâtir sur le fonds d'autrui. Fonds dotal. Fonds social. Dissiper un fonds. Il mange non-seulement le revenu, mais aussi le fonds. Placer son argent à fonds perdu. Fonds de commerce, de boutique, de magasin. Un fonds de* *boulanger, d'épicier, de bijoutier. Cet homme a un grand fonds d'esprit, de probité. Cela ne peut venir que d'un fonds de malice. Il n'a pas tiré cela de son propre fonds.*

Fondoir. Ce mot n'est pas français dans le sens de ÉTAT D'ENTRETIEN, DÉLABREMENT, DÉPÉRISSEMENT, DÉGRADATION, RUINE. *Toutes ces maisons sont dans un grand dépérissement, faute de soin. Tous ces murs sont dans un état de dégradation.*

Fondraille. Lie, vase qui se forme dans certaines liqueurs, dans l'huile, etc. FONDRILLES, LIE. *Lie d'huile, de bière, de vin, etc.*

Forcer, devant un infinitif, prend *à* ou *de*. *Forcer quelqu'un de faire quelque chose, à faire quelque chose. Il la força de signer. Il fut forcé de partir. On voulait le forcer à partir.*

Forches. Voyez *Laine*.

Forêt. Termes relatifs à l'exploitation et à l'administration des forêts.

ABROUTI. On appelle *bois abroutis*, ceux dont les premières pousses ont été broutées, mangées par le bétail, et qui sont mal venus.

AMÉNAGER. Régler les coupes d'une forêt.

ASSEOIR. Faire l'*assiette* d'une coupe, d'une vente, c'est-à-dire, Marquer le canton de bois qui doit être coupé ou vendu.

AUBIER. (*Blanc bois.*) La partie tendre et blanchâtre qui est entre l'écorce et le corps de l'arbre. *Cet arbre ne peut servir à faire une poutre, il a trop d'aubier.*

BALIVAGE. Choix et marque des baliveaux qui doivent être conservés dans les coupes.

BALIVEAU. Arbre qu'on réserve lors de la coupe d'un bois,

afin qu'il puisse devenir arbre de haute futaie. *Réserver tant de baliveaux par hectare. Baliveau moderne. Baliveau ancien. Baliveau de l'âge du taillis.* (Voyez *Moderne*).

BOIS. Le bois se divise en *bois de charpente*, *bois d'œuvre*, *bois de chauffage, bois de charronnage*, etc.

BOIS. On appelle *bois vif* celui qui pousse des branches et des feuilles ; *bois mort*, les branches ou les arbres qui ne reçoivent plus de sève et qui se dessèchent; *mort bois*, les espèces de bois de peu de valeur, comme les ronces, les épines, les genets, etc.; *bois pelard* ou simplement *pelard*, celui dont on a enlevé l'écorce pour faire du tan ; *bois blanc*, les essences tendres et blanches, comme le tremble, le peuplier, le bouleau, etc. ; *bois de brin*, *arbre de brin*, l'arbre qui n'a qu'une tige et qui provient de semence; *bois de rejet*, celui qui provient d'une souche qui a repoussé. *Les arbres de brin viennent plus droits et vivent plus longtemps que les autres.*

BROUSSAILLES. Epines, ronces et autres arbustes semblables, qui croissent dans les forêts, les terres incultes, etc. *Passer à travers les broussailles.*

BUCHETTE. Petit morceau de bois sec et menu. *Les pauvres gens vont ramasser des buchettes dans les bois.*

CÉPÉE. (Ce mot est féminin). Touffe de plusieurs tiges de bois qui sortent d'une même souche. *Faire la coupe des cépées de saules.*

CHABLIS. Bois abattu dans les forêts, par le vent. *Il y a beaucoup de chablis dans cette forêt. Vendre des chablis.*

CLAIRIÈRE OU ÉCLAIRCIE. Endroit d'une forêt dégarni d'arbres. *Les bécasses quittent les endroits fourrés et le fort du bois à l'entrée de la nuit, pour se répandre dans les clairières.* (Buff.)

COGNÉE. Hache de bûcheron. *Sa cognée est démanchée,*

est bien emmanchée, est ébréchée, est émoussée. Aller au bois sans cognée.

COPEAU. (*Etelle*.) Eclat que la hache fait tomber du bois qu'on abat ou qu'on met en œuvre. *Gros copeau. Brûler des copeaux.*

COURONNER (se). Se dit D'un arbre qui vieillit et dont la tête se dessèche. *Cet arbre se couronne.*

DÉFENSABLE. Un bois est dit défensable, lorsqu'il est assez fort pour se trouver à l'abri du dommage que les bestiaux peuvent causer.

ÉBOUPER. Couper la cime d'un arbre.

ÉLAGUER OU ÉBRANCHER. Dépouiller un arbre de ses branches jusqu'à une certaine hauteur ; éclaircir un arbre en coupant une partie de ses branches. *Il faut élaguer, ébrancher cet arbre. Le vent a tout ébranché ce chêne.*

ENCROUÉ. Se dit D'un arbre qui est tombé sur un autre lorsqu'on l'abattait, et qui s'est embarrassé dans ses branches. *Cette ordonnance contient des dispositions relatives aux bois encroués.*

FOURRÉ. Endroit d'un bois où il y a un assemblage épais d'arbrisseaux, d'arbustes, de broussailles. *Se réfugier, se cacher dans un fourré.*

FUTAIE. Bois, forêt composée de grands arbres. *Laisser monter un bois en futaie. Bois de haute futaie. Demi-futaie. Haute futaie.*

FUTAIE SUR TAILLIS. Taillis mêlé d'arbres de haute futaie.

GLANDÉE. La récolte du gland. *La glandée fut abondante cette année-là. Aller à la glandée* (ramasser du gland) *Envoyer des cochons à la glandée* (manger du gland dans la forêt).

HAIE. Bois formé de chêneaux propres à être écorcés.

HALLIER. Réunion de buissons fort épais. *Un hallier épais. Parmi les halliers.*

HOUPIER. Tête d'un arbre.

JARDINER. Ne laisser qu'une seule tige à chaque pied d'arbre, dans un sol qu'on veut élever en futaie.

JET. Bourgeon, scion que poussent les arbres. *Cet arbre a donné de beaux jets cette année.*

LAIE. Ouverture étroite, percée dans un bois, pour établir des lignes de jalons. *Tracer, faire une laie dans une forêt. Une laie de trois pieds de large.*

LISIÈRE. (*Orière.*) Bord, extrémité d'un bois.

MODERNE. On appelle *modernes*, les arbres qui ont deux ou trois fois l'âge du taillis, et *anciens* ceux qui ont quatre fois cet âge ou plus. *Marquer en réserve les arbres anciens, les modernes, et les jeunes ou baliveaux de l'âge du taillis.*

PACAGE (DROIT DE.) Droit d'envoyer son bétail paître dans une forêt, dans certains pâturages.

PAROI. On appelle *arbre de paroi*, celui qui fait limite le long d'une ligne droite, et *pied cornier* celui qui détermine le sommet d'un angle.

PLANT. Jeune tige nouvellement plantée ou propre à l'être. *Je voudrais bien avoir du plant de cet arbre. Ces jeunes plants viennent bien.*

PLANT. (Ne dites pas *Plantis.*) Certaine quantité de jeunes arbres plantés dans un terrain. *Un plant d'ormes.* On désigne respectivement sous les noms de *Boulaie* (et non *boulis*), *aunaie, sapinière, charmoie, oseraie, saussaie*, etc, les terrains plantés de bouleaux, d'aunes, de sapins, de charmes, d'osiers, de saules. *Il y a une belle aunaie sur le bord de cette rivière. Il se promenait dans la saussaie.*

POUSSE. Les jets, les petites branches que les arbres, les arbrisseaux poussent au printemps et au mois d'août. *La première pousse. La deuxième pousse.*

RÉCOLEMENT. Visite que font les agents de l'administration

forestière, pour vérifier si une coupe a été faite conformément au cahier des charges.

RECRUE. Pousse annuelle d'un taillis.

REJET OU REJETON. Nouveau jet que pousse une plante, un arbre par le pied, ou par le tronc, ou par la tige. *Voilà un beau rejeton. Pousser des rejetons. Voilà le rejet d'une année.*

REJETER. (*Rejiter.*) Repousser après avoir été coupé. *Depuis qu'on a étété cet arbre, il a rejeté beaucoup de branches. Cet arbre rejette par le pied.*

RÉSERVE. Bois qu'on laisse croître en futaie.

SOUCHE. Voyez *Etoc.*

TAILLE. Bois qui commence à revenir après avoir été coupé. *Une jeune taille. Une taille de deux ans. Le gibier se retire dans les tailles.*

TAILLIS. Bois de peu d'élévation, venu de souches.

TRONC. La tige d'un arbre sans les branches. *On a coupé toutes les branches, il ne reste plus que le tronc. Le tronc de cet arbre est creux.*

VIDANGE. (Ne dites pas *Vuidangé.*) Action de *vider* une coupe. *Ceux qui ont acheté une coupe de bois, n'ont qu'un certain temps pour la vidange.*

Forgette. FORGE. *La forge d'un maréchal, d'un serrurier, d'un armurier, d'un orfèvre.*

Fortuner. AVORTER, PÉRIR, MOURIR. *Cette cavale a reçu un coup de pied qui l'a fait avorter.*

Fosseler. Entourer de fossés. Dites FOSSOYER. *Fossoyer un pré, un champ.*

Fosseu. Voyez *Cultivateur.*

Fou signifie quelquefois Excessif, prodigieux. *Il y avait à ce bal un monde fou. Un luxe fou. Il en demandait un prix fou* (et non *de fou*).

Fouanerie. NID DE FRELONS.

Fouanet. Voyez *Insecte*.

Foudeure. Grande tonne, vaisseau d'une vaste capacité, qui peut contenir plusieurs muids de vin ou de quelque autre liqueur. FOUDRE. Ce mot est masculin. *Un foudre de vin.*

Fouet, fouetter. Prononcez *Fouè, fou-è-té*, et non *Foa, foaté. Faire claquer son fouet. Donner le fouet à un enfant* (lui donner des coups de verges). *Fouetter les chevaux. Il n'y a pas là de quoi fouetter un chien. Fouetter de la crème, fouetter des œufs.*

Fougner. En parlant du cochon, du sanglier, Remuer la terre avec le groin, le boutoir. FOUILLER, FOUGER. *Les sangliers, les cochons fouillent.*

Fougnisse. Terre, gazon que le cochon, le sanglier a retourné avec son groin. FOUILLURE.

Fouir signifie Creuser dans la terre avec un instrument. *Il faudra fouir bien avant pour trouver de l'eau en cet endroit.* Mais si l'on veut parler du travail du cochon, de la taupe, etc., on se sert du verbe FOUILLER. *Les sangliers, les cochons fouillent. La taupe a fouillé là.* Enfin on dira BÊCHER et non *fouir* un jardin, une terre.

Fouler. On ne doit pas dire *Fouler*, mais EFFACER *une ligne, un trait*.

Fournirer. FORLIGNER, DÉGÉNÉRER. *Il n'a pas suivi les traces de ses pères, il a forligné. Dégénérer de ses ancêtres. Il a dégénéré de la valeur de ses aïeux.*

Fourche (à la). Négligemment, grosièrement. Cette locution est française. *Cela est fait à la fourche.*

Fourcher signifie Se partager, se diviser en deux ou trois par l'extrémité, en manière de fourche. *Un chemin qui fourche. Ses cheveux se fourchent. La langue lui a fourché* (il a par mégarde prononcé un mot pour un autre). Mais on ne peut pas dire *Se fourcher* dans le sens de SE MÉPRENDRE, SE TROMPER, S'ABUSER. *Prenez garde de vous méprendre. Je comptais sur votre amitié, je vois que je me suis cruellement abusé.*

Fourcréchir. RENDRE, DEVENIR TROP PETIT, SURMONTER PAR L'AGE, EN GRANDISSANT.

Fourdonner (Se). DONNER MAL, DONNER TROP, S'ÉPUISER.

Fourdormir (Se). DORMIR TROP, S'OUBLIER.

Fourguiner. Remuer avec le fourgon, fouiller maladroitement, en brouillant et en mettant tout sens dessus dessous. FOURGONNER. *Ne fourgonnez pas tant dans ce feu. Ne fourgonnez point dans ce coffre.*

Fourmanger. MANGER TROP, MANGER PLUS VITE.

Fourmener. SURMENER *Surmener un cheval.*

Fourneurre. Voyez *Boulanger.*

Fourneux (à). Voyez *Nouer.*

Fourniquer. Voyez *Fourguiner.*

Fournourri. DÉSOEUVRÉ.

Fournourrir. NOURRIR TROP, NOURRIR BIEN.

Fourpayer. SURPAYER. *Cette étoffe ne vaut pas davantage, c'est la surpayer que de donner tant. C'est vous surpayer. Je ne vous donnerai rien de plus, je vous ai surpayé.*

Fourpougner (Se). SE FOULER, SE FORCER LE POIGNET.

Foutte. Mot grossier qui se traduit par FLANQUER, JETER, SE MOQUER, NE PAS SE SOUCIER, ROSSER. *Flanquer une assiette par la figure. Elle a flanqué sa médecine par la fenêtre. Flanquer un coup de poing, un soufflet. Se flanquer dans la boue. Se flanquer par terre. Se flanquer contre la muraille. Cela me jette dans un grand embarras. Je me moque de lui, je ne le crains pas. Faites tout ce qu'il vous plaira, je ne m'en soucie guère. Je ne me soucie pas de cet homme-là. Si je vais là, je te rosserai d'importance.*

Fouttu. FLAMBÉ, FRIT, PERDU, AGENCÉ, EMBARRASSÉ, CAPABLE. *Cette homme est flambé, frit, perdu. C'est une affaire flambée. Comme il est agencé. Votre cheval n'est pas capable de trainer cette voiture.*

Frac. Ce mot est masculin. Il ne faut pas le confondre avec *Froc*, habit de moine. *Jeter le froc* (on pourrait dire aujourd'hui *la soutane*) *aux orties.*

Frais. (Il faut bien se garder de dire *Fraîche* au masculin). Ce mot signifie Un peu froid, récent, non salé, brillant, vigoureux. *Un vent frais* (un peu froid). *Une nuit fraîche. Avoir les mains fraîches* (froides). *Du pain frais* (nouveau). *Du porc frais* (non salé). *Mettre des fleurs dans un vase avec de* l'eau pour les tenir fraîches. Ce vieillard est encore très-frais (vigoureux).

Frais ne peut pas s'employer dans le sens de MOUILLÉ, TREMPÉ, HUMIDE. Je suis tout mouillé, mouillé comme un canard. Il est tout trempé de sueur. Il a pleuré, il a encore les yeux tout humides (et non tout frais). La terre est encore tout humide.

Frais (Faire) signifie Faire froid, et non FAIRE HUMIDE, FAIRE MOUILLÉ.

Frange. Ne prononcez pas ce mot comme Franche, féminin de Franc.

Frasé. Qui a la peau de la figure raboteuse. FRAISÉ.

Frayer. Ce mot ne signifie nullement CONSOMMER, DÉPENSER, USER. On consomme (et non on fraie) beaucoup dans cette maison. On use bien du bois dans cette maison.

Frayeux. COUTEUX, DISPENDIEUX, DÉPENSIER. Les voyages sont coûteux (et non frayeux.) Un emploi dispendieux. Une femme très-dépensière.

Frechai. MARAIS, FANGE, ENDROIT HUMIDE.

Fraîchir ne signifie pas MOUILLER. Il craint de se mouiller (et non de se fraichir) les pieds.

Frappant neuf. Dites TOUT BATTANT NEUF. Cet habit est tout battant neuf.

Frédéric. Prononcez ce mot comme il est écrit, et non Frédrik.

Frère. On appelle *frères germains*, ceux qui sont nés du même père et de la même mère ; *frères consanguins* (prononcez *consanghin*), ceux qui ne sont frères que du côté paternel ; et *frères utérins*, ceux qui ne sont frères que du côté maternel.

Fret. Le T se prononce. (Acad.) *Payer le fret d'une marchandise. Le prix du fret.*

Fricassée ne se dit que Des viandes fricassées. Il ne faut pas l'employer comme synonyme d'OMELETTE.

Frisc. Un peu froid. FRAIS. *Il fait frais. Il commence à faire frais. Un vent frais. En automne les matinées commencent à être fraîches.*

Friscade. Air frais que l'on respire vers le soir. FRAIS. *Prendre le frais. Aller au frais.*

Frispouiller. FRIPER. *Cet homme a fripé tout son bien.* Voyez *Guernouiller.*

Frisquin (Saint). Tout ce qu'on possède. FRUSQUIN, SAINT-FRUSQUIN, SAINT-CREPIN. *Il a perdu tout son frusquin, son saint-frusquin. Perdre son saint-crepin. Porter tout son saint-crepin. Saint-frusquin* se dit principalement De l'argent et des nippes, et *Saint-crepin*, De la fortune en général.

Froid On ne dit pas, Avoir froid, avoir chaud *des* pieds, *des* mains, mais Avoir froid, avoir chaud *aux* pieds, *aux* mains. Conséquemment on doit dire, en parlant des mains, j'*y* ai eu froid, et non j'*en* ai eu froid.

Froid (Battre de). Recevoir une proposition d'une manière qui fait voir qu'on n'est pas disposé à l'accepter. Dites BATTRE FROID.

Froïan. Rougeur ou excoriation entre les

cuisses, causée par la marche ou par l'équitation. ENTREFESSON.

Froïer. Toucher légèrement en passant. FRAYER, FRÔLER, RASER, FROTTER. *Le cerf fraye sa tête aux arbres. Le coup n'a fait que lui frayer, lui frôler la botte. La roue m'a frayé la cuisse. La balle lui frôla les cheveux, lui rasa le visage.*

Froïer. Passer une chose sur une autre à plusieurs reprises, et en appuyant, en pressant. FROTTER, FROISSER. *Se frotter contre quelque chose. Frotter deux pierres l'une contre l'autre.*

Frouchir. FROISSER, ROMPRE. *Il s'est froissé tout le corps en tombant. Ce cabriolet l'a pressé contre la muraille, et l'a tout froissé. Il lui rompit sa canne sur le dos. Se rompre une côte.*

Froumian. SEC, MEUBLE, MOUVANT. *Terre meuble. Ce sont des terres mouvantes.*

Froumiche. Voyez *Cultivateur.*

Froumier. Eprouver, causer un fourmillement. FOURMILLER. *Toute la main me fourmille.*

Frugean. Tremblement causé par un froid subit; saisissement qui vient de la peur, de l'horreur ou de quelque autre émotion violente. FRISSON. (On prononce les deux S.) *Le frisson de la fièvre. La fièvre est ordinairement précédée par le frisson. Un frisson de terreur. Cela donne le frisson, j'en ai le frisson. Un frisson me saisit.*

Fruleux. Fort sensible au froid. Ecrivez et prononcez FRILEUX. *Les vieillards sont frileux. Cette femme est très-frileuse.*

Fuïai, BRANCHE DE FEUILLAGE, BAGUETTE CHARGÉE DE FEUILLES, RAMÉE, FEUILLAGE. *Une voiture de ramée. Faites apporter de la ramée. On tapissa la porte de ramée. On fit des cabinets de ramée. Un arc de triomphe fait de feuillage. La porte était ornée de feuillage.* Ramée et *feuillage* ne se disent que collectivement D'une certaine quantité de *branches chargées de feuilles*, et jamais d'une branche prise isolément.

Fustu. Brin de paille. FÉTU. *Ramasser un fétu. Je n'en donnerais pas un fétu. Cela ne vaut pas un fétu. Tirer au court fétu, ou à la courte paille.*

Futé. Fin, rusé, adroit. Ce mot est français. *Cet homme est futé. Elle est bien futée. C'est un futé matois.*

G

G. Il ne faut pas prononcer les mots terminés en *ge*, comme si le *g* était remplacé par *ch*. On comprend facilement qu'il serait ridicule de dire : *Ramache, plumache, rouche, horloche, prodiche, granche, sonche,* etc., au lieu de donner au *g* le son qu'il a dans les verbes *Ramager, ronger, songer,* etc.

Gadelier. Celui qui mène paître les chèvres. CHEVRIER. *Le chevrier du village.*

Gadelon. CHEVREAU, BIQUET.

Gadot. Petit cheval de mauvaise qualité. CRIQUET, MAZETTE. *Il était monté sur un criquet. Ce n'est qu'un criquet. Une petite, une vieille mazette.*

Gaffer. Soûler, donner à manger avec excès. GORGER, EMPIFFRER. *On les a gorgés de vin et de viandes. Empiffrer un enfant de confitures, de pâtisseries. Vous empiffrez cet enfant. Il s'empiffra tellement à ce repas qu'il en fut malade.*

Gage. En parlant du salaire des domestiques et des gens de service, ce mot ne s'emploie qu'au pluriel. *Les gages d'un laquais, d'une servante. Gagner de gros gages* (et non *un gros gage*.) *Ses gages courent de tel jour.*

Gager signifie Parier, donner des gages, et c'est une faute grave de l'employer dans le sens de PRENDRE EN DÉLIT, EN CONTRAVENTION, FAIRE UN PROCÈS, DRESSER UN PROCÈS-VERBAL.

Gagement. AMENDE, CONTRAVENTION, PROCÈS.

Gageure. Prononcez *Gajur.* (Acad.) *Gager sa tête à couper, c'est la gageure d'un fou.*

Gagnage signifie Pâtis, pâturage, lieu où vont paître les troupeaux et les bêtes fauves. *Ces bêtes entrent dans le gagnage, reviennent du gagnage. Il y a de beaux gagnages dans ce pays.* Mais il ne faut pas employer ce mot dans le sens de OUVRAGE, TRAVAIL, GAIN. *Cet ouvrier n'a pas d'ouvrage* (et non *de gagnage*).

Gagne. Ce mot n'est pas français, il faut dire GAIN. *Il a fait un gain* (et non *une gagne*) *de six* mille francs sur cette marchandise. *Le gain d'une partie. Entrer avec quelqu'un dans une affaire à moitié de gain et de perte. A perte et à gain. Tirer du gain de quelque chose. Vivre de son gain. Se retirer sur son gain, sur sa perte.*

Gaïai. GRAIN. *Grain de chapelet. Les grains d'un collier d'ambre.*

Gaine. Femme de mauvaise vie. GUENIPE, COUREUSE. *Il ne voit que des guenipes, que des coureuses. C'est une coureuse, une infâme coureuse.*

Gaïôle. CAGE. *Mettre un oiseau dans sa cage. La belle cage ne nourrit pas l'oiseau.*

Gairer. OTER, ÉLOIGNER. *Otez cet enfant d'auprès du feu. Eloignez cette table de la fenêtre. Otez-vous du chemin. Otez-vous de mon soleil.* Le verbe *Se garer* signifie Se préserver, se défendre de quelqu'un, de quelque chose. *Il faut se garer d'un fou. Garez-vous de cette voiture.*

Galette, gauffre. Il ne faut pas confondre ces deux mots. *Une galette* est une espèce de gâteau cuit au four, qui a la forme d'un pain aplati. Les *gauffres* sont cuites entre deux fers, et présentent à la surface de petits carreaux ou des dessins en relief.

Galaffre. GOINFRE, GOULU, GOURMAND. *C'est un goinfre, un goulu, un vilain goulu.*

Galère. Ce mot est féminin. *C'est une galère, une vraie galère de...*

Galguesoute. SORNETTE, FADAISE, BALIVERNE, FARIBOLE, FAGOT. *Quelle sornette nous contez-vous* là ? Il ne dit que des sornettes , que des fadaises. Fadaises que tout cela. Ce qu'il vous dit là est une baliverne. Ce n'est là qu'une faribole. Conter des fagots , faire des fagots.

Galop n'est pas français dans le sens de SAVON, RÉPRIMANDE. Voyez *Chatou*.

Gancière. AMAS DE NEIGE.

Gangrène. On prononce *Cangrène*. (Acad.)

Garde. Instrument à peigner la laine. Ecrivez et prononcez CARDE. Il en est de même des mots CARDER, CARDEUR, CARDÉE. Voyez *Laine*.

Garde (**Prendre**), devant un infinitif, demande la préposition *à*, lorsqu'il signifie Avoir soin; il prend *de*, lorsqu'il est employé dans le sens de Se garder de. *Prenez garde à ne pas trop vous engager. Prenez garde de tomber. Vous devez prendre garde à ne jamais laisser le vin devenir trop commun dans votre royaume.* (Fénelon.)

Gare, garde. On dit : *Gare dessous. Gare l'eau. Gare la tombe. Gare le fouet. Frapper sans dire gare. Si vous faites cela, gare les conséquences.* Mais il faut dire : *Garde* (et non *gare*) *à vous*; ic ion sous-entend *Prenez*.

Gargossan. Voyez *Homme*.

Gargoter. GRELOTTER, TREMBLOTER. *Entrez donc, que faites-vous là dans la rue à grelotter ? Ce pauvre enfant grelottait de froid. Le froid la faisait trembloter.* Le mot *Gargoter* signifie Hanter les gargotes, boire et manger dans les gargotes.

Gaspiller signifie Mettre en désordre, dissiper avec une folle prodigalité. *Gaspiller du papier, du linge. Il a gaspillé son bien en peu de temps. Gaspiller son temps.* Mais il ne doit pas être employé dans le sens de saveter, gacher. Voyez *Hâbler.*

Gasse. banquet, gala. *Il y a eu gala chez votre père. Nous avons dîné en grand gala*

Gâteau. Prononcez l'A comme dans *Gâter.*

Gatte. chèvre, bique.

Gatte. Support sur lequel on place les morceaux de bois que l'on veut scier. chèvre.

Gatte. blessure, contusion a la jambe.

Gatte. Première ou dernière portion d'une pièce de terre divisée. lisière.

Gaudron, gaudronner. Ecrivez et prononcez goudron, goudronner. *Enduire quelque chose de goudron. Toile goudronnée.*

Gaule, gauler. Ces mots sont français. *Abattre des noix, des amandes avec la gaule. Donner des coups de gaule à quelqu'un. Gauler un pommier. Gauler des pommes.*

Gavée. Le devant d'une chemise. gorge.

Gavée. Partie antérieure du cou d'un oiseau. gorge. *Ce moineau est un mâle, il a la gorge noire.*

Gavée. Espèce de poche que les oiseaux ont sous la gorge, et dans laquelle la nourriture qu'ils prennent est d'abord reçue, et séjourne quelque temps avant de passer dans l'estomac. jabot. *Cet oiseau a bien mangé, il a le jabot plein.* Il ne faut pas confondre le *Jabot* avec le *Gésier*, ventricule dur, d'un rouge bleuâtre, qui n'existe que chez les oiseaux qui se nourrissent de grains. *Le gésier d'une poule.*

Gawe. Petit instrument de fer, qui a une languette au milieu, et dont on tire du son en le mettant entre les dents, et en touchant la languette avec le bout du doigt. GUIMBARDE, TROMPE. *Jouer de la guimbarde.*

Geloine. Voyez *Chanvre.*

Gentil signifie Joli, agréable, gracieux, et non LABORIEUX, ACTIF. *Un gentil enfant. Ce bijou est gentil. Des manières gentilles. Une chanson fort gentille. Gentille invention. Faire le gentil* (l'agréable).

Gens veut au féminin les adjectifs et les participes qui le précédent, et au masculin ceux qui le suivent. *Ce sont de fines gens. Voilà des gens bien fins.* Lorsque *Gens* est précédé d'un adjectif des deux genres, accompagné de l'un des mots *tout, un, maint, certain,* ou lorsque *Gens* est suivi d'une épithète ou de quelque autre mot déterminatif, on emploie le masculin : *Tous les honnêtes gens. Un de ces braves gens. Certains honnêtes gens. Tous ces gens-là. Tous les gens d'esprit.* Lorsque, au contraire, l'adjectif qui précède *Gens* a un féminin, *tout, un,* etc., se mettent au même genre. *Toutes les vieilles gens. Une de ces mauvaises gens. Gens* signifiant Domestique, compagnon, est toujours masculin. *Un de ses gens. Tous nos gens sont arrivés.* Il en est de même de *gens de lettres, gens de robe, gens d'église, gens d'affaires, gens de pied, gens de cheval,* etc. *Certains gens d'affaires.*

Geôle, geôlier. L'O est long et l'*e* ne se fait pas sentir. *Aller à la geôle.*

Géomètre. L'avant dernier *e* de ce mot est marqué d'un accent grave, et non d'un accent circonflexe comme plusieurs l'écrivent à tort. Il en est de même de tous les mots composés du substantif *Mètre*, tels que *Planimètre*, *aéromètre*, *graphomètre*, etc.

Géométrie. Termes et instruments relatifs à cette science.

ALIDADE. Règle mobile, garnie à ses extrémités de deux *pinnules*, pièces de cuivre perpendiculaires, percées d'un petit trou et d'une *fenêtre* carrée traversée par un *fil* qui dirige le *rayon visuel* de l'observateur. Cette pièce pivote contre une *aiguille* fichée dans une *planchette*, ou tourne sur le centre d'un graphomètre, en coupant le *limbe* gradué de celui-ci de manière à indiquer combien de degrés et de parties de degré comprend l'ouverture d'un angle. Les alidades des boussoles se meuvent verticalement et se nomment *visières* ou *alidades plongeantes*.

ANGLE. Ouverture de deux lignes qui se rencontrent en un point appelé *sommet*. L'angle est dit *aigu*, *droit* ou *obtus* suivant qu'il est plus petit que l'angle formé par les deux côtés d'une équerre, qu'il lui est égal ou qu'il est plus grand. Il est *saillant* ou *rentrant*, selon que l'ouverture regarde le dedans ou le dehors de la figure. L'*angle de déclinaison* ou l'*azimut magnétique* est l'angle formé par le *méridien vrai* avec le *méridien magnétique*, c'est-à-dire la direction de l'aiguille de la boussole. Les angles que forme une ligne qui coupe ces deux méridiens, se nomment respectivement *angle azimutal* et *angle magnétique*.

CALQUOIR. Instrument formé d'une espèce de châssis vitré, dont on se sert pour *calquer*, c'est-à-dire pour copier les plans, en *épinglant* les feuilles, ou en les fixant sur le calquoir à l'aide de petits clous à têtes plates, appelés *punaises*. On donne aussi le nom de *calquoir* à une pointe mousse ordinairement de buis ou d'ivoire, dont on se sert pour calquer un dessin à l'aide d'un papier préparé à cette fin

CANEVAS OU CHARPENTE. L'ensemble des *lignes d'opération* figurées sur le papier, c'est-à-dire, des lignes droites dont on s'est servi sur le terrain pour déterminer le contour d'une ou de plusieurs pièces de terre.

CARTOUCHE. Figure formée ordinairement d'une ellipse ou d'une banderole, dans laquelle on inscrit le titre d'un plan. Ce mot est masculin.

CERCLE. Figure ronde dont le contour se nomme *circonférence*, la largeur *diamètre*, et la moitié de celle ci, *rayon*. Lorsqu'on trace une ligne droite d'un point de la circonférence à un autre, on divise le cercle en deux parties appelées *segments*; cette ligne se nomme *corde*, et les deux parties de la circonférence *sous-tendues* par cette corde, *arcs de cercle*. La ligne droite tirée du milieu de la corde d'un segment de cercle, au milieu de l'arc, s'appelle *flèche*. Lorsque la corde passe par le *centre* du cercle, les deux segments sont deux *demi-cercles*, les arcs des *demi-circonférences*, la corde un *diamètre*, et les flèches des *rayons*. Enfin on nomme *secteur de cercle*, la partie comprise entre deux rayons et l'arc qu'ils renferment.

CHAÎNER. Mesurer à l'aide d'une *chaîne d'arpenteur* et de *fiches* de fer ou de bois. On appelle *fiche à plomber*, une petite verge de fil de fer, renflée et pesante vers la pointe, dont on se sert pour chaîner dans les côtes rapides.

COMPAS. Le *compas ordinaire* ou *à pointes sèches* est formé de deux *branches* pointues, réunies par une *charnière*. Le *compas à pointe de rechange* est composé d'une branche pointe sèche, et d'une autre qui peut s'ôter à volonté et remplacer par un *porte-crayon*, un *tire-ligne*, une *roulet à pointiller*, etc. On peut également y adapter une *allong* pour tracer de grandes circonférences. Le *compas à verge* e formé d'une règle de bois ou de métal, et de deux *poupées* q remplacent les branches du compas ordinaire, et dont l'une e mobile le long de la règle à laquelle elle se fixe au moye d'une *vis de pression*. Ce compas sert à mesurer de fort distances ou à tracer de grands arcs de cercle. Le *compas balustre* est un très-petit compas à pointe de rechange, do la charnière est surmontée d'un prolongement par lequel o le prend pour le faire pirouetter, et qu'on nomme *balustr* Le *compas à ressort* est muni d'un ressort qui écarte le branches et d'une vis qui les rapproche. Le *compas d réduction* ou *à coulisse* a quatre branches, et sert à réduire le plans à une échelle plus petite. Le *compas de proportion* assez la forme de pied de roi à charnière, et est employé différents usages. Le *compas d'arpenteur* servait autrefois mesurer les distances sur le terrain et a été remplacé par l chaîne.

CORPS Les *corps* ou *solides ronds* et réguliers sont : l *globe* ou *sphère* qu'on appelle vulgairement *boule*; le *cône* qui se termine en pointe et dont la *base* est un cercle, quan le cône est *droit* (un pain de sucre, une quille), et une ellipse lorsqu'il est *oblique*; le *cylindre* dont les bouts sont circulaire et d'égale grosseur (un morceau de fil de fer, un arbre d moulin); et le *cône tronqué* qui est une espèce de cylindr dont l'un des bouts est plus petit que l'autre (un baquet, u tronc d'arbre). Les *corps anguleux* ou *polyèdres* sont formé de toutes parts par des plans appelés *faces*, et comprennent la *pyramide* qui se termine en pointe comme le cône et do la base est un polygone; le *prisme* dont les *bases* (bouts) son plolygonales et égales ; et la *pyramide tronquée* qui est une espèce de prisme à bases inégales. Ces solides sont dits *triangulaires*, *quadrangulaires*, *hexagonaux*, *octogonaux*, etc., selon que la base est un triangle, un quadrilatère, un hexagone ou un octogone. Le *prisme quadrangulaire* prend le nom de *cube*, lorsque toutes les faces sont carrées et égales (un dé à jouer), et de *parallélipipède* lorsque toutes les faces sont des parallélogrammes inégaux. Le parallélipipède est *rectangulaire*, quand les bases sont des rectangles (une poutre, une planche) et *rhomboïdal*, quand les bases sont des parallélogrammes non rectangulaires.

DOUBLER. Faire une deuxième ligne de jalons, lorsque la première tombe sur un obstacle, comme un arbre, une pierre, une maison, etc.

ÉQUERRE. L'*équerre à dessiner* est une espèce de règle plate dont on se sert pour tracer les angles droits sur le papier. L'*équerre d'arpenteur* est un instrument qui donne l'angle droit sur le terrain. Cette dernière peut être *à pinnules* ou *à miroirs*.

ÉTUI DE MATHÉMATIQUES. Boîte contenant des compas, des tire-ligne, un rapporteur, etc.

FLÈCHE D'ORIENTEMENT, DE RÉUNION, DE COURANT. Flèche que l'on dessine sur un plan pour indiquer le nord, la réunion de deux parcelles, le courant d'une rivière.

GAULER. Mesurer avec une perche.

GENOU. Articulation formée d'une boule que l'on serre entre deux *capsules* sphériques au moyen d'une vis, afin de placer l'instrument qui en est pourvu, dans une position et une direction données. Les graphomètres à lunettes sont pourvus, au lieu d'un genou, d'un cercle qui se place de niveau à l'aide de *vis à caler*.

GRAPHOMÈTRE. Instrument servant à mesurer les angles sur le terrain. Il peut être *à pinnules*, ou *à lunettes*.

HAMPE. Manche d'un pinceau. Lorsque ce manche est formé d'un tuyau de plume, on appelle *hampe*, la petite verge de bois qu'on introduit dans le tuyau pour l'allonger et lui donner plus de résistance.

LAIE. Ouverture que l'on fait dans un bois en coupant les broussailles et les branches d'arbres, afin d'établir un alignement au moyen de jalons.

LAVER. Colorier un dessin en étendant sur toutes ses parties une ou plusieurs *couches* de couleur.

LEVÉ, LEVER OU LEVÉE d'un plan. Opération qui a pour but de représenter un terrain sur le papier.

LIGNE. Une ligne est *pleine* ou *ponctuée* ; *droite* ou *courbe* ; *perpendiculaire, parallèle*, ou *oblique*; *verticale, horizontale* ou *inclinée*, etc

MÉRIDIENNE. Ligne droite allant du sud au nord, c'est-à-dire parallèlement au méridien.

NIVELLEMENT. Cette opération se fait au *niveau d'eau* (grand tube de fer-blanc surmonté de deux *fioles*, et portant, vers le milieu une *douille* dans laquelle entre le *noyau* du *trépied*), ou bien au *niveau à bulle d'air*. Celui-ci est accompagné d'une *visière* ou d'une *lunette* portant un *réticule*, anneau sur lequel sont tendus des fils destinés à diriger le rayon visuel. A chaque *station* on donne ordinairement un *coup-arrière* et un *coup-avant*, pendant qu'un *porte-mire* fait monter ou descendre, suivant le signal, un *voyant* le long d'une tige graduée appelée *mire*, afin d'avoir la *hauteur* ou *cote* du terrain.

OVALE OU ELLIPSE. Espèce de cercle allongé. Les lignes qui coupent l'ovale en passant par le *centre*, dans le sens le plus long et le plus court, se nomment respectivement *grand axe* et *petit axe*. On donne plus particulièrement le nom *d'ellipse* à la figure dont les deux côtés du petit axe sont égaux, et *d'ovale* à celle qui a plus de largeur vers l'une des extrémités du grand axe et qui a, par conséquent, plus ou moins la forme d'un œuf scié par le milieu.

PIQUOIR. Aiguille emmanchée dont on se sert pour piquer un plan que l'on veut copier.

PISTOLET. Sorte de petite règle plate contournée, servant à tracer des lignes courbes.

PLAN. *Le plan géométrique* représente par de simples traits, le pourtour ou périmètre des parcelles. Le *plan topographique* laisse voir en plus les accidents du terrain, c'est-à-dire les hauteurs et les vallées, au moyen de *hachures* ou de *courbes horizontales*. Ces plans sont faits d'après le mode de *cultellation*, lorsqu'ils figurent la projection horizontale du terrain, et d'après le système de *développement*, lorsqu'on a mesuré en suivant les pentes. Le *plan géométral* d'un bâtiment donne exactement et à la même échelle, la position et les dimensions des différentes parties d'un bâtiment. Il se dit par opposition à *plan perspectif* qui figure les objets tels qu'on les voit en se plaçant à un *point de vue* donné, et selon la différence que l'éloignement et le rapprochement y apportent.

PLANCHETTE. Petite table portative dont on se servait pour lever les plans d'arpentage au moyen d'une *alidade*.

POINT DE REPÈRE. Marque que l'on fait sur un mur, sur un jalon, sur un terrain, etc., pour indiquer ou retrouver un alignement, un niveau, une hauteur, une distance.

POLYGONE. Figure dont le *périmètre* ou *contour* est formé de lignes droites. Suivant qu'un polygone a trois, quatre, cinq, six, huit ou dix côtés, il prend le nom de *triangle*, *quadrilatère*, *pentagone* (prononcez *pintagone*), *hexagone*, *octogone* ou *décagone*. Le triangle est dit *équilatéral*, lorsque tous ses côtés sont égaux ; *isocèle*, lorsque deux côtés seulement sont égaux ; *scalène*, lorsque les trois côtés sont inégaux ; *rectangle*, lorsqu'il a un angle droit (dans ce cas le côté opposé à l'angle droit, c'est-à-dire le plus grand, se nomme *hypothénuse*) ; *acutangle*, lorsque tous les angles sont aigus, et *obtusangle*, lorsque l'un des angles est obtus. Le quadrilatère se nomme *parallélogramme*, lorsque les côtés sont égaux et parallèles deux à deux. Si les quatre angles du parallélogramme sont droits, il prend le nom de *rectangle*, et lorsque deux angles sont aigus, et deux obtus, il s'appelle *rhombe*. Le *carré* est par conséquent un rectangle et la *losange* un rhombe dont tous les côtés sont égaux. Enfin le quadrilatère s'appelle *trapèze*, lorsque deux côtés sont parallèles et d'inégale longueur. Le *pentagone*, l'*hexagone*, l'*octogone*, le *décagone* et, en général, tout *poligone* est dit *régulier* ou *irrégulier* suivant que tous les côtés sont égaux ou inégaux entre eux.

RAPPORTEUR. Demi-cercle gradué, en corne ou en cuivre, avec lequel on rapporte sur le papier les angles mesurés sur le terrain à la boussole ou au graphomètre.

TRÉPIED. Instrument à trois branches servant de support au niveau, au graphomètre, etc.

German. Première pointe qui sort d'une graîne, d'une bulbe, etc, lorsqu'elle commence à pousser. GERME. *Les fourmis mangent le germe du blé. Une pomme de terre a ordinairement plusieurs germes.*

German. Partie compacte et glaireuse qui se trouve dans le milieu de l'œuf. GERME. *Le germe d'un œuf.*

Germans. Parties ovoïdes qu'on enlève du corps des coqs, lorsqu'on les chaponne. ROGNONS. *Des rognons de coq.*

Germans. Corps glanduleux qu'on emporte lorsqu'on châtre une truie, une chienne. OVAIRES.

Gestion. Prononcez le T et l'S comme dans

Gesticuler. Avoir la gestion des biens d'une personne.

Gibotter. GAMBADER, FAIRE DES CABRIOLES, DES GAMBADES, DANSER, SAUTER. *Jamais homme ne fut si leste et si gai, il faisait mille gambades. Ces écoliers ont fait bien des cabrioles dans la prairie.*

Giffe n'est pas français ; dites CALOTTE, TAPE, CLAQUE, SOUFFLET, TALOCHE. *Il lui a donné une claque, une bonne tape, une vigoureuse taloche. Appliquer un soufflet.*

Giffer. TAPER, CLAQUER, SOUFFLETER. *Il l'a bien tapé. Je vous taperai. Claquer quelqu'un. Elle soufflette son enfant pour les moindres fautes.*

Giglotter. GIGOTTER. Voyez *Enfant.*

Gippler. CRIER ; FAIRE, JETER DES CRIS. *Il fit un cri que nous entendîmes de bien loin.*

Gisant, gisons, gisez, gisait, etc. Quelques-uns doublent l'S, et, dans tous les cas, on doit prononcer comme si elle était double. *Nous gisions tous les deux sur le pavé d'un cachot, malades et privés de secours. Des colonnes gisant éparses.*

Gison. Plaque de fer fondu, sur laquelle on fait le feu. TAQUE.

Gîte. Perche, barre de fer, de bois, etc., dont on se sert pour remuer, pour soulever des fardeaux. LEVIER. *Ce levier est trop court. Soulever à l'aide d'un levier.*

Gîte. Ce mot est masculin. *Un pauvre homme qui n'a pas de quoi payer son gîte. Il faut gagner le* *gîte de bonne heure. Il y a sur la route un bon gîte. Arriver au gîte. Chercher un gîte. Payer cher un mauvais gîte.*

Gitter. SE DÉJETER, SE TOURMENTER. *Le bois de ce meuble s'est déjeté. Ces ais se déjettent, se sont déjetés. Sa colonne vertébrale s'est un peu déjetée. Ce bois se tourmente.*

Givonne. Bourg situé à une lieue nord-est de Sédan. Ne prononcez pas *Givogne.*

Givronde. Espèce de glace, de frimas qui s'attache aux arbres, aux buissons, etc. GIVRE. *Les arbres étaient couverts de givre.*

Givronder. TOMBER DU GIVRE. *Cette nuit il est tombé du givre.*

Glacis, glacier. *Glacis* est un terme de Fortifications qui désigne Une pente douce qui part de la crête du chemin couvert, et se perd dans les champs. *Un glacier* est Un amas de glaces qui couvre le sommet d'une haute montagne. *Le glacier du Mont-Blanc est le plus remarquable de la Suisse.*

Glaire. Ce mot est féminin. *Glaires teintes de sang.*

Glairier. FAIRE, PERDRE, RENDRE DES GLAIRES.

Glaude. Nom propre. Ecrivez et prononcez CLAUDE.

Gletteux GLUANT, PATEUX, COLLANT. *Matière gluante. Chemin pâteux. La décoction de guimauve est gluante.*

Gligner, glignoter. Ecrivez et prononcez CLIGNER, CLIGNOTER. *Cligner l'œil. Une lumière trop* *vive fait clignoter les yeux. Il ne fait que clignoter. Clignoter des yeux.*

Goaille. BAVARDAGE, HABLERIE, BOURDE, CRAQUE, FADAISE. *Tout cela n'est qu'un vain bavardage. Tout ce qu'il vous dit n'est que hâblerie, que franche hâblerie. Il vous dit qu'il vient du travail, c'est une bourde : il vient du cabaret. C'est un donneur de bourdes. Conteur de bourdes. Il ne dit que des fadaises.*

Goberger (Se) ne signifie pas S'EMPIFFRER, SE GORGER (voyez *Gaffer*), mais Se moquer, se divertir, prendre ses aises. *Il se gobergeait* (se moquait) *de ces gens-là. Depuis deux jours, ils se gobergent* (se divertissent) *à la campagne. Il se gobergeait dans un fauteuil.*

Godaille. Mauvaise boisson, mauvais vin. Ce mot est français, ainsi que le verbe *Godailler. C'est un ivrogne, il ne fait que godailler.*

Goffe. Endroit où une rivière est profonde. GOUFFRE. *Dans les endroits de la rivière où l'eau tournoie, il y a d'ordinaire un gouffre. Tomber dans un gouffre.*

Golza. Plante oléagineuse. Ecrivez et prononcez COLZA. *Le colza se cultive en grand dans les Pays-Bas.*

Gomme. Prononcez l'O comme dans *Homme. Poire de gomme élastique.*

Gorgean. La quantité de liqueur que l'on peut avaler en une seule fois. GORGÉE. *Boire à* *petites gorgées. Ce malade n'a pu prendre que deux gorgées de bouillon.*

Gorgère, gorgerette. Sorte de petit col de linge que les femmes se mettent quelquefois autour du cou. GORGERETTE, COLLERETTE, COL.

Goube. Voyez *Menuisier.*

Gouber. Commencer un trou avec une gouge. GOUGER.

Goulée correspond à *Gueule*, et ne se dit guère qu'en parlant des animaux. *Brebis qui bêle perd sa goulée.* En parlant des personnes on doit se servir du mot BOUCHÉE. *Une bouchée de pain. On lui servit un poulet dont il ne fit qu'une bouchée.*

Goutelle. Espace de terre entre deux montagnes. GORGE, VALLON. Le mot *Goutelle* se traduit quelquefois par SOURCE, RUISSEAU.

Goutter. Tomber goutte à goutte. Ce mot n'est pas français, il faut dire DÉGOUTTER. *Cette cave est si humide que l'eau y dégoutte toujours, qu'il y dégoutte toujours. Il pleuvait il n'y a qu'un moment, les toits dégouttent* (et non *gouttent*) *encore. La sueur lui dégouttait du front. Les cheveux, le front, lui dégouttent de sueur. Quand il pleut sur le curé, il dégoutte sur le vicaire.*

Grâce. *Avoir bonne grâce, avoir mauvaise grâce*, devant un infinitif, demandent la préposition *à*. *Il a bonne grâce, mauvaise grâce à faire* (et non *de faire*) *telle chose.*

Gracieusement, grassement. *Payer gracieusement*, c'est payer en présentant l'argent d'une manière gracieuse. *Payer grassement*, c'est payer généreusement.

Graie. GRÊLE, MENU. *Des jambes grêles. Une taille grêle. La tige de cette plante est fort grêle. Avoir la voix grêle. Homme menu, femme menue. Elle a le corps fort menu. Ce bâton est trop menu. Cette corde est trop menue. Il a les doigts, les bras menus, les jambes menues.*

Grain. Ce mot se dit Des semences, des fruits propres à donner de la farine. *Le grain de ces froments est fort gros, est plein, est pesant, est menu. Le commerce des grains. La récolte des grains. Battre, serrer les grains. Ce blé est mal battu, il y a encore beaucoup de grain dans la paille.* Mais ce serait une faute de l'employer pour désigner Les blés, les seigles en herbe, et de dire : *Les grains sont beaux. Scier les grains. Du grain en herbe.* Dites : *Les blés, les seigles sont beaux. Scier les blés, les seigles. Du blé en herbe.* Il serait tout aussi incorrect de donner le nom de *grain*, au seigle. *Dans ce pays-là, on ne mange que du seigle* (et non en particulier *du grain*).

Graisser. Voyez *Engraisser*.

Graizier. Imiter en quelque sorte le cri du grillon en chantant, en jouant d'un instrument. GRÉSILLONNER.

Grammaire. Prononcez la première syllabe comme dans *Gramme* et ne dites pas *Grand'mère*. Cette manière de s'exprimer est excessivement ridicule. *Une grand'mère qui fait des fautes de grammaire.*

Grandeur. Il ne faut pas employer ce mot comme synonyme de GLOIRE. *La gloire* (et non *la grandeur*) *le perdra. Faire une chose par nécessité, et non par gloire.*

Grandir se conjugue avec *Avoir* ou avec *Etre*, selon que le sens permet de poser l'une ou l'autre des deux questions : *Qu'a-t-il fait ? Que lui est-il arrivé ? Cet enfant a bien grandi en peu de temps. Vous êtes bien grandi.*

Grandiveux. GLORIEUX, ORGUEILLEUX, HAUT. *Les glorieux se font haïr. C'est une petite glorieuse. Il est devenu si glorieux qu'il méconnaît ses parents, ses amis. C'est une femme haute. Avoir un air haut.*

Gratte. ÉGRATIGNURE, MARQUE. *Se faire une égratignure. Ce n'est qu'une égratignure.*

Gratter signifie Frotter, râcler, et ne doit pas s'employer pour ÉGRATIGNER. *Ces deux enfants ne sauraient jouer ensemble qu'ils ne s'égratignent. Le chat l'a égratigné* (et non *gratté*). *S'il ne mord, il égratigne.* Mais on dira : *Le chien gratte à la porte. Gratter des souliers avec un couteau pour en ôter la crotte. Gratter une muraille. Se gratter l'oreille en signe d'embarras.*

Grawier. Voyez *Fourguiner.*

Greffan. Jeune arbre greffé. GREFFE. *De belles greffes. Cette greffe n'a pas réussi.*

Greffe. Petit brin de bois, de baleine, etc.,

dont les enfants qui apprennent à lire, touchent les lettres qu'ils veulent épeler. TOUCHE.

Greffe. Petite verge de fer ou d'autre métal qui sert à indiquer les heures sur le cadran d'une horloge, d'une montre. AIGUILLE. *L'aiguille des heures*, ou *La petite aiguille. L'aiguille des minutes*, ou *La grande aiguille.*

Gréve ou **gravelle.** Gros sable mêlé de fort petits cailloux, de fort petites pierres. GRAVIER. *Le lit de ce ruisseau est formé de gravier. Il n'y a pas de terre franche en cet endroit-là, ce n'est que du gravier.*

Grevisse. Pierre arrondie qui reste lorsqu'on a éteint de la chaux mal cuite. GALET.

Grible, gribler. Ecrivez et prononcez CRIBLE, CRIBLER. *Etre criblé de dettes.*

Grignauder. En parlant des enfants qui se plaignent en pleurant, PIAULER. *Cet enfant ne fait que piauler.*

Grigneux. BRUTAL, DIFFICILE, GROGNARD, GROGNEUR, GROGNON. *C'est un brutal, un franc brutal. C'est un homme très-difficile à vivre, d'un caractère fort difficile. C'est l'homme le plus grognon, la vieille la plus grognon que je connaisse. Laissez-là ce vieux grognon, cette vieille grognon, cette vieille grognarde. Cet homme est bien grognard.*

Grigois. Misérable, qui fait le gueux, qui vit d'une manière sordide. GRIGOU. *C'est un grigou, un vrai grigou. Il vit comme un grigou.*

Gril, grille. Les L de ces mots sont mouillées. (Acad.) *Mettre du boudin sur le gril. L'entrée de ce passage est fermée par une grille. Gril* , au masculin, ne se dit uniquement que De l'ustensile qui sert à faire rôtir la viande.

Grimaceux. GRIMACIER. *Cette femme est fort grimacière. C'est une grimacière.*

Grimiotte. GRAIN, MIETTE.

Gripper. Attraper, saisir subitement. Ce mot est français. *Ce chat a grippé un morceau de viande. Il a grippé la souris à la sortie du trou. On lui a grippé sa bourse. Cette femme lui a grippé son argent.*

Griser, grisonner. *Griser* signifie Rendre demi-ivre. Grisonner veut dire Devenir gris. *Un verre de vin suffit pour le griser. Il commence à grisonner. La tête commence à lui grisonner.*

Grivaudé. Qui est tacheté de gris et de blanc, comme le ventre d'une grive. GRIVELÉ. *Un oiseau qui a le plumage grivelé.*

Grognon. Museau de cochon. GROIN. *Les cochons fouillent avec leur groin.*

Groule. CROUTE, BOUE GELÉE.

Groulement, grouler. GROUILLEMENT, GROUILLER. *Grouillement des intestins. Le ventre lui grouille.*

Gruche. SON. *Il faut donner de l'eau de son à ce cheval pour le rafraîchir.*

Gruette. FOIE. POUMON. Le poumon se distingue du foie en ce qu'il est mou et d'une couleur rosée, tandis que le foie est dur et brun.

Grugener. GRUGER. Ce mot signifie, au propre, Briser quelque chose de dur ou de sec entre ses dents, et, figurément, Manger. *Gruger des croûtes, des macarons, du sucre. Cet homme a chez lui des hôtes qui le grugent.*

Grumat. GRUAU. Voyez *Cultivateur.*

Grumer. Briser quelque chose de dur ou de sec entre ses dents. GRUGER, CROQUER. *Gruger des croûtes, du sucre. Croquer des pralines.*

Grumer ses fers. Retenir son dépit, son ressentiment en soi-même, sans en rien laisser éclater au dehors. RONGER SON FREIN.

Guenille, guenipe. Il ne faut pas confondre ces deux mots. *Une guenille* est un haillon, un chiffon; *une guenipe* ou *guinche*, est une femme malpropre ou de mauvaise vie. *Cet homme ne porte que des guenilles. Ne hantez pas cette femme-là, c'est une guenipe, une franche guenipe.*

Guernouiller. FRIPER, GRUGER. *On leur servit quantité de viandes, mais ils eurent bientôt tout fripé. Trois ou quatre qu'ils sont, auront bientôt grugé cela.*

Gueselin (**Du**). Prononcez *Du Gheklin.*

Guetter (**se**). Mettre des guêtres. Dites SE GUÊTRER

Gugne (**A**). EN RESPECT. *Tenir quelqu'un en respect..*

Gui. Prononcez *Ghi. Le gui donne de la glu.*

Guider signifie Accompagner quelqu'un pour lui montrer le chemin ; diriger, gouverner. *Vous* nous avez mal guidés. Prenez un homme qui sache les chemins, afin qu'il vous guide. Cet animal n'est guidé que par son instinct. Mais ce serait une faute grave de l'employer dans le sens de GUETTER. On sait tous les endroits où il va, on le guette. On le prit sur le fait, car on le guettait (et pas guidait). Il guettait son débiteur pour lui demander de l'argent. Guetter le moment, l'instant favorable.

Guinée. Prononcez *Ghinée. Cinquante guinées.*

Guille. Ecrivez et prononcez QUILLE. (Les L sont mouillées.) *Un homme qui se tient droit comme une quille.*

Guisset. Voyez *Couturière.*

Guminer. Voyez *Halquiner.*

Gurné. Qui a beaucoup de grains. GRENU, GRENÉ. *Un épi bien grenu. Les blés sont bien grenés cette année.*

Gurzai. GRELON. *Il tombe quelquefois des grelons qui pèsent une demi-livre.*

Gurzai. Petit fruit rond que produit une plante qui croît dans les marais. BAIE DE CANNEBERRE.

Gurzeler. GRÊLER, GRESILLER. *Il a grêlé aujourd'hui. Il grêle souvent dans ce pays là. Gresiller* ne se dit qu'en parlant d'une grêle menue et fort dure.

Gutta-percha. Prononcez *Gutta-perka.* Ce mot est masculin.

H

Hâbler signifie Blaguer, parler beaucoup et avec vanterie, avec exagération et ostentation. *Cet homme ne fait que hâbler, ne croyez pas tout ce qu'il dit.* Mais il ne faut pas employer *Hâbler* comme synonyme de GACHER, SAVETER, MASSACRER. *Vous avez gâché* (et non hâblé) *cet ouvrage. Le tailleur a massacré mon habit. Ce menuisier a massacré ma boiserie. Voyez comme il a saveté cet habit.* La même observation s'applique à l'adjectif *Hâbleur* et au substantif *Hâblerie*.

Hachriveux. CADUC, CASSÉ, MALADIF, FAIBLE.

Hai. Interjection qui sert à appeler. HÉ. *Hé! l'ami! Hé! viens çà.*

Haïan. Espèce de claie faite avec de la paille longue, étendue et attachée à des perches, et qui sert à garantir du froid, de la gelée, etc. PAILLASSON.

Haicher. QUÊTER. *Quêter de porte en porte.*

Haicheux. QUÊTEUR. *Dans les ordres mendiants, il y a des frères quêteurs qui quêtent pour leur couvent.*

Haiti. BIEN PORTANT, SAIN. *Elle est bien portante. Cet homme n'est pas sain.*

Hakselle. PAILLE HACHÉE. Voyez *Cultivateur*.

Halcotié. CANAILLE, TRAINARD, HARGNEUX.

Haldrouffer. Voyez *Hâbler*.

Halmauder. Voyez *Talmacher*.

Halquiner. Hésiter, avoir de la peine à se décider. BARGUIGNER. *Il ne faut point tant barguigner pour dire son opinion. A quoi bon tant barguigner. Dites oui ou non, sans barguigner davantage.*

Hamaide. PINCE. Voyez *Cultivateur*.

Hamaule. DIFFICILE, REMUANT, QUINTEUX, HARGNEUX, MALIN. *C'est un homme extrêmement quinteux. Un homme hargneux. Une maligne bête.*

Hancier. CHANCELER, HÉSITER. *Il est près de tomber il chancelle. Il chancelle comme un homme ivre. Il n'y a pas à hésiter là-dessus.*

Handai. LINGE, LANGE, DRAPEAU, TORCHON. *Essuyer avec un linge. Il n'a pas plus de force qu'un linge mouillé. Torchon blanc, torchon sale.*

Handeler. NETTOYER, VIDER UNE ÉCURIE.

Hanivers. Homme grossier, rustre, homme qui a le sens de travers. ALLOBROGE. *C'est un franc allobroge. Traiter quelqu'un d'allobroge.*

Happée. INSTANT, MOMENT, BOUFFÉE, INTERVALLE, LAPS DE TEMPS. *Il est sage et fou par moments. Il ne s'adonne au travail que par bouffées. Ne faire une chose que par bouffées. Après un grand laps de temps.*

Happelopin est un mot français qui signifie Valet fripon et gourmand.

Haquard. Entier, qui a les testicules dans le corps. FAUX HONGRE.

Haquier. Articuler mal les mots ; les prononcer en hésitant, et en répétant la même syllabe avant de prononcer celle qui suit. BÉGAYER. *Cet homme bégaye si fort, qu'on a toutes les peines du monde à l'entendre.*

Haquieux. BÈGUE. *Elle est bègue. C'est un bègue, une bègue.*

Har. DIA. Voyez *Voiturier.*

Haras. Ce mot désigne Le lieu où l'on tient, où l'on conserve les étalons, et non les étalons mêmes. *Un étalon du haras de l'État.*

Harauder. TRAFIQUER, TRIPOTER.

Hardelée. TROUPEAU, BANDE.

Haricot. L'H est aspirée. Il faut donc prononcer des *harico* et non des *zarico*. *Des haricots grimpants. Des haricots nains.*

Harlequin. Ecrivez *Arlequin*. *Un habit d'arlequin.*

Harna. Nombre de chevaux, de bœufs qui sont nécessaires pour tirer la charrue, ou pour traîner une voiture. ATTELAGE *Voilà un bel attelage. Il lui est mort un des plus beaux chevaux de son attelage. Ce laboureur a tant d'attelages. Un attelage de six chevaux gris pommelés.*

Harna. FAUX A RATEAU OU A CROCHETS.

Harnais. Nous allons donner, par ordre alphabétique, le nom des différentes pièces du harnais.

AVALOIRE OU CULIÈRE. Pièce de l'appareil du reculer qui

embrasse la croupe. *Le harnais ne vaut plus rien, l'avaloire est toute rompue.*

BAT. (*Bassa.*) Espèce de selle qui sert à porter à dos des fardeaux, des paniers, etc. *Bât de mulet, d'âne, de cheval.*

BATER. Mettre le bât. *Bâter un mulet, un âne.*

BRIDE. Elle se compose des *rênes* (rames), du *mors* avec sa *monture* et sa *gourmette*, et de la *têtière* comprenant *les montants, les œillères* (awauches), *le frontal, la sous-gorge et la muserole* ou *cache-nez.*

BRIDON. Bride légère dont le mors est brisé et sans gourmette. *Mener un cheval en bridon, avec un bridon.*

BOUCLETEAU. Espèce d'anneau de cuir qui soutient les *longes du reculement.*

CAVEÇON. (*Cabasson.*) Demi-cercle de fer, monté de têtière et de sous-gorge, que l'on met sur le nez des jeunes chevaux pour les dompter.

CHASSE-MOUCHES. Espèce de filet à cordons pendants, dont on couvre les chevaux dans la saison des mouches.

COLLERETTE OU CRAVATTE. (*Warcole.*) Courroie en forme d'anneau, qui entoure le cou du cheval et soutient les longes de reculement.

COLLIER. Il se compose des *attelles* dont la partie supérieur se nomme *oreille*, des *coussinets* et de la *tête*. Celle-ci est ordinairement recouverte d'un *chaperon* de cuir ou d'une peau de mouton garnie de laine, nommée *housse.*

COURROIE. (*Coïombe.*) Longue pièce de cuir qui sert à fixer le joug sur la tête des bœufs.

CROUPIÈRE. (*Cawière.*) Large bande de cuir dont un des bouts forme un anneau rembourré, nommé *culeron*, et passe sous la queue du cheval. Elle sert à tenir le collier ou la selle en état.

DOSSIÈRE. Pièce de cuir qu'on pose en double sur la sellette du cheval, pour soutenir les limons d'une voiture.

FILET. Le filet diffère du *bridon*, en ce qu'il est plus léger, qu'il se met en même temps que la bride, et qu'il n'a pas de sous-gorge.

GUIDE. (*Lignette*.) Lanière de cuir, ficelle que l'on attache aux rênes de la bride, et qui sert à conduire le cheval. *La guide du côté droit de ce cheval s'est rompue.*

HOUSSE Sorte de couverture de drap, de velours, de peau, etc., qu'on attache à la selle et qui couvre la croupe. On nomme *housse de pied* celle dont les côtés ne descendent qu'un peu plus bas que la jambe du cavalier, et *housse traînante*, celle qui pend presque jusqu'à terre. Celle-ci ne s'emploie guère que dans les cérémonies de deuil.

HOUSSINE. Verge, baguette de houx ou d'autre arbre, dont on se sert pour faire aller un cheval. *Donner un coup de houssine à un cheval.*

JOUG. (*Jeu.*) Pièce de bois que l'on met par-dessus la tête des bœufs, et avec laquelle ils sont attelés. (On fait sentir un peu, et comme *gue*, le G final, même devant une consonne. Acad.) *Mettre les bœufs au joug.*

LICOU. Il est formé d'une *tête* qui comprend *la muserole*, *les montants* et *le frontal*, et *d'une longe* au bout de laquelle on fixe quelquefois un *billot*, lorsque le cheval est attaché à la mangeoire.

RECULEMENT. (*Ratena.*) Pièce de cuir, petite chaîne fixée d'un bout à *l'avaloire*, et que l'on attache de l'autre au limon de la voiture au moyen d'un *crochet* ou d'un *anneau*. Dans le harnais des chevaux attelés au timon d'un chariot, on appelle *plate longe de reculement*, une longue pièce de cuir attachée par les bouts à l'avaloire, et qui tourne autour du poitrail du cheval où elle est soutenue par la *cravate* et les *boucleteaux*.

SELLE. Elle comprend, 1° deux *arçons*, pièces de bois cintrées tenues ensemble par les *bandes* ; celui de devant est quelquefois terminé en une pointe de forme arrondie nommée *pommeau*; 2° les *panneaux*, espèce de coussinets ou de garnitures rembourrées, qu'on met des deux côtés de la selle sous les arçons et sous les bandes, pour empêcher que le cheval ne se blesse ; 3° les *quartiers*, pièces de cuir qui pendent des deux côtés du *siége* de la selle, et qui séparent de la peau du cheval, la jambe du cavalier ; 4° les *contre-sanglons*, courroies fixées des deux côtés aux bandes, et qui entrent dans les boucles de la *sangle* ; 5° les *porte-étrivières*, anneaux de fer carrés fixés aux bandes, et dans lesquels passent les *étrivières*, courroies qui soutiennent les *étriers*; ceux-ci sont des espèces d'anneaux de métal dans lesquels le cavalier place les pieds ; 6° le *poitrail*, courroie garnie d'une boucle à chaque extrémité, embrassant la base de l'encolure, et fixée à l'arçon antérieur ; 7° le *porte-manteau*, double coussinet placé en arrière de la selle, et destiné à porter la *valise* ou *saccoge* du voyageur ; 8° les *fontes*, fourreaux de gros cuir recouverts de *chaperons*, et que l'on attache à l'arçon antérieur pour y mettre des pistolets.

SELLETTE. Espèce de petite selle sur laquelle repose la dossière. Elle est formée de *deux arçons*, de deux *bandes* et de deux *panneaux*.

SOUS-VENTRIÈRE. Courroie attachée par ses deux extrémités aux limons de la voiture, et qui passe sous le ventre du cheval.

SURDOS OU PORTE-TRAITS. Bande de cuir qui porte sur le dos du cheval et soutient les traits.

TRAITS. Cordes, chaînes ou courroies avec lesquelles les chevaux tirent. *Ces chevaux tirent à plein trait.*

VENTRIÈRE. Longe de cuir qui passe sous le ventre du cheval, et qui sert à tenir les traits.

Haroche. GROSSE ÉTOUPE. Voyez *Chanvre*.

Harroi. Voyez *Arroi.*

Harsouille. MAUVAIS DRÔLE, CANAILLE.

Hasarder, devant un infinitif, demande la préposition *de* ; *se hasarder*, veut *à*. *Hasarder de faire une chose. Je me hasarderai à faire cette proposition.*

Haspe. Voyez *Chanvre.*

Hasse. BESOIN, PEUR, FRAYEUR.

Hassoi. TRAIN, TRACAS. *Augmenter, réformer, diminuer son train, le train de sa maison. Il y a bien du tracas dans cette maison.*

Hatrait. La peau qui pend sous la gorge d'un taureau, d'un bœuf. FANON.

Hauche. BARRIÈRE. *Ouvrir, fermer la barrière.*

Haugeai. PORTE, BARRIÈRE.

Hawiette. ÉTOURDI, ÉVAPORÉ, DRÔLE. *Vous êtes un drôle, un grand drôle.*

Hayeur. TONDEUR DE HAIES.

Hébreu. L'H est muette. *Ce que vous me dites est de l'hébreu* (et non *du hébreu*) *pour moi.*

Hémisphère. Ce mot est masculin. *L'un et l'autre hémisphère.*

Henette. Le derrière du cou, et surtout sa partie creuse, immédiatement sous l'occiput. NUQUE. *Il lui donna un coup sur la nuque. Appliquer un vésicatoire sur la nuque.*

Henna. VASE.

Herbe. Voyez *Plante.*

Herbées. Toutes sortes d'herbes potagères. HERBES. *Bouillon aux herbes.*

Herde. TROUPEAU. *Troupeau de vaches. Un troupeau d'ignorants.* Le mot *Harde* ne s'emploie qu'en parlant des bêtes sauvages, telles que cerfs, daims, etc.

Herdier. Pâtre qui garde les bêtes à cornes. VACHER. *Le vacher du village. Un cornet de vacher. Herdier* ni *hardier* ne sont pas français.

Héritance. SUCCESSION, HÉRITAGE. *Il n'en a eu que quelques tableaux pour tout héritage. Faire un grand héritage. Il lui est échu deux successions en un an.*

Héritablement. HÉRÉDITAIREMENT, DÉFINITIVEMENT.

Herreux. FRILEUX; FROID PÉNÉTRANT.

Hésiter, devant un infinitif, demande la préposition *à*. *Il n'hésita point à* (et non *de*) *répondre. Je n'hésite pas à vous le confier.*

Hesser. HALER, POUSSER, EXCITER. *Haler les chiens après quelqu'un.*

Heumer. Avaler quelque chose de liquide en retirant son haleine; l'aspirer. HUMER. *Humer un bouillon. Humer un œuf. Humer le vent. Humer le brouillard.*

Heure. On doit dire : Il est arrivé hier *à cette heure-ci*, *vers cette heure-ci*, et non *à ces heures-ci*, *vers ces heures-ci*. En effet, personne ne dirait : *A quelles heures*, vers *quelles heures* est-il arrivé? Or, la phrase que nous avons citée n'est que la réponse à cette dernière.

Heurrée. Voyez *Toquée.*

Heurriche. Voyez *Soucoite, suée.*

Hiéroglyphe. L'H est muette. Il faut donc prononcer *Des ziéroglif.* On sait que ce mot est masculin.

Higne-hagne. BISBILLE. (Les L sont mouillées.) *Ces gens-là sont toujours en bisbille.*

Hîner. ÉTENDRE, ÉPANDRE. *Etendre, épandre du foin pour le faner. Epandre du fumier dans un champ pour l'engraisser.*

Hiquet. SECOUSSE, BOND, PAS, COMMENCEMENT. *N'aller que par sauts et par bonds. Cet animal ne marche que par bonds et par saillies. C'est un grand pas de fait. Bon commencement.*

Hiqueter. Avoir le hoquet. HOQUETER.

Hiquette. Mouvement convulsif de l'estomac, qui se fait avec un son non articulé. HOQUET. *Avoir le hoquet. Faire passer le hoquet. Faire perdre le hoquet. Hoquet de la mort.*

Hiver. Ce mot est masculin. *Hiver bien doux.*

Hobette. Cabane de douanier. Ecrivez et prononcez *Aubette*. On doit par conséquent dire *l'aubette* et non *la aubette.*

Hoc. Nœud, principale difficulté d'une affaire. HIC. *Voilà le hic. C'est là le hic.*

Hoclu. RABOTEUX. *Des chemins raboteux. Une allée raboteuse. Des planches raboteuses.*

Hodaule. ENNUYEUX, FATIGANT.

Hollande, hollandais. L'H est aspirée. Ne prononcez donc pas *les zollandais*, *en nollande*.

Hollière. Elévation plus ou moins forte qui constitue ordinairement la limite entre deux pièces de terre. OURLET. Lorsque cette élévation a un mètre ou plus de hauteur, elle prend le nom de TERTRE ou TALUS.

Homme. Description des différentes parties du corps humain.

TÊTE.

Le devant de la tête, nommé *visage* ou *face*, comprend *le front*, *les sourcils*, *les yeux*, *le nez*, *la bouche*, *le menton les joues*, *les tempes et les oreilles*.

L'ŒIL ou GLOBE OCULAIRE est placé dans une cavité nommée *orbite*, et recouvert par les *paupières*, dont les bords sont garnis de poils appelés *cils*. L'œil est formé de la *prunelle* ou *pupille* qui occupe le centre et qui est entourée d'un cercle coloré appelé *iris*, et d'une tunique opaque nommée *cornée*, et vulgairement *blanc de l'œil*.

LE NEZ est formé de la *racine* qui le joint au front, de *l'épine* ou *os nasal*, de *la pomme* ou *pointe*, *des narines* ou *cavités nasales, de la cloison* qui sépare celles-ci, et *des ailes* qui en forment les côtés extérieurs.

LA BOUCHE comprend les *lèvres*, *le palais*, *la langue*, *la luette*, les *machoires* ou *os maxillaires*, les *gencives* et *les dents*, au nombre de trente-deux. Les quatre premières dents se nomment *incisives* (palette) ; les quatre suivantes, *canines* (les canines supérieures s'appellent aussi *œillères*) ; et les vingt-quatre autres, *molaires* ou *machelières*. Les premières dents qui viennent aux enfants s'appellent *dents de lait*, et celles qui leur succèdent, *dents de remplacement*. Enfin les quatre dernières molaires qui poussent entre vingt et trente ans, prennent la dénomination de *dents de sagesse*.

LA JOUE. C'est cette partie de la figure qui est située entre le nez et l'oreille, et qui s'étend de l'œil au menton. On appelle *pommette* la partie saillante et arrondie, située vers le haut de la joue, en dessous de l'œil, et qui est formée par un os appelé *os de la pommette*.

LA TEMPE. Partie creuse comprise entre l'oreille et le front.

L'OREILLE est formée du *pavillon* ou *conque*, partie externe cartilagineuse dont le bout inférieur s'appelle *lobe*, et du *conduit auditif* ou *trou de l'oreille*.

LE CRANE est composé de plusieurs os joints ensemble par des espèces de dentelures nommées *sutures*. Les principaux de ces os sont *le frontal*, *les pariétaux et l'occipital*. L'intérieur du crane est tapissé d'une membrane forte et épaisse appelée, *dure-mère*, laquelle enveloppe le *cerveau*. La partie postérieure de celui-ci se nomme *cervelet*.

L'OCCIPUT. (Prononcez le T, Acad.) Partie de la tête qui s'étend du *sommet* à la *nuque*. Voyez *Henette*.

OS DU TRONC.

Les os qui forment la charpente du tronc sont *l'épine dorsale* ou *colonne vertébrale*, composée d'une suite de petits os articulés les uns avec les autres, nommés *vertèbres*. Celles-ci prennent, suivant leur position, les dénominations de *vertèbres cervicales* ou *du cou*, *vertèbres dorsales* ou *du dos*, *vertèbres lombaires* et *vertèbres sacrées*. Ces derniers correspondent au bassin.

La poitrine est formée, 1° des *côtes* qui s'articulent postérieurement avec *l'épine dorsale* et antérieurement avec *le sternum*, os plat qui s'étend de la gorge au creux de l'estomac ; 2° des *omoplates*, os larges, minces et triangulaires qui forment la partie postérieure de l'épaule ; et 3° des *clavicules* que l'on pourrait en quelque sorte prendre pour les côtes supérieures, et qui s'articulent avec le sternum et les omoplates.

La partie inférieure du tronc comprend le *bassin*, grande cavité formée par le *sacrum*, dernière vertèbre de l'épine dorsale ; le *coccix* (prononcez *coc-ciss*), petit os placé à l'extrémité du sacrum ; et le *pubis* qui forme la partie antérieure du bassin.

PARTIES EXTÉRIEURES DU TRONC.

Postérieurement et à partir de la *nuque* (henette), on trouve le *chignon* ou derrrière du cou, *le dos*, *les lombes* ou *reins* et *le croupion*.

Antérieurement le tronc comprend *la gorge*, *la poitrine* ou *thorax*, *les seins*, *la fosse* ou *creux de l'estomac*, *l'épigastre*, qui est la partie supérieure du *ventre* ou *abdomen*, et l'*hypogastre* ou *bas-ventre*, qui en est la partie inférieure.

Latéralement on trouve *l'épaule*, *l'aisselle* ou dessous du bras, *les côtes*, *les flancs*, et *les hanches*. Entre les flancs et la région ombilicale sont situés les *hypocondres*.

La partie qui forme la jonction du bas-ventre avec la cuisse, se nomme *aine*. (Il ne faut pas dire *l'aile* de la jambe.) *Il fut blessé dans l'aine. Avoir une excroissance, un bubon dans l'aine.*

PARTIES INTÉRIEURES DU TRONC.

Les organes de la respiration, à partir de *l'arrière-bouche*, sont le *larynx* qui forme la partie supérieure de la *trachée-artère* (gargosson), long canal formé d'une série de cerceaux cartilagineux, et qui se bifurque à son extrémité inférieure pour former les *bronches*, qui conduisent l'air dans les *poumons*.

Le tube digestif comprend *le pharynx*, *l'œsophage*, *l'estomac*, *le pilore*, *le duodenum*, *les deux intestins grêles* nommés *jejunum* et *iléon*, et *les trois gros intestins* appelés *cœcum*, *colon* et *rectum*. Celui-ci se termine à l'*anus*.

Les autres organes contenus dans la poitrine et le ventre sont : 1° la *rate* (misse) viscère molasse, spongieux, d'un rouge livide, situé dans l'hypocondre gauche ; 2° le *foie*, autre viscère d'un volume considérable, découpé en lobes, et qui se distingue des poumons par sa couleur qui est d'un rouge brun, tandis que ceux-ci sont d'un rose foncé et d'une consistance plus molasse ; et 3° *le cœur* renfermé dans un sac membraneux nommé *péricarde*.

La membrane qui tapisse l'intérieur de la poitrine se nomme *plèvre*, et celle qui revêt la capacité du bas-ventre, *péritoine*. La partie du péritoine à laquelle est suspendu le canal intestinal, prend le nom de *mésentère*.

La poitrine est séparée de l'abdomen par le *diaphragme*, muscle très-large et mince. Verticalement elle est divisée en deux parties par une cloison nommée *médiastin*.

MEMBRES.

Le *bras*, proprement dit, s'étend de *l'épaule* au *coude*. Il est formé de *l'humérus* qui s'articule d'un côté avec l'*omoplate* et de l'autre avec les os de *l'avant-bras*, appelés *cubitus* et *radius*. Le *carpe* ou *poignet* est composé de huit os situés entre l'articulation inférieure de l'*avant-bras* et celles du *métacarpe*. Celui-ci comprend cinq os, et s'étend jusqu'aux *doigts*, lesquels sont formés chacun de trois os mobiles appelés *phalanges*, à l'exception du pouce qui n'en a que deux. Les doigts s'appellent *pouce*, *index*, *médius*, *annulaire* et *auriculaire*. La *main* comprend par conséquent le *carpe*, le *métacarpe* et les *doigts*. Le côté interne de la main se nomme *paume* et le coté externe *dos*.

Les parties qui constituent les *membres inférieurs* comprennent également cinq divisions. La *cuisse*, qui s'étend de la *hanche* au *genou*, est formée d'un seul os, le *fémur*. Au point où la cuisse s'articule avec la *jambe* se trouve, en avant, le *genou* avec sa *rotule* ou *noix*, et, en arrière, le *jarret* avec ses *tendons*. La *jambe* proprement dite, est formée, comme l'avant-bras, de deux os, le *tibia* et le *péronée*. L'articulation de ces deux os avec le *tarse* forme deux saillies nommées *malléoles*, et vulgairement *chevilles du pied*. La partie postérieure et charnue de la jambe s'appelle *mollet* et le gros tendon aplati qui se trouve au-dessus du talon, *tendon d'Achille*. Le pied comprend *le tarse* ou *coude-pied*, le *métatarse* et les *orteils* ou *doigts de pied*. Le derrière du pied se nomme *talon*, et le dessous, *plante du pied*.

Nous terminerons cet article par quelques observations qui trouvent naturellement leur place ici. Il existe des différences essentielles entre les *nerfs*, les *tendons* et les *ligaments*. Les *nerfs* ne sont que des filets déliés et blanchâtres, distribués dans les diverses parties du corps. Les *tendons* sont des parties fibreuses également blanchâtres, mais beaucoup plus fortes que les nerfs. Ils forment le prolongement des *muscles* ou *chairs* et servent à les attacher aux os. Ce sont des tendons, et non des nerfs, qu'on voit au cou, au jarret, sur le dos de la main, etc., et c'est improprement, dit l'Académie, que dans le langage vulgaire on admet les phrases suivantes : *Un nerf foulé. La contraction des nerfs. Le nerf du jarret.* Les *ligaments* sont des espèces de nerfs qui servent à unir les os entre eux, ou à attacher et soutenir certains viscères, comme la matrice, le foie, etc.

Le *cartillage* (os tendre) est une substance blanche, dure, lisse, élastique, qui se trouve surtout à l'extrémité des os, et que l'on nomme vulgairement *croquant*, dans la viande de boucherie. *Le cartilage du nez. Le cartilage des oreilles.*

Les *artères* portent le sang du cœur vers les extrémités. On

HOR 263

les distingue des *veines* en ce que le sang qui en sort, jaillit par saillies et est d'un beau rouge, tandis que lorsqu'on ouvre une veine, le sang en sort uniment et est beaucoup plus noir. Dans ces dernières le sang coule des extrémités vers le cœur, et par conséquent, si l'on veut l'arrêter au moyen d'une *ligature*, il faut la placer du côté de l'extrémité.

Honnêtement. Il faut bien se garder de prononcer *Honnètrement. Se conduire honnétement.* Ce mot se dit quelquefois ironiquement pour Beaucoup, extrêmement. *Il est honnêtement crotté. Il en a honnétement mangé.*

Honneur. Ce mot est masculin. *Rendre de grands honneurs à la mémoire de quelqu'un.*

Hoquette. Petite butte, éminence isolée, faite de main d'homme ou par la nature. MOTTE. *Raser une motte.*

Horlai. Voyez *Hollière.*

Horloger. Description des principales pièces d'une horloge, et de quelques outils d'horloger.

AIGUILLE. (Ne dites pas *greffe, touche.*) Verge de métal qui sert à indiquer l'heure sur le cadran d'une horloge, d'une pendule, d'une montre, etc. Suivant l'usage auquel une aiguille est destinée, elle se nomme *aiguille des heures, aiguille des minutes, aiguille des secondes, aiguille des quantièmes*, etc.

BRUCELLES. Petites pinces dont les branches font ressort et se tiennent ouvertes. Les brucelles servent à prendre, à tenir des pièces légères.

CADRATURE. Assemblage des pièces placées entre le cadran et la platine, et qui servent à faire marcher les aiguilles et la répétition quand la montre ou la pendule est à répétition.

CAISSE Longue gaîne dans laquelle on place une horloge.

On la remplace très-souvent par une *boîte* ou *tête*, et dans ce cas les *poids* et le *balancier* sont ordinairement garantis au moyen d'une *grille*.

CHRONOMÈTRE OU MONTRE MARINE. Montre d'une exécution soignée, et formée de pièces particulières qui lui donne une grande précision. On s'en sert principalement pour les voyages sur mer.

CLEF. Instrument servant à monter une pendule, et consistant ordinairement en une petite manivelle dans le *canon* de laquelle on introduit le *remontoir*, tige carrée qui forme l'axe du *treuil* ou *barillet*, sur lequel s'enroule la corde ou la chaîne de la pendule.

COULANT. Anneau de fer au moyen duquel on rapproche les branches d'une pince ou d'une tenaille, pour faire joindre les mâchoires.

MONTRE. Voyez ce mot.

MOUVEMENT. Le mouvement d'une pendule se compose de différentes pièces mises en branle au moyen d'un *ressort* ou d'un *poids* portant une *poulie* dans la *gorge* de laquelle coule une *ficelle* qui va s'enrouler sur le *tambour* ou *treuil*, ou qui passe dans la *gorge* armée de pointes d'une poulie attachée à la grande roue. Lorsqu'on monte l'horloge ou la pendule, le barillet est empêché de rétrograder par un *encliquetage*. (Voyez *mécanique*.) Le mouvement est modéré et réglé par un mécanisme appelé *échappement*, lequel consiste ordinairement en une roue à dents d'une forme particulière, dite roue *d'échappement* ou de *rencontre*. Contre les dents de celle-ci viennent heurter les *palettes* de la *pièce d'échappement*. Cette pièce est terminée par une *fourchette* dans laquelle entre la *tige* du *balancier*.

PENDULE. On nomme proprement *horloge* la machine qui sert à marquer et à sonner l'heure dans les édifices publics. Les horloges en usage dans l'intérieur des maisons se nomment ordinairement *pendules*. On les divise en *pendules à poids*, *pendules à ressort*, *pendules de cheminée*, etc.

PIGNON. Très-petite roue, n'ayant que quelques *dents* qui engrènent dans celles d'une *roue* proprement dite, pour accélérer ou ralentir le mouvement de rotation.

PIVOT. Bout de l'*axe* d'une roue ou d'une autre pièce mobile.

PLATE FORME. Grande machine dont l'horloger se sert pour fendre les dents des roues.

PLATINE. Chacune des deux plaques fixées aux *piliers* à l'aide de *goupilles*, et qui servent à maintenir toutes les pièces du mouvement.

QUANTIÈME. Jour du mois. *Montre à quantièmes.*

RÉGULATEUR. Pendule sans sonnerie ni réveil, munie de tous les appareils propres à lui donner une marche parfaitement uniforme. On le nomme aussi *pendule astronomique.*

RÉPÉTITION. Mécanisme servant à faire répéter l'heure, et composée de différentes pièces dont les principales sont le *limaçon* formé de douze degrés qui vont successivement en s'écartant du centre, *le râteau*, portion de roue ayant douze dents, le *sautoir*, etc.

RÉVEIL OU RÉVEILLE-MATIN. Pendule ou partie d'une pendule ou d'une montre, qui sonne pendant un certain espace de temps, pour éveiller à l'heure sur laquelle on a mis l'aiguille en se couchant. *Montre, pendule à réveil. Je n'avais pas monté mon réveil-matin, mon réveil.*

SONNERIE. Elle est formée de plusieurs pièces qui communiquent le mouvement au *marteau* qui sonne l'heure en frappant contre le *timbre* ou contre le *ressort-timbre.*

TIMBRE. Cloche de pendule, de montre. *Le timbre de cette pendule est très-bon. Ce timbre est fêlé.*

Horluïe. Petit bouton fort incommode qui se

forme à la paupière et se termine par la suppuration. ORGELET, COMPÈRE-LORIOT.

Horquet. TAS, BUTTE.

Hospice. Ce mot est masculin.

Hosser. TREMBLER, HOCHER, SECOUER, BRANLER, AGITER, VACILLER. (Prononcez les *L* de *Vaciller* comme dans *Ville*.) Les *feuilles des arbres tremblent au moindre vent. Tout le corps lui tremble. Hocher un prunier pour en faire tomber les prunes. Hocher le mors, hocher la bride à un cheval. Il s'en alla en hochant la tête. Les dents lui branlent. Branler les jambes, les bras, la tête. Ce plancher branle. Branler au manche. Il faut mettre cette pendule sur quelque chose qui soit ferme, et qui ne puisse vaciller. Une lumière, une lueur, une clarté qui vacille.*

Hostie ne doit pas s'employer dans le sens de PAIN A CACHETER. Il ne se dit que Du pain que le prêtre consacre à la messe.

Hottai. HOTTÉE, FARDEAU.

Houdrier. Voyez *Castrouiller.*

Houffe. GONFLÉ, LÉGER, MOUVANT, SEC. *Pain léger. Ce sont des terres mouvantes.*

Houïu. VÊLU, POILU, HÉRISSÉ. *Il est vélu comme un ours. Main poilue.* Voyez *Hoursu.*

Hoûler. HURLER. *Ce chien a hurlé toute la nuit. Il faut hurler avec les loups. Il ne crie pas, il hurle.*

Hoûler. En parlant de la chouette, HUER, CRIER.

Hoûler. En parlant du vent, SIFFLER, CRIER, GRONDER. *Ecoutez le vent comme il siffle. Le vent siffle dans la serrure. Le vent gronde dans la cheminée.*

Houppe, huppe. Une *houppe* est un assemblage de laine, de fil qui se nomme autrement *floche.* Une *huppe* est une touffe de plumes que certains oiseaux portent sur la tête. *Mettre des houppes à des chevaux de carrosse. La houppe d'une ceinture. La houppe d'un bonnet carré. La huppe* (et non la *houppe*) *d'une alouette.*

Houppe. CIME d'un arbre.

Houppes (Faire des). FAIRE DES GAMBADES, DES CABRIOLES. *Jamais homme ne fut si leste et si gai, il faisait mille gambades. Ces écoliers ont fait bien des cabrioles dans la prairie.*

Houppe (A). COMBLE. *La mesure est comble. Boisseau comble, tout comble. Mesurer ras, comble.* (On ne doit pas dire *à comble.*)

Houpperai. Voyez *Cultivateur.*

Houppeler. Appeler son compagnon. HOUPER, CRIER APRÈS, HÉLER. Ce dernier mot ne s'emploie guère que comme terme de marine. *Houper, héler quelqu'un.*

Houppeler. TIRER, JETER, SAUTER PAR-DESSUS.

Houppu. Qui a une *huppe* sur la tête. HUPPÉ. *Alouette huppée. Poule huppée.*

Hourdeler. BALLOTTER, SE TRÉMOUSSER (en parlant d'une roue), GRONDER (en parlant du vent).

Hourdi. Voyez *Maçon.*

Hourlée. OURAGAN, TEMPÊTE, NUAGE de GRÊLE, COUP de vent, BOURRASQUE. Voyez *Hugean*.

Hoursu. HÉRISSÉ (H s'aspire), ÉBOURIFFÉ. *Cheveux hérissés. Poil hérissé. C'est un homme hérissé, toujours hérissé* (difficile). *Vous êtes tout ébouriffé. Elle arriva tout ébouriffée. Avoir les cheveux ébouriffés. Votre coiffure est tout ébouriffée.*

Houtte. OUTRE, PASSÉ, FINI, TERMINÉ, AU-DELA, PAR-DESSUS. *La nuit qui survint l'empêcha de passer outre. Passer par-dessus toutes sortes de considérations. Au delà du Rhin. C'est une affaire finie, terminée.* La préposition *Outre* n'est en usage que dans certains mots composés, comme *outre-Rhin*, *outre-Meuse*. Il serait donc incorrect de dire, par exemple, la maison est *outre* la rivière, il faut dire; *au delà*, *de l'autre côté* de la rivière.

Houtte (**Toute**). D'OUTRE EN OUTRE. *Un coup d'épée qui le perçait d'outre en outre.*

Hozé. COUSU. *Etre tout cousu d'or, tout cousu d'écus. Etre tout cousu de coups, de blessures.*

Houzebout. FORFAIT. *Faire un forfait avec un architecte pour un bâtiment. Prendre à forfait. Traiter à forfait pour des travaux, pour le chauffage, pour l'éclairage d'un établissement public. Vendre, acheter à forfait.*

Hozettes. Sorte de chaussure de jambes sans pieds. HOUSEAUX. Ce mot est vieux et ne s'emploie guère que dans cette phrase proverbiale : *Laisser les houseaux quelque part,* c'est-à-dire, *y mourir.*

Hozette. En parlant des abeilles. PELOTE DE CIRE.

Hubert. L'H s'aspire, et il est tout aussi incorrect de prononcer *Sain-tubert'*, que de dire *Sain-tenri*.

Hugean. COUP DE VENT, BOURRASQUE. *Il s'éleva tout d'un coup une bourrasque. Ce n'est qu'une bourrasque.*

Huiles (Saintes). Les huiles dont on se sert pour l'extrême-onction; l'extrême-onction même. Dans ces acceptions le mot *Huile* ne se dit qu'au pluriel. *Il est très-malade, il a reçu les saintes huiles* (et non *la sainte huile*).

Hultai. Voyez *Laiterie*.

Hurluva. Inconsidéré, brusque, étourdi. HURLUBERLU. (L'H est muette.) *C'est un hurluberlu. Agir en hurluberlu.*

Hutie. Voyez *Chariot*.

Hydromel. Ce mot est masculin. *L'hydromel est adoucissant et laxatif.*

Hyène. L'H n'est pas aspirée. *L'hyène fouille les tombeaux pour se repaître de la chair des cadavres.*

I

Ignition. On prononce le G dur. (Acad.) *Un corps en ignition.*

Ignominie. Prononcez Gn comme dans *Agneau.*

Imaginer, s'imaginer. *Imaginer* signifie Créer, inventer; *S'imaginer* veut dire Se persuader, croire. *C'est au delà de tout ce qu'on peut imaginer. Il ne sait qu'imaginer pour sortir d'embarras. Ce n'est pas aussi difficile que vous vous l'imaginez* (et non *que vous l'imaginez*).

Immanquable, immanquablement. Prononcez l'I comme dans *Immense. C'est une affaire immanquable.*

Immédiat. Le T se prononce. *Effet immédiat.*

Immense, immensément, immensité. Prononcez l'S comme dans *Si. Il est immensément riche. L'immensité des cieux.*

Impasse. Ce mot ne signifie nullement IMPOLITESSE, INJURE, INSULTE, OUTRAGE, PASSE-DROIT.

Imposer (En) a été pris souvent dans le sens d'*Imposer*, mais il signifie plus exactement tromper, abuser, surprendre, en faire accroire. (Acad.) *Il m'en avait imposé par son air de douceur.*

Ne le croyez pas, il en impose. C'est un homme dont la présence impose (et non *en impose*). *Ces bavards ne peuvent imposer qu'aux âmes faibles. Sa présence impose.*

Imprudent, impudent: Le premier signifie, Qui manque de *prudence*, le second, Qui manque de *pudeur. Faire une action imprudente. Discours imprudent. Discours impudent. C'est un impudent menteur. Action impudente.* La même différence existe entre les substantifs *Imprudence* et *impudence. Il a eu l'impudence de nier sa signature.*

Incendie. Ce mot est masculin. *Il ne faut qu'une étincelle pour allumer un grand incendie.*

Incognito. On mouille Gn. (Acad.) *Garder l'incognito.*

Indemniser, indemnité. Prononcez *Ain-damm-niser, ain-damm-nité.* (Acad.) *Vous serez condamné à l'indemniser. Il a eu tant pour son indemnité.*

Indice. Ce mot est masculin. *J'en ai de grands indices.*

Inexpugnable. Le G se prononce fortement. (Acad.) *Ville inexpugnable.*

Infinitif. Les personnes peu instruites confondent souvent l'infinitif des verbes de la première conjugaison avec la deuxième personne du présent de l'indicatif, et avec le participe passé. Pour éviter cette faute, il suffit d'employer un verbe d'une autre conjugaison. Ainsi il faut écrire : il aime à *jouer*; vous *employez* bien votre temps ; il a *chanté* longtemps; parce qu'on dirait : il aime à se *battre*, vous *perdez* votre temps, il a *dormi* longtemps.

Ingrédient. Prononcez *In-gré-dian*. Il entre beaucoup d'ingrédients dans la composition de la thériaque.

Inhérent, inhérence. Prononcez *I-né-ran, i-né-ranss*. Faiblesse inhérente à la nature humaine.

Inhibition. Prononcez *I-ni-bi-cion*. Inhibitions et défenses sont faites à toutes personnes.

Inhumain, inhumanité, inhumation, inhumer. Prononcez *In* comme dans Inhabitable. Un tyran inhumain. Il y a de l'inhumanité à cela. Frais d'inhumation. Inhumer les morts.

Inrassasiable. INSATIABLE. Il a une faim insatiable. Il ne se contente de rien, il est insatiable. On dit aussi Irrassasiable, mais ce mot est peu usité.

Insecte. Liste de quelques insectes remarquables par leur grosseur, leur beauté ou les dégâts qu'ils causent.

INSECTES SANS AILES.

ARAIGNÉE. (*Arègne*.) Insecte très-commun, dont les principales espèces sont *l'araignée domestique*, fréquente dans les habitations ; *l'araignée aquatique*, qu'on ne trouve que sur le bord des eaux ; et le *faucheur*, qu'on reconnaît à la longueur démesurée de ses pattes.

CLOPORTE. (*Pou de bois.*) Cet insecte a le dessus du corps arrondi, un peu ovale, de couleur grise. On le trouve notamment dans les vieilles boiseries, sous l'écorce des arbres, etc. Il est de la grosseur d'une petite fève.

FOURMI. (*Capiche, marchaud.*) Petit insecte dont la piqûre est très-douloureuse, et qui se construit une espèce d'habitation appelée *fourmilière* (capichiet). On trouve dans le Luxembourg *la fourmi sanguine, la fourmi fauve, la fourmi noir-cendré, la fourmi mineuse, et la fourmi ailée.*

POU. Insecte parasite qu'on trouve sur tous les animaux. Un des plus gros est le *pou de la brebis* (barbigeot).

RICIN. Pou des oiseaux. On compte presque autant d'espèces de ricins que d'espèces d'oiseaux. Les plus communes sont *le ricin de la poule, le ricin du bruant,* etc.

SCOLOPENDRE. (*Trawe-oreilles.*) Insecte très-long, de couleur jaunâtre, ayant un grand nombre de pattes et la bouche armée de crochets aigus. On le trouve sous les poutres, sous les pierres, etc. Il ne faut pas le confondre avec la *forficule* ou *perce-oreille* qui n'a que six pattes, de petites ailes, et l'abdomen terminé par deux crochets en forme de tenaille.

TIQUE. (*Lauche, tiquet.*) Espèce d'insecte parasite à huit pattes, qui s'attache aux oreilles des bœufs, des chiens, etc. *La tique crève après s'être gorgée de sang.*

INSECTES A AILES RECOUVERTES D'ÉLYTRES.

BOUSIER. (*Cherbotte.*) Insecte excessivement commun, d'un noir luisant, qui se tient dans les excréments, et que l'on voit voler ordinairement vers le soir des beaux jours d'été. Il est de la grosseur d'une forte fève.

CARABE. (*Cheval de bon Dieu.*) Très-bel insecte, moins gros que le bousier, mais plus allongé, et dont les élytres sont brillants, de couleur verte, jaune, brune ou noire.

cerf-volant, Coléoptère connu de tout le monde à cause de sa grosseur, et surtout à cause de ses mandibules qui ressemblent, par la forme, au bois du cerf.

charançon. Insecte dont on connaît une très-grande quantité d'espèces. Le plus répandu est le *cosson* qui ronge les blés dans les greniers.

coccinelle. (*Catherinette.*) Corps ayant la forme d'une demi-boule ; élytres jaunes ou rouges, marqués chacun d'un ou de quatre points noirs ; grosseur d'un pois. La coccinelle se trouve surtout sur les feuilles des genets.

hanneton. (*Balouche, harnicotai.*) Scarabée un peu plus gros que le bousier, d'un rouge brun. Il ne vit que quelques jours et ne vole que vers le soir ; pendant le jour il se tient sur les hêtres dont les feuilles lui servent de nourriture. La larve du hanneton, qu'on nomme *ver blanc*, est connue de tous les cultivateurs qui en trouvent une grande quantité en labourant la terre. Le ver blanc est roulé en anneau, a la tête rousse et le reste du corps d'un blanc jaunâtre. Il vit trois ans avant de devenir hanneton.

nécrophore. Grosseur du carabe ; antennes terminées en boutons ; élytres plus courts que l'abdomen, formés de deux lignes noires et de deux oranges. On le trouve dans le fumier et sur les charognes.

puceron. Petit coléoptère qui s'attache aux feuilles de certaines plantes et les ronge. Celui qui fait le plus de tort au cultivateur est le *puceron du colza*, qui tue souvent cette plante dès sa naissance.

vrillette. C'est ce coléoptère et sa *larve*, qui font, dans le bois des vieux meubles, de petits trous assez semblables à ceux d'une vrille. C'est aussi cet insecte qui produit le bruit lugubre semblable à celui du battement d'une montre, qu'on entend quelquefois dans les appartements lorsqu'il y a silence complet et qui cesse dès qu'on remue. Ce battement a été nommé *horloge de la mort*, à cause de l'origine surnaturelle qu'on lui attribue assez généralement.

INSECTES, AILÉS SANS ÉLYTRES.

ABEILLE. Voyez ce mot.

ARTISON. Dénomination commune à tous les insectes qui, comme les teignes, rongent les étoffes, les pelleteries, etc.

BOURDON. (*Malton.*) Tout le monde connaît cet insecte mellifère beaucoup plus gros que l'abeille, et dont le *nid* (maltonnerie) est formé de mousse hachée fin, et placé soit dans un trou, soit dans un mur, soit dans l'herbe. Le miel qu'on trouve dans les gâteaux des bourdons est d'un goût très-agréable.

COUSIN. Petit moucheron très-commun pendant les chaleurs de l'été, et qui nous chagrine surtout vers le soir par son bourdonnement aigu, et par une piqûre cuisante qu'il fait sentir, même au travers des vêtements.

DEMOISELLE. (*Monsieur, mameselle.*) Joli insecte qui se tient le long des eaux et dont on connaît une très-grande quantité d'espèces. Les demoiselles ont les yeux très-gros, et quelques espèces ont le corps fort long et très-grêle.

FRELON. (*Fouonnet.*) Espèce de guêpe très-grosse et excessivement méchante.

GRILLON OU CRICRI. (*Criquian, chanterai.*) Espèce de sauterelle qui se tient particulièrement dans les cheminées, et qui fait un bruit aigu, perçant et désagréable.

GUÊPE. (*Oispe.*) Insecte presque semblable à l'abeille et armé comme elle d'un aiguillon. Les guêpes construisent leurs nids, appelés *guepiers* (oisperies), soit dans un mur, soit dans un creux d'arbre, soit même dans la terre.

PAPILLON. (*Paupian.*) On divise les papillons en trois familles, les *diurnes*, qui voltigent pendant le jour et qui ont en général les ailes d'une couleur très-vive ; les *crépuscu-*

laires, qui sont d'une couleur plus terne et qui ne se montrent que vers le soir ; et les *nocturnes*, qui sont les plus laids et qui ne quittent leur retraite que pendant la nuit. La larve du papillon, appelée *chenille* (houline), est connue de tout le monde par les dégâts qu'elle cause aux arbres fruitiers, aux choux, etc.

SAUTERELLE. Insecte très-commun pendant la fenaison. Les deux espèces les plus répandues sont *la sauterelle verte* et *la sauterelle grise*.

TAON. (Prononcez *Tôn*.) Espèce de grosse mouche connue en wallon sous le nom de *Tahan*, et qui incommode très-fort les animaux domestiques et même les hommes par sa piqûre. *Le taon du bœuf* (borgne tahan) est le plus répandu et le plus importun ; il est gris avec les ailes comme tachées de points et de lignes noirâtres.

TEIGNE. Les chenilles des différentes espèces de teignes sont lisses, sans poils et pourvues de seize pattes au moins. Ce sont ces chenilles et non la teigne lorsqu'elle est devenue insecte parfait, qui rongent les étoffes, les peaux, etc. On connaît un grand nombre d'espèces de teignes, dont les noms spécifiques se tirent de l'objet dont elles se nourrissent principalement, telles sont *la teigne de la cire, la teigne des ruches, la teigne des tapisseries, la teigne des draps, la teigne des pelleteries, la teigne des grains*, etc.

Insigne, insister, insurgé, insurrection. Prononcez l'S comme dans *Insensé*. *Un insigne fripon. Il n'insista pas. Une troupe d'insurgés. Le peuple était en pleine insurrection.*

Insipide. Ce mot signifie, Qui n'a nul goût, nulle saveur. Il se dit également Des choses et des personnes qui n'ont aucun agrément, qui n'ont rien qui touche, qui pique. *Breuvage insipide.*

Viande insipide. Discours, ouvrage insipide. Des louanges insipides. Une conversation plate et insipide. Un conte fade et insipide. Il est un âge où ces divertissements deviennent insipides. Un harangueur insipide. Par ces exemples on doit comprendre qu'il est très-incorrect d'employer *Insipide* dans le sens de SCIANT, INSUPPORTABLE, IMPATIENTANT, et de dire : voilà des enfants *bien insipides,* au lieu de, *bien insupportables, bien impatientants.*

Insulter demande un régime direct, lorsqu'il signifie Injurier, outrager. Il prend la préposition *à*, lorsqu'il se dit dans le sens de Manquer de respect, d'égard, de considération. *Il est allé l'insulter jusque chez lui. Insulter une femme par des propositions qui outragent sa pudeur. Il ne faut pas insulter aux malheureux. Insulter à ses juges. Insulter au public. Insulter à la misère de quelqu'un. Insulter à la raison, au bon sens, au bon goût.*

Instrigue. INSTIGATION, MOYEN, EXPÉDIENT. *Il a fait cela à l'instigation d'un tel. Proposer, suggérer, fournir un moyen à quelqu'un. Donner des expédients.*

Interjeter. On ne double pas le *t* devant un *e* muet.

Interligne. Ce mot est masculin, excepté lorsqu'il se dit Des lames de métal que, dans les imprimeries, on place entre les lignes pour les séparer et les maintenir. *Ecrire dans un interligne. La longueur d'une interligne.*

Intervalle. Ce mot est masculin. *Cet homme n'est pas toujours dans la folie, il a de bons intervalles.*

Invanie. Affront fait de gaîté de cœur, traitement humiliant qu'une personne reçoit en présence de plusieurs autres. Ecrivez et prononcez AVANIE. *On lui a fait une avanie sanglante. Essuyer une avanie. N'allez pas là, vous vous exposeriez à quelque avanie.*

Invectiver. Dire des choses injurieuses, violentes contre quelqu'un. Ce verbe est neutre et ce serait une faute de dire, Invectiver *quelqu'un.* Il faut dire, Invectiver *contre quelqu'un.*

J

Jabot. Ne prononcez pas *Jabau. Chemise à jabot.*

Jâgo. NICAISE, NICODÈME, BADAUD, NIGAUD, NIAIS. *C'est un nicodème, un grand nicodème, un grand nigaud, un grand niais. C'est un vrai badaud.*

Jaive. CAQUET, BABIL. (Mouillez l'L.) *Elle a le caquet bien affilé. C'est un homme qui n'a que du babil. Il nous étourdit par son babil.*

Jalouser. Ce verbe est actif, et il faut dire : *Ce marchand jalouse ses concurrents*, et non *contre ses concurrents. Les gens du même métier se jalousent entre eux* et non *jalousent l'un contre l'autre.*

Jalousie. Gardez-vous bien de prononcer *Jalouserie.*

Jambonnet. Petit jambon. JAMBONNEAU. *Manger du jambonneau.*

Jardinier. Termes et instruments à l'usage du jardinier.

ADOS. Terre qu'on élève en talus le long d'un mur bien exposé, pour y semer quelque chose qu'on veut faire venir plus tôt qu'on ne le pourrait en pleine terre.

ARBRE. On dit d'un arbre qu'il est *en plein vent*, quand sa tige est élevée et sans soutien ; qu'il est *nain* ou en *buisson* quand il est bas, ouvert, étendu près du sol; qu'il est en *espalier*, quand on l'étale contre un mur en y fixant les branches à l'aide de crochets ; qu'il est en *contre-espalier*, quand on le taille comme s'il était posé contre une muraille.

ARROSOIR. Vase de fer-blanc, de forme variable, dont on se sert pour arroser le jardin. *Un arrosoir à pomme. Un arrosoir à goulot.*

BAIE. Petit fruit rond, mou, charnu, qui renferme des pepins ou de petits noyaux. *Baie de genèvrier, de laurier, de bois gentil, de sorbier, de myrtille.*

BATTE. Bout de planche fixé à l'extrémité d'un bâton, et dont on se sert pour affermir les terres d'un jardin que l'on vient de semer.

BÊCHE. (*Loucet.*) Outil formé d'un fer plat, large et tranchant auquel on adapte un manche de bois, et qui sert à remuer la terre.

BÊCHER. Labourer avec la bêche.

BERCEAU. Charmille taillée en voûte, ou treillage de même forme, sur lequel on fait monter du jasmin, du chevrefeuille, de la vigne, etc. *Prendre le frais sous un berceau. Berceau de chevrefeuille. Allée en berceau* (allée couverte). *Ces arbres font le berceau, forment le berceau.*

BINER. Remuer la terre autour des plantes à l'aide d'une petite houe nommée *Binette.*

BOUTURE. Branche coupée à un arbre, à un arbuste, à une plante, et qui, étant plantée en terre, y prend racine. *Il y a des arbres qui viennent de bouture, comme le saul, l'osier, etc. Arbre venu de bouture.*

BRISE-VENT. Clôture, abri, plantation destinée à garantir des arbres ou des plantes de l'action du vent.

BUTTER. Entourer d'une petite butte de terre. *Butter un arbre. Butter du céleri.*

CHAPELET D'OIGNONS. (*Raie.*) Oignons liés ensemble en forme de chapelet.

CLOCHE. Vase de verre ou de terre ayant plus ou moins la forme d'une cloche, avec un bouton au sommet, et qu'on met sur les plantes délicates pour les garantir du froid.

CORDEAU. *(Lignette.)* Ficelle dont on se sert pour aligner les allées.

COSSE OU GOUSSE. *(Scafietle.)* Enveloppe des pois, des fèves, des vesces, des genets, etc. *Des pois en cosse. Cosse* ou *gousse de pois. Gousse de fève. Pois sans cosse* ou *pois goulus* (pois dont la cosse est tendre et se mange).

COTIÈRE. Planche longue et étroite le long d'un mur où d'un brise-vent. Elle diffère de l'*ados* en ce qu'elle est horizontale, tandis que l'ados est en pente.

COUCHE. Planche de jardin relevée et formée de terre mêlée à une grande quantité de fumier ou d'autres engrais. Les couches *découvertes* sont simplement abrités par des paillassons ou des brise-vent. Les *vitrées* sont surmontées d'un *châssis* garni de verre et légèrement incliné à sa surface.

COULANT. Long jet qui, dans certaines espèces de fraisiers, s'étend sur la terre et s'enracine de distance en distance.

DEMEURE. Semer *à demeure* se dit, Lorsqu'on sème dans un lieu d'où la plante ne doit pas être transplantée. *On sème à demeure le persil, le cerfeuil.*

DÉPOTER. Oter une plante d'un pot pour la mettre en *pleine terre* ou dans un autre pot.

ECHENILLOIR. Instrument dont on se sert pour *écheniller* les arbres, c'est-à-dire pour en ôter les chenilles.

ECOSSER. (*Scafler.*) Tirer des pois, des fèves de la *cosse. Ecosser des pois.*

EMPOTER. Mettre en pot. *Ces plantes doivent être empotées et rentrées en serre avant la gelée.*

GLORIETTE. Berceau en pavillon ; cabinet de verdure.

JARDIN. Le jardin *en amphithéâtre* est composé de plusieurs espaces élevés graduellement ; le jardin *français*, *symétrique* ou *régulier* est celui dont les planches et les allées sont droites, et le jardin *anglais* ou *irrégulier*, celui dont la distribution est irrégulière et même fantasque.

LOUCHET. Bêche de bois dont les bords sont garnis d'un cadre d'acier tranchant.

MARCOTTE. Branche que l'on couche en terre à une certaine profondeur, pour qu'elle prenne racine, et qu'on *sèvre* ensuite, c'est-à-dire qu'on détache, lorsqu'elle a des racines. *Des marcottes de vigne, de figuier, d'œillets. Planter des marcottes. Un cent de marcottes.*

MOTTE se dit non-seulement D'un petit morceau de terre détaché (*soquai*), mais aussi D'une petite élévation arrondie *(hoquette)*, ainsi que D'une portion de terre attachée aux racines d'un arbre, d'une plante, qu'on lève, qu'on arrache. *Rompre, casser, briser les mottes d'un champ. Il faut raso aplanir cette motte. Lever un arbre en motte, avec sa motte. Replanter un arbre avec sa motte.*

NOYAU. (Ne dites pas *Pierre.*) Substance dure et ligneuse, enfermée au milieu de la prune, de la cerise, de l'abricot, etc. *Il y a des fruits à pepins et des fruits à noyaux. Une pêche, une prune qui quitte le noyau.*

PAILLAISSON. (*Haïan.*) Espèce de claie faite avec de la paille longue, étendue et attachée à des perches fixées à un châssis de bois.

PALISSADE. Clôture formée de palis fichés en terre; haie élevée, formée d'une suite d'arbres et d'arbustes feuillus, plantés à la ligne, dont les branches, qu'on laisse croître dès le pied, s'entrelacent et forment une clôture qu'on taille de temps en temps. *Palissade de charme, de laurier, de houx. Une palissade si bien entretenue qu'une branche n'y passe pas l'autre. Palissade à hauteur d'appui.*

PARCHEMIN. Ce mot se dit De la cosse de certains haricots, lorsqu'elle est dure et coriace comme du parchemin.

PAVILLON. Petit bâtiment de forme ronde ou carrée, terminé en pointe, que l'on construit dans les jardins d'agrément. On lui donne le nom de *kiosque*, lorsqu'il est ouvert de tous les côtés et entouré d'une balustrade. Quand le bord de cette couverture fait une très-forte saillie et tombe presque jusqu'à terre, le pavillon se nomme *chalet.*

PEPIN. (*Pipian.*) Semence qui se trouve au centre de certains fruits, tels que la pomme, la poire, le raisin, etc.

PIERRE. Espèce de gravier qui se rencontre dans la *chair* de certains fruits. *Ces sortes de poires ont beaucoup de pierres.*

PLANCHE. (*Airie.*) Petit espace plus long que large, dans lequel on sème des légumes ou des fleurs, et qui est entouré d'*allées*, de *sentiers*, etc. *Une planche de tulipes. Une planche de chicorée.*

PLANTOIR. Morceau de bois rond et pointu, dont le jardinier se sert pour faire dans la terre des trous pour y mettre des plantes ou des graines.

PLATE-BANDE. (Ce mot est féminin.) Espace de terre long et étroit qui borde les allées, et qui est ordinairement garni de fleurs et d'arbustes.

POMMER. Se former en pomme. *Ces choux commencent à pommer. Ces laitues ne pommeront point.*

PRIMEURS. Fruits et légumes précoces. *On a servi des primeurs.*

QUINCONCE. (Ce mot est masculin.) Disposition d'arbres ou de plantes placés à distances égales, et de manière à présenter une allée dans toute direction quelconque, en formant les sommets d'une série de carrés, de rectangles, de losanges ou de parallélogrammes. *Un bois planté en quinconce. Le quinconce des invalides à Paris.*

RAME. Branche ramue que l'on plante en terre pour soutenir des pois, du lin, etc. *Il est temps de ramer ces pois, de mettre des rames à ces pois. Dans ce pays on rame le lin.*

RATISSOIRE. Instrument consistant en une lame tranchante, ayant une *douille* recourbée en équerre, dans laquelle on fixe un manche de quatre a cinq pieds de long. La râtissoire sert à *râtisser*, c'est-à-dire à gratter les allées, les degrés, etc.

REPIQUER. Transplanter. *Repiquer des poireaux, des carottes.*

SARCLER. Arracher les mauvaises herbes à l'aide d'un petit instrument de fer nommé *sarcloir*. Les herbes que l'on a ainsi arrachées s'appellent *sarclures. Les sarclures d'une allée de jardin.*

SÉCATEUR. Espèce de ciseaux à ressort que l'on tient d'une seule main, et dont on se sert pour tailler les arbres.

serpette. Sorte de couteau de poche dont la lame est recourbée comme une serpe, et qui sert à tailler et à émonder les arbres.

serre. Lieu clos et couvert où, pendant l'hiver, on renferme les arbres ou les plantes qui ont le plus besoin d'être à l'abri de la gelée. *Tirer les orangers de la serre; les rentrer dans la serre.*

serre chaude. Bâtiment exposé ordinairement au midi, garni de vitraux dans toute sa largeur, et qu'on échauffe en hiver par des fourneaux, afin d'obtenir des fruits et des légumes dans la saison où la nature les refuse, et pour conserver les plantes exotiques qui ne supportent pas notre climat. *C'est un fruit de serre chaude.*

serfouette. Outil qui forme d'un côté une pioche et de l'autre une petite fourche à deux dents. Le jardinier s'en sert pour donner un léger labour aux plantes potagères, telles que pois, laitues, chicorées, etc.

silique. La silique est une espèce de cosse, mais elle est plus longue et plus arrondie. *Le chou, le colza, la navette, etc, portent des siliques.*

tondre. Couper les branches qui débordent à une haie à une palissade, etc. *Vous ferez épaissir cette palissade en la tondant. Tondre les buis, le gazon.*

tortille ou tortillière. Petite allée étroite et tortueuse qu'on pratique dans un jardin d'agrément, dans un parc ou dans un bois, pour s'y promener.

trochet. (*Troclet.*) Ce mot se dit Des fleurs et des fruits qui viennent et qui croissent ensemble comme par bouquets. *Un trochet de fleurs. Un trochet de poires. Les noisettes viennent ordinairement par trochets.* Ce mot est peu usité, on le remplace par *bouquet. Un bouquet de cerises.*

trognon. (*Chaquiran.*) Le milieu, le cœur d'un fruit dont on a ôté ce qu'il y a de meilleur à manger. Il se dit principalement des poires et des pommes.

TROGNON DE CHOU. (*Ragosse.*) La tige d'un chou dont on a ôté les feuilles.

ZESTE. Espèce de cloison, de séparation membraneuse qui divise en quatre l'intérieur d'une noix. *Le zeste d'une noix.* Il se dit aussi d'Une partie mince qu'on coupe sur le dessus de l'écorce d'une orange, d'un citron. *Couper un zeste. Des zestes confits.*

Jauger. Ne prononcez pas *Jaucher*, et encore moins *Gauger*. Il a *jaugé ces tonneaux, ces futailles.*

Jawée. Partie inférieure du groin du cochon. ABAJOUE.

Jerreteux. Qui a les jambes de derrière tournées en dedans, et si peu ouvertes que les jarrets se touchent presque en marchant. JARRETÉ. *Je ne veux point de ce mulet, il est jarreté. Cette jument serait belle si elle n'était pas jarretée.*

Jeux d'enfants et d'écoliers.

BAGUE (JEU DE). Machine tournant sur un pivot, à laquelle sont adaptés des chevaux de bois et des siéges où se placent les joueurs : ceux-ci, en tournant avec la machine, tâchent d'enlever, au moyen d'un *stylet* qu'ils tiennent à la main, des anneaux qui sont suspendus à un poteau fixe.

BALANÇOIRE. La balançoire est une espèce d'*escarpolette* dont le siége est remplacé par un simple bâton attaché à la corde par le milieu.

BALLE. Sorte de petite pelotte ronde faite de rognures d'étoffe, de gomme élastique, etc., recouverte de drap ou de peau, et avec laquelle on joue en se la renvoyant de l'un à l'autre, ou en la jetant contre un mur. *Des écoliers qui jouent à la balle. Prendre la balle à la volée, au bond.*

BARRES. Jeu de course entre des écoliers qui se partagent en deux *camps* opposés, marqués par une ligne, par une branche de feuillage, etc. Chaque camp cherche à faire des *prisonniers* au camp opposé, et celui-ci tâche de les *délivrer. Jouer aux barres. Toucher barres. Partir de barres.*

BASCULE OU BRANLOIRE. Jeu où deux personnes étant chacune sur le bout d'une pièce de bois mise en équilibre, s'amusent à se balancer. *Des enfants qui jouent à la bascule.*

BATONNET. Espèce de petit bâton très-court, pointu par les deux bouts, que les enfants font sauter en l'air en le frappant avec un autre bâton qu'ils tiennent à la main. *Jouer au bâtonnet. Faire sauter le bâtonnet.*

BOULE. Jeu où plusieurs personnes font rouler des boules vers un *but*, en cherchant à les faire arriver le plus près de ce but qu'il est possible. *Jouer à la boule. Il faut voir à qui aura la boule* (à qui jouera le premier).

CANONNIÈRE. (*Tire-balle.*) Espèce de jouet fait ordinairement d'un petit bâton de sureau dont on a ôté la moëlle. Les enfants s'en servent pour chasser, par le moyen d'un *piston*, de petits *tampons* de filasse ou de papier.

CERCEAU. Cercle de bois que les enfants font courir devant eux comme une roue, en le frappant avec un petit bâton. *Jouer au cerceau.*

CERF VOLANT. Espèce de châssis fait de bois léger et recouvert de papier, que les enfants font monter dans les airs en le tenant à l'aide d'une ficelle.

CHEVAL FONDU. Sorte de jeu où plusieurs enfants sautent l'un après l'autre sur le dos de l'un d'entre eux qui se tient courbé, dans l'attitude d'un cheval. *Jouer au cheval fondu.*

CHIQUE OU BILLE. Petite boule de marbre ou de terre cuite, avec laquelle les enfants jouent de différentes manières.

CILFOIRE. (*Strichette.*) Espèce de seringue que font les enfants avec un bâton de sureau. (Ce mot est féminin.)

CLIGNE-MUSETTE OU CACHE-CACHE. Jeu d'enfants dans lequel l'un d'eux, auquel on donne le nom de *chat*, ferme les yeux, tandis que les autres se cachent en divers endroits où il doit ensuite les chercher pour les prendre. *Jouer à cligne-musette, à la cligne-musette.*

COINS (LES QUATRE). Jeu dans lequel quatre personne vont d'un coin à un autre d'un espace carré, tandis qu'une cinquième, placée au milieu, tâche de s'emparer de l'un des coins lorsqu'il est vide. *Jouer aux quatre coins.*

COLLIN-MAILLARD.(*Chat lié.*) Sorte de jeu où l'un des joueurs, que l'on appelle *colin-maillard*, a les yeux bandés et cherche les autres à tâtons, jusqu'à ce qu'il en ait saisi un, dont il est obligé de dire le nom, et qui alors prend sa place. Lorsque le colin-maillard sort de l'enceinte convenue, ou lorsqu'il s'avance vers un objet qui peut le blesser, les autres joueurs lui crient : *casse-cou* ou *pot au noir* (stoc-borgne). *Jouer à collin-maillard, au colin-maillard.*

CORDE. Sorte de jeu qui consiste à faire tourner une corde en la tenant par les deux bouts sans la tendre, et en la faisant passer sous ses pieds pendant qu'on saute en l'air. Jouer *à la petite corde*, se dit lorsqu'on joue seul, et *à la grande corde*, lorsqu'on joue à trois ou à un plus grand nombre de personnes.

COUPE-TÊTE. Sorte de jeu que jouent les enfants en sautant de distance en distance les uns par-dessus les autres. *Ils jouent à coupe tête.*

CROIX-PILE. Jeu de hasard où l'on jette une pièce de monnaie en l'air : un des joueurs nomme, à son choix, un des côtés de la pièce; et il gagne si, lorsqu'elle est tombée, elle présente le côté qu'il a choisi. *Jetons, jouons à croix et à pile, à croix ou à pile, à croix-pile à qui l'aura. Que retenez-vous, croix ou pile ?* On dit plus ordinairement aujourd'hui jouer à *tête ou fleur*, parce que la croix des monnaies anciennes est remplacée par l'effigie du souverain.

CROSSE. Bâton courbé par le bout, dont les enfants se servent pour pousser une boule, une pierre, etc., l'un cherchant à la pousser d'un côté et l'autre de l'autre.

DIABLE. (*Brouillard.*) Sorte de double toupie que l'on fait tourner rapidement sur une corde attachée à deux baguettes et qui ronfle avec beaucoup de bruit. Il se dit également D'une planchette attachée à une ficelle, que l'on fait tourner en tenant la ficelle à la main pour produire le même effet.

ÉPINGLES. Un des jeux d'épingles les plus répandus est la *poussette*. Elle consiste à coucher deux épingles sur une table et à les pousser successivement avec une autre épingle qu'on tient à la main. Le joueur qui parvient le premier à pousser son épingle en croix sur celle de son compagnon gagne une épingle qu'il ôte du jeu, d'où vient le dicton : *Tirer son épingle du jeu*, ce qui signifie Se dégager adroitement d'une mauvaise affaire, d'une partie périlleuse; retirer à temps les avances qu'on avait faites dans une affaire qui devient mauvaise.

ESCARPOLETTE. Espèce de siége suspendu par des cordes, sur lequel on se place pour être balancé dans l'air. *Se mettre à l'escarpolette, sur l'escarpolette. Le jeu de l'escarpolette.*

GLISSOIRE. Chemin frayé sur la glace pour y glisser par amusement, soit à l'aide *d'un siége à glisser*, soit simplement sur ses chaussures. *Les enfants font des glissoires sur les ruisseaux gelés.*

MAIN CHAUDE. Jeu où une personne, ayant les yeux bouchés, reçoit des coups dans une de ses mains qu'elle tend derrière elle, et doit deviner qui l'a touchée. *Jouer à la main chaude.*

MARELLE. (*Culotte.*) Jeu qui consiste en une espèce d'échelle tracée sur le pavé, dans laquelle on saute à cloche-pied en poussant avec le bout du pied une espèce de palet, ou une pierre. Un des compartiments de cette figure se nomme *reposoir*, et un autre, *paradis. Jouer à la marelle.*

MAT DE COCAGNE. Grande pièce de bois ronde et lisse, au haut de laquelle sont suspendus des prix qu'il faut aller détacher, en grimpant sans aucun secours. *On plante ordinairement des mâts de cocagne les jours de fête publique.*

MÉRELLE. Espèce de jeu qui se joue avec un petit nombre de *jetons*, sur une sorte de damier où se trouvent tracés plusieurs carrés concentriques, unis entre eux par des lignes transversales : on gagne un point à ce jeu, quand on parvient à placer trois de ces jetons sur une même ligne, ce qui s'appelle *faire un moulin. Le jeu de la mérelle* s'appelle aussi, *le jeu du moulin.*

OSSELETS. Petits os tirés de la jointure d'un gigot de mouton, avec lesquels les enfants jouent, en les jetant en l'air pour les laisser retomber sur le dos de la main, où l'on en tient le plus possible, et en prenant successivement les autres pendant qu'on en a jeté un en l'air.

PALET. Pierre plate et arrondie, ou morceau de métal de même forme, avec lequel on joue en le jetant le plus près qu'on peut du but qui a été marqué. *Jouer au palet, au petit palet. Son palet touche le but.*

QUEUE LEU LEU. Jeu d'enfants ainsi appelé, parce qu'on se place à la suite les uns des autres comme marchent les loups, qu'on appelait autrefois *leux.*

QUILLE. (Prononcez *Ki-ie* en mouillant les L, et non *Kill*, ni *Guill.*) Voici quelques termes particuliers au jeu de quilles : RABAT se dit, par opposition à *venue*, et signifie, le coup que le joueur joue de l'endroit où la boule s'est arrêtée. *Il a fait deux quilles de venue et quatre de rabat. Dans quelques parties, quand on n'a rien fait de venue, on ne joue pas le rabat.* RAMPEAU, second coup d'une partie, qui se joue lorsque plusieurs joueurs sont *tant à tant*, c'est-à-dire lorsqu'ils ont le même nombre de quilles. PIÉTER, tenir le pied à l'endroit qui a été marqué pour cela. *Il faut piéter. Piétez bien.* PIED A BOULE OU TENEZ PIED A BOULE, expression dont on se sert pour avertir celui qui joue *à rabattre*, de tenir le pied à l'endroit où la boule s'est arrêtée.

PAIR OU NON. Sorte de jeu dans lequel on donne à deviner si le nombre de plusieurs pièces de monnaie, de plusieurs jetons, ou d'autres choses que l'on tient dans la main, est pair ou impair. *Jouer à pair ou non. Que prenez-vous, pair ou non?*

RONDE. Chanson qu'une personne chante, et dont le refrain est répété par toutes les personnes de la société qui dansent en formant un cercle. *Danser une ronde. Une ronde villageoise.*

RODE (FAIRE LA). Se dit des enfants et des sauteurs qui font *le moulinet* avec leur corps, au moyen de leurs mains et de leurs pieds, qu'ils posent alternativement par terre.

SABOT. Jouet d'enfants, de figure cylindrique, se terminant en pointe par le bas, et que l'on fait pirouetter en le frappant avec un *fouet. Faire aller un sabot. Fouetter un sabot. Le sabot dort*, se dit, quand le sabot, à force d'avoir été fouetté, tourne si vite sur un même point, qu'il paraît immobile.

SAVATE. Sorte d'amusement qui consiste à faire passer une savate de main en main dans un cercle de joueurs, tandis qu'une personne tâche de la saisir.

TOUPIE. Sorte de jouet de bois qui est fait en forme de poire, et qu'on enveloppe d'une corde tournée en spirale, par le moyen de laquelle, lorsqu'on l'en dégage en le jetant, il tourne sur une pointe de fer dont il est armé au bout inférieur. *Des enfants qui jouent à la toupie.*

VOLANT. Petit morceau de liége garni de cuir et percé de plusieurs trous, où l'on fait entrer des plumes par le moyen desquelles il se soutient quelque temps en l'air, après qu'on l'a poussé avec une *raquette*. Celle-ci est faite d'un bâton courbé en espèce d'ovale, et garni de cordes à boyau en long et en travers ; les deux bouts du bâton attachés ensemble et entourés de cuir, forment le manche. Au lieu d'une raquette on se sert quelquefois d'une *palette* de bois. *Jouer au volant. Ce volant ne va pas bien. Un volant mal emplumé. Une palette pour jouer au volant.*

Jeu. JOUG. Voyez *Harnais*.

Jeune. Cet adjectif ne peut pas s'employer *substantivement* pour désigner, Un animal nouvellement né. Dans cette acception il faut se servir du mot PETIT. *Les petits* (et non *les jeunes*) *d'une chienne, d'un corbeau, d'une tourterelle*. Cependant, en parlant des gelinottes, par exemple, on pourrait dire : *Les jeunes sont délicieuses ;* de même qu'on dirait : *Les vieilles sont défiantes*. Ici *Jeune* est adjectif.

Jevai. JAVELLE. Voyez *Cultivateur*.

Jitant. JET, REJET. Voyez *Forêt*.

Jiter. SE DÉJETER, GAUCHIR. *Le bois de ce meuble s'est déjeté. Ces ais se déjettent, se sont déjetés. Ce panneau de menuiserie gauchit.*

Joachim. On prononce *ch* comme dans *chercher*, et *im* prend un son nasal et obtus, comme *in* dans le mot *injuste*. (Girault-Duvivier.)

Jobrisse. Benêt, niais. JOCRISSE. *C'est un jocrisse.*

Joc. JUCHOIR, PERCHOIR. *Aller à joc*, se traduit par, *Aller jucher* ou *se jucher* ; et *Etre à joc*, par,

Etre sur le juchoir, être perché, juché.

Joglet. TROCHET. Voyez *Jardinier.*

Jouette. ARTICULATION, JOINTURE. *Les articulations du pouce et de l'index. Il avait des douleurs dans les jointures.*

Jouette. On désigne également ainsi, en patois, la TÊTE d'un os qui entre dans *la cavité articulaire* d'un autre os, avec lequel il forme une *jointure.*

Jouette. JOUEUR.

Joutte. CHOU. *Mettre des choux dans le pot.*

Jujube. Ce mot est féminin.

Juin. Prononcez *Ju-in* et non *Jeun*, ni *Jou-in*. *Le premier, le deux juin.*

Junolée. Autant que les deux mains rapprochées peuvent contenir. JOINTÉ. *Une jointé d'orge. Une jointé d'avoine.*

Jury, juré. Le *jury* est le corps, la réunion des *jurés. Former la liste du jury, ou des jurés, pour telle cession. Les membres du jury. Récuser un juré.*

K

Kakatoës. Sorte de perroquet remarquable par une huppe formée de longues plumes jaunes ou rouges, qui se couchent et se redressent au gré de l'oiseau. Prononcez *Kakatoua.* (Acad.) *Un kakatoës de la grande espèce.*

L

L. L finale ne sonne pas dans les mots suivants : *Baril, chenil, fournil, fusil, nombril, outil, persil, sourcil.* Elle est mouillée dans *Avril, babil, cil, fenil, grésil, gril, péril.* (Acad.)

L. Voyez les observations consignées au mot *Fille.*

La, là, l'a. Le premier peut se remplacer par *ladite, elle;* le deuxième, par *ici, ce, ci;* et le troisième par *l'avait.* C'est là (ici) que la (ladite) police l'a (l'avait) arrêté. Qu'avez-vous à voir là (ci) dedans? Jusque là (jusqu'ici). *La la* s'écrit sans accent. *La la, rassurez-vous il n'y a rien à craindre. La la, Monsieur, nous nous retrouverons. La, en voilà assez. Avez-vous bien dormi? La la* (médiocrement).

Lac. Ce mot ne se dit que, D'une grande étendue d'eau, et ne peut pas s'employer comme synonyme de MARE, FLAQUE. *Dans ce village on abreuve les bestiaux à une mare. Il y a des flaques d'eau dans ce chemin.* Il est à remarquer qu'une *flaque* est moins grande qu'une *mare*; c'est plutôt ce que l'on désigne, en patois, sous le nom de *Potet.*

Lache. Corde, chaîne, etc., dont on se sert pour conduire ou attacher un chien. LAISSE, ATTACHE. *Mener un chien en laisse. L'attache d'un lévrier. Il est là comme un chien à l'attache.*

Lacière. Anneau qu'on fait au bout d'une corde. BOUCLE, NOEUD COULANT.

Laidement (Faire). SE LAMENTER, FAIRE DES CRIS PLAINTIFS, CRIER, PARLER PITEUSEMENT.

Laine. Termes relatifs à la tonte et à l'affinage de la laine.

AGNELINE. (*Agnelet.*) Laine d'agneau.

CARDE. (Ne prononcez pas *Garde.*) Instrument qui consiste en une planchette munie d'un manche, et garnie, d'un côté, de petites pointes de fil de fer légèrement courbées, et qui sert à *carder*, c'est-à-dire, à peigner la laine lorsqu'elle a été *droussée*, et à la mettre en petits cylindres nommés *loquettes.* Dans chaque *cardée* on fait ordinairement deux *loquettes.*

CHEVALET. (*Baudet.*) Espèce de banc qui porte, à l'une de ses extrémités, une sorte de boîte placée de manière que le cardeur assis sur le banc, une jambe d'un côté et l'autre de l'autre, avec une *droussette* à la main, brise la laine sur celle qui est attachée à la boîte.

DROUSSE OU DROUSSETTE. Grosse carde qui commence le travail du cardage.

ÉPLUCHER. Enlever les ordures mêlées à la laine.

FLOCON. (*Ploquet.*) Petite touffe, petit amas de laine. *Les brebis laissent des flocons de laine aux buissons.*

FORCES. (*Fôrches.*) Espèces de grands ciseaux qui servent à tondre les bêtes à laine, ainsi que les draps.

LAINE MORTE. Laine qui provient de bêtes mortes.

NOPE. Nœud de laine qu'on enlève de dessus le drap, et dont on fait quelquefois des lits.

PELOTE. Voyez *Chanvre.*

ROUET. Le rouet à filer la laine est très-simple. Il se compose d'un *pied*, d'une *roue* qui tourne sur un *essieu*, d'une *poupée* et d'une *broche* sur laquelle s'enroule la laine pour former les *fusées.*

TIRER. Etendre la laine avec les doigts, avant de la carder.

TOISON. (*Ver*, *cotte*.) La laine d'une brebis, d'un mouton. *Ce mouton a une telle toison Il a vendu tant de toisons de ses bêtes à laine Toison pesant tant. Les toisons feutrées* (cottrai), sont celles dont la laine est serrée et comme entrelacée.

SUINT. Humeur épaisse qui suinte du corps des bêtes à laine. *Le suint de la laine, des moutons.*

TONTE. Action de tondre, temps où l'on a coutume de tondre les troupeaux. *Faire la tonte. Pendant la tonte.*

Laine. Quoique la laine ne paraisse guère *mangeable*, on trouve cependant dans l'Académie le dicton : *Se laisse manger la laine sur le dos;* ce qui signifie, Souffrir tout, ne pas savoir se défendre.

Laisser. On dit indifféremment, *Ne pas laisser de* ou *Ne pas laisser que de....* Il ne faut pas laisser d'aller toujours votre chemin. Malgré leur brouillerie, il n'a pas laissé que de lui écrire. Il est pauvre, mais il ne laisse pas que d'être honnête homme.

Laiter. TETER. En parlant des enfants il est plus décent de dire : PRENDRE LE SEIN, BOIRE. *Cet enfant a teté de mauvais lait. Donnez-lui à teter.*

Laiterie. Termes et instruments relatifs à la préparation du lait, du beurre, etc.

AMOUILLE OU PREMIER LAIT. (*Bec.*) Lait épais et jaunâtre fourni par une vache qui vient de vêler.

BARATTE. (*Huttai.*) Espèce de tonneau dans lequel on bat le beurre. La *baratte ordinaire* ou *verticale* se compose d'un vaisseau ayant la forme d'un long baril, large en dessous, et fermé par *un couvercle* au milieu duquel passe le manche de la *batte*, dont le *plateau*, qui est percé de quelques trous, sert à agiter la crème. Il y a aussi des *barattes à manivelles* dont les ailes se meuvent à l'aide d'une manivelle, et des *barattes tournantes* dont les ailes sont fixées aux douves. Ces dernières se placent sur un bâti en bois nommé *chèvre* ou *tréteau*.

CAILLÉ OU FROMAGE A LA CRÈME. Lait caillé et égoutté qu'on délaie avec de la crème, et auquel on mêle ordinairement du sucre pulvérisé. *Nous avons mangé du caillé.*

CAILLER. Se diviser en partie *caseuse* et en partie *séreuse*. *Cela fait cailler le lait. Lait caillé.*

COULER. (*Coller.*) Passer le lait au travers du linge qui sert de fond à une espèce d'écuelle nommée *couloir* (colleu). *Couler du lait dans un couloir.*

CRÈMER. (*Cramer.*) Se couvrir de crème. *En été le lait crème mieux qu'en hiver. Le lait de cette vache crème bien, ne crème guère.*

ÉCRÈMER. (*Cramer.*) Oter la crème de dessus le lait. *Du lait écrémé. Ecrèmer le lait, du lait.*

ÉCUELLE DE BOIS. (*Plateau.*) Sorte d'écuelle de bois dans laquelle on conserve le lait.

ESCABEAU. (*Chamme*) Petit siége sans dossier, dont la laitière se sert pour s'asseoir lorsqu'elle trait les vaches.

LAIT DE BURNE OU BABEURRE. (*Battse.*) Liqueur séreuse et blanche qui reste dans la baratte quand la crème est convertie en beurre. (*Babeurre* est masculin.)

PETIT-LAIT OU LAIT-CLAIR. Sérosité qui se sépare du lait lorsqu'il se caille. *Prenez un verre de petit-lait pour vous rafraîchir.*

LAITERIE. Lieu où l'on serre le lait. *Une laiterie bien exposée, bien propre, bien fraîche.*

MOTTE DE BEURRE. (Ne dites pas *Tartine*.) Morceau de beurre arrangé en forme de petit pain.

SEAU A LAIT OU A TRAIRE. (Prononcez *Sau.*) Vaisseau de ferblanc, de cuivre, etc, dans lequel on trait le lait.

TERRINE. (*Crameu.*) Vaisseau de terre cuite, de figure ronde, plat par en bas, et qui va toujours en s'élargissant par en haut. Le contenu d'une terrine se nomme *Terrinée. Manger une terrinée de lait.* Le lait se conserve aussi quelquefois dans des *pots* de grés ou de terre cuite, dans des *baquets* (cuvelles), dans des *tinettes*, ou dans des *écuelles de bois.*

TOURNER. (*Sevrer.*) Se coaguler par l'effet de la chaleur. *Le lait tourné se grumelle, se met en grumeaux.*

TRAIRE OU TIRER. Tirer le lait à une vache, à une chèvre. *Traire les vaches. Tirer une vache. La vache est-elle traite?*

TRAITE. Action de traire les vaches; moment de la journée qu'on choisit pour traire.

TRAYON OU TETTE. Bout du *pis* d'une vache, d'une chèvre, etc., que l'on prend dans les doigts pour traire le lait.

Lamperée. Grand verre de vin. Ecrivez et prononcez LAMPÉE. *Il en avala cinq ou six lampées.*

Lamperon. On appelle ainsi, Le petit tuyau ou la languette qui tient la mèche dans une lampe. Mais il faut se servir du mot LAMPION, lorsqu'on veut désigner, Un petit vaisseau de verre, de terre, de ferblanc, etc., que l'on place dans une lanterne, ou dont on se sert pour faire des illuminations.

Lancement, lancer. Dites ÉLANCEMENT, ÉLANCER. *Sentir des élancements. Le doigt m'élance. Je sens quelque chose qui m'élance* (et non *me lance*).

Langorer. Ce mot n'est plus en usage, il faut dire LANGUIR. *Il est pulmonique, il y a trois ans qu'il* *languit. Tuez de suite cet animal, ne le faites pas languir. Languir de misère, de faim, de soif.*

Langoreux. Ecrivez et prononcez LANGOUREUX. *Il a été longtemps malade, il est encore tout langoureux. Il a un air langoureux. Il parle d'un ton langoureux. Un regard langoureux.*

Lapis. EAU DE SON, EAU BLANCHE. *Il faut donner de l'eau de son à ce cheval pour le rafraîchir.*

Lapoter. Boire en tirant avec la langue, comme le chien. LAPER. *Ce chien fait bien du bruit en lapant. Ce chien a lapé en un instant la jatte de lait qu'on lui avait donnée.*

Large, long, haut. Ces adjectifs peuvent s'employer substantivement au lieu de *Largeur, longueur, hauteur. Ce royaume a trois cents lieues de long et cent de large. Ces rideaux ont deux aunes de long. Ce tableau a six pieds de haut sur cinq de large.*

Large (A grand). LARGEMENT, GRANDEMENT, AMPLEMENT. *Il a été payé largement. Boire largement. Il leur donna amplement à dîner.*

Laspir. LACHER. *Cette corde est trop tendue, lâchez-la un peu. Il faut lâcher ce corset qui est trop serré.*

Laurier. Prononcez ce mot comme il est écrit, et non *Lor-rier.*

Laver. N'employez pas ce mot dans le sens d'ARROSER, IRRIGUER.

Lawer. Respirer fréquemment et en tirant la

langue, en parlant du chien, du cochon, etc. HALE-
TER. *Ce chien ne fait que haleter:*

Le, la, les, employés comme régimes directs, ne doivent jamais s'omettre, ni en prose ni en poésie. Ce serait donc une faute de dire : *Je lui avais bien dit; Donnez-lui; Je ne suis pas ingrat, je lui rendrai bien;* au lieu de : *je le lui avais bien dit; donnez-le-lui; je le lui rendrai bien.* Cette règle est également applicable au pronom *En.* Ne dites donc pas: *J'aurai plus de complaisance qu'ils n'ont; C'est là, soyez certain, la cause de son refus.* Dites : *qu'ils n'en ont, soyez-en certain.* (Girault Duvivier.) Les phrases suivantes sont également incorrectes : *Prêtez-moi-le, montrez-nous-les,* etc. Ici il faut placer le régime direct le premier, et dire : *Prêtez-le-moi, montrez-les-nous.*

Lécheux. Voyez Gletteux.

Légal, loyal. Le premier signifie, Conforme à la *loi*, et le second, Conforme à la *loyauté. Moyens légaux. C'est un homme loyal. Un procédé légal.*

Léger. On ne doit pas prononcer *L'ger*, attendu que le premier E est aigu.

Legs. G ne se prononce pas. (Acad.) *Un legs de dix mille francs.*

Légume. Ce mot est masculin. *Je ne connais pas de meilleur légume que la pomme de terre. Les épinards, les salsifis, les artichauts sont d'excellents légumes.*

Lesquels, desquels. Quelques personnes

prononcent *Lesskel*, *desskel*, ce qui est excessivement ridicule.

Leur. Pour savoir si l'adjectif possessif *leur* et le substantif qui le suit doivent s'écrire au pluriel, il suffit de voir si, à la première personne, on dirait *notre* ou *nos*. *Ces dames sont allées au bal avec leurs maris*. Ici on devrait dire : Nous sommes allées au bal avec *nos maris*, et non avec *notre mari*. *Ils entassaient dans leurs chapeaux* (nous entassions dans *nos chapeaux*) *des pièces d'or et d'argent. Ils ont soin de leur réputation* (nous avons soin de *notre réputation*, et non de *nos réputations*). *Ces femmes ont perdu leur honneur. Nous devons approuver leur conduite. La fonte des neiges a fait sortir les rivières de leurs lits*. Lorsque *leur* est pronom personnel, c'est-à-dire quand on peut le remplacer par *nous*, il s'écrit toujours sans *s*. *Il aime ses enfants, il ne leur refuse rien* (il ne *nous* refuse rien). Lorsqu'il est pronom possessif ou substantif, c'est-à-dire quand il est précédé de l'article, le choix du genre n'offre aucune difficulté. *Mes orangers ont perdu la moitié de leurs feuilles, les vôtres ont encore toutes les leurs. Je m'intéresse à eux et aux leurs.*

Levûre. Ce substantif ne peut se mettre au pluriel que dans le cas où il s'agirait de différentes espèces de levûres. Il n'est pas plus correct de dire, acheter *des levûres*, mettre *des levûres* dans du pain, que de dire, acheter *des levains*, mettre *des levains* dans du pain.

Librette. Ce qui est taillé, découpé, déchiré, en partie étroite. LANGUETTE. *Tailler un morceau d'étoffe en languette.*

Lieu. Les locutions *Donner lieu, trouver lieu, avoir lieu, y avoir lieu,* demandent la préposition *à* devant un substantif, et la préposition *de* devant un infinitif. *Je n'ai pas donné lieu à vos emportements contre moi. Il y a lieu de* (et non *à*) *délibérer. J'ai lieu de me plaindre de votre conduite à mon égard. Si je trouve lieu d'entamer cette affaire. Donnez-moi lieu de vous obliger.*

Lieu-dit. Cette expression prend le trait d'union toutes les fois qu'elle ne peut pas se remplacer par les mots *lieu nommé.* Ainsi il faut écrire : *Cette pièce de terre est située à lieu dit Derrière la ville* ; et, *Cette parcelle est située à tel lieu-dit.*

Lieurre. PURIN, PISSAT, URINE, EAU DE FUMIER. *Du pissat de cheval, de vache.*

Ligature. Il ne faut pas confondre ce mot avec RELIURE. Une ligature est une bande de drap ou de toile dont on se sert pour faire l'opération de la saignée ; c'est aussi un fil, un lien avec lequel on serre une artère pour arrêter le sang, ou une tumeur, pour la faire tomber en mortification. *Reliure* se dit de l'ouvrage d'un relieur, de la manière dont un livre est relié. *J'ai payé tant pour la reliure* (et non *la ligature*) *de ce livre. Belle reliure. Demi-reliure.*

Livrance. Action de livrer de la marchandise qu'on a vendue. LIVRAISON, DÉLIVRANCE. *Il a fait livraison, il a reçu livraison de tant de pièces d'étoffe. Il avait promis de fournir tant de tonneaux de vin ; mais, quand ce vint à la livraison... Quand la délivrance des marchandises lui aura été faite.*

Lignan. MÈCHE. Voyez *Chanvre*.

Lignan. Une des petites cordes dont une plus grosse corde est composée. CORDON, BRIN. *Une corde à trois cordons.*

Lignan. MÈCHE DE CHEVEUX.

Lignette. GUIDE, CORDEAU. Voyez *Harnais, Jardinier*.

Ligué. LISSE, UNI, LUISANT.

Linceul. Prononcez ce mot comme il est écrit, et non *Linceuil*. C'est un drap de toile dont on se sert pour ensevelir un mort. *Il n'y avait pas même un linceul pour l'ensevelir.*

Liseret. Ecrivez et prononcez LISÉRÉ.

Lis. On prononce l'S même devant une consonne. *Oignon de lis. Lis jaune.*

Lit. Parties d'un lit et objets qui y ont rapport.

ALCOVE. Enfoncement pratiqué dans une chambre pour y placer un lit. *Une alcove carrée.*

BASSINOIRE. (Ce mot est féminin.) Bassin à manche, ayant un couvercle percé de plusieurs trous, et servant à chauffer le lit. *Le manche d'une bassinoire.*

qui couvre toute l'étendue d'un lit, et qui est rempli de laine et de crin. *Faire, piquer, rebattre un matelas.*

MOINE. Meuble de bois où l'on suspend une sorte de réchaud plein de braises pour chauffer le lit ; cylindre de bois creusé, doublé de tôle, dans lequel on introduit un fer chaud pour le même usage. *Il fait mettre le moine dans son lit pendant tout l'hiver.*

OREILLER. Petit coussin carré qui se place sur le chevet du lit.

PAILLASSE. Amas de paille qu'on place dans un lit entre le bois, ou le fond sanglé, et le matelas. Ce mot se dit également, de la toile où la paille est enfermée. *On a tout vendu chez lui jusqu'à la paillasse. Il faut vider cette paillasse et y mettre d'autre paille.*

PENTE. Bande d'étoffe qui pend autour d'un ciel de lit, sur le haut des rideaux. *Les pentes du lit. Pentes garnies de franges.*

QUENOUILLES. Piliers qui sont aux quatre coins de certains lits. *Attacher quelqu'un à la quenouille d'un lit. On ne voit plus guère de lits à quenouilles que chez les gens de la campagne.*

RIDEAUX. Les rideaux d'un lit sont attachés au *ciel*, ou posés sur une ou plusieurs *flèches*.

RUELLE. Espace qu'on laisse entre le lit et la muraille, soit au bout, soit sur le côté. *Mettez ce fauteuil dans la ruelle du lit, dans la ruelle.*

SOMMIER. Matelas de crin servant de paillasse.

TABLE DE NUIT. Petite table d'une forme particulière, dans laquelle on met le vase de nuit, les peignes, etc.

TAIE. Linge en forme de sac, qui sert d'enveloppe à un traversin, à un oreiller.

TRAVERSIN. C'est la même chose que *chevet*.

Liter. Ce mot n'est pas français et se traduit par FAIRE LA LITIÈRE, CONSOMMER EN LITIÈRE. *Faire la*

BOIS DE LIT. Espèce de caisse de menuiserie dans laquelle sont placés la paillasse, le matelas, etc.

CHEVET. Traversin, long oreiller sur lequel on appuie la tête quand on est dans le lit. *Il s'endort aussitôt qu'il a la tête sur le chevet. Il ne peut dormir si le chevet n'est bien haut. Je m'assis à son chevet* (près de son lit).

COUVERTURE. (Gardez-vous bien de dire *Couverte*.) Étoffe de laine, de coton, etc., avec laquelle on couvre un lit. *Couverture de laine, de soie. Couverture piquée. Il est mauvais coucheur, il tire toute la couverture à lui. Les draps et la couverture.*

COUVRE-PIED. Sorte de petite couverture d'étoffe, que l'on remplit quelquefois de duvet ou d'édredon, et qui ne s'étend que sur une partie du lit. *Couvre-pied en taffetas piqué. Couvre-pied d'édredon.*

DRAP. Grande pièce de toile qu'on met dans le lit pour y coucher.

GOBERGES. Petits ais de bois qui se mettent en travers sur le bois de lit pour soutenir la paillasse.

HOUSSE DE LIT. Pièce d'étoffe légère qu'on place sur certains lits de prix pour les préserver de la poussière. Il se dit également de l'enveloppe dans laquelle on place un couvre-pied.

LIT. Ce mot ne signifie pas seulement le meuble dans lequel on place la literie, mais il désigne aussi une espèce de grand sac rempli de plume, de nopes, de feuilles, de balles d'avoine, etc., que l'on place sur la paillasse ou sur le matelas. *Acheter un lit de plume.* On appelle *lit de sangle*, un lit fait de sangles ou d'un morceau de coutil attaché à deux longues pièces de bois, soutenues par des pieds ou jambages qui se croisent. Le *lit de camp* est un petit lit dont le bois se démonte de manière à pouvoir être transporté facilement.

MATELAS. Espèce de grand coussin piqué d'espace en espace, litière aux chevaux, aux vaches. *Faites bonne litière à ces chevaux.*

Loin. La locution, *Bien loin s'en faut,* n'est pas française ; il faut dire, TANT S'EN FAUT, LOIN DE LA. *Vous demandez si cette femme est jolie, tant s'en faut qu'au contraire.*

Lonzin. Qui agit avec lenteur. LENT, LAMBIN, LANTERNIER. *Que cet homme est lent! Il est lent dans tout ce qu'il fait, à tout ce qu'il fait. C'est un vrai lambin. C'est une lambine. Je n'ai jamais vu d'homme plus lambin. Vous ne finirez jamais rien avec lui, c'est un lanternier, un franc lanternier.*

Lonziner. LAMBINER, LANTERNER. *Il ne fait que lambiner, que lanterner, et n'avance de rien. Il s'est amusé à lanterner.*

Loquet. Voyez Serrurier.

Loquier. Celui qui ramasse, qui vend des chiffons, des drilles. CHIFFONNIER.

Lorsque. L'*e* ne s'élide que devant *il*, *ils*, *elle*, *elles*, *on*, *un*, *une*. *Lorsque Alexandre* (et non *lorsqu'Alexandre*) *pénétra dans l'Inde.*

Losange. Suivant l'Académie et tous les lexicographes, ce mot est féminin, et c'est par abus que dans les traités de Géométrie on le fait quelquefois masculin.

Loter. Faire des lots. Ecrivez et prononcez LOTIR. *Lotir une succession, les effets d'une succession. Elle a fait un bon mariage, elle est bien lotie.*

Lourd. ATTEINT DU TOURNIS, en parlant du mouton.

Lourdaî. Maladie des moutons dans laquelle ils tournent et exécutent des mouvements convulsifs. TOURNIS.

Lourdaî. ÉBLOUISSEMENT, VERTIGE. *Il me prit un tel éblouissement que je n'y voyais plus. Il a des vertiges, le vertige.*

Lourdise, lourderie. Ces mots ont la même signification, mais *Lourdise* vieillit. (Acad.) *Il a fait une étrange lourderie.*

Louvigne. VENIN, MORSURE VENIMEUSE.

Luchai. PELOTE. Voyez *Chanvre.*

Lûcher. MIRER, VISER. *Après avoir bien miré, il n'approcha pas même du but. Ce n'est pas mal visé pour un borgne. Viser un animal à la tête.*

Lûcher. FERMER UN OEIL.

Lûcher. Regarder en tournant les yeux de côté et comme à la dérobée. LORGNER. *Lorgner quelqu'un.*

Lumer. ÉCLAIRER. *Dites au domestique qu'il vienne nous éclairer. Eclairer une personne qui descend l'escalier. Cette bougie n'est pas bonne, elle n'éclaire pas, elle éclaire mal.*

Lumerette. Espèce de météore, d'exhalaison enflammée qui se montre quelquefois dans les endroits marécageux. FEU FOLLET.

Lunée. LUNE, RAT, CAPRICE, LUBIE, QUINTE. *Avoir des lunes. Prendre quelqu'un dans sa mauvaise lune. C'est un homme qui a des rats. C'est une femme qui a des rats dans la tête. Il lui passe* *tous les jours des rats dans la tête. Il lui a pris depuis peu un nouveau rat. Il a des lubies. Il lui prend souvent des lubies. Quelle quinte vous a pris? Cet homme est sujet à des quintes. Quand sa quinte le tient, le prend.*

Luquée INTERVALLE, COUP DE SOLEIL.

Lunette. Description de quelques espèces de lunettes.

BESICLES OU LUNETTES (au pluriel). Instrument composé d'une *monture* et de deux *verres*, qui se fixe à la tête au moyen de *branches*, ou sur le nez à l'aide d'un ressort. Ces dernières se nomment aussi *lunettes à nez* ou *pince-nez*. Les besicles à *verres concaves* servent aux *miopes* et celles à *verres convexes* aux *presbytes*, c'est-à-dire à ceux qui voient mieux de loin que de près. *Mettre ses besicles. Avoir toujours des besicles sur le nez.* (On prononce *Bezikl*.) *Etui à lunettes. Mettre ses lunettes de travers.*

BINOCLE. Lunette sans tube, qu'on tient à la main, et qui est formée de deux verres et de deux branches réunies par une charnière. *Porter un binocle suspendu à un cordon.*

CONSERVES. Lunettes très-faibles et ordinairement à verres de couleurs. *Il se sert de conserves.*

JUMELLES. (Ce mot ne se dit qu'au pluriel.) Double lorgnette dont on se sert principalement au spectacle.

LONGUE-VUE, LUNETTE D'APPROCHE, ou simplement LUNETTE (au singulier). Instrument composé d'un *tube* ou *tuyau*, dans lequel sont placés plusieurs *verres* ou *lentilles*, dont le premier, vers l'œil, se nomme *oculaire* et le dernier, *objectif*. Une lunette est dite *achromatique* lorsqu'elle laisse voir les objets sans couleur étrangère et sans iris.

LORGNETTE. Petite lunette d'approche dont on se sert pour voir les objets peu éloignés. *Lorgnette de spectacle.*

LORGNON OU MONOCLE. Lunette à un seul verre et sans tuyau, qu'on tient à la main par une *queue* de métal, de corne, etc., et qu'on se suspend au cou à l'aide d'un cordon.

LOUPE. Petit microscope formé d'une seule *lentille* renfermée dans un anneau de corne, d'ivoire, d'acier, etc. *Se servir d'une loupe pour lire de très-petits caractères.*

MICROSCOPE. Lunette à tube, servant à grossir les objets qu'on a sous la main. *Cet objet est si petit qu'on ne peut le voir qu'avec un microscope.*

RÉTICULE. (Ce mot est masculin.) Anneau sur lequel sont tendus deux fils en croix, dans les lunettes d'arpentage, de nivellement ou d'astronomie.

TÉLESCOPE. Nom générique de tous les instruments d'astronomie, soit à réflexion, soit à réfraction, qui servent à observer les objets très-éloignés, tant sur la terre que dans le ciel.

Lunette. TORCHE-NEZ. Voyez *Maréchal.*

Lurer. Attirer quelqu'un par de belles promesses pour le tromper. LEURRER. *Il a été leurré par de belles promesses. Il s'est laissé leurrer.*

Lusquia. Personne dont les yeux ont une direction différente. LOUCHE. *Cette femme est louche.*

Lusquier. Avoir les yeux dont l'un n'a pas la même direction que l'autre. LOUCHER. *Voilà un bel enfant, c'est dommage qu'il louche.*

Lutan Suivant l'opinion populaire et superstitieuse, Espèce de démon ou d'esprit qui vient la nuit tourmenter les vivants. LUTIN. *On dit que ce château est plein de lutins.*

Lutter. Ce verbe ne peut pas s'employer pronominalement. *Lutter* (et non *se lutter*, avec quel-

MAC 309

qu'un, contre quelqu'un. *Il est adroit, il lutte bien.*

Luxe, lustre. Le premier signifie, Superfluité, parure, décoration; le second, Eclat, brillant. *Le luxe des habits, de la table. Etaler, déployer un grand luxe. Cette étoffe n'a point de lustre, a perdu son lustré. Les pierreries donnent du lustre à la beauté des femmes.*

M

Macelle. Os dans lequel les dents sont implantées. MACHOIRE. (L'A est long.) *Un coup de poing dans la mâchoire. Il lui cassa la mâchoire.*

Macher. MÊLER, AGITER, REMUER.

Machiavélique, machiavélisme. Prononcez *Ch* comme dans *Chercher*. *Le machiavélisme a toujours révolté les âmes honnêtes.*

Machin. MACHINE, ENGIN, INSTRUMENT.

Mâchurer. (L'A est long.) Ce mot est français et signifie, Barbouiller de noir. *Mâchurer du papier, des habits, le visage, etc.*

Maçon. Termes et instruments à l'usage du maçon et du plafonneur.

ALLÈGE. Mur d'appui d'une fenêtre, moins épais que l'embrásure.

ANCRE. Barre de fer ayant la forme d'une S, d'un Y, d'un

T, ou celle de toute autre figure coudée ou recourbée, qu'on fait passer dans *l'œil* d'un *tirant*, pour empêcher l'écartement des murs. *Il faut mettre une ancre à cette muraille.*

APLOMB. Ligne verticale. *Ce mur est bien d'aplomb, hors d'aplomb. Ce mur tient bien son aplomb, a perdu son aplomb.* Aplomb est substantif et ne doit pas être confondu avec *à plomb*, locution adverbiale qui veut dire, perpendiculairement. *Cette muraille est à plomb. Mettre à plomb, dresser à plomb une muraille, une menuiserie, une charpente. Le soleil donne à plomb, bat, tombe à plomb sur les habitants de la zone torride.*

ARASER. Mettre de niveau un mur, un bâtiment. *Aussitôt qu'on aura arasé les fondations de ce mur, de ce bâtiment, on posera la première assise de pierre de taille.*

ARC-BOUTANT. (On ne prononce point le C.) Pilier ou construction de maçonnerie qui se termine en demi-arc, et qui sert à soutenir par dehors une voûte, un mur, etc. *Un des arcs-boutants est tombé, et la voûte s'est entr'ouverte.*

ASSISE. Rang de pierre qu'on pose horizontalement pour construire une muraille. *Chaque assise a tant de haut. Assise réglée.*

ATTENTE (PIERRE D'). Pierre qui saille d'espace en espace à l'extrémité d'un mur, pour faire liaison avec une autre construction qu'on se propose d'élever dans la suite.

AUGE. Vaisseau oblong fait de planches, et dans lequel les maçons délayent le plâtre, la chaux, etc. *J'aimerais mieux porter l'auge, mieux vaudrait porter l'auge que de faire ce métier-là.* On appelle *augée*, ce que peut contenir l'auge *Il ne faut qu'une augée de plâtre pour boucher ce trou.*

BADIGEONNER. Peindre un mur avec du *badigeon*, c'est-à-dire avec de la couleur formée de chaux, de noir de fumée d'ocre, etc., détrempés dans de l'eau. *Faire badigeonner l* façade *d'une maison, les murs d'une cuisine. Badigeonner en gris, en jaune.*

BAIE. Ouverture qu'on pratique dans un mur ou dans un assemblage de charpente, pour placer une fenêtre, une porte, etc. *La baie d'une porte, d'une fenêtre.*

BLANC DE BOURRE. Espèce de mortier formé de chaux, de sable et de bourre (poil détaché des cuirs à la tannerie), dont on enduit les murs à l'intérieur.

BLOCAGE, BLOCAILLE, REMPLAGE, REMPLISSAGE. Ces mots ont la même signification, et désignent, les menus moëllons, les petites pierres qui servent à remplir l'entre-deux des parements d'un mur.

BOMBER OU FAIRE LE VENTRE. Se dit d'un mur qui fait une bosse. *Ce mur bombe.*

BORNOYER. (Ce verbe est actif). Regarder d'un œil, en fermant l'autre, pour mieux connaître si un alignement est bien droit, si une surface est bien plane.

BOUTISSE. Pierre taillée qu'on place dans un mur de manière que le côté le plus étroit paraît en dehors. *Placer alternativement des pierres en boutisse et en parement.*

CALIBRE. Planche sur le champ de laquelle on a découpé des moulures, et qui sert à faire des corniches de plafonds.

CANIVEAU. Pierre creusée dont on se sert pour faire écouler l'eau dans une cuisine, dans une cour, etc.

CARREAU. Espèce de pavé plat, fait de terre cuite, de pierre, de marbre, dont on se sert pour paver le dedans des maisons, des églises, etc. *Petit carreau. Carreau de marbre. Carreau à quatre pans, à six pans, en losange.*

CHAÎNE. Espèce de pilier formé de pierres de taille placées alternativement en parement et en boutisse aux angles d'un mur, pour lui donner plus de force et de liaison..

CHAPERON. Petit toit fait sur un mur de clôture pour le préserver des eaux.

CHAUX. Pierre calcaire cuite dans un *chaufour*. Elle est *vive*, lorsqu'elle sort du four et qu'elle est encore en morceaux; *fusée*, lorsqu'elle est réduite en poudre; *éteinte*, lorsqu'elle a été délayée avec de l'eau. On appelle *lait de chaux*, l'eau dans laquelle on a détrempé un peu de chaux. *Blanchir une muraille avec du lait de chaux.*

CHEVALER. Etayer avec des *chevalements*, un plancher, un mur que l'on reprend en sous-œuvre. Le chevalement est composé d'une forte pièce horizontale appelée *chapeau*, et de deux ou plusieurs *étais* posés sur une *couche* ou *semelle*.

CIMENT. Mortier composé de chaux, de tuiles ou de briques pulvérisées, dont on enduit les surfaces qu'on désire rendre imperméables.

CINTRE. Appareil de charpente sur lequel on bâtit une voûte de pierre. Le cintre le plus simple est composé d'une *semelle* ou *entrait*, de plusieurs *roulons* placés verticalement et surmontés d'un *cercle* en bois flexible. *Poser les cintres. Lever les cintres.*

CLAVEAU. Pierre taillée en forme de coin et ordinairement ornée de sculptures, qui forme le milieu de la *plate-bande* de pierre de taille qu'on place au-dessus d'une fenêtre ou d'une porte. On sculpte quelquefois des claveaux postiches, lorsque la plate-bande est d'une seule pièce.

CLEF. Pierre qu'on place la dernière au sommet d'une voûte. Voyez *Architecture*.

CLOISON. Espèce de petit mur peu épais fait de bois ou de maçonnerie, et servant à séparer des chambres. *Leurs chambres ne sont séparées que par une cloison.*

CONTREFORT OU ÉPERON. Espèce de pilier carré ou triangulaire construit pour soutenir un mur de terrasse ou un mur qui menace ruine.

CORDEAU. Ficelle dont le maçon se sert pour aligner un mur.

CORDON. Moulure carrée ou ronde qui règne tout autour d'une muraille ou d'un bâtiment, ou le long d'une corniche dans un appartement.

CORROI. Terre glaise pétrie, dont on garnit le fond ou les côtés des bassins, des fontaines, etc., pour empêcher l'infiltration des eaux. *Faire un corroi.*

CORROYER. Battre et pétrir de la terre glaise, du mortier, du ciment avec le *rabot. Corroyer de la terre glaise, du mortier.*

COUCHIS. Planche qu'on couche sur les cintres pendant la construction d'une voûte.

CRÉPI. Enduit à surface raboteuse, composé de chaux et de *gravier* ou de *scorie broyée*, dont on recouvre les murailles extérieurement.

DÉ. Petit cube de pierre de taille ou de maçonnerie, qu'on place sous chacun des poteaux de bois qui portent un hangar, etc., afin de les isoler de terre et de les empêcher de pourrir.

ÉCHAFAUD. (*Hourdi.*) Assemblage de pièces de bois qui forment une espèce de plancher sur lequel les ouvriers montent pour travailler à une certaine hauteur. L'échafaud ordinaire se compose de *boulins* fixés d'un côté dans le mur, et attachés de l'autre avec des cordes ou des harts aux *échasses* (étendières), et recouverts de *claies* ou de *dosses* (dossaux).

ENCADREMENT de croisée, de porte. Pierres de taille placées aux quatre côtés de la baie d'une croisée ou d'une porte, et comprenant deux *montants*, un *linteau* et un *seuil.*

ENDUIT. Espèce de crépi uni et lisse, dont on recouvre les murailles, surtout à l'intérieur. Il peut être formé de mortier de chaux simple, ou de blanc de bourre.

ENLIER. (Ne dites pas *Lier.*) Joindre et engager des pierres ensemble en élevant un mur.

ÉTAI OU ÉTANÇON. Pièce de bois dont on se sert pour appuyer, pour soutenir quelque construction ou partie de construction qui menace ruine, ou que l'on reprend en sous-œuvre. *Mettre un étai, des étais à une muraille.*

FICHE. Lame de fer longue et mince, fixée à un manche et dentée sur les côtés, dont les maçons se servent pour faire entrer du mortier dans les joints d'un mur.

FRUIT. Diminution d'épaisseur qu'on donne quelquefois à un mur à mesure qu'on l'élève. C'est l'opposé de *surplomb. Donner du fruit à une muraille. Il ne faut pas élever ce mur tout à fait à plomb, il faut lui donner un peu de fruit, il faut qu'il ait un peu de fruit.*

GRAVIER. (Ne dites pas *Grève.*) Gros sable, mêlé de fort petits cailloux, de fort petites pierres, dont on se sert quelquefois, au lieu de sable, pour faire du mortier, du crépi.

LATTE. (*Tringle.*) Morceau de bois refendu, selon son fil, en languettes étroites et minces, qu'on attache avec des clous pour recevoir le blanc de bourre des plafonds et des cloisons. *Un cent de lattes. Des lattes de chêne, de châtaignier.*

LÉZARDE OU CREVASSE. Fente qui se forme dans un mur par défaut de liaison. *Ce mur est plein de lézardes, est tout lézardé. Boucher les lézardes d'un mur.*

LIAISONNER. Arranger les pierres d'un édifice de façon que le milieu des unes tombent sur le joint des autres. *Bien liaisonner une construction.*

MOELLON. Pierre à bâtir. Le *moëllon piqué* tient le milieu entre *la pierre de taille* et le *moëllon brut.*

MUR. Voyez *Maison.*

NIVEAU. Le *niveau de maçon* consiste en une planche munie d'un petit plomb, dont la ficelle se trouve en coïncidence avec une ligne perpendiculaire à la base de l'instrument, lorsque celui-ci est placé dans une position horizontale.

OCRE. (*Loque.*) Espèce de terre ferrugineuse qu'on vend

par pierres carrées de cinq ou six livres, et qui forme une couleur jaune propre à badigeonner les murailles. *J'ai fait peindre cette boiserie en jaune d'ocre. Quand l'ocre est calcinée, on en fait une couleur rouge.*

ŒUVRE. *Dans œuvre* signifie, à l'intérieur, et *hors-d'œuvre*, à l'extérieur. *Cette chambre, cette salle a tant de pieds dans œuvre. Cette maison a tant de pieds hors-d'œuvre.* *Sous-œuvre* se dit, lorsqu'on fait une réparation en soutenant la partie qu'on veut conserver à l'aide d'un chevalement. *Travailler sous-œuvre. Reprendre sous-œuvre, en sous-œuvre un bâtiment, un mur.*

OISEAU. Espèce de caisse dont les maçons se servent pour porter le mortier sur leurs épaules. *Cet architecte a commencé par porter l'oiseau.*

PANNEAU. Plaque de carton, de fer-blanc ou de bois qui sert de modèle pour tracer les différentes faces d'une pierre.

PAREMENT. Surface apparente d'une pierre, lorsqu'elle est placée dans un mur. *Pierre à deux parements. Mettre une pierre en parement* (le côté le plus long en vue).

PARPAING. Pierre, moëllon qui tient toute l'épaisseur d'un mur et qui a deux faces en parement, l'une en dedans et l'autre en dehors. *Mur de parpaing. Une pierre faisant parpaing.*

PIERRE. Les principales espèces de pierres dont on se sert en maçonnerie sont : 1° le *schiste* qui comprend l'ardoise et toutes les pierres qui peuvent aisément se fendre en feuilles, et dont l'essence est argileuse ; 2° le *grès* qui est formé de grains de sable plus ou moins serrés ; 3° le *calcaire* qui, par l'action du feu, peut se convertir en chaux ; 4° le *tuf* ou *tuffeau* (cran) qui est une pierre très-poreuse et très-légère, dont on construit surtout les cheminées. *Pavé de grès. Casser du grès. La plupart des maisons de cette province sont bâties de pierre de tuf, sont bâties de tuf, de tuffeau.*

plomb. Morceau de plomb ou d'autre métal suspendu à une ficelle, dont on se sert pour élever les ouvrages de maçonnerie, de charpenterie, perpendiculairement à l'horizon. *Voir avec un plomb si une maison est droite, si elle est bien verticale.*

plomber. Vérifier la verticalité d'un ouvrage à l'aide d'un plomb. *Plomber un mur.*

poussée. Action de pousser, effet de ce qui pousse. *Il faut que ces arcs-boutants soient bien forts et bien construits pour soutenir la poussée, pour retenir la poussée de cette voûte, de cette arcade, de cette terrasse. Cette voûte a beaucoup de poussée. On a mis des éperons à ce mur pour résister à la poussée des terres.*

rabot. Instrument composé d'un morceau de bois ou de fer, avec un long manche, dont on se sert pour remuer la chaux qu'on éteint.

raccord. Liaison, accord que l'on établit entre deux parties contiguës d'un ouvrage qui offrent ensemble quelque inégalité de surface, dont l'une est vieille et l'autre récente. *On ne voit pas le raccord fait à la façade de ce bâtiment. Ces raccords sont habilement faits.*

ragréer. Mettre la dernière main à une construction, en repassant le marteau et la ripe aux parements des murs, pour les rendre unis et polis, et en terminant les corniches et les moulures qui ne sont qu'en masse. Il se dit aussi de l'opération analogue par laquelle on remet un édifice ou l'une de ses parties à neuf.

rejointoyer. (Ne dites pas *Rejointurer*.) Remplir de mortier ou de ciment les joints des pierres d'un mur, au lieu de le crépir. *Il faut rejointoyer ce mur.*

retraite. Diminution d'épaisseur qu'on donne à un mur. *Ce mur fait retraite, a une retraite de deux pouces à chaque étage.*

RIPE. Outil qui sert à gratter un enduit, de la pierre, une figure, etc.

SCORIE DE FER OU SCORIE DE BOCARD. Substance vitrifiée qui surnage à la surface du fer en fusion et qui, lorsqu'elle est broyée, sert, au lieu de gravier, dans la confection du mortier.

SIMBLEAU. Cordeau avec lequel les ouvriers tracent une circonférence, lorsque la grandeur du rayon surpasse la portée du compas.

SURPLOMBER. Etre en surplomb, c'est-à-dire hors de l'aplomb. *Ce mur surplombé.*

TALOCHE. Espèce de truelle de forme ordinairement rectangulaire, munie d'un manche sur l'une de ses faces, et servant à étendre le plâtre frais pour former un enduit ou un plafond.

TORCHIS. (*Paillotage.*) Mortier composé de terre grasse et de paille ou de foin coupé, qu'on emploie pour certaines constructions. *Dans ce pays il n'y a point de pierre, toutes les maisons des paysans et les murs de clôture sont de torchis.*

TRUELLE. (*Palette.*) Outil formé d'une lame de fer ou de cuivre poli, dont le manche recourbé est garni d'une poignée de bois. Le maçon s'en sert pour employer le plâtre et le mortier.

VOUTE. Voyez *Architecture.*

Madras. Etoffe ainsi nommée parce qu'on l'a d'abord fabriquée à Madras, ville de l'Inde. Ce mot est masculin.

Magnanime, magnétique, magnétiser, magnétisme, magnificence. Prononcez *Gn* comme dans *Agneau*. *Se montrer magnanime. Se faire magnétiser.*

Magnificat. On prononce *Mag-ni-fi-catt* sans mouiller *Gn*. (Acad.) *Entonner le Magnificat.*

Magot. On appelle ainsi, Un gros singe sans queue, du genre des macaques ; et, au figuré, Un amas d'argent caché. *Un magot qui danse sur la corde. Il est laid comme un magot. C'est un magot, un vrai magot* (il est gauche et grossier). *On a trouvé son magot. Il avait mis son magot dans la cave.*

Mâlette. PORTE. Voyez *Couturière.*

Maint. (Au masculin prononcez *Min* devant une consonne.) Malgré l'idée de pluralité que renferme cet adjectif, il s'écrit au singulier ainsi que le substantif qu'il qualifie, et le verbe dont celui-ci est le sujet, excepté dans quelques locutions où on l'emploie indifféremment au singulier ou au pluriel. *Maint homme. Mainte femme. Mainte fois ou maintes fois. Par maints et maints travaux. Il m'a fait mainte et mainte difficulté.*

Maison. Il serait ridicule d'employer ce mot pour désigner, LA CUISINE.

Maison. Parties principales d'une maison.

APPARTEMENT. Logement composé de plusieurs pièces de suite, de diverses grandeurs et propres à divers usages. *L'appartement des enfants. Appartement à louer. Appartement meublé. Sa maison est grande, elle renferme quatre appartements complets. Appartement haut. Appartement bas. Cet appartement est composé d'une antichambre, d'une chambre, d'une garde-robe et d'un cabinet.*

APPENTIS. (*Ravalée*). Bâtiment à un seul égout, adossé contre une muraille. *Il faut faire là un appentis pour servir de remise. Il a fait construire un petit appentis.*

MAI 319

AVANT-TOIT. Partie du toit qui s'avance sur la façade d'un bâtiment. *Quand les cheminées sont fermées par le haut, les hirondelles se réfugient sous les avant-toits.* (Buffon.)

BALCON. Saillie construite en pierre ou en bois, sur la façade d'un bâtiment, soutenue ordinairement par des colonnes ou des consoles, et entourée d'une balustrade. *Prendre l'air sur un balcon.*

BARBACANE. (*Luquette.*) Petite ouverture verticale et étroite, pratiquée dans les murs des bergeries et des étables, pour donner de l'air et de la lumière.

BARDEAUX. Petits ais minces et courts dont on couvre quelquefois les petits bâtiments, ou les murs en torchis. *Un millier de bardeaux. Une maison couverte de bardeaux.*

BRISE-VENT. (*Bougean.*) Petit toit de paille, de fougères, etc, qu'on élève quelquefois devant la porte d'une écurie et même d'une maison, pour servir d'abri.

CHAMBRANLE. Cadre de bois, de pierre ou de marbre qui soutient ou pare l'ouverture d'une porte ou d'une cheminée. Il est formé de deux *montants* verticaux et d'une *traverse* ou *table* horizontale surmontée d'une *corniche*.

CHEMINÉE. Les parties principales d'une cheminée sont : 1° L'*âtre* ou *foyer*, endroit compris entre les *jambages*, et pavé en briques ou recouvert d'une *taque* (gison) de fer ; 2° le *contre-cœur*, partie du mur où se place la *plaque de cheminée* ou *taque* et la *crémaillère* ; 3° les *jambages*, petits murs qu'on élève des deux côtés du foyer pour l'enfermer et supporter le *manteau*, et que l'on supprime ordinairement dans les cheminées de cuisine où ils sont remplacés par des *corbeaux* de bois ; 4° le *manteau*, partie de la cheminée qui fait saillie dans la cuisine ; 5° la *hotte*, partie inférieure et évasée du tuyau ; 6° la *souche* qui sort du toit et s'élève au dessus du comble.

CHÉNEAU. (Ne dites pas *Achéneau*.) Espèce de petit canal

de fer-blanc, de plomb, de zinc ou même de bois, qui recueille les eaux du toit et les porte dans la *cuvette* qui forme la partie supérieure de la *descente* ou *tuyau de descente.*

CIMAISE. Barre de bois ornée de moulures, servant de couronnement à un lambris d'appui, ou fixée au mur à une hauteur de 50 à 70 centimètres, pour empêcher les chaises de le détériorer.

COMBLE. Ce qui forme et soutient la couverture. *Les charpentiers travaillent au comble. Les ouvriers sont sur le comble de la maison pour réparer la couverture.*

CORNICHE, PLATE-FORME. Pièce de bois qui soutient le bout des chevrons. La plate-forme est ordinairement faite d'une seule pièce de bois ; la corniche comprend un plus grand nombre de moulures, et est quelquefois de pierre de taille.

CORRIDOR. (Il serait ridicule de prononcer *Collidor.)* Espèce d'allée étroite qui sert de passage pour se rendre à plusieurs appartements, à plusieurs chambres. *Un long corridor.*

CROUPE. *(Crâpan.)* Partie du toit d'une maison coupant la pointe du pignon en plan incliné de forme triangulaire, et servant à donner plus de grâce au bâtiment.

DÉCROTTOIR. Lame de fer qu'on met à la porte d'une maison pour que les personnes qui entrent puissent décrotter leur chaussure.

EMBRASURE. Espace qui se trouve entre les côtés de la baie d'une porte ou d'une fenêtre. *Il m'a parlé dans l'embrasure de la fenêtre. Il faut lambrisser cette embrasure.* Embrasure se dit également, du biais qu'on donne à l'épaisseur des murs à l'endroit des fenêtres. *Les côtés de cette fenêtre n'ont pas assez d'embrasure.*

ESCALIER. L'escalier est formé d'une suite de *marches* ou *degrés* attachées aux *limons.* Le *palier* est une marche beaucoup plus large que les autres, et qui sert à se reposer ou à changer la direction de l'escalier. L'espèce de garde-fou ou de balustrade qui sert d'appui à ceux qui montent et qui descendent se nomme *rampe*. Elle est composée de plusieurs *montants* ou *balustres* assemblés en bas *au limon* et en haut à la *main courante*. L'escalier en *limaçon* ou *à vis*, tourne autour d'une espèce de tuyau appelé *noyau*.

ÉPERON OU CONTREFORT. Voyez *Maçon*.

ÉTAGE. Espace entre deux planchers. Lorsqu'on dit qu'une maison a tant d'étages, on ne comprend dans ce nombre ni le *grenier* ni le *rez-de-chaussée*.

FENÊTRE OU CROISÉE. Le *dormant* ou *chambranle* d'une croisée est le châssis fixe et immobile attaché au mur, et dans lequel viennent s'emboîter les *vantaux* ou *battants*. Les *croisillons* sont de petites traverses qui séparent les *vitres* ou *carreaux*. Les fenêtres sont ordinairement fermées au moyen de deux *targettes*, espèces de verroux plats, ou d'une *espagnolette*, longue tige de fer que l'on fait tourner au moyen d'une *poignée* fixée vers le milieu, et qui, en faisant un mouvement circulaire, remplit les fonctions de levier. Les fenêtres se ferment aussi quelquefois au moyen d'une *barre* dont les bouts viennent se loger dans des *crochets* fixés en haut et en bas du dormant de la croisée.

GALETAS. Logement pratiqué sous les combles, et ordinairement lambrissé de plâtre. *Petit galetas. Etre logé au galetas. Chambres en galetas.*

HANGAR. Construction en appentis ou isolée, formée ordinairement d'un toit élevé sur des piliers de pierre de taille ou sur des poteaux de bois. *Mettre des marchandises sous un hangar. Placer une charrette sous le hangar.*

JALOUSIE, PERSIENNE. La jalousie diffère de la persienne en ce que, dans celle-ci, les *lames* sont fixes ou peuvent seulement pivoter sur des *goujons*, tandis que les lames de la jalousie sont suspendues par des rubans qui servent à les monter et à les descendre à volonté.

LAMBRIS. Revêtement de menuiserie, de marbre, de stuc sur les murailles d'une salle d'une chambre, etc. Le *lambris d'appui* n'a qu'environ un mètre de hauteur, et le *lambris de revêtement* règne de bas en haut. *Les panneaux de ce lambris sont de sapin, et les pilastres de chêne.*

LUCARNE. Petite fenêtre ordinairement terminée en pointe, pratiquée au toit d'un bâtiment, pour éclairer les greniers, les galetas, les mansardes, etc.

MANSARDE. La toiture dite en *mansarde* est brisée de manière qu'une partie est presque verticale comme le mur dont elle semble être le prolongement, et l'autre, inclinée comme les toitures ordinaires. On donne également le nom de *mansardes*, aux chambres pratiquées sous ces espèces de toitures, et éclairées par des lucarnes percées dans la partie verticale. *Habiter une mansarde.*

MENEAU, Montant, traverse de bois, de pierre de taille ou de fer qui, dans certaines croisées anciennes, partageaient l'ouverture en deux parties. *Les meneaux d'une fenêtre gothique.*

MUR. Les *murs de face* (soverondes) sont ceux qui forment le devant et le derrière d'une maison. Les *murs de pignon* forment les deux autres côtés et sont ordinairement terminés en pointes. Le *mur de refend* divise l'intérieur des bâtiments. Le *mur de soutènement* est celui qu'on construit contre une terrasse pour la soutenir.

NOQUET. Bande de plomb ou de zinc qu'on place sur les couvertures d'ardoises dans les angles et le long des *noues*, pour conduire les eaux pluviales et les empêcher de s'insinuer dans la couverture.

NOUE. (*Fond de nau.*) Endroit où se rencontrent les surfaces de deux combles qui se coupent à angle rentrant, en forme de gouttière.

OEIL DE BŒUF. Fenêtre ronde ou ovale. *Les œils de bœuf de la cour du Louvre sont ornés de sculptures.*

PAVILLON. Corps de bâtiment ordinairement carré, dont tous les murs ont la même hauteur. *Un corps de logis entre deux pavillons.*

PERRON. Escalier en maçonnerie composé de plusieurs *marches* et d'une *plate-forme*, servant à conduire dans une maison dont le rez-de-chaussée est plus élevé que le sol. *Ce perron a dix marches, parce que le sol de l'église est de cinq pieds plus élevé que celui de la rue. Perron de pierre de taille. Perron en fer à cheval. Perron à double rampe*, ou *Perron double.*

PLACARD. Assemblage de menuiserie, qui s'élève au-dessus d'une porte et va ordinairement jusqu'au plafond. *Il faut un placard au-dessus de cette porte.* Voyez *Meuble.*

PLINTHE. Planche de 15 à 40 centimètres de hauteur qu'on attache ordinairement au bas des murs d'un appartement ou d'un lambris. *La tenture de cette pièce pose sur la plinthe.*

PLINTHE. Espèce de plate-bande, de cordon de pierre de taille qui fait saillie sur le mur extérieur, et qui indique la ligne des planchers.

PORTE. Une *porte cochère* est une porte par laquelle les voitures peuvent passer, pour entrer dans la cour d'une maison. *Une porte à deux battants* ou *à deux vantaux*, est celle qui s'ouvre en deux parties. *Ouvrir les deux battants d'une porte.* Une *porte coupée* est divisée en deux parties à hauteur d'appui. Une *porte vitrée* est garnie de vitres sur toute son étendue ou seulement sur une partie. On appelle *porte brisée*, celle dont une partie se replie sur l'autre ; *porte perdue*, celle à laquelle on a donné le même arasement et la même décoration qu'au lambris où elle est pratiquée, afin de ne pas déranger la symétrie de l'appartement; *porte feinte*, l'imitation d'une porte qui sert à faire symétrie avec une ou plusieurs portes véritables ; *porte battante*, un châssis couvert d'étoffe qu'on met devant les portes des chambres pour empêcher le vent d'y entrer, et qui se referme de lui-même après qu'on l'a ouvert. Les appareils qui servent à suspendre les portes sont : le *pivot* ou *tourillon*, morceau de fer arrondi par le bout qui tourne sur une plaque de métal ou de pierre appelée *crapaudine* ; la *penture* (vertière), bande de fer attachée horizontalement à une porte et dans *l'œil* de laquelle entre le *gond* ; le *couplet*, espèce de charnière qui s'emploie pour les portes légères et les croisées ; et la *fiche*, dont on se sert pour suspendre les portes des armoires, et qui est ordinairement recouverte d'une feuille de cuivre polie.

REMISE. Lieu pratiqué dans une maison pour y mettre à couvert les carrosses et autres voitures. *Mettre une calèche, un cabriolet sous la remise, dans la remise.*

REVÊTEMENT. (*Ardoisage*.) Espèce de toiture appliquée contre un mur pour le garantir de la pluie.

REZ-DE-CHAUSSÉE. La partie d'une maison qui est, ou à peu près, au niveau du terrain. *Etre logé au rez-de-chaussée. Les fenêtres du rez-de-chaussée. Le rez-de-chaussée de cette maison est élevé de trois pieds au-dessus du sol.*

SEUIL. (*Sus*.) Pièce de bois ou de pierre qui est au bas de la porte, et qui la traverse. *Il était sur le seuil de la porte.*

SOUPIRAIL. (*Luquette de cave*.) Ouverture pratiquée dans la partie inférieure d'une maison, pour donner de l'air et du jour à une cave.

TRUMEAU. Espace d'un mur entre deux fenêtres, où l'on place ordinairement une glace. *Les trumeaux de ce bâtiment sont trop étroits.*

VESTIBULE. Pièce d'un édifice qui s'offre la première à ceux qui entrent et qui sert de passage pour aller aux autres pièces.

VOLET, CONTREVENT. (Ne dites pas *Vention*.) Les volets se

placent à l'intérieur, et les *contrevents*, à l'extérieur. *Fermer les volets. Un volet cassé, brisé. Faire mettre des contrevents à toutes les fenêtres d'une maison. Fermer, ouvrir les contrevents.*

Maistrier (Se). Se prendre corps à corps avec quelqu'un pour le terrasser. LUTTER, *Lutter avec quelqu'un, contre quelqu'un. Il est adroit, il lutte bien.* Voyez ce mot.

Maître fait au féminin MAITRESSE. *Cette femme est maitresse* (et non *maitre*) *de ses passions, de ses sentiments. Maîtresse de piano, de chant, de dessin, etc. Maitresse d'école. Maitresse couturière. La maîtresse branche d'un arbre.*

Mal. Dans la partie septentrionale de la province de Luxembourg, on a assez l'habitude vicieuse de prononcer l'A long. Cette prononciation fait beaucoup rire les étrangers, et expose à des calembourgs vraiment plaisants.

Mal. Ne dites pas : Il a des *maux* à la figure. Dites : Il a DU MAL à la figure, il a DES BOUTONS, DES HUMEURS à la figure. Ne dites pas non plus : J'ai *un mal* à un doigt. Dites : J'ai DU MAL à un doigt, j'ai UNE PLAIE, UNE COUPURE, UN PANARI, UN PETIT ABCÈS à un doigt.

Mal (Avoir, faire). Ces locutions ne doivent jamais être suivies d'un régime direct, et ce serait une faute grave et même ridicule de dire : Avoir mal *la tête, les dents,* faire mal *quelqu'un*, au lieu de, Avoir mal *à la tête, aux dents;* faire mal *à quelqu'un.* De même on doit dire : J'ai de mauvais pieds, j'y ai souvent mal. On m'a arraché la dent *à laquelle* j'avais mal. Prenez garde, vous allez faire mal *à cet enfant*. Je ne *lui* ai pas fait mal.

Mal. L'expression, *Ne pouvoir mal*, que l'on ne comprend même pas en France, ne devrait jamais sortir de la bouche d'un homme qui tient tant soit peu à parler correctement. Il faut dire, N'AVOIR GARDE, SE GARDER BIEN DE. *Il n'a garde de tromper, il est trop honnête homme. Irez-vous dans cette maison? Je n'ai garde, on s'y ennuie trop. Je me garderai bien d'en manger.*

Mal blanc. PETIT ABCÈS, AMAS DE PUS.

Maladieux. MALADIF, VALÉTUDINAIRE. *Il a épousé une femme bien maladive. Cet homme, cette femme est fort valétudinaire. Les convalescents et les valétudinaires.*

Malbrouck. VOITURE A LARGES JANTES.

Malebése. Personne dangereuse et dont on doit se défier. MALEBÊTE. *C'est une malebête qu'un chicaneur. Ce sont des malebêtes.* Ce mot est peu usité.

Malgré, quoique. *Malgré* est une préposition qui demande un régime direct; *quoique* est une conjonction qui ne peut pas avoir de régime. Ne dites donc pas, *Quoique ça*, au lieu de *Malgré ça*; *Malgré qu'il soit pauvre*, au lieu de, *Quoiqu'il soit pauvre*, etc. *Malgré que*, dit l'Académie, ne s'emploie qu'avec le verbe *Avoir* et dans ces phrases seulement : *Malgré que j'en aie, malgré* *qu'il en ait*, etc., en dépit de moi, en dépit de lui. *Malgré qu'il en ait, nous savons son secret.*

Maliceté. MALICE. *Un innocent fourré de malices. Il a fait cela par malice.*

Malin fait au féminin MALIGNE, et non *Maline. Vous êtes une petite maligne.* Ce mot signifie proprement Méchant, mais il peut aussi s'employer dans le sens de Rusé, adroit. *Il est trop malin pour se laisser attraper, pour se laisser prendre à ce piége.*

Maltonnerie. NID DE BOURDONS.

Mameselle. Ce mot ne se trouve pas dans les dictionnaires, il faut dire MADEMOISELLE.

M'amie. Abréviation de *Mon amie.* Ce mot s'écrit avec une apostrophe.

Manchette, garde-manche. Une manchette est un ornement de mousseline, de dentelle qui se met au bras, au poignet. Un *garde-manche* ou *bout de manche* est une fausse manche que l'on met par-dessus la manche de l'habit, ou même de la chemise, quand on fait un travail qui peut les salir.

Manière, maniéré. Prononcez ces mots comme ils sont écrits, et non *Magnière, magniéré.*

Manipule. Ornement que le prêtre catholique porte au bras gauche lorsqu'il célèbre la messe, et que le diacre et le sous-diacre portent aussi quand ils servent à l'autel. Ce mot est masculin. *Broder un manipule.*

Maniquer. TRIPOTER, MANIGANCER. *Je ne sais*

ce qu'ils tripotent ensemble. C'est lui qui a manigancé toute cette affaire.

Manne. Nourriture que Dieu fit tomber du ciel pour nourrir les enfants d'Israël dans le désert; espèce de suc concret qui découle naturellement, ou par incision, de certains végétaux. Dans ces deux acceptions on prononce *Mâne*. L' A, au contraire, est bref lorsque *Manne* désigne, Une espèce de panier à deux anses dont on se sert pour mettre du linge. *On purge les enfants avec de la manne. Mettre de la vaisselle dans une manne.* (Acad.)

Manotte. MENOTTE. *On lui a mis les menottes. Otez les menottes à ce prisonnier.*

Mante. Panier d'osier haut, avec deux anses, où l'on met du linge, de la vaisselle, etc. Ecrivez et prononcez MANNE. *Mettre de la vaisselle dans une manne.*

Manutention signifie Administration, conservation. Il désigne aussi L'établissement où se fabrique le pain pour la troupe. *J'ai laissé à un homme sûr la manutention de mes affaires. La manutention des lois, de la discipline.* Mais il ne faut pas le confondre avec MANIPULATION, MANIEMENT. *S'exercer aux manipulations chimiques.*

Maque. TÊTE. *Tête d'épingle.*

Maquet. Voyez *Lunée*.

Maquette. PETITE BOULE, TÊTE. *Tête de pavot. La tête d'un oignon, d'un poireau.*

Maquette. TÊTARD. Voyez *Reptile*.

Marraine. Ne dites pas *Marrine*.

Marcau. Chat mâle et entier. MATOU. *Gros matou.*

Marché. Il n'est pas plus permis de supprimer la préposition *à* devant *Bon marché*, que devant *Bon compte* ou *Bas prix*. *Avoir une chose à bon marché* (et non *bon marché*). *Donner sa marchandise à bon marché*, *à trop bon marché*. *Je l'ai eu à meilleur marché*. Cependant on peut dire : *Cela ne vous coûte que dix francs*, *c'est bon marché*, *c'est grand marché*; *Le bon marché m'a tenté;* tout comme on dirait, *C'est bas prix*, *le bas prix m'a tenté*.

Marchotter. Marchander longtemps sur un objet de peu de valeur ou pour une très-légère différence de prix. MARCHANDAILLER, CHIPOTER.

Marchotter. Faire le maquignon. MAQUIGNONNER.

Maréchal. L'E est aigu, et ce serait une faute de prononcer *Marchal*. Il en est de même du pluriel *Maréchaux*.

Maréchal. Outils et termes à l'usage des maréchaux ferrants.

BIGORNE. Espèce d'enclume à une ou deux *cornes*, fixée sur un *billot*, grosse pièce de bois placée debout.

BOUTOIR. Instrument tranchant qui a la forme d'une petite pelle recourbée, et qui sert à parer le pied du cheval.

BROCHOIR. Marteau dont le maréchal se sert pour *brocher*, c'est-à-dire pour enfoncer les clous qui servent à fixer le fer d'un cheval. *Brocher un clou.*

CISEAU. Instrument plat qui tranche par un des bouts, et qui sert à couper le fer. *Faire émoudre un ciseau.*

CISAILLES. (Ce mot ne s'emploie qu'au pluriel.) Gros ciseaux servant à couper des plaques ou des feuilles de métal.

CLEF. Espèce de levier qui a, à son extrémité ou vers le milieu, un trou carré, et qui sert à serrer ou à desserrer les écrous, les vis. La *clef anglaise*, qui est destinée au même usage, est une espèce de marteau à deux mâchoires dont l'une s'éloigne ou se rapproche au moyen d'une vis qui se trouve dans le manche.

CLOUTIÈRE. Pièce de fer carrée, à l'extrémité de laquelle on a pratiqué un ou plusieurs trous carrés ou ronds; on y fait entrer de force la tige de fer dont on veut faire des clous, en sorte que la partie qui excède la cloutière se rabatte et forme la tête du clou.

ÉCROU. (Ne prononcez pas *Egrou*.) Pièce de fer, de bois, etc., percée en spirale, et dans laquelle la vis entre en tournant. *Cette vis n'est pas assez grosse pour l'écrou. Tarauder un écrou.*

ÉQUARRISSOIR. Outil carré qui sert à agrandir les trous pratiqués dans une pièce de métal.

ÉTAU. Instrument dont on se sert pour tenir fermes les objets qu'on lime, qu'on travaille. Il est formé de deux branches ou *mâchoires* que l'on rapproche au moyen d'une vis à *oreille* ou à *levier*. Le petit étau dont on se sert en le tenant dans la main, s'appelle *étau à main*, pour le distinguer du grand étau, nommé *étau à pied*.

ENCLUME. La partie supérieure et plate de l'enclume s'appelle *table*, et les deux extrémités, dont l'une est ronde et l'autre carrée, se nomment *cornes*.

ÉTAMPE. Pièce d'acier qui sert à donner la forme arrondie aux têtes des clous de soulier. Il se dit aussi de l'instrument dont on se sert pour percer les trous du fer à cheval. Il se dit encore de toute pièce d'acier qui sert à imprimer des figures, le nom du fabricant, etc.

FER A CHEVAL. Les parties principales d'un fer à cheval sont :
1° *la voûte* au milieu de laquelle on forge un rebord triangulaire, mince, destiné à garantir la corne du pied, et appelé *pince* ou *pinçon*; 2° les *branches* dont les extrémités correspondant au talon se nomment *éponges* lorsqu'elles sont plates, et *crampons* quand elles sont recourbées. En temps de glaces on soude au milieu de la voûte un bouton d'acier appelé *bouton à glace*.

FILIÈRE. Plaque d'acier percée de plusieurs trous de différents calibres, servant à fileter des vis. La filière est ordinairement munie de *tarauds* qui servent à *tarauder* les *écrous*. Cette espèce de filière est appelée *simple*, pour la distinguer de la *filière double* qui se compose de deux *coussinets* placés dans une coulisse, lesquels se rapprochent ou s'éloignent au moyen d'une vis de pression.

FORÊT. Instrument avec lequel au *fore* des trous dans le métal. Il se compose de la *tige*, de la *boîte* ou *poulie*, de *l'archet* et du *plastron*. Il y a des *machines à forer* plus compliquées qui marchent au moyen d'une vis de pression qui appuie sur la tête d'un *vilebrequin*.

FRAISE. Outil dont on se sert pour *fraiser*, c'est-à-dire pour évaser l'entrée d'un trou *rond*, afin de *noyer* la tête du clou ou de la vis que l'on y enfonce. Lorsque cet évasement est carré, comme dans le fer à cheval, il se fait au moyen de *l'étampe*, et on dit que le trou est *étampé*.

GOUPILLON. Espèce d'aspersoir de paille dont les maréchaux se servent pour jeter de l'eau sur le feu.

LIME. Les principales espèces de lime sont : la *lime à dégrossir* qui est rectangulaire et très-mordante; *la lime méplate* qui est également quadrangulaire mais taillée beaucoup plus fin ; *la demi-ronde* dont un côté est plat et l'autre arrondi; *la lime à feuilles de sauge* qui paraît formée de deux limes demi-rondes jointes par les côtés plats; *la queue de rat* qui est entièrement ronde ; le *tiers-point* qui a une forme triangulaire et qui sert surtout à affiler les scies ; la *lime à fendre* dont on se sert pour fendre la tête des vis, etc.

machefer. (*Crahai*.) Scorie qui sort du fer et qui reste dans le foyer de la forge. Il se dit également des paillettes qui sortent du fer lorsqu'on le bat rouge sur l'enclume. *Le machefer pilé est très-bon à faire du ciment.*

marteau. Les différentes parties d'un marteau sont : *la tête* qui peut être plate, bombée, ronde, rectangulaire, etc ; *la panne*, côté opposé à la tête, et qui est plus ou moins aplati ; et *l'œil*, dans lequel est fixé le *manche*.

poinçon. Instrument dont on se sert pour faire des trous dans le fer en l'enfonçant avec un marteau.

pointeau. Poinçon d'acier pointu dont on se sert pour pointer les pièces que l'on veut percer avec un forêt, ou que l'on veut mettre sur le tour.

rape. Espèce de lime à dents pointues, dont on se sert pour parer le pied du cheval qu'on vient de ferrer, etc.

repoussoir. Cheville de fer qui sert à faire sortir une autre cheville ou un clou.

river. Abattre la pointe d'un clou sur l'autre côté de l'objet qu'il perce, et l'aplatir pour la fixer. *On ne saurait arracher ce clou, il est rivé.*

rivet. L'extrémité inférieure, tronquée et relevée du clou *broché* dans la corne du pied d'un cheval. *Le rivet doit être noyé* (enfoncé) *dans la corne.*

rogne-pied. Espèce de couteau avec lequel on tranche, à coups de marteau, les parties inutiles de la corne du pied d'un cheval.

souder. Joindre deux pièces de fer ensemble de manière à n'en faire qu'une.

soufflet. Il est formé de trois *flasques* dont celle du milieu est fixée solidement au *têtard*, et les deux autres attachées à la

MAR   333

même pièce par des charnières de cuir. Dans la flasque inférieure et dans celle du milieu sont pratiquées des ouvertures qui se ferment à l'aide de *soupapes*. Les autres parties du soufflet sont la *peau*, *la buse*, et la *branloire*. Cette dernière est une espèce de levier qu'on met en mouvement à l'aide d'une *poignée*, ou au moyen d'une *pédale*, ou enfin à l'aide d'une *roue à tympan* dans laquelle on fait marcher un chien.

TAS. Petite enclume dont se servent surtout les ferblantiers.

TENAILLE. (On dit plus souvent *tenailles*, au pluriel.) Grosse pince dont le maréchal se sert pour forger. Les tenailles à arracher les clous se nomment plus ordinairement *tricoises*. (Ce mot ne s'emploie qu'au pluriel.)

TISONNIER. Espèce de petit fourgon qui sert à attiser le feu et à en retirer le *machefer*.

TORCHE-NEZ OU SERRE-NEZ. (*Lunette*, *berique*.) Ficelle dans laquelle on passe et on engage la lèvre antérieure du cheval, et que l'on serre ensuite avec un morceau de bois. *Mettez le torche-nez à ce cheval, il sera tranquille.*

TOURET. Pièce de fer formée d'un anneau dans lequel entre et tourne un *tourillon*. Cette pièce est destinée à empêcher une chaîne de se tordre.

TRANCHE. Marteau dont la panne est tranchante, et qui sert à couper le fer lorsqu'il est chaud.

TRANCHET. Petit outil tranchant qu'on place dans le trou de l'enclume, et qui sert à couper le fer en posant celui-ci dessus et en frappant avec un marteau.

TRAVAIL. (*Travat.*) Machine de bois à quatre piliers, dans laquelle on attache, à l'aide de larges bandes de cuir appelées *soupentes*, les chevaux vicieux pour les ferrer. *Mettre un cheval au travail pour le ferrer.*

VIS. Voyez *Mécanique*.

Margoulette. AVALOIRE, GAVION. *Il a une*

belle avaloire. Quelle avaloire. Il a mangé comme un loup, il en a jusqu'au gavion. On lui a coupé le gavion.

Marmiton, mirmidon, mirliton. On appelle *Marmiton*, Celui qui est chargé du plus bas emploi d'une cuisine. *Mirmidon* se dit par mépris, par raillerie, D'un jeune homme de très-petite taille, et figurément, De ceux qui ont des prétentions exagérées et ridicules. Un *Mirliton* est Une espèce de flûte formée d'un bout de roseau, de sureau, de branc-ursine, et bouché par les deux bouts, avec une pelure d'oignon ou un morceau de baudruche. *Il est sale comme un marmiton. Voilà un plaisant mirmidon. Ces mirmidons prononcent sur ce qu'ils n'entendent pas. Les enfants jouent du mirliton.*

Mascarade, masque. *Mascarade* se dit D'une réunion de *masques*, c'est-à-dire de gens déguisés ou masqués. *Venez voir une belle, une plaisante mascarade. La mascarade est entrée chez lui. Une compagnie, une troupe, une bande de masques. Un joli, un beau, un vilain masque. Il faut laisser entrer les masques.*

Mascauder. MALTRAITER, BATTRE, TAPOTER. *Cette femme est de mauvaise humeur, elle tapote toujours ses enfants.*

Mate. Humide, un peu mouillé. MOITE. *De la neige qui est moite.*

Mauhonteux. EFFRONTÉ, VILAIN, MALHONNÊTE.

Mauvais. Ce mot peut s'employer dans le sens de Méchant, mais jamais comme synonyme de FACHÉ. *Que cet enfant est mauvais ! C'est un homme qui a toujours l'air fâché* (et non *mauvais*). *Oh ! le mauvais. Oh ! la mauvaise.*

Mawette. ENGORGEMENT DES GLANDES DU COU.

Mécanique. Définition de quelques termes relatifs à la mécanique.

ARBRE. Grosse pièce de bois ou de fer, ordinairement cylindrique, garnie aux extrémités de deux *tourillons* d'acier tournant sur des *coussinets* de métal, et qui sert d'axe à une *roue hydraulique* ou à une *roue d'engrenage*.

CABESTAN. Cylindre de bois posé *verticalement*, qu'on fait tourner au moyen de *leviers* qui le traversent, et sur lequel s'enroule un *cable* qui sert à attirer *horizontalement* de grands fardeaux.

CABLE. Grosse corde dont on se sert pour tirer ou élever des fardeaux.

CABRE. Espèce de chèvre formée de trois perches réunies par le haut, et assujetties à l'aide d'un lien qui supporte en même temps une *poulie*. Les bouts inférieurs des perches s'éloignent à volonté et sont tenus à l'aide de cordes ou de tringles, ou même simplement enfoncés dans le sol.

CAME. Lame ou dent courbe et très-saillante, fixée à une roue ou à un arbre tournant, et qui sert à élever les pilons d'un bocard ou d'une presse à huile, le marteau d'une forge, le levier qui fait mouvoir les cribles d'un tarare, etc.

CHÈVRE. Machine propre à élever des fardeaux. Elle est formée comme la cabre, de trois *mâtereaux* réunis par le haut, où se trouve une poulie, mais elle a de plus un *treuil* ou *moulinet* sur lequel vient s'enrouler la corde accrochée à l'objet à élever.

CRIC. (Prononcez *Cri*.) Petite machine formée d'une *crémaillère*, de deux *pignons*, d'une *manivelle* et d'une *boîte*. Il sert à élever à une hauteur de quelques pieds seulement des arbres, des blocs de pierre, etc.

ÉCOPERCHE. Pièce de bois portant une poulie à son extrémité, que l'on fiche en terre presque verticalement, ou que l'on passe par une ouverture vers le haut d'un bâtiment, en la fixant à l'aide de cordes, pour élever des pierres, des pièces de charpente, etc.

ENCLIQUETAGE. Mécanisme qui empêche une roue, un treuil, etc, de tourner en arrière. Il est composé d'une *roue à rochet*, c'est-à-dire garnie de dents triangulaires faites comme celles d'une crémaillère, et dans lesquelles vient s'engager le bout d'une petite pièce mue par son propre poids ou par un ressort, appelée *cliquet*. Ce mécanisme se rencontre fréquemment dans les horloges et dans toutes sortes de machines à mouvement circulaire.

ENGRENAGE. Les *roues d'engrenage* communiquent le mouvement à des roues ordinairement plus petites nommées *pignons* lorsqu'elles sont *dentées*, et *lanternes* lorsque les dents sont remplacées par des *fuseaux* maintenus par deux petits plateaux circulaires appelés *tourtes* ou *tourteaux*. Les *dents* d'une roue d'engrenage portent le nom d'*alluchons* (pignet), lorsque, au lieu de faire corps avec la roue, elles sont formées de petites pièces détachées, fixées dans une série de mortaises sur la couronne de la roue ; dans ce cas la roue se nomme aussi *rouet*.

GRUE. Machine en forme de potence, tournant ordinairement sur elle-même à la manière d'une porte, et qu'on place dans les magasins et dans les grandes usines, pour charger et décharger des voitures, pour soulever et manœuvrer de lourds fardeaux, etc. *Le moulinet de la grue.*

LEVIER. Barre de fer, pièce de bois, etc, servant à soulever, à remuer des fardeaux. *Le point d'appui d'un levier.*

MANÉGE. Appareil servant à faire marcher une machine à

l'aide de bêtes de trait. Il est formé d'un *arbre* vertical tournant sur une *crapaudine*, tenu, en haut, par un *collet* attaché solidement à une poutre, et pourvu d'un nombre de *leviers* ou *bras* égal à celui des chevaux ou des bœufs qu'on veut atteler. Cet arbre communique, au moyen d'un *engrenage conique* ou *à angle droit*, le mouvement à un *pignon* horizontal qui fait marcher la machine.

MANIVELLE. Pièce de fer ou de bois qui se replie deux fois à angle droit, et dont on se sert pour faire tourner une machine avec la main. *La manivelle d'un moulin à café. Tourner la manivelle.*

MOUFLE. Machine formée de plusieurs poulies, servant à élever des fardeaux. *Lever un fardeau avec une moufle, avec des moufles.*

POULIE. Roue suspendue à l'aide d'une *chape* de fer, et dont la circonférence est évidée, c'est-à-dire présente une *gorge* dans laquelle on fait passer la corde, lorsqu'on veut élever un fardeau. *La poulie d'un puits.*

ROUE HYDRAULIQUE. Roue mue par un courant d'eau. On dit qu'une roue hydraulique est *en dessous* ou *à aubes*, lorsque l'eau vient pousser par en bas contre des planchettes appelées *aubes* ou *palettes*. La *roue à augets* ou *à pots* reçoit l'eau *en dessus* dans de petits vases allongés appelés *augets*. Ceux-ci sont formés par des *joues* fixées sur le *tambour* et assemblées aux *jantes* qui tiennent à l'*arbre* au moyen de barres de bois appelées *bras* ou *croisillons*. La *roue de côté*, qui peut être *à aubes* ou *à augets*, reçoit l'eau ordinairement un peu en dessous du milieu de sa hauteur.

Pour communiquer le mouvement à ces roues on conduit l'eau, à partir du *barrage*, dans une espèce d'auge de planche ou de maçonnerie appelée *coursier*. Le *barrage* ou *empalement* est composé d'un *bâti* en charpente dans lequel joue verticalement une espèce de porte appelée *vanne* ou *pale. Il faut lever la vanne pour faire aller le moulin. Abaisser la vanne. Lever, baisser la pale du moulin.*

SONNETTE. Machine dont on se sert pour enfoncer des pilotis et des pieux, en élevant une grosse pièce de bois armée de fer, appelée *mouton*, et en la lâchant subitement pour la laisser tomber de tout son poids.

TREUIL. Cylindre de bois ou de métal tournant sur des *tourillons* à l'aide d'une *manivelle* ou de *leviers*, et sur laquelle s'enroule une corde attachée au fardeau qu'on veut élever, ou à l'objet qu'on veut attirer. C'est à l'aide d'un treuil qu'on tire l'eau dans certains puits ; c'est également sur des treuils que s'enroulent les cordes d'une horloge, etc.

VIS. Une vis se compose de la *tête* qui est *fendue*, *carrée*, *à oreilles*, *à leviers*, etc., et dont la partie inférieure qui pose sur l'objet percé, se nomme *embase* ; et de la *tige* qui est *filetée*, c'est-à-dire couverte d'une saillie en spirale appelée *filet* (l'espace entre deux filets se nomme *pas*) et qui entre en tournant dans un trou *taraudé* auquel on donne le nom d'*écrou*.

VIS SANS FIN. Vis qui sert à faire mouvoir une roue dentée. Elle est fixée de manière à tourner sur son axe sans avancer ni reculer, et les filets de la vis engrenant dans les dents d'une roue, obligent celle-ci à marcher lorsqu'on fait tourner la vis. C'est à l'aide d'une vis sans fin armée d'une manivelle qu'on fait mouvoir le cylindre d'une serinette, d'un orgue de Barbarie, etc.

Me. La particule *y*, unie au pronom *me*, ne se place jamais après le verbe. On ne dit pas, *Attendez m'y, menez m'y*. Grammaticalement il ne serait pas incorrect de dire, *Attendez-y-moi, menez-y-moi ;* mais on évite ces façons de parler bizarres. On pourrait dire : *Vous m'y attendrez, veuillez m'y attendre, je vous prie de m'y mener.* Au contraire l'adverbe *y*, dans le même sens, se met bien après le pronom *nous. Menez-nous-y, Donnez-nous-y une place.* Cette règle ne s'applique pas non plus à la particule *en*. On peut dire : *J'ai besoin de sages conseils, donnez-m'en.* (Acad.)

Mécontent. On est mécontent *de* quelqu'un, et non *après, sur* ou *contre* quelqu'un. *Il est mécontent de vous* (et non *après vous*). *Il est fort mécontent de son fils.*

Médire. On dit à l'indicatif, *Vous médisez*, et à l'impératif, *Médisez.* Les autres temps se conjuguent comme *Dire. Vous médisez de tout le monde.*

Médaille. Ce mot se dit non-seulement D'une pièce d'or, d'argent, de cuivre ou d'autre métal qui représente une personne illustre, un sujet de dévotion, etc., mais on donne aussi et particulièrement ce nom, Aux anciennes monnaies qui n'ont plus cours dans le commerce, et que l'on conserve comme objets d'antiquité. *Il est savant en médailles. La légende, le champ, l'exergue, l'inscription d'une médaille. Découvrir des médailles.*

Mêle. Voyez *Cartes.*

Melon. Prononcez *M'lon.*

Même. Est adverbe ou adjectif, et par conséquent invariable ou variable, selon que l'on peut ou non, le déplacer sans changer le sens de la phrase. *Quand même il me l'aurait dit* (même quand il me l'aurait dit). *Les hommes, les animaux, les plantes même*, (et même les plantes), *sont sensibles aux bienfaits. Ils sont venus eux-mêmes.* (On ne pourrait pas dire *même eux*.)

Même (Tout de). Pour savoir si l'on doit dire *Tout de même* ou *Tout le même*, il suffit de voir si, en supprimant l'adverbe *Tout*, on emploierait *De même* ou *Le même*. *Il est tout le même qu'il y a dix ans. Elles sont faites tout de même l'une que l'autre.*

Mémouscade. Graine très-odorante de la forme d'une noisette. NOIX MUSCADE ou simplement MUSCADE. *Aimez-vous la muscade?*

Ménager. ÉTAGÈRE. Voyez *Cuisine*.

Mener. Prononcez *M'ner*. Il en est de même des mots *Emmener* et *Amener*. Cependant dans les temps où l'*n* est suivie d'un *e muet*, le premier *e* devient grave et se prononce comme dans *Père. Je mène, je mènerai.*

Menteur fait au féminin *Menteuse* et non *Menteresse. Elle est menteuse comme un laquais.*

Mentor. On prononce *Mintor.* (Acad.) *Vous êtes bien jeune pour faire le mentor.*

Menu. Le *menu* d'un repas est la note de ce qui doit y entrer, et non les mets, comme on le pense assez généralement. *Il y aura demain vingt personnes à table, il faut dresser le menu.*

Menu. MENUE PAILLE.

Menuisier. Nomenclature des termes et des outils à l'usage du menuisier.

AFFILER. Donner le fil à un tranchant à l'aide d'une pierre douce nommée *pierre à affiler* (raffile).

AFFLEURER. Réduire deux corps contigus à une même surface, sans saillie. *Affleurer les battants d'une armoire.* Il se dit aussi neutralement de ce qui est affleuré. *Ces pièces de bois affleurent bien.*

AFFUTER. Aiguiser un outil pour le rendre plus perçant ou plus coupant. *Affuter ses outils, son ciseau, son burin.*

ASSEMBLAGE. Il existe une grande quantité d'assemblages dont les principaux sont : 1° l'assemblage *à tenons et mortaises* qui peut être *carré* ou à *onglet* ; 2° l'assemblage *à goujons* où la mortaise est remplacée par un trou rond et le tenon par une espèce de cheville appelée *goujon* ; 3° l'assemblage à *demi-bois* qui se fait en enlevant une partie de l'épaisseur de chaque pièce, et en les fixant l'une sur l'autre au moyen de colle et de chevilles ; 4° L'assemblage *à queues d'aronde* qui est dit *à queues percées*, lorsque l'entaille est pratiquée sur toute l'épaisseur de la planche, et *à queues perdues*, lorsqu'elle n'existe que sur une partie de cette épaisseur ; 5° l'assemblage *à rainures et languettes* qui sert à joindre des planches dans le sens de la longueur.

ATELIER, BOUTIQUE. Le premier se dit du lieu où travaillent plusieurs ouvriers réunis; le second, du lieu où travaille un artisan soit seul, soit avec des aides. Boutique se dit encore de l'ensemble des intruments dont on se sert dans une boutique ou dans un atelier. *Des garçons qui travaillent à un atelier. Quitter un atelier. Vous avez une boutique de menuisier chez vous. Il a emporté ses marteaux, ses limes, etc, enfin toute sa boutique.*

AUBIER. Voyez *Forêt*.

BEC-D'ANE ou BÉDANE. (Prononcez dans tous les cas *Bédane*.) Espèce de ciseau propre à faire des mortaises. Ce mot est masculin.

BESAIGÜE. (Prononcez l'*U* comme dans *Aigu.*) Outil de fer taillant par les deux bouts, dont l'un est un bec-d'âne, et l'autre en ciseau. Il est surtout employé par les charpentiers.

BILLOT. (*Rôle.*) Tronçon d'arbre placé debout, et sur lequel on appuie les petites pièces de bois qu'on travaille à la hache à main.

BISEAU. Extrémité d'un taillant, bord d'une pièce de bois, etc, coupé en biais. *Le tranchant de cet outil est en biseau.*

BOUVET. (*Graveu.*) Espèce de rabot servant à faire les *rainures* et les *languettes* des planches qu'on veut assembler. L'un s'appelle par conséquent *bouvet à languettes*, et l'autre *bouvet à rainures.*

BROUTER. Se dit du rabot qui ne coupe pas le bois nettement, qui sautille.

CALE. Morceau de bois, de pierre, etc, qu'on place sous un objet pour le mettre de niveau, ou pour lui donner de l'assiette. *Ce meuble vacillait, je l'ai assujetti avec une cale. Cette table baisse plus d'un côté que de l'autre, il y faut mettre une cale.*

CHAMP. Face la moins large d'une planche, d'une poutre, etc. *Mettre de champ, poser de champ des pierres, des solives, des briques.*

CHEVALET. (*Cheval de bois.*) Espèce de banc sur lequel on fixe, à l'aide d'une *pédale*, les pièces de bois que l'on veut planer.

CISEAU. (*Cherpai.*) Instrument plat, ordinairement aiguisé en biseau, avec un manche rond placé du côté opposé au tranchant.

CLAIRE VOIE (A). Se dit de tout ouvrage de menuiserie ou d'osier dont les pièces laissent du jour entre elles. *Porte à claire voie. Entourer un bureau d'une enceinte à claire voie. Ce panier est à claire voie.*

COGNÉE. Hache du bûcheron.

COGNER. Chasser un coin à un roulon , à une cheville , à un tenon , pour l'empêcher de sortir. *Cogner une cheville.*

COMPAS. Le menuisier se sert du *compas ordinaire* , *du compas à vis de pression* et *du compas d'épaisseur* ou *maître à danser.*

COULISSE. Longue rainure par laquelle on fait glisser , aller et revenir un tiroir , un châssis , une fenêtre , etc.

COUTRE. Fer tranchant dont on se sert pour fendre les lattes de plafonds , les cercles de tonneaux , etc., en l'enfonçant à l'aide d'une *mailloche.*

CROCHET D'ÉTABLI. Plaque de fer dentelée , recourbée en équerre , qu'on fixe sur l'établi pour retenir les pièces que l'on rabote.

DEBOUT est un adverbe qui se dit en parlant d'une chose qu'on dresse ou qui est dressée , qui est maintenue verticalement sur un de ses bouts. *Mettre du bois debout. Le bois debout porte de très-lourds fardeaux. Une chose qui se tient debout en équilibre.*

DOSSE OU CROUTE. (*Dósseau.*) Première et dernière planche d'une pièce de bois qu'on scie de long.

DÉJETER (SE). Se courber , se déjoindre , s'enfler , se resserrer. *Le bois de ce meuble s'est déjeté. Ces ais se déjettent. Du bois déjeté.*

DÉJOINDRE (SE). Se retirer de manière que les joints apparaisssent. *C'est le soleil qui a déjoint ces ais. Cela est tout déjoint.*

ENGORGER (s'). Se dit d'un rabot , d'une varlope dont la *lumière* se bouche par les copeaux.

ÉQUERRE. Instrument qui sert à tracer les angles. Outre *l'équerre ordinaire* , le menuisier emploie *l'équerre à onglet* et *la fausse équerre* ou *sauterelle.*

ÉTABLI. (*Banc.*) Espèce de table longue , étroite et très-lourde, sur laquelle on place les objets qu'on veut travailler.

ÉTAU. Voyez *Maréchal*.

FERMOIR. Ciseau large à *deux biseaux*, terminé par une douille pour recevoir le manche.

FEUILLURE. Entaillure faite dans une planche, dans un cadre, etc., du genre de celles qu'on pratique dans les vanteaux et les croisillons des fenêtres, ou dans les cadres des tableaux, pour y fixer les vitres.

FILIÈRE A BOIS. Instrument servant à faire les vis à bois. Il est composé d'une boîte taraudée, munie d'un *ciseau* ayant la forme d'un V.

GAUCHIR. Se dit du bois qui travaille, qui perd la forme qu'on lui avait donnée. *Ce panneau de menuiserie gauchit*.

FORÊT. Petite mèche dont le manche est une traverse, et dont on se sert quelquefois pour faire des trous, lorsqu'on n'emploie pas le vilebrequin.

GOUGE. (*Goube.*) Espèce de ciseau arrondi dont on se sert surtout pour amorcer les trous qu'on veut faire à l'aide d'une tarière.

FUT. Monture d'un rabot, d'une varlope, d'un guillaume, etc. *Le fût d'un rabot de menuisier*.

GOUGER. Amorcer un trou avec une gouge.

GOUJON. Espèce de cheville destinée à entrer dans une cavité de même forme, pour assembler deux pièces de bois.

GUILLAUME. Sorte de rabot dont le fer est aussi large que le fût, et qui sert à faire les *feuillures*, etc.

GUIMBARDE. Instrument consistant en un fer tranchant, fixé avec un coin sur le milieu d'une planchette carrée de quatre à cinq pouces de face. La guimbarde sert à nettoyer et à unir le fond d'une mortaise, d'une entaille, etc.

HACHE. Les principales espèces de haches sont, la *hache de bûcheron* ou *cognée* qui a deux biseaux, la *hache à main* (hachette) qui n'en a qu'un, et dont le manche est très-court, et *la hache de charpentier* ou *épaule de mouton* dont on se sert pour équarrir les bois de forte dimension.

HERMINETTE. (*Hawelet.*) Espèce de hache qui a quelque ressemblance avec une pioche. On s'en sert pour tailler dans les pièces creuses.

LANGUETTE. Partie saillante formée sur la tranche d'une planche à l'aide d'un bouvet, et destinée à être logée dans la *rainure* d'une autre planche.

LUMIÈRE. Trou d'une varlope, d'un rabot, etc., par lequel sortent les copeaux.

MAILLET. Gros marteau de bois à deux têtes.

MAILLOCHE. Gros maillet dont on se sert pour fendre le bois, en le tenant à deux mains.

MARQUETERIE. Ouvrage de bois de diverses couleurs, appliqués par feuilles minces sur de la menuiserie, de manière à former des compartiments. *Une table, un secrétaire de marqueterie. Un parquet de marqueterie. Travailler en marqueterie.*

MÈCHE. (*Torbis.*) Espèce de petite gouge dont le bout est recourbé en *mouche*, en *cuiller*, qui est attachée au vilebrequin, et qui sert à faire des trous de petite dimension. Il y a aussi des mèches à *vis* appelées *vrilles* et des *mèches anglaises* terminées par une pointe triangulaire centrale, qui sépare le *traçoir* du *couteau*.

MEULE. Pierre à aiguiser ronde, tournant au moyen d'une *manivelle*, et dont le bord entre dans une *auge* remplie d'eau.

MORTAISE. (*Hotte.*) Trou, entaillure rectangulaire faite dans une pièce de bois ou de métal, pour y recevoir le *tenon* d'une autre pièce, quand on veut les assembler. L'espace compris entre deux mortaises, ou entre une mortaise et l'extrémité de la pièce, s'appelle *épaulement*.

MOUCHETTE. Espèce de rabot servant à faire des moulures.

MOULURE. Voyez *Architecture*.

ONGLET. Se dit de l'extrémité d'une planche qui est taillée à demi-angle droit ou à angle de 45 degrés. *L'angle d'un cadre, d'une corniche forme deux onglets.*

PANNEAU. Partie d'une porte, d'une boiserie, entourée d'un cadre. *Une porte à panneaux, des volets à panneaux.*

PIED OU PIED DE ROI. Instrument en forme de petite règle, sur laquelle figurent les subdivisions du pied.

PIED DE BICHE. Petit morceau de planche dans lequel on a fait une entaillure en forme de V, et qu'on attache sur l'établi à l'aide du valet pour soutenir l'un des bouts d'une planche qu'on rabote sur le côté étroit.

PLACAGE. Ouvrage de menuiserie ou d'ébénisterie, fait de bois scié en feuilles minces, qui sont *plaquées* sur d'autre bois de moindre prix. *Menuiserie de placage. Table, armoire, commode, bureau de placage.*

PLANE. Couteau à deux poignées, dont on se sert pour *planer* les pièces de bois qu'on n'unit pas au rabot.

QUART DE ROND. Sorte de rabot destiné à faire la moulure en saillie dite *quart-de-rond*.

RABOT. Outil composé d'une espèce de ciseau ajusté dans un *fût* de bois, et servant à dresser et à aplanir la surface du bois qu'on travaille.

RAINURE. Petite entaillure faite en long sur l'épaisseur d'un morceau de bois ou d'une planche à l'aide d'un *bouvet*, pour y introduire la *languette* d'une autre pièce.

RATELIER. Tringle de bois fixée au mur d'un atelier, portant des dents ou une rainure, dans laquelle on range les ciseaux, les gouges, etc.

SCIE. Les scies les plus communes sont : *la scie à scier de long, la scie à deux poignées, la scie ordinaire, la scie à chantourner, la scie à cheviller et la scie de jardinier.*

MES 347

SERGENT. Instrument de fer qui sert à tenir serrées l'une contre l'autre les pièces de bois qu'on a collées, et celles que l'on veut cheviller.

SOIE. La partie d'un ciseau, etc., qui entre dans le manche.

TARAUD. Instrument de différentes formes, destiné à creuser le *filet* d'une vis dans un *écrou*.

TARIÈRE. (*Terère*). Instrument propre à faire des trous de forte dimension, et qui se tourne à deux mains à l'aide d'une traverse appelée *manche*.

TENON. Extrémité d'une pièce de bois diminuée d'une partie de son épaisseur, qu'on enfonce dans une mortaise. Le bout de la pièce à côté du tenon s'appelle *embase*.

TOURNE-A-GAUCHE. Instrument d'acier portant plusieurs fentes latérales, dont on se sert pour *régler la voie* d'une scie.

TRUSQUIN OU TROUSQUIN. Outil dont on se sert pour tracer des lignes parallèles, telles que l'épaisseur des tenons, la largeur des mortaises, etc.

VALET. Outil de fer servant à fixer sur l'établi le bois qu'on travaille.

VARLOPE. (*Joindresse*.) Sorte de grand rabot. Le menuisier se sert de la *grande varlope* et de la *demi-varlope* ou *rifflard*.

VILEBREQUIN. (*Manche de torbie*.) Instrument de fer ou de bois ayant plus ou moins la forme d'un C, et auquel on ajoute une *mèche* pour percer des trous de petit diamètre.

VRILLE. Espèce de mèche terminée par une vis conique, et que l'on tourne à la main au moyen d'un manche en forme de T.

Merlifice. EMBARRAS. *Cet homme fait bien de l'embarras.*

Mespasser (Se.) En parlant du cheval, Se donner une entorse en faisant un faux pas. ATTRAPER, SE DONNER UNE MÉMARCHURE.

Mesvendre. Vendre une chose moins qu'elle ne vaut. MÉVENDRE. *Il y a des temps où les marchands sont obligés de mévendre.*

Méteil. Prononcez ce mot comme il est écrit, et non *Métail. Du pain de méteil.*

Métillon n'est pas français, il faut dire MÉTEIL.

Mette. MATIÈRE, ÉTOFFE, PATE. *La façon de l'ouvrage coûte plus que la matière. Le bois, la pierre, etc., sont la matière dont on fait les bâtiments. Il n'y a pas assez d'étoffe dans ce chapeau. Voilà de la vaisselle d'argent bien pesante, on n'a pas plaint, on n'y a pas plaint l'étoffe. Ils ne valent pas mieux l'un que l'autre, ce sont des gens de même étoffe. C'est un homme de bonne pâte.*

Meuble. Description de quelques meubles d'appartement.

ARMOIRE. Meuble fermé par une ou plusieurs portes, garni de *tablette* ou de *tiroirs* à l'intérieur, et servant à renfermer toutes sortes de choses. *Armoire à porte pleine, à porte vitrée. Armoire arasée* (enfoncé dans le mur).

ABATANT. Porte d'une armoire, d'un secrétaire, qui s'ouvre en s'abaissant. Il se dit aussi de la partie de l'armoire qui se ferme au moyen d'un abatant. On appelle encore abatant, la pièce du comptoir qu'on lève et qu'on abaisse pour entrer et sortir.

BERGÈRE. Espèce de fauteuil plus large et plus profond que les fauteuils ordinaires, et garni d'une espèce de coussin sur lequel on s'assied.

BIBLIOTHÈQUE. Meuble consistant en un grand nombre de

tablettes fixées à demeure ou soutenues par des *crémaillères*, sur lesquelles on range des livres, des papiers, etc.

BRONZE. Tout meuble, tout ustensile, tout ornement de bronze. *Voilà un beau bronze. Il aime les bronzes.*

BUFFET. Armoire où l'on enferme la vaisselle et le linge de table. On nomme également *buffet*, la table où l'on met une partie de la vaisselle qui doit servir au repas, avec le pain, le vin, les verres, etc. *Dresser le buffet. Oter le buffet.*

BUREAU. Espèce de table à tiroirs et à tablettes, où l'on renferme des papiers, et sur laquelle on écrit. *J'ai mis ces papiers dans mon bureau. Je me suis mis à mon bureau pour écrire une lettre.*

CANAPÉ. Sorte de grand siége à dossier, où plusieurs personnes peuvent être assises ensemble, et dont on se sert quelquefois comme lit de repos. *Se coucher, s'étendre sur un canapé.*

CARREAU. Coussin carré dont on se sert pour s'asseoir, ou pour se mettre à genoux. *Carreau de velours. Carreau galonné d'or.*

CAUSEUSE. Petit canapé où peuvent s'asseoir deux personnes et causer à l'aise. Le dossier des causeuses a ordinairement la forme d'une S, et les personnes qui s'y trouvent assises ont la figure tournée en sens inverse.

CHEMINÉE. Partie de la cheminée qui s'avance dans la chambre, et au-dessus de laquelle on place ordinairement une glace. *Cheminée de marbre. Mettre une pendule et des vases sur une cheminée. La tablette de cette cheminée n'est pas assez large.*

CHAISE LONGUE. Espèce de lit ou de canapé qui n'a de dossier qu'à l'une de ses extrémités.

CHIFFONNIER OU CHIFFONNIÈRE. Sorte de petit meuble à plusieurs tiroirs, dans lequel les femmes mettent des morceaux d'étoffe et tout ce qui sert à leurs ouvrages d'aiguille.

COMMODE. Meuble souvent à tiroirs, qui sert principalement à serrer du linge et des habits.

CONSOLE. Espèce de meuble ou de table étroite, soutenue par des pièces ornées de volutes ou d'autres sculptures, qu'on place ordinairement entre deux croisées, sous une glace, pour y poser des bronzes, une pendule, des vases, etc.

DIVAN. Espèce de lit de repos ou de grand canapé sans dossier.

ÉCRAN. Sorte de petit meuble dont on se sert pour se garantir le visage de l'ardeur du feu. Il y a des écrans qu'on tient à la main et d'autres qui sont montés sur un pied.

ÉCRIN. Petit coffret où l'on met des bagues, des pierreries, des bijoux, etc. Il se dit aussi, des joyaux contenus dans un écrin. *Elle apporta l'écrin où étaient ses pierreries. Un riche écrin.*

ÉVENTAIL. Petit meuble composé de lames légères d'ivoire, de bois, etc, qui se replient les unes sur les autres, dont la partie supérieure est ordinairement recouverte de papier ou de taffetas, et dont on se sert en l'agitant devant sa figure pour se donner du vent. *Les bâtons d'un éventail. Un éventail de papier. Jouer de l'éventail.*

FAUTEUIL. Grand siége à *dossier* et à *bras*. Le fauteuil a *crémaillère* est celui dont on peut abaisser ou relever le dossier au moyen d'une crémaillère.

GARDE-ROBE. (Ce mot est féminin.) Chambre destinée à renfermer les habits et le linge. *Cet appartement est composé d'une antichambre, d'une chambre, d'une garde-robe, et d'un cabinet.* Il se dit aussi, du lieu où l'on met la chaise percée. *Aller à la garde-robe.* Il se dit encore, d'une grande armoire où l'on suspend des habits, des robes, etc.

GLACE. Ce mot se dit principalement des miroirs de grande dimension. *Cet appartement est orné de glaces. Se regarder dans une glace.*

GIRANDOLE. Chandelier à plusieurs branches que l'on met sur une table, sur un guéridon, que l'on attache à un mur, etc.

GUÉRIDON. Espèce de petite table ronde à un pied, qui sert principalement à soutenir des chandeliers, des flambeaux, etc.

HOUSSE. Enveloppe d'étoffe légère dont on se sert pour couvrir les meubles de prix, afin de les garantir de la poussière. *Housse de fauteuil, de canapé. Housse d'édredon.*

HOUSSOIR. Espèce de balai de branchage, de graminée, de plumes, etc., dont on se sert pour nettoyer les meubles. Le houssoir de plumes s'appelle plus ordinairement *plumeau*. *Donnez un coup de houssoir à ce tapis.*

JARDINIÈRE. Espèce de table élégamment ornée, qui supporte une caisse ou des pots dans lesquels on cultive des fleurs. *Une jardinière d'acajou.*

JUDAS. Petit miroir mobile qu'on place à la fenêtre pour voir, lorsqu'on est assis dans l'embrasure, ce qui se passe dans la rue.

LAVABO. Petit meuble de toilette, souvent en forme de trépied, dont la caisse est creusée de manière à recevoir une cuvette, une aiguière, des flacons d'eau de senteur, etc.

LUSTRE. Espèce de lampe ou de chandelier à plusieurs branches ornées de cristaux, qu'on suspend au plafond pour éclairer une salle. Il est ordinairement surmonté d'un *réflecteur*.

MARCHEPIED. Petit meuble à deux ou trois degrés, dont on se sert pour atteindre à quelque chose. *Il vous faut un marchepied pour atteindre à ce rayon de bibliothèque.*

NÉCESSAIRE. Boîte plus ou moins grande, qui renferme différents petits meubles ou ustensiles que l'on aime à trouver réunis sous la main, sans être obligé de se déplacer pour les chercher. *Un nécessaire à ouvrage* renferme des ciseaux, un dé, des aiguilles, des pelotons de fil, du coton de couleur, etc. *Un nécessaire d'homme* contient un assortiment d'objets pour la barbe et la toilette. Il y a également *des nécessaires de voyage, des nécessaires de toilette, etc.*

PLACARD. Armoire pratiquée dans un enfoncement de mur. *Il y a des placards des deux côtés de la cheminée.*

PLIANT OU SIÉGE PLIANT. Siége qui n'a ni bras ni dossier, et composé de deux cadres mobiles, réunis par des pivots, et recouverts d'une pièce d'étoffe forte sur laquelle on s'assoie. Il existe aussi des *fauteuils pliants* faits de la même façon.

PAILLASSON. Natte de paille ou de roseau qu'on met à l'entrée d'un appartement pour servir à essuyer les pieds.

PATÈRE. (Prononcez *Patair*, et non *Pâ-ter*.) Espèce de grand bouton de cuivre doré, ayant à peu près la forme d'une soucoupe, que l'on fixe à l'extrémité de ces verges de fer droites ou en croissant, dont on se sert pour tenir écartés et drapés les rideaux d'un lit ou d'une fenêtre. (Ce mot est féminin.)

POÈLE OU POILE. (*Fourneau, étuve.*) Sorte de fourneau de terre ou de fonte par le moyen duquel on échauffe une chambre. On donne également le nom de *poêle*, à la chambre commune où est le poêle. *Le tuyau d'un poêle. Les poêles répandent une chaleur plus égale que les cheminées. Entrer dans le poêle. En Allemagne on est presque toujours dans le poêle, toute la famille se tient dans le poêle.*

PORTEMANTEAU. Morceau de bois attaché à la muraille, et garni de boutons auxquels on suspend des habits. *Il faudra mettre deux portemanteaux dans cette chambre.*

PORTE-MONTRE. Petit coussinet plat et enjolivé, contre lequel on suspend une montre. *Attacher un porte-montre à la cheminée.* Il se dit également d'un petit meuble de bois ou de métal, en forme de pendule, où l'on peut placer une montre de manière que le cadran seul paraisse.

RATELIER. On donne ce nom à deux pièces de bois attachées verticalement à un mur, et garnies de cornes de différentes formes sur lesquelles ou pose des fusils et autres instruments.

SIÉGE. Par ce mot on comprend toute espèce de meuble fait pour s'asseoir, comme chaise, fauteuil, pliant, tabouret, canapé, etc. *Donnez un siége. Prenez un siége.*

SOFA OU SOPHA. Le sopha ressemble beaucoup au canapé. La différence la plus sensible entre ces deux espèces de siéges, c'est que le canapé n'a vers les bouts que des accoudoirs comme un fauteuil, au lieu des dossiers élevés qu'on trouve dans le sopha.

STORE. Espèce de rideau de coutil, de taffetas, de percale ou même de papier peint, qu'on place devant une fenêtre pour se garantir du soleil, et qui se lève en s'enroulant sur un cylindre.

TABLE. On appelle *table brisée* celle dont la feuille se replie sur elle-même au moyen de charnières. Il existe différentes autres espèces de tables, telles que *la table à ouvrage, la table à jouer, la table à coulisse, etc.*

TABOURET. Petit siége qui n'a ni bras ni dossier. Il ne faut pas le confondre avec l'*escabel* qui est fait beaucoup plus grossièrement.

TOILETTE. Petit meuble portatif ordinairement surmonté d'une glace, garni de tout ce qui sert à la toilette d'une femme. *Approchez la toilette de la cheminée. Le miroir d'une toilette.*

VASE. Certain vaisseau de forme élégante et à bord évasé, qui sert à mettre des fleurs, des fruits, etc. *Vase de cristal, de porcelaine.*

Miche-mache. PÊLE-MÊLE. *Mettre des hardes pêle-mêle dans un coffre. C'est un pêle-mêle où il est impossible de se reconnaître, de rien distinguer.*

30*

Micmac est un mot français qui signifie, Intrigue, manigance, pratique secrète dont le but est blâmable. *On ne connaît rien à tout ce micmac, à tous ces micmacs. Il y a eu bien du micmac dans cette affaire.*

Miée. LAIT FRAIS.

Miette, mie. *Miette* signifie, Petite partie, petit morceau. *Mie* ne se dit que De la partie du pain qui se trouve entre les deux croûtes. *Des miettes* (et non *des mies*) *de sucre. Donnez-m'en une miette* (un peu). *Vous ne lui en avez donné qu'une miette. Il n'a plus de dents, il ne mange plus que de la mie* (et non *de la miette*).

Minable. Pitoyable. Ce mot est français. *Il a un air minable.*

Minaudeur. Celui, celle qui est dans l'habitude de faire de petites mines affectées. MINAUDIER. *C'est un minaudier, une minaudière. Elle est trop minaudière.*

Mijon. Fille ou femme qui montre des prétentions par de petites manières affectées et ridicules. MIJAURÉE. *Elle fait la mijaurée. Voyez un peu cette mijaurée.*

Millet. On mouille les L. (Acad.) *Semer du millet. C'est un grain de millet dans la gueule d'un âne.*

Minée. INDISPOSITION, MALADIE RÉGNANTE.

Miniature. On prononce ordinairement *Mignature.* (Acad.) *C'est une sorte de peinture délicate qui se fait à petits points ou à petits traits,* avec des couleurs très-fines délayées à l'eau gommée. *Portrait en miniature.* Il se dit aussi D'une personne petite et délicate. *C'est une miniature, c'est une jolie petite miniature.* Il se dit encore D'un objet d'art de petite dimension et travaillé avec délicatesse. *Cette boîte est une vraie miniature.*

Minotte. Petite main. MENOTTE. *Il a de jolies menottes, de petites menottes.*

Minousse. Petit chat. MINON, MINET, MINETTE. *Le minet joue avec le chien. Voilà une jolie petite minette.*

Minousse. Assemblage de fleurs mâles ou femelles, disposées sur un seul pédoncule ordinairement pendant, et qui offre quelque ressemblance avec la queue d'un chat. CHATON. *Le saul, le noyer, le coudrier, etc., sont des arbres à chatons.*

Minre. MAIGRE. MINCE. *Un maigre repas. Un maigre divertissement. Une maigre réception. Il nous a donné un mince dîner.*

Minuit, midi. Ne dites pas, Sur *les* minuit, sur *les* midi; mais bien, Sur *le* minuit, sur *le* midi.

Miole. MOELLE. (Prononcez *Moal*). *Sucer la moelle d'un os.*

Miraine. Ce mot se traduit par MIGRAINE, lorsqu'il exprime Une douleur qui occupe la moitié ou une moindre partie de la tête. *Il est sujet à des migraines périodiques. Les odeurs très-fortes donnent la migraine. La migraine cause ordinairement des maux de cœur.* Il se traduit par AIGREURS OU RAPPORTS ACRES, lorsqu'on veut désigner Certains renvois aigres et chauds que causent les aliments mal digérés. *Cela donne des aigreurs, cause des aigreurs.*

Mirawer. Crier, en parlant du chat. MIAULER.

Miscotterie. BAGATELLE, FANFRELUCHE, BABIOLE, COLIFICHET. *Cette boutique est pleine de bagatelles. Il ne s'amuse qu'à des babioles. Acceptez ce petit présent, ce n'est qu'une babiole. Il n'a que des colifichets dans son cabinet.*

Misèrer n'est pas français, il faut dire LANGUIR. Voyez *Langorer.*

Misse. Viscère mou, situé dans l'hypocondre gauche. RATE.

Misser. COUPER L'HALEINE.

Mîter. ÉMIETTER, ÉMIER. *Emier du pain, de l'alun.*

Moïe. MEULE de fagots, de genêt, de paille.

Molée. SACHÉE de blé, de farine.

Molette signifie, Etoile d'éperon ; morceau de marbre, de verre, etc., pour broyer les couleurs. Mais on appelle POULIE, et non *Molette*, l'appareil composé d'une roue supportée par une *chape* et dont la circonférence porte une *gorge* ou *cannelure*, dans laquelle on passe une corde pour élever ou descendre des fardeaux. *La poulie d'un puits.*

Molinai. Petit instrument de bois dont on se sert quelquefois pour filer de la laine, pour tordre du fil, etc., FUSEAU. *Tourner, remplir, vider le fuseau.*

Mollier. Faiblir, fléchir. Dites MOLLIR. *Ce*

cheval aura peine à fournir sa course, il commence à mollir. Il ne faut pas mollir dans cette affaire.

Monsain. LOURD, PESANT, MOU. *Cet homme qui était autrefois fort agile, est devenu bien lourd. Cet homme commence à devenir pesant. Cet homme paraît fort et robuste, mais il est mou au travail. C'est un homme mou. Ce cheval est mou et n'a pas de force.* Le mot *Maussade*, dont on pourrait être tenté de se servir, signifie Désagréable, de mauvaise grâce. *Cet homme est maussade dans tout ce qu'il fait. Il est d'un caractère maussade. Le temps est maussade aujourd'hui. Cet habit est fort maussade* (mal fait).

Monsieur. On ne fait sentir ni l'N, ni l'R. (Acad.)

Montagne. MANCHE DE FLÉAU.

Monter se conjugue avec *Avoir* ou avec *Etre*, selon que le sens permet de répondre à l'une ou à l'autre des questions, *Qu'a-t-il fait,* ou bien, *Où est-il ? Qu'est-il devenu ? Il a monté quatre fois à sa chambre pendant la journée. Il est monté dans sa chambre et y est resté. Notre-Seigneur est monté au Ciel. Cet officier est monté en grade.*

Montre. Parties principales d'une montre.

AIGUILLE. (Ne dites pas *Touche.*) Petite verge de fer qui sert à indiquer l'heure.

BOITE. Elle comprend la *cuvette* au bord de laquelle est fixé le *bouton*, et la *lunette* dans le *drageoir* de laquelle est sorti le *verre*.

CADRAN. Surface un peu bombée et ordinairement blanche,

sur laquelle sont tracées les heures. Le cadran est percé au milieu pour passer l'axe des aiguilles, et sur le côté pour recevoir le *carré de la fusée* qui entre dans le *canon* de la *clef* lorsqu'on monte la montre.

ÉCHAPPEMENT. Mécanisme qui sert à modérer et à régler le mouvement de la montre. Il peut être *à roue de rencontre*, *à ancre*, *à cylindre*, etc. L'*échappement ordinaire* ou *à roue de rencontre* se compose d'une roue dentée à *rochet*, du *balancier* avec sa *verge* et ses *palettes*, du *spiral* qui est un ressort en fil d'acier de la forme d'un cheveu, et du *coq*, espèce de couvercle à jour qui préserve le balancier de tout choc.

ÉTUI. Boîte de cuivre, de fer-blanc ou d'autre métal dans laquelle certaines personnes portent leur montre.

FUSÉE. Pièce conique, cannelée en spirale, autour de laquelle s'enroule la chaîne lorsqu'on monte la montre.

PLATINES. Plaques de métal qui soutiennent les pièces du mouvement, et qui sont maintenues à distance au moyen des *piliers*, dans l'extrémité desquels on introduit des *goupilles*.

RESSORT. Pièce connue enfermée dans le *barillet*.

ROSETTE. Petit cadran ordinairement d'argent, fixé sur la petite platine et marqué des lettres A et R qui signifient *avance*, et *retard*. Sur ce cadran tourne l'*aiguille du retard*, qu'on appelle également *aiguille du spiral*.

SAVONNETTE. Montre sans verre, à deux cuvettes. Celles-ci sont ordinairement, *guillochées* c'est-à-dire ornées d'une quantité de traits circulaires qui s'entrelacent et se croisent avec symétrie.

Morsure. Prononcez *Morçure*. *Morsure de puce*.

Morzivre. Ivre au point d'avoir perdu tout sentiment. IVRE MORT. *Être ivre mort*.

Mortaillant. Certaines petites parties d'acier

presque imperceptibles, qui restent au tranchant d'un couteau, d'un rasoir, etc., lorsqu'on les a passés sur la meule, et qu'il faut achever d'emporter pour se servir utilement ou du couteau ou du rasoir. MORFIL. *Oter, faire tomber le morfil d'un rasoir, d'un couteau.*

Mou. BIEN, BEAUCOUP, CONSIDÉRABLEMENT, TRÈS. *Bien de l'argent. Bien de la peine. Il est bien savant.* L'adjectif *Moult* est un vieux mot dont il faut éviter de se servir. Au reste dans *Moult* on fait sentir l'L et le T. *Il avait moult d'argent.*

Mouchatte. MORVE.

Mouchette. BOUT DE L'ESSIEU.

Mouchettes. Instrument à deux branches, avec lequel on mouche les chandelles, les bougies. Ce mot ne s'emploie pas au singulier. *Apportez les mouchettes* (et non *la mouchette*). *Une paire de mouchettes.*

Mouchette. Toute espèce de petite mouche. MOUCHERON. *Il lui est entré un moucheron dans l'œil.*

Moucheux. Qui a la morve au bout du nez. MORVEUX. *Enfant morveux. Nez morveux. Qui se sent morveux se mouche. C'est un jeune morveux. Voilà un beau morveux pour faire l'entendu.*

Moucheux. En parlant d'une chandelle, CRASSEUSE, CHARGÉE.

Mouchier. TOUPILLER, SE DEMENER, SE REMUER, DANSER. *Elle ne fait que toupiller. Il croit m'échapper, mais je le ferai danser. Il se démène comme un* *diable dans un bénitier. Il faut voir comme il se démène, comme il se remue.*

Mouchier. Chasser les mouches. ÉMOUCHER. *Emoucher un cheval. Les chevaux s'émouchent avec leur queue.*

Mouchiran. Bout de la mèche d'une bougie, d'une chandelle, d'une lampe, etc., allumée. LUMIGNON. MOUCHERON.

Mouchiran. Bout que l'on a mouché du lumignon d'une chandelle. MOUCHURE.

Mouchiran. OEIL, GERME de pomme de terre.

Moudre se conjugue comme suit : *Je mouds, tu mouds, il moud, nous moulons, vous moulez, ils moulent. Je moulais, je moulus, je moudrai. Que je moule. Que je moulusse. Moulant. Moulu.* Il faut que *je moule*, que *vous mouliez*, qu'*il moule* du café.

Mouffe. Espèce de gant de peau. Ecrivez et prononcez MOUFLE.

Mouffeter. BOUGER, BRANLER, SOUFFLER. *S'ils bougent, c'est à moi qu'ils auront affaire. Ces enfants n'osent branler, n'osent souffler devant leur père. Si vous soufflez. Il est si fier, si impérieux qu'on n'oserait souffler devant lui.*

Moufflu. Ce mot n'est pas français, il faut dire, MOUFFLARD, MAFFLÉ, MAFFLU, JOUFFLU. *Voyez ce gros moufflard. C'est une grosse mafflée, une grosse mafflue. Visage mafflé. Cette femme est trop joufflue. Gros joufflu.*

Moufflasse. MOU, MOLLASSE, FLASQUE, LACHE. *Avoir les chairs molles, mollasses, flasques.*

Mouillette. Voyez *Chanvre*.

Moulin. Il faut bien se garder d'appeler *moulin*, le ROUET A FILER. Voyez *Chanvre*.

Moulin. Pièces principales d'un moulin à farine.

ARCHURE. Sorte de coffre rond qui recouvre les meules pour empêcher la farine d'être emportée par les courants d'air.

AXE DES MEULES OU GROS FER. Longue tige de fer battu, placée verticalement, et qui donne le mouvement à la meule tournante. Il repose sur une pièce de métal appelée *crapaudine*, laquelle est encastrée dans le *palier*. Par en haut le gros fer est recouvert d'une espèce de chapeau de fer nommé *frayon*.

ARBRE. Voyez *Mécanique*.

BARRAGE OU EMPALEMENT. Appareil placé à l'entrée du *coursier* ou *auge*, et composé d'un *bâti* dans lequel joue verticalement une espèce de porte appelée *vanne* ou *pale*. *Il faut lever la vanne pour faire marcher le moulin. Abaisser la vanne.*

BLUTEAU OU BLUTOIR. Le *blutoir* ancien ou *battant* est formé d'une espèce de sac tenu ouvert par des *cerceaux*, et fait d'une étoffe claire appelée *étamine*. Il est agité par un appareil composé d'une roue appelée *babillard*, contre les *fuseaux* ou les *cames* de laquelle vient frapper le bout du *claquet*, espèce de levier qui communique au *blutoir* un mouvement de trémoussement au moyen d'une autre petite pièce de bois nommée *baguette*. C'est le bruit que le claquet fait en battant contre le babillard qu'on appelle *tictac*. Le *blutoir cylindrique* est formé d'un cylindre de toile de métal ou de soie, mis en mouvement au moyen d'une *courroie*. Les blutoirs sont renfermés dans une caisse nommée *huche*, et reçoivent la farine des meules par des conduits de bois appelés *anches*.

LANTERNE. Voyez *Mécanique*.

MEULE. La meule de dessus se nomme *meule courante* ou *meule tournante*, et celle de dessous, *meule gisante* ou *gîte*. Elles sont percées d'un grand trou appelé *œillard*. Dans l'œillard de la meule tournante, entre l'*anille* qui a la forme de deux C adossés et liés ensemble. C'est dans cette pièce que passe le *gros fer*.

RECOUPE. (*Rebulé*.) Farine qu'on tire du son remis au moulin.

ROUE HYDRAULIQUE. Voyez *Mécanique*.

SACHÉE. Ce que peut contenir un sac. *Une sachée de noix, de blé, de farine*. On peut dire également, *Un sac de noix*, etc.

SON. (*Gruche*.) La partie la plus grossière du blé moulu.

TREMIE. Sorte de grand vaisseau carré, très-étroit par en bas, au-dessous duquel se trouve l'*auget* qui conduit le blé entre les meules, et qui reçoit un mouvement de va et vient par les fuseaux du *petit babillard*.

TREMPURE. Levier à bascule qui sert à hausser et à baisser le *palier*, et par suite la *meule tournante*, pour faire moudre plus ou moins fin.

Mousseux, moussu. Le premier signifie, Qui mousse; le second veut dire, Chargé de mousse. *Un arbre moussu* (et non *mousseux*).

Mouziner. BRUINER. *Il ne pleut pas, il ne fait que bruiner*.

Mouzinette. PETITE PLUIE, BRUINE.

Muer ne signifie pas REMUER, BOUGER. Il serait donc incorrect de dire, *Ne muez pas de là*; au lieu de, *Ne* BOUGEZ *pas de là*.

Mûre. Fruit du mûrier et d'une espèce de

ronce. Ce mot est féminin. *Noir comme une mûre* (et non *comme un mûre*).

Murlin. Espèce de hache à fendre du bois, à assommer les bœufs à la boucherie, etc. MERLIN.

Mûsener. S'amuser et perdre son temps à des riens. MUSER. *Cet homme ne fait que muser.*

Musener. Chanter entre ses dents et sans articuler d'une manière distincte. FREDONNER, CHANTONNER. *Elle fredonne sans cesse. Elle aime à fredonner. Fredonner un air, une chanson, une ariette. Il chantonne en se promenant.*

Musser. FOURRER, POUSSER, INTRODUIRE. *Fourrer son bras dans le lit. Fourrer la main dans sa poche. Où s'est-il donc fourré? Se fourrer sous un lit. L'ouverture était assez grande pour que l'on y pût introduire la main.*

Mussette (neige). NEIGE MENUE.

N

Nache. NICHE. *Il connaît toutes les niches, les niches de tous les saints.*

Nanreux. Sujet à être dérangé par certains mets, par la malpropreté. NAREUX.

Narcisse. Ce mot est masculin. Voyez *Plante*.

Nasse. Voyez *Pêche*.

Navet. Prononcez *et* comme dans *Net*. *Manger des navets.*

Nawai. NOYAU.

Nawée. Petit terrain arrondi, formé par les sinuosités d'une rivière. PRESQU'ÎLE.

Necdouille. Homme simple et borné. NICODÈME, NICAISE. *C'est un nicodème, un grand nicodème, un vrai nicaise.*

Nerf. On prononce l'F au singulier. (Acad.) *Cet homme a du nerf.* Cependant on prononce, comme au pluriel, *Nèr de bœuf.* Il ne faut pas confondre ce mot avec TENDON. Voyez *Homme.*

Neuf. L'F ne se prononce point dans le mot *Neuf*, quand il est suivi immédiatement d'un mot qui commence par une consonne : *Neu cavaliers, neu chevaux.* Quand il est suivi d'un substantif qui commence par une voyelle, l'usage ordinaire est de prononcer l'F comme un V. *Neuv-écus, neuv-hommes.* Mais lorsque *Neuf* est à la fin d'une phrase et lorsqu'il est suivi d'un mot qui n'est ni un substantif ni un adjectif, l'F se prononce. *J'ai tous les neuf dans mon jeu. De cent qu'ils étaient, ils ne restèrent que neuf.* (Acad.)

On fait sentir l'F de l'adjectif déterminatif *Neuf*, tant au singulier qu'au pluriel. *Il n'est rien tel que balai neuf. Des souliers neufs.*

Nettoiement. Ce qui sort du ventre de la femelle des mammifères, lorsqu'elle a mis bas. ARRIÈRE-FAIX.

Neufchâteau s'écrit avec un accent circonflexe comme le mot *Château*.

New-York. Prononcez *Neu-iork*.

Newton. Prononcez *Neuton*.

Niau. OEuf que l'on met dans un nid préparé pour la ponte des poules. NICHET.

Niche. SALE, MALPROPRE, CRASSEUX.

Nichereux. SALE, SALAUD, SOUILLON. *Fi ! le sale ! Allez vous nettoyer, vous laver petit salaud, petite salaude. Un petit souillon. Une petite souillon. Souillon de cuisine.*

Nicheté. SALETÉ, ORDURE, BALAYURE, SALIGAUD, RIEN QUI VAILLE. *Il y a ici de la saleté, des saletés qu'il faut ôter. Ce chien a fait là son ordure. Balayez cette chambre, elle est pleine d'ordures. Jeter des ordures. Il lui est entré une ordure dans l'œil. Les balayures sont des ordures qu'on a amassées avec le balai.*

Nier. Après ce verbe on peut indifféremment employer ou supprimer la négation. *Je ne nie pas qu'il n'ait fait cela, qu'il ait fait cela.* Dans le sens affirmatif, on doit toujours la supprimer. *Il nie que cela soit.*

Niquée. NICHÉE, PORTÉE, VENTRÉE. *Il a pris la mère et toute la nichée. Une nichée de souris. Il y a des chiennes qui font jusqu'à neuf et dix chiens d'une portée, en une portée. La truie fait quelquefois douze petits d'une ventrée. Cette brebis a fait deux agneaux d'une ventrée.*

Noce. Lorsque ce mot signifie Mariage, il ne se

dit qu'au pluriel. *Il épousa une telle en premières noces. Le jour de ses noces.* Lorsqu'il désigne Le festin, les réjouissances qui accompagnent le mariage, il se dit aussi bien au singulier, qu'au pluriel. *Une noce de village. Il y va comme aux noces, comme à des noces, comme à la noce. Repas de noce. Habit de noces. Je suis de noces. J'ai été aujourd'hui de la noce, à la noce. Quand il se maria, il ne voulut point faire de noces.* Lorsqu'il signifie, Toute l'assemblée, toute la compagnie qui se trouve à la noce, il ne s'emploie qu'au singulier. *Après le dîner, toute la noce est allée à l'opéra.* (Acad.)

Noclu. Qui a beaucoup de nœuds. NOUEUX, RABOTEUX. *C'est un bois fort noueux. L'épine est fort noueuse. Un bâton noueux. Le cornouiller est raboteux. Des planches raboteuses.*

Noclu. INÉGAL, RABOTEUX. *Un terrain inégal. Un plancher inégal. Un chemin raboteux. Une allée raboteuse.*

Noël. Ce mot est masculin, soit qu'il désigne La fête de la nativité de Notre-Seigneur, soit qu'il se dise d'Un cantique fait à l'honneur de cette fête. *Un noël sur tel air. Un beau noël.* Toutefois l'usage ne permet pas de dire, *Au Noël je ferai telle chose.* Dites, *A Noël, à la fête de Noël,* ou bien, en sous-entendant le mot *Fête, à la Noël je ferai telle chose.*

Noquer. Châtrer un bélier, un bouc, en lui serrant les cordons spermatiques à l'aide d'une ficelle: FOUETTER.

Noquette. NOEUD, BOULE.

Nouer à flots, à fourneux. NOUER A BOUCLES OU A NOEUD COULANT; NOUER A NOEUD DE CHARRETIER.

Nu. Cet adjectif est invariable lorsqu'il précède le substantif. *Il lui parle nu-tête* ou *tête nue* (ne dites pas *à tête nue*). *Aller nu-pieds, nu-jambes, nu-tête. Il allait tête nue. Il était nu-tête.* (et non *à nu-tête*). Cependant on dit, *Nue propriété.*

O

Obélisque. Ce mot est masculin. *Un obélisque chargé de caractères hiéroglyphiques.*

Obliger, devant un infinitif, demande *à* ou *de*, lorsqu'il signifie, engager, contraindre. *L'équité nous oblige à restituer ce qui ne nous appartient pas. Quelle raison vous oblige à faire ce que vous faites. L'envie de parvenir l'a obligé d'étudier. La crainte l'oblige à se taire. Vous m'obligerez à me fâcher.* Il prend *de*, lorsqu'il veut dire, rendre service, et lorsqu'il est employé au passif. *Vous m'obligerez beaucoup d'aller lui parler. Il fut obligé de se rendre. Je serai obligé de vous punir.* S'obliger demande *à*. *Prêtez-moi ce livre, je m'oblige à vous le rendre* (et non *de vous le rendre*) *dans deux jours.*

Ochelu. Qui a de gros os. OSSU. Il ne faut pas

le confondre avec *osseux*. Celui-ci signifie, Qui est de la nature de l'os. *Partie, substance osseuse.*

Occuper (S') *de quelque chose*, signifie, y penser, en avoir la tête remplie, chercher les moyens d'y réussir. *S'occuper à quelque chose*, veut dire, y travailler. *Il s'occupe de son jardin. Il s'occupe à son jardin. Il s'occupe à ou de* (suivant le sens) *détruire les abus. Il ne s'occupe que de bagatelles. Il ne s'occupe que de sa fortune. Tout le jour il s'occupe à lire. Il ne sait à quoi s'occuper. Il s'occupe à l'étude des belles-lettres.*

Octave. Ce mot est féminin. *Prêcher une octave.*

OEuf. On ne prononce l'F qu'au singulier. (Acad.) *Blanc, jaune d'œuf. Faire éclore des œufs* (*des zeu*, et non *des zœuff*).

OEil. On ne dit *OEils*, au pluriel, que dans *OEils-de-bœuf. Un pain, un fromage qui a des yeux, de grands yeux Ce bouillon est très-gras, il a beaucoup d'yeux.*

Offense. On dit, Rentrer, tomber EN ENFANCE, et non en *offense.*

Offrir, devant un infinitif, demande la préposition *de*; *s'offrir*, prend *à* ou *de*. *Il offre de* (et non *à*) *prendre ma maison à telle et telle condition. Il s'est offert de bonne grâce à y aller, d'y aller.*

Oie (Terminaison en). Voyez *Aie*.

Oine. Les mots ainsi terminés se prononcent

comme s'il y avait *Oanne* et non *Oènn ;* tels sont *Avoine*, *Antoine*, etc.

Oiseaux. Pour ne pas tomber dans des redites, nous diviserons les oiseaux en neuf classes, savoir : (1)

1° LES RAPACES OU OISEAUX DE PROIE.

Les oiseaux de cette classe se distinguent surtout par leur bec qui est crochu, et par leurs ongles qui sont forts, recourbés et très-pointus.

BUSE, MILAN. *(Miot, bête aux poules.)* Ce sont les deux plus grands oiseaux de proie qu'on voie dans notre province. On les confond souvent, quoiqu'il soit très-facile de les distinguer. Le *milan* a la queue fourchue, c'est-à-dire que le bout des plumes forme une espèce de V. Il plane souvent dans les airs en décrivant de grands cercles, et en faisant un cri plaintif. La *buse* a le bout de la queue arrondi et le plumage beaucoup plus brun.

CRÉCERELLE, ÉPERVIER, HOBEREAU, ÉMÉRILLON. Ces quatre rapaces ont assez de ressemblance. La *crécerelle*, qu'on voit souvent dans les airs rester longtemps comme immobile, battant des ailes et faisant un cri sauvage et précipité, est la plus grosse. Elle est d'un brun rougeâtre, avec des taches noires angulaires, et a la queue très-arrondie. Le *hobereau* est à peu près de la même grosseur, mais il est plus noir et a le bout de la queue comme coupé d'équerre ; parties supérieures d'un noir bleuâtre. L'*émérillon* est beaucoup plus petit, il n'a

---

(1) Les personnes qui désireraient de plus amples détails, pourront consulter *La Faune de la Moselle* de M. Fournel. Cet excellent ouvrage nous a été d'un grand secours dans la rédaction des articles, *Oiseaux*, *Quadrupèdes* et *Poissons*.

que la grosseur d'un merle. Il a les parties supérieures du corps cendrées. L'*épervier* se distingue de tous les autres par la disposition des pennes de ses ailes. Celles-ci sont arrondies, et c'est la quatrième plume qui est la plus longue, tandis que chez les autres c'est la deuxième.

GRAND DUC, HIBOU, SCOPS. Ces rapaces nocturnes se distinguent par leur tête qui est pourvue de deux aigrettes de plumes formant deux espèces de cornes. *Le grand duc* a 60 centimètres de longueur; *le hibou ou moyen duc*, 30 à 35, et le *scops* ou *petit duc* n'a que la grosseur d'un merle.

HULOTTE OU CHAT HUANT, CHOUETTE, CHEVÈCHE, EFFRAIE. *(Heurette)*. Tous ces nocturnes se distinguent à leurs pieds emplumés jusqu'au bout des doigts, et a la grosseur de leurs yeux et de leur tête, laquelle n'a pas d'aigrettes. La *hulotte* se tient dans les creux d'arbres et a les yeux bruns, tandis que les trois autres les ont d'un beau jaune doré. La *chouette* est la seule qui ait les oreilles fendues depuis le bec jusque vers le sommet de la tête. Elle se tient dans les bruyères, les rochers et les broussailles. La *chevèche* n'a que la grosseur du merle. Elle se tient, comme l'effraie, dans les vieilles murailles et les clochers, mais elle est plus petite. Elle n'a que vingt-cinq centimètres de long depuis le bout du bec jusqu'à l'extrémité des ongles, tandis que l'effraie en a trente-cinq à quarante. Le plumage du dos de l'effraie est brillant comme de la soie, d'un fauve nuancé de cendré et piqueté de points blancs, enfermés chacun entre deux points noirs.

JEAN-LE-BLANC. (*Blanc chasseur.*) Rapace de la grosseur de la buse; parties supérieures du corps d'un brun cendré; ventre et croupion blancs. La femelle est roussâtre, mais on la reconnaît facilement à son croupion blanc.

2° LES DENTIROSTRES.

Les oiseaux de cette classe ont la mandibule supérieure du bec échancrée des deux côtés, vers la pointe.

BERGERONNETTE OU HOCHE-QUEUE. La *bergeronnette grise* a le plumage cendré comme la *lavandière*, mais elle n'a pas, comme celle-ci, la tête et la gorge noires. La *bergeronnette jaune* ne doit pas non plus être confondue avec la *bergeronnette du printemps* : celle-ci a le ventre d'un jaune beaucoup plus vif, quoique le nom de la première semble indiquer le contraire. On reconnaît toutes les bergeronnettes à leur corps allongé, au mouvement continuel de leur queue et à l'habitude qu'elles ont de se tenir près du bétail dans les champs.

FAUVETTE. Les fauvettes ont des espèces de petites soies dirigées en avant, de chaque côté de la mandibule supérieure du bec. *La fauvette à tête noire* se distingue par la beauté de son chant, et par la couleur de la partie supérieure de la tête qui est d'un beau noir. *La fauvette babillarde* est la plus commune ; on la rencontre à chaque instant dans les haies et les buissons où elle sautille sans discontinuation. Elle a le dessus du corps d'un cendré brun, le dessous d'un blanc roussâtre. Les deux pennes latérales de la queue sont blanches. *La fauvette roussâtre* est plus petite que la précédente, elle n'a que dix centimètres de long. Elle a le plumage un peu plus roux et les pennes latérales de la queue brunes.

GRIVE. Nous avons quatre espèce de grives. La *draine* est la plus grosse ; elle a la poitrine et le ventre d'un blanc roussâtre, mouchetés de taches noires, triangulaires, assez fortes. La *litorne (chac-chac)* est un peu plus petite ; elle a le croupion, le dos et le dessus de la tête d'un cendré bleuâtre, le ventre blanc, la poitrine d'un roux clair avec de petites taches noires. La *grive commune* ou *grive chanteuse* se distingue du *mauvis* en ce qu'elle est un peu plus grosse et qu'elle a les plumes de dessous les ailes jaunes, tandis que le mauvis les a d'un roux de feu.

LORIOT. Grosseur de la grive commune; plumage du mâle d'un beau jaune doré, avec les ailes et la queue noires ; celui de la femelle, verdâtre. On imite très-bien son cri, lorsqu'on prononce en sifflant le nom même de l'oiseau.

MERLE. (*Grive noire.*) Le merle noir a tout le plumage ainsi que les pieds d'un noir foncé, et le bord du bec jaune. *Le merle à plastron blanc* est également entièrement noir, à l'exception d'une tache blanche qu'il porte à la poitrine. La femelle de l'un et de l'autre a le plumage beaucoup moins noir, et plutôt brun.

MOTTEUX OU CUL-BLANC. (*Chac-chac.*) Grosseur du pinson, plumage du dessus du corps cendré chez le mâle, brun chez la femelle; croupion blanc. Il ne perche pas et se tient sur les mottes de terre, sur les débris de carrière, etc.

PIE GRIÈCHE. (*Crawelue agace.*) La *pie-grièche grise* a la grosseur d'une grive ; tête et dos d'un gris bleuâtre ; ailes noires ; queue longue, également noire; ventre blanc ; une bande noire part du bec et va aboutir à l'oreille. Elle se tient à la cime des buissons isolés et est très-sauvage. La *pie-grièche rousse* est plus petite, a la queue moins longue et le dessus de la tête et du cou d'un roux très-vif. *L'écorcheur* est la pie-grièche la plus commune, et n'a que la grosseur du moineau. Il a le dessus de la tête, le dos et le croupion cendrés, avec une bande noire au-dessus de l'œil. Il se tient sur les haies et fait un ramage désagréable. Les pies-grièches ont la pointe du bec crochue commes les rapaces.

PIPI OU ALOUETTE-PIPI. (*Chantrai de bruyères*) Grosseur de la linotte. Se tient en été dans les bruyères, et en hiver sur les fontaines et le long des ruisseaux. Dessus du corps d'un gris brun mêlé d'une teinte olivâtre ; dessous d'un blanc sale, cou et poitrine marqués de taches longitudinales brunes. Lorsqu'il est à une certaine hauteur, il se laisse quelquefois tomber presque perpendiculairement en tenant les ailes comme immobiles, et répétant précipitamment les syllabes pi-pi-pi-pi. C'est de là que lui vient son nom.

POUILLOT. Il est un peu plus gros que le roitelet, et à peu près du même plumage ; dessus du corps d'un gris verdâtre; dessous d'un blanc jaunâtre; dessus de la tête de la couleur du dos et sans huppe. Il a un chant très-agréable et est fort commun dans nos bois.

ROITELET. Le plus petit des oiseaux qui habitent notre province. Il a la tête légèrement huppée, d'un jaune doré, avec des lignes noires et rouges. Il ne faut pas le confondre avec le *troglodite* (musse à haie) dont le plumage est brun, marqué de petites taches noirâtres très-épaisses, et qui tient la queue redressée à la manière des poules.

ROSSIGNOL. Grosseur de la linotte ; dessus du corps d'un gris brun, légèrement teint de roux ; queue roussâtre à l'extérieur, rouge en dedans. Pieds et ongles de couleur de chair.

ROUGE-GORGE. Même grosseur; dessus du corps d'un gris brun, gorge et poitrine d'un rouge orange. On en prend souvent dans les lacets de grives.

ROUGE-QUEUE. Même grosseur que le précédent. Il se reconnaît à la couleur des plumes du croupion et des couvertures de la queue, qui sont d'un roux vif.

3° LES CONIROSTRES.

Bec conique très-dur, plus ou moins gros à la base, sans échancrures vers la pointe.

ALOUETTE. L'*alouette des champs* est connue de tout le monde à cause de son chant agréable. L'*alouette des bois*, *lulu* ou *cujelier* a à peu près le même plumage, mais elle est plus petite et se tient dans les bois.

BOUVREUIL. (*Pilau.*) Un peu plus gros que le moineau ; poitrine d'un rouge vif chez le mâle, d'un gris rougeâtre chez la femelle ; dessus de la tête noir; parties supérieures du corps d'un gris cendré.

BRUANT OU ZIZI. (*Jaunisse.*) Cet oiseau, de la grosseur du pinson, a le ventre d'un jaune doré plus ou moins vif ; dessus du corps d'un roussâtre maillé de brun. Vers la fin de l'hiver il s'approche de nos habitations comme le moineau, et se tient surtout sur les tas de fumier où il cherche sa nourriture.

CHARDONNERET. Petit oiseau remarquable par la beauté de son plumage. Devant de la tête, joues et gorge d'un rouge cramoisi ; ailes noires, marquées d'une bande jaune ; queue noire ; grosseur de la linotte.

CORBEAU. Il ne faut pas confondre le corbeau avec la *corneille* qui est beaucoup plus petite. Celle-ci a le bout de la queue en ligne droite, le corbeau l'a arrondi. La *corneille mantelée* a le dessus du corps et le ventre d'un gris plus ou moins blanc, la tête, les ailes et la queue noires.

ÉTOURNEAU OU SANSONNET. (*Spraiwe.*) Grosseur de la grive commune; plumage noir à reflet vert, moucheté de taches jaunâtres très-nombreuses. Les étourneaux se réunissent par grandes bandes et sont souvent accompagnés de corneilles.

GEAI. Très-bel oiseau généralement connu. Il est surtout remarquable par une tache d'un bleu éclatant mêlé de bleu foncé et surmontée d'une autre tache d'un blanc vif, qu'on trouve sur chacune de ses ailes.

GROS-BEC. Oiseau un peu plus fort que le moineau, et qui doit son nom à la grosseur de son bec. Gorge, tour des yeux; pennes des ailes et de la queue noirs ; dessus du corps mêlé de cendré et de fauve ; poitrine d'un roux vineux ; ventre grisâtre ; pieds et ongles jaunes.

LINOT. (La femelle s'appelle *Linotte*, mais le nom de la femelle s'emploie communément, même en parlant du mâle. Acad.) Oiseau connu par la beauté de son chant. Dessus du corps d'un brun fauve; tête et cou d'un gris roussâtre; pennes des ailes et de la queue noires, bordées extérieurement de blanc ; dessous du corps blanchâtre avec du brun rougeâtre sur la poitrine.

MARTIN-PÊCHEUR. (*Vert pêcheur.*) Grosseur de l'alouette ; plumage du dessus du corps d'un bleu à reflet vert ; celui du dessous, rouge ; bec long d'un pouce et demi, quadrangulaire; queue très-courte. Habite le long des eaux.

MÉSANGE. Bec conique, droit, robuste, garni à la base de petites plumes dirigées en avant. La *grosse mésange* ou *mésange charbonnière* est la plus forte et la plus commune. Tête noire ; joues blanches ; ventre jaune, marqué d'une bande noire qui s'étend du menton à l'origine de la queue La *petite charbonnière* ressemble à la précédente, mais elle est beaucoup plus petite et a le ventre blanc. La *mésange à tête bleue* a le sommet de la tête d'un beau bleu clair. La *mésange cendrée* ou *nonnette* a la tête et les joues noires, la gorge et le ventre blanchâtres. La *mésange huppée* a une petite huppe de plumes noires bordées de blanc. La *mésange à longue queue* a la queue plus longue que le corps, formée de pennes noires bordées de gris blanc ; dessus du corps noir nuancé de blanc et de rougeâtre ; dessus de la tête, joues et poitrine blancs.

MOINEAU. (*Moucheron, pierrot.*) Oiseau très-connu et qui niche ordinairement dans des trous de mur ou sous les toits. Le mâle a la gorge noire.

PIE. (*Agace.*) Oiseau très-connu et remarquable par la longueur de sa queue.

PINSON. Le *pinson commun* est connu de tout le monde. Le *pinson d'Ardenne* ne niche pas dans notre pays comme son nom semble l'indiquer ; on ne le voit même guère qu'en automne et en hiver, en volées énormes. Dessus du corps d'un noir maillé de fauve ; croupion blanc ; dessous du corps fauve plus ou moins tacheté de noir; queue un peu fourchue, bordée extérieurement de blanc jaunâtre ; grosseur du pinson ordinaire.

SERIN OU CANARI. Oiseau de volière à plumage ordinairement jaune ; grosseur de la linotte.

VERDIER. *(Verte linette.)* Grosseur du pinson ; dos, cou et tête d'un brun olivâtre ; gorge et ventre d'un jaune plus ou moins verdâtre; pennes des ailes et de la queue jaunes à leur bord extérieur.

4° LES TENUIROSTRES.

Bec dur, grêle et allongé, sans échancrures.

GRIMPEREAU. Grosseur du troglodite ; bec long, arqué, grêle, aigu ; plumage varié de blanc, de roux et de noirâtre. Il grimpe le long des arbres comme une souris. C'est le seul des oiseaux de cette grosseur qui ait le bec long et arqué.

HUPPE. *(Boute-boute.)* Oiseau de la grosseur de l'alouette, ayant une espèce de crête de plumes très-longues sur la tête. Bec grêle, long, arqué, noirâtre ; corps d'un gris vineux ; ailes noires marquées de cinq bandes blanches.

SITTÈLE OU TORCHE-POT. *(Gripelet.)* Cet oiseau, qui a beaucoup de ressemblance avec les pics, grimpe le long des arbres avec une très-grande agilité. Grosseur du bouvreuil ; dessus du corps et tête d'un cendré bleuâtre ; ventre roux, gorge d'un orangé blanchâtre ; bande noire derrière l'œil.

5° LES FISSIROSTRES.

Bec fin et court, très-large à la base, sans échancrures.

CRAPAUD VOLANT OU ENGOULEVENT. C'est cet oiseau, un peu

plus gros que le merle, qui vient le soir des beaux jours d'été voltiger autour de nos habitations. Bec garni à la base de soies divergentes; plumage d'un gris brun, ondulé et moucheté de brun noirâtre; une bande blanche de chaque côté de la tête; jambes très-courtes.

HIRONDELLE. On voit ici, l'*hirondelle des fenêtres* qui a le croupion et le dessous du corps blancs; l'*hirondelle de cheminée* qui a le dessous du corps d'un blanc roussâtre et les deux pennes extérieures de la queue très-longues, en forme de fourche; et le *martinet* qui est entièrement noir et qui n'habite que les bâtiments élevés.

6° LES GRIMPEURS.

Les oiseaux de cette classe se reconnaissent à la disposition de leurs doigts, dont deux sont dirigés en avant et deux en arrière.

COUCOU. Oiseau généralement connu à cause de son cri. Dessus de la tête et du corps d'un gris cendré; ventre blanc, rayé de bandes transversales brunes.

PIC. (*Beche-bois, foreux.*) On trouve ici deux espèces de pics : le *pic varié* ou *épeiche* qui a la grosseur de la grive; le dessus du corps est noir, le dessous d'un blanc jaunâtre, le bas du ventre d'un rouge cramoisi; et le *pic vert* qui a la grosseur d'une pie, le dessus du corps d'un vert olivâtre, le croupion jaune, le dessus de la tête d'un rouge vif, et le dessous du corps blanchâtre, devenant olivâtre vers la poitrine et les flancs. Ces oiseaux ont le bec long, droit et anguleux. Ils en frappent l'écorce des arbres à coups redoublés et d'une telle force qu'on les entend quelquefois à une très-grande distance.

TORCOL. Taille de l'alouette; dessus du corps brun tacheté de noirâtre; pennes des ailes brunes, marquées de taches carrées d'un roux clair.

7° GALLINACÉES.

Les oiseaux de cette classe ont les narines recouvertes d'une membrane charnue.

CAILLE. (*Boute bouboute.*) Grosseur de la bécassine ; dos brun, ondé de noir ; gorge brune, variée de petites taches noirâtres ; partie supérieure de la tête marquée de trois raies blanchâtres. On imite assez bien son cri, lorsqu'on prononce en sifflant les syllabes *Boute bouboute.*

COQ DE BRUYÈRE. Oiseau très-grand, ayant près d'un mètre de longueur depuis le bout du bec jusqu'au bout des ongles. Plumage ardoisé, rayé de lignes transversales noirâtres ; poitrine d'un beau vert, à reflet d'un bleu rougeâtre.

GELINOTTE. Un peu plus grosse que la perdrix ; pieds emplumés jusqu'aux doigts ; œil entouré d'une membrane écarlate.

PERDRIX. On voit ici la *perdrix grise* qui est la plus grosse et qui a les pieds et les ongles cendrés ; la *petite perdrix* qui a les jambes et les doigts jaunâtres, avec les ongles bruns ; et la *perdrix rouge* qui a le bec, les yeux et les pieds rouges, les ongles noirs et la gorge entourée d'une espèce de collier noir. Celle-ci est très-rare.

PINTADE. Oiseau de basse-cour un peu plus gros que la poule. Il a le plumage d'un cendré bleuâtre, couvert partout de taches rondes et blanches.

PIGEON. Le pigeon domestique comprend une infinité de variétés. La famille des pigeons sauvages comprend : 1° le *ramier* qui est de la grosseur de la corneille ; plumage d'un cendré bleuâtre ; tache blanche sur le derrière du cou ; poitrine d'un roux vineux très-luisant ; pieds rouges garnis de plumes jusqu'aux doigts ; et 2° la *tourterelle*, qui est moins grosse que le pigeon domestique ; dessus du corps fauve, tacheté de brun; à chaque côté de la tête, une tache maillée de blanc et de noir.

8° LES ÉCHASSIERS.

Jambes droites, élevées, dénuées de plumes jusqu'au dessus du genou.

BÉCASSE. Elle se reconnaît à son bec grêle, droit, ayant presque partout la même grosseur ; longueur depuis le bout du bec jusqu'au bout des doigts, trente-cinq centimètres. La *bécassine ordinaire* et la *bécassine sourde* ont à peu près la même forme et le même plumage, mais elles n'ont, la première, que vingt-cinq et l'autre que vingt centimètres de long.

BECASSEAU OU CUL BLANC DE RIVIÈRE. Grosseur et forme de la bécassine ordinaire ; bec moins long ; dessus du corps brun piqueté de taches blanchâtres; poitrine blanche, mouchetée de gris ; ventre et croupion blancs ; queue presque nulle. Il fait un sifflement aigu et varié en prenant son vol.

CIGOGNE. La *cigogne blanche* a le bec et les pieds rouges ; elle est entièrement blanche à l'exception des ailes qui sont noires. La *cigogne noire* a également le bec et les pieds rouges ; plumage noirâtre, à reflet pourpré et verdâtre ; le ventre seul est blanc ; longueur, un mètre vingt centimètres.

FOULQUE OU MORELLE. Un peu plus forte que la poule d'eau. Elle a comme cette dernière une plaque cornée sur le devant de la tête, mais elle est blanche, un peu rougeâtre. Parties supérieures d'un noir bleuâtre; parties inférieures d'un cendré bleuâtre ; tête et cou noirs. C'est le seul oiseau qui ait les doigts bordés d'une membrane découpée en lobes ; grosseur d'une poule.

GRUE. (*Maurugru.*) Bec très-long, pointu, d'un noir verdâtre ; pieds noirs ; plumage gris-cendré ; gorge et occiput noirs. Un peu plus grosse que la cigogne.

HÉRON. Corps svelte ; un peu moins grand que la cigogne ; plumage d'un cendré bleuâtre ; devant du cou blanc, marqué de taches allongées noirâtres ; une longue huppe de plumes noires sur le derrière de la tête ; pieds bruns.

PLUVIER DORÉ. Grosseur de la caille ; dessus du corps d'un brun noirâtre, tacheté de points jaunes ; gorge d'un brun jaunâtre, tachetée de brun ; ventre blanc ; bec et jambes noires.

POULE D'EAU. Bec rouge à pointe jaunâtre avec une plaque sur le front d'un rouge vif ; parties supérieures d'un brun olivâtre foncé ; têtes et parties inférieures ardoise ; bord extérieur de l'aile, blanc ; un peu plus grosse que la perdrix.

RALE DES GENETS. Grosseur de la caille ; jambes élevées ; parties supérieures d'un brun noirâtre, toutes les plumes bordées latéralement de cendré et terminées de roux ; poitrine d'un cendré olivâtre, flancs d'un roux rayé de blanc ; gorge et ventre blancs ; bec et pieds d'un brun rougeâtre.

RALE D'EAU. Même grosseur que le précédent ; bec rouge, brun à la pointe ; pieds d'un rose brunâtre ; parties supérieures du corps d'un brun fauve, tacheté de brunâtre ; flancs noirs, marqués de bandes blanches ; dessous du corps d'un cendré bleuâtre.

VANNEAU. (*Piwiche.*) Grosseur de la corneille ; dessus du corps d'un noir verdâtre ; gorge noire ; ventre blanc ; huppe longue, formée de quelques plumes noires. On le reconnaît aisément à son cri, *Piwitche witche*, d'où lui vient son nom wallon.

9° LES PALMIPÈDES.

Les oiseaux de cette classe ont les doigts réunis par des membranes appelées nageoires.

CYGNE. Le cygne est entièrement blanc, à l'exception du bec et des pieds qui sont noirs. Longueur, un mètre soixante centimètres.

oie. L'*oie domestique* est généralement connue. L'*oie sauvage* ressemble complétement à l'oie domestique et a le même cri.

canard. On élève dans nos basses-cours deux espèces de canards, le *canard domestique* qui est généralement connu et le *canard musqué* ou *canard de Barbarie* qui est beaucoup plus grand ; plumage du dessus du corps d'un noir brunâtre; ventre blanc; base du bec garni d'une membrane rouge. Le *canard sauvage* a tout à fait le même plumage que le canard domestique. Le *garrot* est un peu plus petit et a la tête remarquable par deux taches blanches placées en avant des yeux, et par deux bandes également blanches sur l'aile. La *sarcelle commune* ou *mercanette* est beaucoup plus petite et a le plumage moins brillant. La *petite sarcelle* est plus petite encore. Elle se distingue de la précédente par la couleur du dessus de la tête et de la gorge, qui sont noirs chez la sarcelle ordinaire, et d'un roux marron chez la petite sarcelle. Celle-ci a de plus une tache verte et noire bordée de blanc sur l'aile, et l'autre, simplement une tache blanche.

plongeon. Bec et pieds d'un cendré brun ; dessus du corps d'un brun mêlé de cendré bleuâtre ; parties inférieures d'un blanc pur. Longueur, quatre-vingt centimètres.

Oisprie. guêpier. Voyez *Insecte*.

Oméie. moelleux, souple. *Etoffe moëlleuse. Voilà du cuir fort souple; en voilà d'autre qui n'est guère souple.*

Ongle. Ce mot est masculin. *Avoir les ongles trop longs.*

Onglette. ongle, griffe. *Les ongles du chat. Les ongles d'un aigle, d'un vautour. Cet oiseau est mort entre les griffes de l'épervier. Les lions, les* tigres, les chats ont les ongles rétractiles, les griffes rétractiles (qui rentrent et sortent à volonté).

Opiat. Le T se prononce. (Acad.). *De l'opiat purgatif.*

Optique. Espèce de boîte dans laquelle on regarde, à travers une grosse lentille, des estampes enluminées. Ce mot est féminin. *Acheter une optique, une très-belle optique.*

Or. Ce mot est masculin. *Or fin.*

Orage. Ce mot est masculin. *Les orages sont très-fréquents dans cette contrée.*

Orbière. ORNIÈRE. *Les ornières sont trop creuses, la roue y entre jusqu'au moyeu.*

Oreille. On dit, LES OUIES, et non les *oreilles* d'un poisson.

Orge. Ce mot est féminin, excepté dans les deux expressions suivantes : *Orge mondé, orge perlé. Voilà de belles orges.*

Orgue est masculin au singulier et féminin au pluriel. *L'orgue de telle église est excellent. Des orgues portatives.*

Orgueil. Ce mot est masculin. *Un légitime orgueil.*

Orrière. LISIÈRE, RIVE. *Les villages qui sont sur la lisière de cette province. La lisière, la rive d'un bois, d'une forêt.*

Orthographer. Dites ORTHOGRAPHIER. *Comment orthographiez-vous ce mot ? Il orthographie bien.*

Osciller, oscillation, oscillatoire.

On prononce les L comme dans *Ville. Les oscillations d'un vaisseau.*

Osier, hart. L'osier est un arbrisseau de la famille des saules. Une *hart* est un brin d'osier, de saule ou de tout autre bois pliant. *Un panier, un vase d'osier. Lier avec de l'osier. Cela plie, est pliant, comme de l'osier. Délier la hart* (et non *l'osier*) *d'un fagot.*

Ou prend un accent grave, lorsqu'il ne peut pas se remplacer par *Ou bien. Où tend ce discours? D'où venez-vous? La peur ou la misère,* (ou bien *la misère*) *lui a fait commettre cette faute.*

Oublier à, signifie Perdre l'usage, l'habitude. Oublier de veut dire, Perdre le souvenir de quelque chose. *Oublier à chanter, à danser. Vous avez oublié de venir ce matin. Oublier à*, vieillit. (Acad.)

Ours. Ce mot est masculin. (On fait sentir l'S) *C'est un ours, un vrai ours. Il est velu comme un ours.*

Ouviette. AGNEAU FEMELLE.

Ouvrage. Ce mot est masculin. *Il a laissé son ouvrage imparfait.*

Ovale. Ce mot est masculin. *Un ovale bien formé.*

P

Pachant. PIQUET, PIEU. *Mettre, tenir les chevaux au piquet. Soutenir des terres avec des pieux.*

Pachis. PATIS. PAQUIS.

Pacotée. Une certaine quantité d'objets quelconques. PACOTILLE. (On mouille les L.) *Vous vous plaignez de n'avoir pas assez d'habits, de meubles, de livres; vous en avez pourtant une belle pacotille.* On appelle également *Pacotille*, Les marchandises de qualité très-inférieure. *Ce que vous m'offrez là n'est que de la pacotille, de la marchandise de pacotille.*

Pailette. BASSIN A QUÊTER.

Paire se dit De deux choses *qui vont nécessairement ensemble*, comme des bas, des souliers, des gants, etc. On dit également, *Une paire d'amis, une paire de pigeons, de poulets* (un mâle et une femelle), *une paire de bœufs* (deux bœufs propres à être attachés au même joug), etc. Mais l'usage ne permet pas de dire : *Une paire d'œufs, une paire d'années.* Dites : *Une couple d'œufs, une couple d'années. Acheter une couple de bœufs. Manger une couple de pigeons.*

Palette. Voyez *Maçon, Homme.*

Palme. Mesure de la largeur de la main ;

décimètre. Dans cette acception, *Palme* est masculin. *Le palme romain est de huit pouces, trois lignes et demie.*

Panai. PAN d'un manteau, d'une robe, d'une chemise; BASQUE d'un habit, d'une veste, d'une casaque. *Habit à petites basques, à grandes basques. Tirer quelqu'un par la basque de son habit, par la basque. Les pans d'un manteau, d'un frac. Le pan d'une robe.*

Panée. Certaine quantité de toile ourdie et tissée à la fois. PIÈCE. *Une pièce de toile.*

Panne. BORD d'un chapeau, d'un toit; VISIÈRE d'une casquette.

Pantalon. Voyez *Culotte.*

Parafe ou **paraphe.** Ce mot est masculin. *Mettre son parafe pour approuver une addition, une rature.*

Parce que s'écrit en deux mots, lorsqu'il signifie *A cause que.* Il s'écrit en trois mots, lorsqu'on peut intercaler l'adjectif *tout* entre *par* et *ce. Il est tombé, parce que* (à cause que) *le chemin est glissant. Il m'en a assuré par ce qu'il y a de plus saint* (partout ce qu'il y a etc.). *Par ce que* (par tout ce que) *vous venez de dire, on doit conclure que...*

Parer. Il faut dire TAILLER et non *Parer une plume.*

Paris. Sorte d'interjection familière qui n'est guère en usage que dans la province de Luxembourg, et qui n'ajoute ordinairement rien au sens.

Il suffit presque toujours de changer le ton de la voix pour éviter de s'en servir. D'autres fois on le remplace par VOYEZ-VOUS, EH BIEN, PARDI, PARBLEU.

Parler. L'usage permet souvent de supprimer la préposition qui devrait suivre ce verbe, et au lieu de dire, Parler *avec* raison, parler *de* chasse, on dit simplement, *Parler raison, parler chasse. Il faut de bonne heure parler raison aux enfants. Parler affaires. Parler géométrie, musique, peinture, politique.*

Parmi ne se met qu'avec un pluriel indéfini, ou avec un singulier collectif. (Acad.) Ne dites donc pas, l'un *parmi* l'autre, mais *l'un portant l'autre, l'un dans l'autre.*

Pariure. Ce mot n'est pas français ; il faut le rendre par PARI OU GAGEURE. (Prononcez *Ga-jur*). *J'ai gagné, j'ai perdu le pari, la gageure. On a fait un gros pari. Hasarder une gageure.*

Passau. Pierre, bâti de bois servant à barrer un sentier de manière à ne laisser passer que les gens de pied. BARRIÈRE. Dans certaines localités, on se sert à cet effet d'un TOURNIQUET, qui est une croix de bois ou de fer, mobile, posée verticalement sur un pivot.

Passe. Voyez *Chasse.*

Passe. Aliment formé de son, de pommes de terre, de farine, etc., que l'on donne au bétail pour l'engraisser. SOUPE, RATATOUILLE.

Passe. COULISSE. *Passer un lacet dans une coulisse.*

Passement de temps. PERTE DE TEMPS.

Passer demande *Avoir* ou *Etre*, selon que le sens permet de répondre à l'une ou à l'autre de ces questions : *Qu'a-t-il fait*, ou bien *Où est-il ? Qu'est-il devenu ? Il a passé par Lyon. Il a passé en Amérique en tel temps. Il est passé en Amérique depuis tel temps.*

Passer. Dites PRÊTER et non *Passer* serment. *Il fut admis à prêter serment.*

Passerette. Voyez *Cuisine.*

Patard. Tranche de certaine chose coupée en rond. ROUELLE. *Rouelle de pomme, de betterave. Couper des concombres par rouelles.*

Patiner signifie, Glisser avec des patins et non PIÉTINER, TRÉPIGNER, TAPER DU PIED, FOULER. *Cet enfant ne fait que piétiner. Piétiner, trépigner de colère, d'impatience. Voyez-vous comme il trépigne des pieds. Fouler l'herbe.*

Pâtir. On pâtit *de* et non *à* quelque chose. *Il a fait la faute et j'en ai* (et non *j'y ai*) *pâti. Tel en pâtira qui n'en peut mais.*

Patouffe. Personne grossièrement faite. PATAUD. *Quel gros pataud. C'est une pataude.*

Pâturage, pâture, pâturer. Dans ces trois mots l'*A* est long. *Gras pâturage. Les bêtes cherchent à pâturer, vont pâturer. Nos corps deviendront la pâture des vers.*

Pâture. N'employez pas ce mot dans le sens de FOURRAGE. *Donner du fourrage au bétail.*

Paul. On écrit, *Saint-Vincent de Paul* (village

de la Gascogne), et *Saint-François de Paule* (ville de la Calabre). Quelques personnes ajoutent à tort un *e* dans le premier cas.

Paume, paumer. Voyez *Cultivateur*.

Paustrier. PÉTRIR. *Ce boulanger pétrit bien sa pâte. Pétrir de l'argile.*

Paustrier. Manier malproprement. PATROUILLER. *Un cuisinier qui patrouille des viandes.*

Pauvreteux. PAUVRE, CHÉTIF, SOUFRETEUX.

Pauzai. SENTIER. *Ce sentier passe dans la prairie.*

Pavé. Ce mot est masculin. *Lever, arracher un pavé. Un cent de beaux pavés. Suivez le pavé.*

Paye. Débiteur. Ce mot est français. *C'est une bonne paye, une mauvaise paye. D'une mauvaise paye on tire ce qu'on peut.*

Pecallion. Petite monnaie de cuivre du Piémont, et figurément, Argent. Ecrivez et prononcez PICAILLON.

Pêche. BAIE d'épine, de sorbier, d'obier.

Pêche. Instruments et termes à l'usage du pêcheur.

APPAT. Ver, mouche, etc., qu'on attache à l'hameçon pour attirer et prendre les poissons. *Mettre l'appât à la ligne, à l'hameçon. Le poisson a avalé l'appât, a mordu à l'appât.*

BERGE. Bord relevé ou escarpé d'une rivière. *Les berges de cette rivière sont très-élevées.*

BOUILLE. Longue perche dont les pêcheurs se servent pour *bouiller* l'eau, c'est-à-dire pour la troubler en remuant la vase, afin que le poisson entre plus facilement dans les filets.

ÉPERVIER. Grand filet en forme de cloche, que l'on jette dans les endroits où l'on présume qu'il y a beaucoup de poissons et qui se resserre par le bas au moyen d'une ficelle qu'on tient à la main. *Jeter l'épervier. Coup d'épervier.*

ÉPUISETTE. Petit filet en forme de poche, monté sur un cerceau et attaché à un long manche, dont on se sert pour prendre les écrevisses.

FOURCHE. Instrument à dents *barbillées*, ayant un très-long manche, dont on se sert pour prendre le brochet, et pour pêcher à la *torche* ou *brandon*.

FRAI. (Ne dites pas *Fraie*.) Epoque pendant laquelle les poissons *frayent. Pendant le frai* (et non *la fraie*) *les poissons sont maigres. Le temps du frai.*

FRAYÈRE. (*Fraie.*) Endroit de la rivière où les poissons frayent.

FRETIN. Menu poisson. *Il n'y a que du fretin dans cet étang.*

FRITURE. Poisson frit. *Il ne mange point de friture.*

HAMEÇON. Petit crochet de fer ou de fil d'archal, qu'on met au bout d'une ligne avec de l'appât, pour prendre du poisson. *Le poisson a mordu à l'hameçon.*

LIGNE. Instrument formé d'un manche plus ou moins long, nommé *gaule*, de la *ligne* proprement dite, d'une *flotte*, et d'un *hameçon*. Cette ligne porte le nom de *ligne volante*, pour la distinguer de la *ligne dormante* qu'on tend pendant la nuit en l'attachant à la berge de la rivière à l'aide d'un piquet. On appelle *cordée*, une ficelle plus ou moins longue à laquelle sont attachées, de distance en distance, les lignes dormantes.

NASSE. Espèce de panier d'*osier* formé de plusieurs cercles qui vont toujours en diminuant de grandeur depuis l'ouverture qui est munie d'un *goulet*, sorte d'entonnoir qui retient le poisson.

PÊCHERIE. Endroit d'une rivière barré à l'entrée et à la sortie au moyen d'une *grille* qui empêche le poisson de sortir lorsqu'il est dans le *réservoir* de la pêcherie.

SENNE OU SEINE. (*Arroi.*) Grand filet ayant à peu près la forme du tramail, mais qui est *simple*, et dans lequel le poisson ne *s'emmaille* par conséquent pas. On traîne la senne dans la rivière en formant un cercle par la réunion des deux cordes qui sont attachées aux deux extrémités.

TRAMAIL. (*Pierre-saume.*) Grand filet *triple*, dont la nappe du milieu a les mailles serrées, tandis que les extérieures les ont très-grandes. La partie inférieure du filet est garnie de *plombs*, et la partie supérieure de *flottes*.

TRUBLE OU TROUBLE. (*Saume.*) Filet en forme de sac pointu, monté sur deux bâtons ou sur un-demi cercle attaché à un seul bâton.

VERVEUX. (*Viverou.*) Espèce de nasse faite de fil, et montée sur des cerceaux. On s'en sert surtout pour prendre le poisson dans les petits ruisseaux pendant le frai.

Pécule, pécune. Le premier se dit De ce qu'une personne en puissance d'autrui acquiert par son industrie, par son travail et par son épargne. *Il avait acquis un petit pécule. Pécune* signifie Argent comptant. *Disette de pécune.*

Peigne. On dit LE CHEVALET, et non le *peigne* d'un violon, d'une basse, etc.

Peine. *Avoir de la peine, avoir peine*, devant un infinitif, demandent la préposition *à*. *Il aura beaucoup de peine à* (et non *de*) *gagner son procès. Avoir de la peine à marcher. J'ai peine à voir clair dans tout ceci.*

Peineux. PEINÉ, TRISTE.

Pel. poile. Voyez *Maison*.

Pelate. Peau ou enveloppe de certains fruits, de certains légumes et d'autre chose qu'on a coutume de *peler*. pelure. *Pelure de poire, de pomme. Du vin couleur de pelure d'oignon. Vous faites des pelures bien épaisses.*

Pelatte. peau, pellicule. *Il se forme une peau sur le lait bouilli, sur l'encre*, etc. *Il y a dans un œuf deux pellicules, celle qui tapisse intérieurement la coque, et celle qui enveloppe le jaune.*

Peleux. écorcheur. *Ce cheval n'est plus bon que pour envoyer à l'écorcheur.*

Pelle, poêle. Il ne faut pas confondre ces deux mots. Une *pelle* (prononcez *Paile*), est un instrument d'agriculture. (Voyez *Cultivateur*). La *poêle* (prononcez *Poal*) est un ustensile de cuisine. *Il n'y en a point de plus embarrassé que celui qui tient la queue de la poêle* (et non de la *pelle*).

Pelleter. tambouriner, crier, annoncer. *Tambouriner un chien, une montre. Faire crier un objet perdu. On a crié du vin à quinze sous.*

Pelwai. pélard. Voyez *Forêt*.

Pénates. Habitation, demeure. Ce mot est masculin. *Je reverrai mes pénates chéris.*

Pensum. Surcroît de travail qu'on exige d'un écolier pour le punir. Prononcez *Pin-some*. (Acad.). *On lui a donné en pensum, pour pensum quatre cents vers de Virgile à copier. Il a eu trois pensums à faire, il a eu trois pensums cette semaine.*

Pentagone. On prononce l'E comme dans

Examen. (Acad.) Il en est de même de tous les mots formés de l'adjectif numéral grec *Pentè*, cinq, comme *Pentandrie, pentacorde, pentamètre, pentateuque.*

Pequet. Rameau de verdure qu'on attache à une maison, pour faire connaître qu'on y vend des boissons. BOUCHON. *Un bouchon de cabaret.*

Perbrès (**A**). Sans autre vêtement pour couvrir les bras que les manches de la chemise. EN MANCHES DE CHEMISE.

Percale. Ne prononcez pas *Percaille.* Une *robe, une cravate, une chemise de percale.*

Peri. PENAUD, CAPOT, INTERDIT, STUPÉFAIT. *Quand on lui dit cela, il demeura bien penaud, tout penaud. Elle fut bien penaude. Il a été bien capot de se voir reconnu. Elle est demeurée capot.*

Percheran. VIEILLOTE. Voyez *Cultivateur.*

Périr, dans ses temps composés, prend l'auxiliaire *Avoir.* Cependant quelques écrivains l'ont conjugué avec l'auxiliaire *Etre. Cette branche de commerce a péri. Satan et ses anges ont péri par orgueil. Tous ceux qui étaient sur ce navire ont péri.*

Perlouche. SAINTE NITOUCHE, CANCANIÈRE.

Perloucherie. CANCAN, FLATTERIE, LAMENTATIONS.

Persécuter, persécution, persévérance, persévérer, persistance, persister. Prononcez l'S comme dans *Si. Persécuter les gens de bien. Cruelle persécution. Persévérer dans l'étude. Il persiste dans son avis.*

Persil. On ne fait pas sentir l'*L*. *Hacher du persil*.

Pesage. Termes et instruments relatifs au pesage des marchandises.

BALANCE. Une balance est composée du *fléau*, aux extrémités duquel sont placées les *esses*, crochets de fer auxquelles s'attachent les *cordes* ou *les chaînes* qui portent les *plateaux* (planches unies et plates) des grandes balances, ou les *bassins* (vases creux dont l'un est façonné en bec) des petites. Au milieu du fléau est fixée une petite verge verticale nommée *aiguille* ou *languette*, indiquant l'état d'équilibre, et une broche horizontale courte, tranchante par le bas, appelée *couteau*, laquelle entre et joue dans les *yeux* de la *châsse* qui sert à tenir la balance à la main, ou à l'attacher à un crochet de suspension.

BALANCE À BASCULE. Espèce de balance à un seul plateau, servant à peser les objets très-lourds, tels que voitures, bétail, etc.

PÈSE-LIQUEUR OU ARÉOMÈTRE. Instrument qui sert à déterminer non le poids mais la densité des liquides. Il consiste en un tube de verre au bas duquel est ménagée, une petite boule qui contient du mercure. Dans le tube qui est quelquefois remplacé par une tige cylindrique, est fixée une échelle graduée, représentant les *degrés* de densité.

PESON. Les pesons dont on se sert le plus ordinairement sont, le *peson à ressort*, le *peson à boudin* et la *romaine*. Cette dernière est composée d'un *fléau* ou *bras gradué*, d'un poids attaché à un *curseur*, d'une *châsse* avec un anneau de suspension, et d'une autre châsse portant un crochet à l'aide duquel on soulève les objets qu'on veut peser. Les broches tranchantes qui passent dans les *yeux* des châsses se nomment *couteaux*, comme dans la balance.

POIDS. *Le poids brut* d'une marchandise est ce qu'elle pèse y compris les fûts, les caisses ou les emballages, et *le poids net*, ce qu'elle pèse lorsqu'elle est débarrassée de ces enveloppes. La différence de ces deux poids se nomme *tare*. (Ce mot est féminin.)

TARER. Peser un vase, un baril, une bouteille, etc., avant d'y mettre quelque chose, afin qu'en le repesant après, on puisse savoir au juste le poids de ce qu'on y a mis. *Tarer une barique, un pot.*

TRAIT. Ce qui emporte l'équilibre de la balance, et la fait trébucher. *Aux marchandises qui sont d'un grand volume et d'un grand poids, le trait doit être plus fort.* Lorsqu'on ne donne pas de trait, on dit qu'on *pèse entre deux fers*.

TRÉBUCHER. Ce mot se dit d'une chose qui emporte par sa pesanteur celle contre laquelle elle est pesée. *Ce n'est pas assez qu'une pièce de monnaie d'or soit entre deux fers, il faut qu'elle trébuche.*

TRÉBUCHET. Espèce de petite balance à *bras* inégaux, qui sert à peser des objets précieux. *Peser des espèces au trébuchet.*

Pesai. VESCE. Voyez *Plante*.

Petelle. Fiente de la brebis, de la chèvre, de la souris, etc. CROTTE. *Crotte de chèvre.*

Péter se dit De certaines choses qui font un bruit subit et éclatant. *Le laurier et le sel jetés dans le feu pètent. Une corde de son violon, de sa harpe vient de péter. Ce fusil, ce pistolet pète bien.* Mais il ne faut pas l'employer dans le sens de FÊLER, S'ÉTOILER. *Il ne faut pas exposer ce vase à la gelée, il se fêlerait. Un verre fêlé. Les pots fêlés sont ceux qui durent le plus longtemps. Carreau de vitre* *étoilé* (fêlé en forme d'étoile). *Prenez garde que vos bouteilles ne s'étoilent.*

Pétiol, pétiolé. On prononce le T comme C. (Acad.) *Pétiole simple. Feuille pétiolée.*

Peture. FÊLURE. *La fêlure en est si légère, qu'on ne la voit point, qu'elle ne paraît point.*

Petit à petit. Ne dites pas, *De petit à petit. Il a fait sa fortune petit à petit.*

Pette ou trotte. UNE CHOSE OU L'AUTRE, CECI OU CELA.

Pétulant signifie Remuant, vif, impétueux, brusque, et non MUTIN, TÊTU. *Il est fort pétulant. Il est d'un naturel pétulant, d'un caractère pétulant* (remuant). *Voyez le petit mutin* (et non *le petit pétulant*).

Peu. Les locutions *Un petit peu, un tout peu, un tant soit peu*, ne sont pas françaises. Il faut dire, TRÈS-PEU, BIEN PEU, TANT SOIT PEU. *Attendez tant soit peu. Mettez-en tant soit peu.*

Peuieux. Qui a des poux, qui est sujet aux poux. POUILLEUX. *Un enfant pouilleux. C'est une pouilleuse. Ce n'est qu'un pouilleux.*

Physionomie s'emploie quelquefois au lieu de *Physiognomonie*, pour désigner l'Art de juger, par l'inspection des traits du visage, quelles sont les inclinations d'une personne. *Les règles de la physionomie pour juger du caractère sont très-incertaines. La physiognomonie est une science fort conjecturale.*

Piane à piane. Doucement, à pas comptés. PIANE-PIANE. (On ne prononce pas les E.)

Picu. Pointe qui vient à certains arbrisseaux, à certaines plantes. PIQUANT. *Ces chardons sont pleins de piquants. Les piquants de la feuille de houx.*

Picheloter. Uriner fréquemment et en petite quantité. PISSOTER. *Il ne fait que pissoter.*

Piche-poche. PATROUILLAGE, PATROUILLIS. *Quel patrouillage faites-vous là? Quel patrouillis est-ce là ?*

Pie. Celui des deux côtés d'une pièce de monnaie où sont empreintes les armes du souverain. PILE. *N'avoir ni croix ni pile. Jouons, jetons à croix-pile qui l'aura. Que retenez-vous, croix ou pile.*

Pied. On dit, Aller, venir, voyager, être *à pied*, et non *de pied. Il était à pied, quand je l'ai rencontré.*

Pied boquet. Pied de forme ronde, qui fait qu'on marche avec peine, qu'on boîte ; celui qui a cette difformité. PIED BOT. *Il a un pied bot. C'est un pied bot. Les deux frères sont pieds bots.*

Pied (De plat). Sans monter ni descendre. DE PLAIN PIED. *De la salle à mangeron entre de plain pied dans le jardin.*

Pied droit. Mesure de longueur qui contient douze pouces. PIED DE ROI.

Pierchette. Petite pierre. PIERRETTE.

Pierre. La substance dure et ligneuse qui est

renfermée au milieu de la prune, de la cerise, etc. s'appelle NOYAU, et non *Pierre*. *Il faut casser le noyau pour avoir l'amande*. On nomme *pierre*, une espèce de gravier qui se trouve dans certaines poires. *Ces sortes de poires ont beaucoup de pierres.*

Pierre d'achoppement. Ne dites pas, *Pierre d'achoquement. La rencontre de cette femme a été une pierre d'achoppement pour lui. L'affaire sera bientôt terminée, si nous ne rencontrons pas quelque pierre d'achoppement.*

Piéton. Anneau de fer ou de cuir qu'on met au pied d'un cheval pour l'entraver ou pour l'abattre. ENTRAVON.

Piéton. Espèce d'anneau à ressort, qui est au bout de la corde d'un puits, et dans lequel on passe l'anse du seau. MAIN.

Pihaine. Voyez *Minée*.

Pihé. RAS. LISSE. *Cette espèce de chien a le poil ras. C'est une espèce de serge fort rase. Une étoffe lisse.*

Pilastre. Ce mot est masculin. *Pilastre cannelé.*

Piler. Broyer. Il ne faut pas mouiller l'L comme dans le verbe *Piller* (dérober). *Piler du verjus.* Le vase de métal, de pierre, de faïence, etc., dans lequel on *pile*, se nomme MORTIER. *Un mortier de fonte, de bois, de marbre. Le pilon d'un mortier.*

Pîler. En parlant des enfants qui se plaignent en pleurant, PIAULER. *Cet enfant ne fait que piauler.*

34

Pîler. Faire un cri plaintif, en parlant du chien. PLEURER, PIAULER.

Pince-bec. PINCE, PINCE A BEC.

Pinçon se dit de La marque qui reste sur la peau lorsqu'on a été pincé. *Faire un pinçon à quelqu'un. Je me suis fait un pinçon en fermant cette porte.* Mais on dit, Avoir l'onglée et non *des pinçons*, lorsqu'on veut parler De certaines douleurs qu'on ressent au bout des doigts, quand on y a eu fort froid. *Je ne puis écrire, j'ai l'onglée.*

Pipian. PEPIN. Voyez *Jardinier*.

Pipie. Petite peau blanche qui vient quelquefois au bout de la langue des oiseaux, particulièrement des poules, et qui les empêche de boire et de faire leur cri ordinaire. PEPIE. *Une poule qui a la pepie. Arracher, ôter la pepie à une poule.*

Pire, pis. Servez-vous de *Pire* lorsque, en renversant le sens de la phrase, vous diriez *Meilleur* ; et de *Pis*, si c'est *Mieux* que vous emploieriez. *Tant pis* (tant mieux). *Il va de mal en pis* (en mieux). *Le pis* (le mieux) *que j'y trouve. Il est bien pire* (bien meilleur) *qu'il n'était. De deux maux il faut éviter le pire* (le meilleur). *Ils sont pis* (mieux) *que jamais ensemble.*

Pitieux. Ecrivez et prononcez PITEUX. *Il était dans un piteux état. Parler d'un ton piteux. Faire piteuse mine. Faire le piteux.*

Pitrier. Voyez *Patiner*.

Pitter. RUER, LANCER UNE RUADE, UN COUP DE PIED. *Prenez garde à ce cheval, à ce mulet, il rue.*

Ce cheval lui donna une ruade dans les jambes, lui détacha, lui allongea une ruade. Ce cheval lui cassa la jambe d'une ruade. RUER EN VACHE, se dit D'un cheval qui porte le pied de derrière sous la poitrine, et en frappe la personne occupée au pied ou à la jambe de devant, comme font les vaches.

Placard. Voyez *Meubles d'appartement*.

Place. On doit se servir du mot PIÈCE, lorsqu'on parle Des différentes parties d'un logement. *Son appartement est composé de tant de pièces* (et non de *tant de places*). *Le salon est la plus belle pièce de la maison. La première pièce. La seconde pièce.*

Plaidoyer, plaidoyeur. Ces mots ne sont pas français; il faut dire, PLAIDER, PLAIDAILLER, PLAIDEUR, PLAIDAILLEUR.

Plaindu. PLAINT. *Elle s'est plainte de votre conduite.*

Plaisir. On dit, Avoir du plaisir, y avoir du plaisir à; et Avoir le plaisir, faire plaisir de. *Vous aurez du plaisir à* (et non *de*) *causer avec lui. Il y a plaisir à travailler avec lui. Vous me ferez plaisir de parler* (et non *à parler*) *ainsi.*

Plan. Ne dites pas, Jeter *son plan* sur quelqu'un, sur quelque chose. Dites, Jeter SON PLOMB, SON DÉVOLU. *Il a jeté son plomb sur cet emploi. Jeter son dévolu, un dévolu sur quelqu'un, sur quelque chose.*

Plancher. On appelle ainsi, Les planches et les poutres qui séparent deux étages, ou qui sont placées sur l'aire du rez-de-chaussée. *Les plan-*

chers de cet édifice sont d'une grande solidité. Il est tombé sur le plancher. Peindre les solives d'un plancher. Toucher de la tête au plancher. Suspendre quelque chose au plancher. Mais il ne faut pas dire, Monter au *plancher* ; l'escalier du *plancher*, au lieu de, Monter A L'ÉTAGE ; l'escalier DE L'ÉTAGE. Si la maison a plusieurs étages, on dit, Monter AU PREMIER, AU SECOND, etc.

Plancheter. Garnir de planches. PLANCHÉIER. *J'ai fait planchéier mon cabinet de bois de sapin. Chambre planchéiée.*

Planisphère. Carte où les deux moitiés du globe céleste ou du globe terrestre sont représentées. Ce mot est masculin. *La mappemonde est un planisphère terrestre.*

Planter. Le dicton, *Arrive qui plante*, ou *Vienne qui plante*, figure dans le dictionnaire de l'Académie, et se dit en parlant de quelque chose qu'on veut faire, au hasard de tout ce qui peut arriver. *Vienne qui plante, sont des choux.*

Plantes. Nous ne pouvons comprendre dans cet article que quelques plantes communes ou utiles.

ALPISTE OU BLÉ DES OISEAUX. Genre de plante à épi, que l'on cultive dans les jardins, et qui se reconnaît facilement à ses feuilles rayées longitudinalement de vert et de jaune, comme des rubans.

ARRÊTE-BOEUF. (*Rate de bœuf.*) Espèce de genêt très-commun dans les terrains arides, et dont les racines traçantes et nombreuses sont très-flexibles et très-fortes. La fleur est jaune ou violette, et a à peu près la forme de celle du genêt.

BARDANE OU GLOUTERON. (*Wiot.*) Plante dont la feuille a quelque ressemblance avec celle de la patience. La fleur de la bardane est une petite boule formée de folioles crochues, qui font qu'elle s'attache aux vêtements. Les enfants s'amusent à en jeter sur les passants.

BRANCURSINE. (*Cône de gatte*, *pachenaude*.) Plante dont la tige grosse, cannelée et creuse, a plus d'un mètre de hauteur. Les fleurs sont blanches et disposées en ombelles comme celles de la carotte. Très-commune dans les bonnes prairies. Il ne faut pas la confondre avec le *cerfeuil penché*, qui lui ressemble beaucoup. Celui-ci a les tiges plus grêles et fleurit un peu plus tôt.

BISTORTE. (*Langue de bœuf.*) Plante commune dans les prairies ; fleurs rougeâtres disposées en un long épi serré : feuilles grandes, lisses, vertes en dessus, glauques en dessous ; racine grosse, tortueuse, charnue, noirâtre en dehors, rouge en dedans.

CACTUS. Plante grasse qu'on élève dans des pots, et qui est divisée en trois grandes familles : les *cierges*, dont la tige est ronde, cannelée ou à angles très-prononcés ; les *épiphylles*, dont la tige est aplatie et foliacée ; et les *mamillaires*, dont la tige est toute couverte de mamelons coniques, terminés par une touffe de soies et d'épines divergentes.

CALTHA DES MARAIS. (*Pichalit.*) Renonculacée commune dans les marais et les prés humides, et qui produit une belle fleur d'un jaune orange, à cinq pétales. Tige cylindrique, haute d'environ trente centimètres ; feuilles luisantes, réniformes.

CAPUCINE. Très-belle fleur jaune en forme de casque, commune dans les jardins.

CHARDON. (*Chardron.*) Les espèces principales sont : le *chardon penché*, dont les fleurs sont disposées en boules très-grosses et penchées, le *chardon crépu*, le *chardon des marais* et la *carline*. Cette dernière croît dans les bruyères ;

tige haute de trente centimètres; fleurs terminales, d'un blanc jaunâtre, en forme d'étoile.

CERFEUIL. (*Cerfu.*) Plante potagère dont les feuilles ressemblent à celles du persil.

CHRYSANTHÈME DES BLÉS. (*Flaminette.*) Plante qui produit de belles fleurs d'un jaune pâle, radiées. Elle est si commune dans certains endroits, qu'elle suffoque les seigles et les avoines, et détruit complètement la récolte.

CHIENDENT. (*Poëne.*) Plante graminée, qui a une grande quantité de racines entrelacées les unes dans les autres. Les chiens mangent la feuille de cette plante lorsqu'ils sont malades.

CIBOULETTE OU CIVETTE. (*Sélon, brêle.*) Plante potagère qui croît en touffes serrées; feuilles filiformes, fistuleuses, tige grêle, droite, cylindrique, haute de dix à quinze centimètres, surmontée d'une fleur en ombelle, hémisphérique, purpurine; racine bulbeuse.

COLCHIQUE. (Ce mot est masculin.) Plante bulbeuse, à fleur rose, en entonnoir, paraissant en automne sans feuilles. Celles-ci ne se montrent, avec la graine, qu'au printemps suivant. Cette plante est très-commune dans les prés un peu humides.

CONCOMBRE. Plante connue, dont le fruit porte le même nom. *Les cornichons sont de petits concombres.*

COQUELICOT. Espèce de petit pavot rouge qui croît en grande quantité dans les blés.

CRÊTE DE COQ OU COQUERETTE. (*Tartrie.*) Tige droite, carrée, haute de 30 centimètres; feuilles opposées, étroites, dentées; fleurs disposées en épi; corolle jaune, à tube droit, terminé en gueule; graine bordée d'une large membrane arrondie et plate. En remuant cette plante lorsque la graine est mûre, on produit un son qui ressemble au cri de la sauterelle.

DIGITALE. (*Doigtier.*) Cette plante a environ un mètre de

hauteur et est très-commune dans les terrains nouvellement essartés. Fleur rouge, marquée à l'intérieur de points d'un pourpre noirâtre ; elle a la forme d'une espèce de doigtier. Comme les abeilles doivent entrer jusque dans le fond de la fleur pour sucer le miel, les enfants s'amusent quelquefois à les y emprisonner en pinçant le bout de la fleur.

ÉPURGE. (*Purge.*) On sème quelquefois cette plante dans les jardins pour s'en servir comme purgatif. Tige droite, cylindrique, haute d'un mètre, garnie de beaucoup de feuilles linéaires, placées en croix sur quatre rangs ; fleurs disposées en ombelles, quadrifides, d'un jaune pâle.

EUPHORBE. (*Lait de loup.*) Tige d'environ 30 centimètres ; fleurs d'un vert jaunâtre, disposées en ombelle au sommet de la plante; tige remplie d'une grande quantité de suc qui ressemble à du lait. Il y a différentes espèces d'euphorbes. L'*euphorbe des bois* est la plus grande, et l'*euphorbe cyprès*, la plus commune. Celle-ci croît surtout dans les bruyères et les terrains arides.

FENOUIL. (*Fenu.*) Plante aromatique et potagère, qui porte des fleurs jaunâtres, disposées en ombelle.

FÉVEROLE. (*Joguette.*) Petite fève qui sert principalement pour nourrir le bétail.

FOUGÈRE. (*Fechière.*) Plante verte, sans fleur, dont les feuilles sont grandes et extrêmement découpées, et qui croît dans les terrains arides. On s'en sert pour litière et pour faire des brise-vent devant les entrées des écuries.

FUCHSIA. (Ne dites pas *Fluxia*.) Petit arbuste qu'on élève dans des pots, et qui se subdivise en une infinité de variétés.

GALÉOPE OU GALÉOPSIS. (*Donette.*) Plante à fleurs labiées, blanchâtres, à graines oléagineuses ; les dents du calice sont très-aiguës à la maturité, et tourmentent beaucoup les moissonneurs en leur faisant des piqûres aux mains. Le goléope est ordinairement assez commun dans les seigles.

GIROFLÉE. (Ne dites pas *Génofrée*.) Plante très-odoriférante, à fleur jaune, crucifère, comme le colza. On la cultive dans les jardins et dans des pots.

HELLÉBORE. (*Herbe de feu*.) Plante à fleurs vertes, assez grandes, à racines fibreuses, noirâtres dont on se sert pour l'introduire dans la peau des cochons malades, comme des espèces de sétons. On le cultive dans les jardins.

JACÉE. (*Massoque*,) Tige de quatre à huit décimètres, brunâtre vers le dessous ; fleur rouge, ressemblant, par la forme, à celle de la laitue. Très-commune dans les bonnes prairies.

JONC. (*Jonquai*.) Plante à tige droite, lisse, ronde, pointue et flexible; fleurs roussâtres, en forme de bouquet, sortant de la tige vers le sommet. Croît dans les terrains fangeux.

LAITUE. (*Salade*.) Plante très-connue, dont les feuilles font une salade excellente et très-tendre.

LICHEN. (*Crape*.) Espèce de mousse membraneuse qui croît sur les rochers et sur les troncs de certains arbres. (On prononce *Likene*.)

LIERRE. (*Rampe*.) Plante toujours verte et qui grimpe le long des murailles.

LIS. (*Cornu chapeau*.) Plante à racine bulbeuse ; tige d'environ quatre-vingts centimètres ; fleur jaune ou blanche, à six pétales. Cultivé dans les jardins où il est très-commun.

LIVÈCHE. (*Herbe de lappe*.) Plante potagère, très-odorante, à tige haute de plus d'un mètre, à fleurs d'un jaune verdâtre, disposées en ombelle.

LYCOPODE. (*Patte-de-loup*.) Espèce de grosse mousse ; tige de la grosseur d'une queue de rat, rampante, rameuse, très-étendue, couverte d'une grande quantité de feuilles d'un vert jaunâtre ; pas de fleurs.

MARGUERITE. Plante cultivée dans les jardins. On trouve ici la *petite marguerite*, qui est très-basse et ordinairement rouge, et la *reine marguerite*, qui a de trente à soixante centimètres de hauteur et est de couleur très-variable.

MARGUERITE (GRANDE) OU CHRYSANTHÈME. (*Caïe, manchette, queue de chat.*) Plante commune dans les champs cultivés ; fleur grande, radiée, à disque jaune, entouré de pétales blancs.

MILLE-FEUILLE. Plante à fleurs blanches, en bouquet, à feuilles excessivement découpées.

MILLE-PERTUIS. Plante à fleurs jaunes, à quatre pétales, à feuilles nombreuses, répandues tout le long de la tige. Lorsqu'on regarde celles-ci au soleil, on y voit quantité de petits points transparents qui paraissent autant de petits trous. De là lui vient son nom.

MOUSSE. (*Moussirai.*) Plante très-commune, à tige grêle, flexible, recouverte d'une quantité de petites feuilles. Il existe plusieurs espèces de mousses. Une des plus utiles est le *polytric*, qui croît dans les bois humides, et dont on fait des brosses à l'usage des tisserands.

NARCISSE. (*Fleur d'avril.*) Plante bulbeuse ; fleur jaune, penchée ; corolle en tube ; fleurit en avril et mai. Commune dans les bois et les prés humides. Le *narcisse blanc*, vulgairement *glaudinette* ou *narcisse des poëtes*, se cultive dans les jardins.

NÉNUFAR. (*Plateau.*) Plante à feuilles excessivement larges, qui surnagent sur l'eau ; fleur jaune, en bouton, à cinq pétales. Croît dans les rivières et les étangs.

ORTIE. (*Quecharde.*) Plante commune, dont la tige et les feuilles sont armées de petites pointes qui causent une piqûre cuisante et douloureuse.

OSEILLE. (*Ogelette.*) Plante d'un goût acide, dont on se sert comme plante potagère.

PANAIS. (*Painée.*) Plante potagère dont la racine est d'un blanc jaunâtre, et d'une saveur doucereuse. Il tient du navet et de la carotte.

PATIENCE. *(Peau de ronne.)* Plante à feuilles larges et raboteuses, dont la fleur ressemble à celle de l'oseille. Elle est commune le long des chemins. Ses racines sont très-longues, flexibles et jaunâtres.

PISSENLIT OU DENT DE LION. *(Fleur de Saint-Jean, chicorée sauvage)* Plante à fleur jaune, supportée par une hampe ronde et creuse. On mange les feuilles en salade au printemps.

PLANTAIN. Plante très-connue, à fleurs en épi, à feuilles larges. On se sert quelquefois de la semence pour nourrir les linottes.

POIREAU OU PORREAU. *(Porette.)* Plante potagère du genre des oignons.

PRIMEVÈRE OU COUCOU. Plante cultivée dans les jardins, et qui fleurit dès le mois de mars. La *primevère officinale* croît dans les prés, et produit des fleurs jaunes; La *primevère élevée* donne des fleurs de différentes couleurs et a des feuilles très-raboteuses. L'*auricule* ou *oreille d'ours* se distingue à ses feuilles ovales, épaisses, unies, dentées et farineuses; fleur ordinairement d'un rouge brunâtre.

RADIS. *(Ramonasse.)* Plante potagère de la famille des crucifères, à racine grosse et charnue. Le *radis long* porte aussi le nom de *petite rave*.

RUBAN D'EAU. *(Lèche.)* Tige raide, flexueuse; feuilles glabres, triangulaires à la base, pointues, en forme d'épée; fleurs globuleuses, verdâtres, disposées en grappe. Croît dans les ruisseaux. Les tonneliers se servent des feuilles pour boucher les joints des tonneaux.

SARRASIN OU BLÉ NOIR. *(Bauquette.)* Cette plante produit de petites graines noires, anguleuses, dont la farine est employée pour différents usages, et notamment pour faire des gauffres et des crêpes.

SARRIETTE. *(Saluette.)* Plante odoriférante, qu'on cultive

dans les jardins comme plante potagère, et qui sert principalement pour assaisonner les ragoûts.

SAUGE. (*Sarge.*) Plante aromatique, à fleurs labiées, très-employées en médecine. On la cultive dans les jardins.

SENÉ OU MOUTARDE DES CHAMPS. (*Senet.*) Cette plante ressemble au colza, et croît souvent en très-grande abondance dans les avoines.

SERPOLET. (*Pouli.*) Herbe à tisane, très-commune dans les terres labourables et aux bords des chemins ; racine presque ligneuse ; tige rameuse, étalée ; feuilles planes, ponctuées en dessous; fleurs purpurines, en cône, d'une odeur très-forte et agréable. Croît en grosses touffes.

TORMENTILLE. *(Herbe de fleur.)* Herbe très-commune, qu'on emploie dans la campagne contre les maux d'yeux. Tige rampante, étalée ; haute d'un à deux décimètres ; racines charnues, rougeâtres ; feuilles découpées ; fleurs d'un beau jaune, à quatre pétales, en forme de croix.

VESCE. *(Pezai)* Plante à fourrage, de la famille des pois.

Plateau. PLAT, ÉCUELLE DE BOIS.

Plein, plain. Le premier signifie Rempli; le second veut dire Uni, égal. *Un jardin plein de fruit. La Beauce est un pays plain. La bataille s'est donnée en plaine campagne. De la salle on entre de plain-pied dans le jardin. Linge plain* (non ouvré ni damassé). *Cette musique ressemble à du plain-chant.*

Pleusia. MUSARD.

Pleusier. MUSER, NIAISER.

Pleuvoir, fait au participe passé *Plu. Il y a longtemps qu'il n'a plu* (et non *pleu*).

Ploieron. Perche de bois pliante. PLEYON ou PLION.

Ploieron. Lacet pour prendre des grives. RAQUETTE.

Ploquet. TOUFFE d'herbe, de poile; FLOCON de laine.

Ploter. Battre, maltraiter. PELOTER. *On l'a bien peloté. Il a été bien peloté dans cette conversation, dans cette dispute.*

Ploter (Se). S'accroupir en se ramassant. SE BLOTTIR. *Se blottir dans un coin. Les perdrix se blottissent devant les chiens.*

Plouvage. PLUIES, CONTINUATION DE PLUIE.

Plutôt, plus tôt. Ecrivez en deux mots, lorsque vous pouvez remplacer par *Plus tard. Il est arrivé plus tôt* (plus tard) *que de coutume. Il n'eut pas plutôt dit qu'il s'en repentit.*

Pochade. Goutte d'encre tombée sur du papier. PÂTÉ. *Il ne saurait écrire trois lignes sans faire un pâté.*

Pocher. En parlant du papier dans lequel l'encre pénètre, BOIRE.

Pocher ne signifie pas CREVER, mais Faire devenir enflé et livide par un coup. *Pocher un œil.*

Poigner. Ce mot n'est pas français, il faut dire, TOUCHER, MANIER, PRENDRE DANS LA MAIN. *Regardez cela, mais n'y touchez pas. Ne touchez pas cela. Manier un drap pour voir s'il est doux, s'il est fin.*

Poil. On ne doit pas dire *un poil*, mais bien un grain de tabac, d'avoine, de poudre à canon ; un brin d'herbe, de fil, de soie, de paille; un flocon de neige. *La grêle n'a pas laissé dans ce pré un brin d'herbe. Le seigle et le froment ont déjà poussé de beaux brins. Ces pauvres gens n'ont pas un brin de paille pour se coucher.*

Poil (Mort). Il faut traduire par poil follet, si l'on veut désigner Ces poils rares et légers qui viennent avant la barbe; et par duvet, si l'on veut parler Des poils qui poussent aux jeunes oiseaux avant les plumes. *Ce jeune homme n'a encore que le poil follet. Le poil follet commence à lui pousser. Ces petits moineaux ont encore leur duvet.*

Poiner. infecter, empuantir, empester. *Cette puanteur, cette charogne infecte tout le voisinage. Il vous infecte avec son haleine, de son haleine. Ce cloaque, cet égoût empuantit tout le quartier. Cet homme empuantit, empeste tout le monde de son haleine. Les eaux de cette mare s'empuantissent, commencent à s'empuantir.*

Point (A). Cette locution est française et signifie, A propos. *Il était ruiné, il a recueilli une grande succession ; cela lui est venu bien à point. Vous arrivez à point, fort à point. Tout vient à point à qui peut attendre.*

Point. La locution, *Ni peu ni point* est française et signifie, Point du tout. *Il n'a d'esprit ni peu, ni point.*

Poisson. Avant de donner la description des poissons qu'on trouve dans les rivières de notre province, nous dirons un mot des *nageoires*, attendu que ces organes sont les signes distinctifs qui servent à la classification des poissons. Les *pectorales* sont les deux nageoires situées vers la poitrine; les *ventrales* sont placés sous le ventre et sont également au nombre de deux. Les nageoires impaires sont, *la dorsale*, *l'anale* et *la caudale*. Cette dernière forme la queue. Les deux autres sont respectivement situées vers le dos et en avant de l'anus.

ABLETTE *(amblette)*, SPIRLIN, VAIRON *(gravier)*. Ces trois poissons ont l'anale et la dorsale courtes et dépourvues d'épines. La dorsale est située au-dessus de l'intervalle qui sépare les ventrales de l'anale. L'*ablette* à la tête pointue, la mâchoire inférieure plus longue que la supérieure. Taille de 8 à 12 centimètres. Le *spirlin* diffère de l'ablette par la taille qui est moindre, et par deux points noirs que porte chaque écaille de la ligne latérale. Le *vairon* n'a que cinq à six centimètres de long, et est excessivement commun dans tous les ruisseaux ; ses écailles sont si déliées qu'il paraît ne pas en avoir.

ANGUILLE, LAMPROIE, LAMPROYON OU LAMPRILLON. Ces poissons ont plutôt la forme d'un serpent que celle d'un poisson. Les deux dernières n'ont ni pectorales ni ventrales. La *lamproie* est longue de 30 à 40 centimètres, et le *lamprillon* ne dépasse pas 20 centimètres ; celui-ci est d'ailleurs fort facile à reconnaître aux sept cavités qu'il porte de chaque côté de la tête.

BRÈME *(hottu)*, BORDELIÈRE. Elles ont l'anale et la dorsale très-courtes ; l'anale est placée en arrière des ventrales. La *brême* a la tête comme tronquée ; la mâchoire supérieure dépasse l'inférieure ; joues bleuâtres ; corps large et plat ; dos arqué ; nageoires noirâtres ; la dorsale a douze rayons. La *bordelière* a la tête petite et comprimée par les côtés ; dos bleuâtre ; ligne latérale marquée de points jaunes ; nageoires rougeâtres, excepté l'anale et la dorsale qui sont brunes, avec bord azuré. Celle-ci n'a que dix ou onze rayons.

BROCHET. Il se reconnaît à sa tête aplatie, à sa bouche très-grande et armée de dents, et à son corps de forme à peu près carrée.

CARPE, BARBEAU. Ces deux poissons ont deux barbillons de chaque côté de la bouche, mais ceux de la carpe sont placés aux angles de la mâchoire supérieure, tandis que le barbeau en a deux sur le bout de la lèvre. D'ailleurs la carpe a la dorsale très-longue, tandis que le barbeau l'a courte.

CHABOT. (*Chacau.*) Ce poisson est un peu plus gros que le vairon. Il se reconnaît facilement à sa tête plate et excessivement grosse.

EPINOCHE. C'est le plus petit de nos poissons de rivière ; il ne se trouve guère que dans l'Ourte. Il a la queue large et arrondie. Les ventrales se composent de deux pointes triangulaires, osseuses et aiguës.

FRETIN. Ce mot se dit, en général, de tout menu poisson.

GOUJON. Il a, comme la carpe et le barbeau, la bouche garnie de barbillons, mais il est beaucoup plus petit, et n'a pas, comme eux, la dorsale munie de rayons épineux et dentés sur le bord.

LOCHE. Bouche très-petite, placée au bout du museau et décorée de barbillons ; ventrales placées fort en arrière ; écailles très-petites, enduites de muscosités ; corps arrondi. Elle n'est guère plus grande que le vairon.

LOTTE. Elle se reconnaît facilement au barbillon unique qu'elle porte au menton.

MEUNIER (*chevanne , blanc*) , VANDOISE , NASE , ROSSE (*roussette*). Ces poissons sont dépourvus de barbillons , ont la dorsale et l'anale courtes, sans épines, et les ventrales placées verticalement en dessous de la dorsale. Le *meunier* est le plus grand ; il a la tête large , le corps et le museau arrondis , les pectorales et les ventrales rouges , les autres nageoires brunâtres. La *rosse* a toutes les nageoires ainsi que les yeux rouges. La *vandoise* ressemble au meunier , mais elle a la tête plus petite , le corps plus effilé et les nageoires inférieures moins rouges. Ses yeux sont d'un jaune pâle, tandis que le meunier les a comme dorés et à reflet argenté. La *nase* a le museau plus obtus que la vandoise, et comme épaté. D'un autre côté les pectorales de la nase n'ont que sept rayons , celles de la vandoise et du meunier en ont dix-sept.

OMBRE. Elle a la bouche très-fendue et est remarquable par la hauteur de la première dorsale qui est d'un beau violet, rayée et tachetée de noir ou de rouge , à base verdâtre.

PERCHE , GREMILLE. Elles ont le bord des ouïes denté ou garni d'épines, et les ventrales placées sous les pectorales. La *perche* a le corps verdâtre , marqué de trois larges bandes verticales noirâtres. La *gremille* a le corps visqueux , olivâtre, marqué d'un grand nombre de taches noires ou brunes, à reflet doré. Elle a les pectorales formées de quinze rayons et l'anale de huit, tandis que la perche n'en a que douze aux premières et onze à la seconde.

SAUMON , TRUITE COMMUNE , TRUITE SAUMONÉE. Ces poissons sont faciles à reconnaître à leurs dorsales, dont la première a des rayons mous. La seconde , qui est très-rapprochée de la caudale , est formée d'une peau remplie de graisse, sans rayons. Le *saumon* est le plus gros de nos poissons de rivière , il est marqué de grandes taches noirâtres ; la *truite commune* se reconnaît à ses taches rouges, rondes, renfermées dans un cercle plus clair ; la *truite saumonée* a le corps marqué d'une multitude de petites taches noires, rondes ou en forme d'X.

TANCHE. Elle a les barbillons excessivement courts et les écailles très-menues. Toutes les nageoires, excepté la dorsale, sont d'une belle couleur violette ; les yeux sont rouges et le corps court, large et aplati.

Politure. Espèce de vernis. Dites, VERNIS A POLIR OU VERNIS-POLI.

Pompe. Les différentes parties d'une pompe sont : 1° le *tuyau*, qui va plonger dans le puits; 2° le *corps de pompe*, qui n'est que le prolongement du tuyau et dans lequel joue le *piston* ou *pot*, petit cylindre de bois percé d'un trou que bouche un *clapet* de cuir, pour empêcher l'eau de descendre; 3° la *tige* ou *verge*, qui est fixée d'un bout au piston, et de l'autre au *levier* ou *balancier*; et 4° la *soupape*, petit tampon mobile de cuivre, qui est placé à l'entrée du tuyau, et qui retient l'eau dans le corps de la pompe.

Poniatowski. Prononcez *Poniatoski*.

Pont. Termes relatifs à la construction des ponts.

AQUEDUC. Petit pont de pierre sans voûte, composé de deux *pieds-droits* élevés ordinairement sur un *radier*, et recouverts de grandes pierres appelées *dalles*.

ARCHE. Partie du pont de maçonnerie sous laquelle l'eau passe. Elle est formée des *pieds droits* et de la *voûte*.

CULÉE. Massif de maçonnerie qui forme l'un des côtés du pont, et contre lequel vient appuyer la terrasse. Pour empêcher les terres de couler sous l'arche on construit les bouts des culées en talus, ce qui se nomme *murs d'aile*, ou bien on les élargit vers la tête et vers la queue, en les élevant verticalement et d'équerre, ce qui s'appelle *murs en retour*; ou enfin on élève des murs arrondis et terminés en pointes, appelés *quarts de cônes*. Lorsque la voie du pont est plus étroite que la largeur du chemin, on raccorde ces deux largeurs par des *murs d'évasement*.

GARDE-CORPS OU GARDE-FOU. Espèce de balustrade de fer ou de bois qu'on place à la *tête* et à la *queue* d'un pont, pour empêcher les passants de tomber dans l'eau. Quelquefois les *gardes-corps* sont remplacés par de petits murs verticaux appelés *parapets*, lesquels sont ordinairement recouverts de *tablettes* de pierre de taille, attachées ensemble par des crampons de fer nommés *happes*.

PERRÉ. Revêtement ordinairement en pierre sèche, qu'on élève en talus contre certains remblais pour empêcher l'eau de les dégrader. Il ne faut pas le confondre avec le *mur de soutènement*. Voyez Maison.

PIED-DROIT. On appelle ainsi la partie des piles et des culées comprises entre les fondations et la naissance de la voûte.

PILE. Massif de maçonnerie qui sépare deux arches. Par conséquent dans un pont à deux arches, il y a une *pile* et deux *culées*; dans un pont à trois arches, deux piles et deux culées, etc. Le bout de la pile située en amont se nomme *avant bec*. Il sert à diviser les eaux et est souvent garni d'une barre de fer appelée *brise-glace*. Le bout en aval s'appelle *arrière-bec*. Les avant et arrière-becs ont une forme triangulaire ou semi-circulaire, et sont quelquefois entièrement supprimés. Dans ce cas la pile est coupée d'équerre.

RADIER. Pavé formé de grosses dalles ou de moëllons placés de champ, qu'on construit sous toute l'étendue du pont, ou seulement entre les pieds droits, pour empêcher l'eau de creuser en dessous des piles et des culées.

TABLIER. Plancher fait de poutres et de fortes planches, placé au-dessus des *travées*, et qui forme la voie d'un pont de bois.

TRAVÉE. Les travées sont pour les ponts de bois ce que sont les arches pour les ponts de pierre. C'est l'espace situé entre deux culées, ou entre une culée et une pile.

VOUTE. Voyez *Architecture*.

Poquette. PETITE VÉROLE, VARIOLE. *Un grain de petite vérole lui a fait perdre un œil. Le vaccin préserve de la petite vérole. Il a le visage tout gâté de petite vérole. Il est marqué de petite vérole.*

Porette. L'expression, *Retailler les porettes* à quelqu'un, se rend par ROGNER LES ONGLES. *Rogner à quelqu'un les ongles de bien près.*

Porfi. PANARIS. *Il a un panaris qui lui cause une grande douleur.*

Possinet. ALVÉOLE d'un gâteau de miel; BURETTE d'église; MAMELLE d'une truie, d'une chienne.

Potet. Petit amas d'eau bourbeuse. FLAQUE, MARE, BOURBIER. *Il y a des flaques d'eau dans ce chemin. Tomber dans un bourbier.*

Potiquet. PETIT POT.

Potte. LÈVRE, BABINE. Ce dernier ne se dit guère que des lèvres pendantes de certains animaux. *Les babines d'une vache, d'un chien. Un singe qui remue les babines. Il s'en lèche les babines.*

Potte. CROCHET DE CRÉMAILLÈRE.

Potte. Grimace que l'on fait en approchant et en allongeant les lèvres, en signe de dérision ou de mécontentement. MOUE. *Une grosse moue, une* *vilaine moue. Faire la moue. Voyez quelle moue il fait. Faire la moue*, signifie aussi , Bouder.

Pottu. BOUDEUR, RECHIGNÉ. *C'est un maussade et ennuyeux boudeur. Une petite vieille rechignée.*

Potteler. GODER. Voyez *Couturière*.

Pouche. Personne excessivement grosse et replète. PIFFRE. *Un gros piffre. Une grosse piffresse.*

Pouchelant. COCHON DE LAIT, PORCELET.

Pouchelière. MATRICE d'une truie.

Pouian. POULET, POUSSIN. (Ce dernier ne se dit que d'un poulet très-jeune.) *Cette poule a tant de poulets. La poule et les poussins. Viens, mon poulet.*

Poulette. POULETTE. *Poulette prête à pondre. Viens ici, ma poulette.*

Pouiette. Groupe de six étoiles qui se trouve dans la constellation du taureau. PLÉIADES. *Le lever des pléiades.*

Poulac. Vilain, salope. POUACRE. *Il faut être bien pouacre pour faire de ces saletés-là. C'est un pouacre, c'est un vilain pouacre.*

Poumonique. Qui a les poumons affectés, qui est malade du poumon. On dit mieux PULMONIQUE. *Un jeune homme pulmonique. Il est pulmonique.*

Poupe. Petite figure humaine de bois, de carton, de cire, etc, destinée à servir de jouet aux enfants. POUPÉE. *Cette fille n'est pas en âge d'être mariée, elle joue encore à la poupée.*

Pousseler. *Il pousselle* se traduit par, LA

NEIGE VOLE; LE VENT POUSSE, SOUFFLE LA NEIGE.

Prédire. On dit à l'indicatif, seconde personne du pluriel, *vous prédisez;* et à l'impératif *prédisez.* Quant au reste, il se conjugue comme *Dire.*

Près de, prêt à. Ces locutions ont une signification différente. On peut être *près de mourir,* c'est-à-dire, sur le point de mourir, sans être *prêt à mourir,* ce qui signifie, disposé, préparé à mourir. *Je suis prêt à faire tout ce qu'il vous plaira. Il est toujours prêt à parler. Ce canon était prêt à tirer. Il n'est pas près de finir. Ces terres sont près d'ébouler.*

Presque. L'e final ne s'élide que dans *Presqu'île. Un ouvrage presque achevé* (et non *presqu'achevé*).

Pretentaille. BATACLAN. *Il a renvoyé tout son bataclan.*

Preuna. PLEUREUR, PLEURNICHEUR, PLAINTIF, PITEUX. *C'est un homme plaintif. C'est le plus plaintif de tous les hommes. Faire le piteux.*

Preuner. SE PLAINDRE, SE LAMENTER, PLEURNICHER. *Vous aurez beau pleurnicher, vous n'obtiendrez rien.*

Prévisant. Qui prend des mesures pour l'avenir. PRÉVOYANT. *Il n'est pas assez prévoyant.*

Prévisant. Qui regarde de trop près à quelque chose; qui est trop exact, trop ménager. REGARDANT. *Il ne faut pas être si regardant, trop regardant. Vous êtes trop près regardant.*

Prévoté. Ce substantif est féminin. *Dans toute l'étendue de la prévoté.*

Pompt, prompte, promptement, promptitude. On ne prononce pas les seconds P. (Acad.) *Cela fut prompt comme l'éclair. Il vous servira promptement, avec promptitude.*

Proportionné, proportionnément; proportionnel, proportionnellement. Ces deux derniers ne se disent qu'en parlant des quantités, des grandeurs, des nombres ; ce sont des termes de Mathématiques. *Quantités proportionnelles. Echelle proportionnelle. Réduire proportionnellement un grand dessin à un petit. La récompense fut proportionnée au service. Il n'a pas été récompensé proportionnément* (et non *proportionnellement*) *à son mérite.*

Prosper, nom propre, s'écrit sans *e* final. *Saint Prosper* (et non *Prospère*) *d'Aquitaine.*

Pue. Interjection familière qui exprime le dégoût, etc. POUAH. *Pouah ! quelle infection !*

Puiser ne s'emploie pas pronominalement, et c'est une faute grossière de dire, *Je me suis puisé*, au lieu de J'AI PRIS, J'AI PUISÉ DE L'EAU DANS MES SOULIERS. Mais on peut dire : *Voilà des souliers qui puisent l'eau.*

Pusillanime, pusillanimité. On prononce les *L* sans les mouiller. (Acad.) *Une conduite pusillanime.*

Q

Qua. Ce mot n'est pas français, et se traduit par QUELQUE, SI, COMBIEN, COMME. *Quelque peu d'argent qu'il ait. Quelque sage, quelque riche qu'il soit. Quelque adroitement qu'il s'y prenne. Si petit qu'il soit. Si peu qu'on le provoque, il entre en fureur. Combien il m'est pénible de vous parler ainsi ! Comme il est changé !*

Quadragésime. Prononcez *Coua.* (Acad.) *Le dimanche de la quadragésime.*

Quadrature. En termes de Géométrie, prononcez *Coua;* en termes d'Horlogerie, prononcez *Ka.* (Acad.) *La quadrature du cercle est un problème insoluble. La quadrature d'une horloge.*

Quadrille. On mouille les *L*.

Quadrupède. On prononce *Koua.* (Acad.)

Quadrupède. Liste des principaux quadrupèdes que l'on trouve dans notre province.

BELETTE. (*Bascolette.*) Ce mammifère est de la grosseur de la taupe, mais il a le corps plus allongé. Pelage du dessus du corps roux en été, blanchâtre en hiver ; ventre blanc. Voyez *Hermine.*

CERF. La femelle se nomme *biche;* et le petit, *faon.* (Prononcez *Fan.*)

CHAUVE-SOURIS. Espèce de souris ailée qui vient voltiger le soir autour des habitations.

CHÈVRE. (*Gatte.*) Femelle du *bouc*. On l'appelle aussi

bique. Les petits se nomment *chevreaux*, *biquets*, ou *cabris*. *Où la chèvre est attachée, il faut qu'elle broute. Ménager la chèvre et le chou. Il saute comme un chevreau, comme un cabri.*

CHEVREUIL. La femelle s'appelle *chevrette;* et le petit, *chevrillard* ou *faon*.

CHIEN. Les races de chiens les plus remarquables sont : 1° le *bouledogue*, qui a le museau comme tronqué, la tête grosse et les lèvres pendantes ; on s'en sert pour garder les maisons et les basses-cours ; 2° le *mâtin* dont le poil est ras et la queue relevée en courbe : c'est le chien ordinaire des bouchers ; 3° le *chien de berger*, dont on se sert pour la garde des troupeaux; 4° le *lévrier*, dont la femelle s'appelle *levrette*; 5° le *chien courant*, dont le *basset à jambes torses* et le *basset à jambes droites* sont des variétés ; 6° le *chien d'arrêt*, qui comprend le *pointer* dont le poil est ras et lis, le *braque* qui a la queue comme tronquée et le pelage ordinairement tacheté ; l'*épagneul* qui a la queue longue et terminée en panache, le *barbet* appelé aussi *caniche*, *chien canard* ou *chien mouton*, dont le poil est laineux et crépu ; 7° le *carlin*, chien de petite taille très-gai, à poil ras, à queue retroussée en spirale ; 8° le *roquet* qui est plus petit que le carlin, et qui n'offre aucun genre d'utilité.

ÉCUREUIL. (*Squiran.*) Grosseur de la belette ; queue plus longue que le corps et très-touffue; pelage d'un roux vif; ventre blanc. Il est très-agile et grimpe sur les arbres où il saute de branche en branche comme un oiseau.

FOUINE. (*Faïnette.*) Animal un peu moins gros que le chat, long, à dos arqué, à pieds courts, comme la belette. Pelage brun; queue assez longue, très-poilue, noirâtre; gorge blanche. Elle se tient quelquefois dans les maisons où elle mange les œufs et même les poules.

HÉRISSON. (*Lursan.*) Ce quadrupède a la peau garnie de piquants au lieu de poil. Lorsqu'on l'approche, il se pelotonne et reste immobile jusqu'à ce qu'on s'éloigne.

HERMINE. Animal un peu plus gros que la belette, à laquelle il ressemble beaucoup. On la distingue surtout à la queue qui est terminée par une touffe d'un noir vif, tandis que la belette n'a le bout de la queue qu'un peu noirâtre. L'hermine, comme la belette, est tantôt rousse et tantôt d'un blanc jaunâtre, mais le bout de la queue reste toujours noir.

LOIR (*soudorman*), LÉROT, MUSCARDIN. Ces mammifères habitent exclusivement les bois et se distinguent des autres rongeurs par le nombre de leurs dents qui est de vingt, au lieu de seize. Le *loir* a 15 centimètres de long ; pelage d'un gris cendré en-dessus, blanchâtre en-dessous ; queue touffue ; blanchâtre vers le bout ; une tache blanche sur chaque joue. Le *lérot* est un peu plus petit et n'a pas de taches blanches sur les joues ; pelage fauve en-dessus, blanchâtre en-dessous ; queue touffue, surtout vers le bout qui est blanc. Le *muscardin* n'est pas plus grand qu'une souris ; queue touffue aussi longue que le corps ; pelage roux en-dessus, blanchâtre en-dessous.

LIÈVRE. Le mâle s'appelle *bouquin* ; la femelle ; *hase* ; et le petit, *levraut*.

LOUTRE. Animal un peu plus petit et un peu plus bas que le renard. La loutre se tient au bord des rivières et vit de poissons. On la reconnaît facilement à sa queue aplatie et à ses doigts palmés.

MARTE. (*Matte.*) Mammifère à peu près semblable à la fouine, dont il se distingue à la couleur de la gorge qui est jaune, tandis que la fouine l'a blanche.

MUSARAIGNE OU MUSETTE. (*Mizerette.*) Espèce de petite souris à museau très-long et pointu. La *musaraigne commune* a le pelage de la souris. La *musaraigne d'eau* est noire en-dessus, blanche en-dessous. La première se tient dans les champs et les bâtiments ; la seconde ne se voit que le long des eaux.

PUTOIS. (*Vecho.*) Ce mammifère tient, par la taille, le milieu entre la fouine et la belette, et se distingue de l'une et de l'autre par la couleur de son pelage qui est d'un brun marron foncé, et surtout par l'odeur désagréable qu'il répand.

RAT, SURMULOT, MULOT, SOURIS. Ces rongeurs se distinguent à leur queue qui est longue, garnie d'une infinité de petits anneaux écailleux entre lesquels croissent quelques poils rares, et par leurs pieds de devant qui n'ont que quatre doigts. Le *surmulot* est le plus gros, il se tient dans les abattoires, les voiries, etc. ; il a 20 à 25 centimètres de long. Le *rat ordinaire* n'a que 15 à 18 centimètres de long, et son pelage est d'un gris plus noirâtre. Le *mulot* n'est guère plus gros qu'une souris ; il a la queue de la longueur du corps et le pelage d'un roux brun en-dessus et d'un blanc jaunâtre en-dessous. La *souris* est trop connue pour qu'il soit nécessaire d'en donner la description.

RAT D'EAU, CAMPAGNOL. Ils se distinguent des précédents par leur queue courte, poilue et sans anneaux écailleux, et par leurs pieds antérieurs qui ont cinq doigts comme les postérieurs. Le *rat d'eau* est à peu près de la grandeur du rat ordinaire. Il a le pelage brun, plus clair sous le ventre. Le *campagnol* ou *souris des champs* n'a que la grosseur de la souris ordinaire. Pelage d'un gris roussâtre en-dessus, d'un blanc sale en-dessous ; tête grosse; museau obtus.

RENARD. Nous avons dans la province deux espèces de renards, le *renard argenté*, et le *renard charbonnier*. Le qualificatif suffit pour les faire distinguer l'un de l'autre.

TAUPE. (*Fouian.*) Petit quadrupède d'un noir velouté qui élève, en fouillant, de petits monceaux de terre appelés *taupinières* ou *taupinées*.

Quadruple, quadrupler. Prononcez *Kouа.* (Acad.) *Mon jardin est le quadruple du vôtre. Il a quadruplé son revenu.*

Quaker. On prononce *Couacre.* (Acad.)

Quance (Faire). Cette expression n'est plus en usage, et doit être remplacée par FAIRE SEMBLANT.

Quant ne doit pas s'employer pour QUAN-TIÈME. *Quel quantième* (et non *le quant*) *du mois avons-nous? Il a reçu des nouvelles toutes fraîches, mais je ne sais pas de quel quantième elles sont. De quel quantième vous a-t-il écrit? Montre à quantièmes.*

Quantrième. Ecrivez et prononcez QUAN-TIÈME. *Le quantième êtes-vous de votre compagnie?*

Quasiment. Ce mot n'est pas français, et se traduit par QUASI, PRESQUE. *Il n'arrive quasi jamais que je m'y trompe. Il est presque nuit.*

Quasimodo. On prononce *Ka-zi-mo-do.*

Quatant. COMBIEN, COMME, QUELQUE. *Combien cet homme est au-dessus de l'autre. Si vous saviez combien il vous aime. Il sera furieux, quand il apprendra combien vous dépensez. Vous voyez comme il travaille. Quelques efforts que vous fassiez.*

Que relatif, ne peut s'employer qu'avec les verbes actifs, et ce serait une faute grave de dire : *Donnez-lui ce qu'il a besoin, ce que je vous ai parlé*, etc. Dites : *Donnez-lui ce dont il a besoin, ce dont je vous ai parlé.*

Quecheurre. SECOUER. *Secouer un manteau, une robe pour en ôter la poussière. Les chiens se* secouent, quand ils sont mouillés. *Les chevaux se secouent pour se défaire des mouches.*

Quelle, qu'elle. Ecrivez avec une apostrophe toutes les fois que, en employant le masculin, vous diriez *qu'il* ou *qu'ils*. *Ils ont reçu les étoffes telles qu'elles* (les ballots tels qu'ils) *avaient été expédiées. Des étoffes telles quelles. Quelles que soient vos vues.*

Querwée. CORVÉE. *Epargnez-moi cette corvée.*

Quesauter. SAUTER, SAUTILLER. *Les pies, les moineaux sautillent au lieu de marcher. Ce danseur ne fait que sautiller.*

Quetaper. SECOUER, BOUSCULER, HOUSPILLER, BOULEVERSER, DÉDAIGNER. *Nous fûmes horriblement bousculés dans la foule. On a bousculé tous mes livres. Bouleverser tout dans une maison. Ce parti n'est point à dédaigner.*

Quelque se met au pluriel, ainsi que le substantif qui le suit, lorsqu'il peut se remplacer par *plusieurs*, ou bien par *quels* ou *quelles que soient les*. *Quelques écrivains* (plusieurs écrivains) *ont traité ce sujet. Il y a quelques* (plusieurs) *années. Quelques* (quels que soient les) *efforts que vous fassiez. Quelques* (quels que soient les) *grands biens que vous ayez.* Mais on dira au singulier : *Si cela était, quelque* (un) *historien en aurait parlé. Connaissez-vous quelque* (une) *personne qui soit de cet avis ? Adressez-vous à quelque* (une) *autre personne. Cela me fait quelque peine* (de la peine). *Cette affaire souffre quelque difficulté* (de la difficulté). *Quelque chose* (quelle que soit la chose) *qui arrive. Quelque remède* (quel que soit le remède) *qu'on lui donne. Quel que* s'écrit en deux mots, lorsqu'il est suivi d'un verbe. *Quelle que soit votre intention. Quel qu'il puisse être.* On sait que *quelque* est adverbe lorsqu'il signifie *tellement, si, environ. Quelque puissants* (si puissants) *qu'ils soient, je ne les crains pas. Il y a quelque* (environ) *soixante ans.*

Quetaper (Se). SE HOUSPILLER, SE DÉBATTRE, S'AGITER. *Ils se houspillèrent l'un l'autre. Se débattre comme un possédé. Un oiseau qui se débat quand on le tient. Ce malade s'agite continuellement.*

Queue. On dit : LA QUEUE d'une poêle, d'une casserolle; LE MANCHE d'un balai, d'une pelle; LES MANCHES OU MANCHERONS d'une charrue; DES TIGES de pommes de terre, de navets, de carottes, etc.

Quia. On prononce *Cuia.* (Acad.) *Il l'a mis à quia. Il est à quia.*

Quidam. Prononcez *Kidan* (Acad.). *Je fus accosté par un certain quidam, par un quidam de mauvaise mine.*

Quine. Terme de jeu de loto et de trictrac. Ce mot est masculin. *Voilà un fâcheux quine.*

Quinquagénaire, quinquagésime. Prononcez *Ku-in-cou-a.* (Acad.)

Quintuple, quintupler. On prononce *Cu-in.* (Acad.) *Rendre le quintuple.*

Quinquennal. On prononce *Cuincuennal.* (Acad.)

Quiproquo. Prononcez *Kiproko. Il a fait un étrange quiproquo.*

Quistode. Voyez *Custode.*

Quitte et quitte. Dites : QUITTE A QUITTE. *Nous sommes quitte à quitte. Faisons quitte à quitte. Quitte à quitte et bons amis.*

Quoique s'écrit en deux mots, lorsqu'il signifie *Quelque chose que. Quoi qu'il arrive. Quoi que vous en disiez. Quoi qu'il en soit. Quoi que vous fassiez.*

Quolibet. Prononcez *Kolibè. Méchant quolibet. Il croit dire des bons mots, mais il ne dit que des quolibets. Cet homme ne parle que par quolibets. C'est un diseur, un faiseur de quolibets.*

Quote ne s'écrit avec un Q que dans *Quote-part. Il lui revient tant pour sa quote-part. Sa cote s'élève à tant. Ces pièces sont sous la cote A.* L'O de *cote* est bref. (Acad.)

R

R. Quoique la lettre *R* soit redoublée dans les mots suivants, il faut prononcer comme si elle était simple, en appuyant sur la voyelle ou la diphthongue qui précède : *Barreau, barrière, bourreau, bourrer, bourrique, bourru, carré, car-*

reau, carrer, carrière, carrosse, charron, diarrhée, fourrage, fourreau, fourrier, larron, marraine, marron, parrain, porreau, pourrir, sarrau, équarrir, équerre, etc. L'observation qui précède est très-importante, parce que, à cause de la prononciation, on néglige souvent de redoubler cette consonne.

Rabais. ABATANT. Voyez *Meuble*.

Rabarbotter. ENVELOPPER, ENTORTILLER, EMMITOUFFLER. *S'envelopper, s'entortiller dans son manteau. Il faut bien emmitoufler ce vieillard par le froid qu'il fait. Elle aime à s'emmitoufler.*

Rabarrer. REMBARRER. *Il parlait mal de mon ami, je l'ai rembarré. S'il prétend soutenir cette proposition, il sera bien rembarré.*

Rabonnir (Se). SE DÉFACHER, S'APAISER. *S'il se fâche, il aura la peine de se défâcher. Après avoir bien crié, il s'apaisa.*

Raboquier. RACCOMMODER, RAPETASSER. *Rapetasser un vieil habit.*

Rabrider (Se). SE RENGORGER. *Voyez comme il se rengorge. Depuis qu'il est en place, il se rengorge.*

Raboutonner. REBOUTONNER. *Reboutonner son habit, sa soutane. Se reboutonner.*

Rabrougnu. RECHIGNÉ. *Une petite vieille rechignée.*

Rabrougnu. En parlant d'un arbre, RABOUGRI. *Des arbres tout rabougris. Les grandes gelées font rabougrir le jeune bois.*

Racasser. SAISIR A LA VOLÉE, RACCROCHER. *Je lui jetai ma bourse, il la saisit à la volée.*

Raccousiner. Traiter de cousin. COUSINER. *Il vous cousine : de quel côté est-il votre cousin ? je ne sais s'ils sont parents, mais ils se cousinent.*

Raccuser. ACCUSER, DÉNONCER, RAPPORTER, FAIRE DES RAPPORTS.

Raccuspoté. DÉNONCIATEUR, RAPPORTEUR. *Cette fille est une petite rapporteuse. Défiez-vous de lui, c'est un rapporteur. Les rapporteurs sont gens odieux.*

Rachamodeur. Voyez *Ratameur*.

Rachicher. RATATINER. RIDER. *Le parchemin se ratatine au feu. Une pomme ratatinée. Une vieille ratatinée. Avoir le visage ratatiné. Une mine ratatinée. Son visage commence à se rider. Les années lui ont ridé le visage.*

Rachiérir. RENCHÉRIR. *Tout renchérit.*

Racle. RAS, RACLÉ. *Vendre à mesure rase, raclée. Mesurer ras, comble* (et non *à ras, à comble*).

Raclérir. ÉCLAIRCIR, SE RASSEOIR. *Il faut laisser rasseoir ce vin. Il faut faire rasseoir ces liqueurs. Eclaircir un sirop, une sauce.*

Raclette. RACLOIR de ramoneur ; RATISSOIRE de boulanger.

Racoin. Coin plus caché, moins en vue. RECOIN. *Il était dans un recoin où l'on eut bien de la peine à le trouver. Il n'y a coin et recoin où l'on n'ait cherché.*

Racoudre. RECOUDRE. *Votre manche, votre*

doublure, etc., s'est décousue, s'est déchirée, faites-la recoudre. Recousez cela bien proprement, qu'il n'y paraisse pas. Recoudre une plaie. Il avait la moitié de la joue abattue d'un coup de sabre, le chirurgien la lui recousit.

Racquitter. Ce verbe est français. *Il avait beaucoup perdu, mais j'ai pris son jeu et je l'ai racquitté. Il avait perdu tout son argent, mais il s'est racquitté. Essayez de vous racquitter. Vous vous racquitterez une autre fois.*

Racraitier (Se). SE CRISPER, SE RATATINER. *Le parchemin, les cheveux se crispent quand on les expose au feu.* Voyez Rachicher.

Racrafougner. CHIFFONNER, FRIPER, FROISSER. *Chiffonner du linge, un habit. Votre manteau est tout fripé. Vous avez fripé votre robe, votre collerette. Froisser du satin, du drap, à force de le manier. Une robe froissée.*

Racrapoter (Se). SE RAMASSER, SE PELOTONNER, SE RECOQUILLER. *Le hérisson, la chenille, se ramassent dès qu'on les touche. Le hérisson se pelotonne. Avoir la taille ramassée. Il n'y a si petit ver qui ne se recoquille quand on marche dessus. Le mauvais vent recoquille les feuilles des arbres.*

Racroler. SE CRÊPER, FRISER. *Ses cheveux commencent à se crêper. Ses cheveux frisent naturellement.*

Raférer. Introduire la charrue dans la terre. RENTRER.

Rafosser. BUTTER. Voyez *Cultivateur*.

Rafler (Se). SE RÉJOUIR, SE FAIRE UNE FÊTE DE. *Il se faisait une fête de vous recevoir chez lui.*

Rafrogner (Se). SE REFROGNER, SE RENFROGNER. *A l'abord de certaines personnes il se refrogne. Pourquoi vous renfrognez-vous, vous refrognez-vous quand on vous parle de telle chose?*

Ragosse. TROGNON. Voyez *Jardinier*.

Ragoustir. Redonner du goût. RAGOUTER. *Il a perdu l'appétit, il faut essayer de le ragoûter. Il fait tout ce qu'il peut pour se ragoûter.*

Ragricher (Se). Saisir une chose, s'en aider pour se tirer d'un danger, d'un embarras: SE RACCROCHER. *Il était noyé, s'il ne s'était raccroché à cette branche. Dans le danger, on se raccroche à tout ce qu'on trouve sous sa main.*

Ragricher (Se). Regagner en tout ou en partie les avantages qu'on avait perdus. SE RACCROCHER. *Laissez-le faire, il trouvera bien moyen de se raccrocher.*

Ragrogner. Rebuter quelqu'un avec rudesse. RABROUER, REGOULER. *Si vous lui parlez de cela, il vous rabrouera terriblement. C'est un homme fâcheux, il rabroue les gens, il rabroue tout le monde. Il ne faut pas ainsi regouler les gens.*

Rahausse. Ce qui sert à hausser. HAUSSE. *Mettre une hausse à des souliers, à des bottes. Mettre des hausses aux pieds d'une table, d'une armoire.*

Rahoupler. Appeler en criant. HOUPER, BÊLER quelqu'un.

Raie d'oignons. CHAPELET D'OIGNONS.

Raige, raiger. CRIBLE, CRIBLER. Voyez *Cultivateur*.

Rail way. Prononcez *Rel-ouè*.

Rakcheuse. ASSAUT, SECOUSSE. *Sa fortune a essuyé un rude assaut. Il a reçu de terribles secousses de la fortune. La perte de son procès lui a donné une terrible secousse.*

Rallonge, rallonger. Ces mots sont français. *Mettre une rallonge à une robe, à une table. Ce rideau est trop court, il faut le rallonger. Rallonger une jupe. Rallonger une table.* On dit aussi dans le même sens, *Allonge, allonger*.

Rallargir. RÉLARGIR. *Il est obligé de faire rélargir tous ses habits.*

Rallée. REFAIT. Voyez *Cartes*.

Raller. Ce mot n'est pas français et doit être rendu par RETOURNER.

Raller. *Il reva*, est une locution wallonne dont on se sert à certains jeux de cartes, et qui se rend par, C'EST A REFAIRE, C'EST UN REFAIT.

Rammechier. REMUER, AGITER, FAIRE DU BRUIT.

Ramémorer. Remettre en mémoire. REMÉMORER. *Je vais vous remémorer tout ce qui se passa dans cette bataille. Je vais tâcher de me remémorer ce que vous me dites.* Ce mot vieillit, il vaut mieux dire, RAPPELER.

Ramessier. FAIRE SES RELEVAILLES, REBÉNIR. *Elle vient de faire ses relevailles.*

Ramiche. REMUANT, GOURMAND.

Ramieuler. Aiguiser sur une *meule.* ÉMOUDRE, RÉMOUDRE. *Emoudre, faire émoudre des couteaux, des ciseaux, etc.*

Ramponneau. FILTRE A CAFÉ. Voyez *Cuisine.*

Ranairer. REMETTRE A L'AIR.

Ranairer. RELANCER, TANCER.

Rancuneux. RANCUNIER. *C'est un homme rancunier. C'est un rancunier, une rancunière.*

Ranger (Se) *de,* signifie Se mettre de; *se ranger à,* veut dire Adopter. *Se ranger du parti, du côté de quelqu'un. Se ranger à l'avis* (et non *de l'avis*) *de quelqu'un.*

Ranler. Ecrivez et prononcez RALER. *Il est très-mal, sa poitrine s'emplit, il commence à râler.*

Rapaumeler. PLACER A RECOUVREMENT. *Les dalles de cette terrasse sont à recouvrement.*

Rapaupier (Se). BAISSER LA PAUPIÈRE.

Rapêcher. REPÊCHER. *Il était tombé dans le fond de la rivière, on l'a repêché à demi-mort. Repêcher des ballots, des caisses, des marchandises.*

Râpe, râper. Prononcez l'A comme dans *Pâté.*

Rapetitir. RAPETISSER, AMENUISER. *La distance rapetisse les objets à l'œil. Les jours rapetissent. Ce*

RAS 433

vieillard rapetisse sensiblement. Une étoffe qui se rapetisse dans l'eau. Certaines gens se rapetissent par fausse modestie. Amenuiser un bâton, une cheville, une planche.

Rapiécer, rapiéceter. Ces mots sont français et synonymes, mais rapiéceter suppose un plus grand nombre de pièces. *Rapiécer un habit, du linge. Rapiéceter des meubles, des habits. Il porte des habits tout rapiécetés.*

Rapiéter. RIMONTER un bas.

Rapincer (Se). SE RAVISER. *Il voulait faire cette acquisition, mais il s'est ravisé.*

Raplu. Qui a les reins forts. RABLU. *C'est un garçon bien rablu.*

Rappeler. APPELER D'UN JUGEMENT, EN APPELER. *Il appellera de ce jugement. Il a appelé du tribunal de première instance à la cour royale. Il en a appelé.* Rappeler dans ce sens n'est pas français.

Rappeler (Se). On se rappelle *quelque chose* et non *de quelque chose. Vous rappelez-vous ce fait? Je me le rappelle parfaitement. Je ne me le rappelle pas* (et non *je ne m'en rappelle pas*).

Ras. Au masculin prononcez *Ra. Il a le menton bien ras. Un chien à poil ras.*

Rascutte. RECUEILLIR, RECEVOIR, ATTAQUER.

Rasgouttage. Reste de liqueur si petit, qu'il ne tombe que goutte à goutte, quand on le verse. ÉGOUTTURE. *Ils ont bu tout le vin, je n'ai eu que l'égoutture, que les égouttures, que des égouttures.*

Rasgoutter. ÉGOUTTER.

37

Rassercer. Raccommoder de méchantes hardes à l'aiguille, sans pièces. RAVAUDER. *Ravauder des bas, une veste, un caleçon, etc. Aiguille à ravauder* (et non *à rassercer*).

Rasserrer. SERRER, ENSERRER, RENFERMER, METTRE SOUS CLEF. *Je ne sais où j'ai serré ce papier. Je vous l'ai donné à serrer. Serrez votre bourse, votre argent. Serrer quelque chose sous clef. Cela est sous clef, sous la clef, sous les clefs.*

Rastroitir. RÉTRÉCIR. *Rétrécir un chemin, une rue. Il a fait rétrécir ses habits. Cette toile a rétréci, s'est rétrécie au blanchissage. Cette rue va en rétrécissant, en se rétrécissant.*

Ratalmacher. RABACHER, RAVAUDER. *Il rabâche toujours les mêmes choses Qu'est-ce que vous me venez ravauder?*

Ratamer. RACCOMMODER.

Ratameur. RACCOMMODEUR de vieille vaisselle, CHAUDRONNIER AMBULANT.

Râteau, râteler, râtelier. Prononcez l'A comme dans *Pâté*. *Un râteau à dents de fer. Râteler des foins, des avoines. Manger à plus d'un râtelier.*

Rattrot. Voyez *Chatou*.

Ratteler. Atteler de nouveau. Dites RÉATTELER. *A peine venait-on de dételer les chevaux, qu'il fallut les réatteler.*

Rature, effaçure. Les *ratures* consistent en quelques traits de plume qu'on passe sur ce qu'on a écrit; les *effaçures* se font à l'aide d'un grattoir. *Un écrit plein de ratures, chargé de ratures. L'effaçure n'empêche pas qu'on ne lise encore quelque chose de ce qui était écrit.* De même le verbe *raturer* a une tout autre signification que les verbes GRATTER, EFFACER, ÔTER. *Il est difficile d'avoir un style pur sans raturer* (biffer, bâtonner) beaucoup.

Rauffle. RABLE. Voyez *Boulanger.*

Rauque, enroué. *Rauque* ne se dit que de la voix et jamais des personnes. *Enroué* se dit également de la voix et des personnes, mais il n'exprime qu'un effet passager, inaccoutumé. *Une voix rauque. Cet homme a une voix forte, mais le son en est rauque. Un homme enroué* (et non *rauque*). *Avoir la voix enrouée. Parler enroué.*

Ravauderie ne signifie pas VIEILLERIE, GUEUSERIE, BAGATELLE. *On ne vend là que de la vieillerie. Il ne se meuble que de vieilleries. Ravauderie* veut dire Bavardage, discours plein de niaiseries, de bagatelles. *Il ne dit que des ravauderies. Quelle ravauderie venez-vous nous conter?*

Ravaux. RAVINE, EAU DE PLUIE. *Les ravines ont gâté, ont creusé toutes ces vallées. La ravine était si furieuse qu'elle entraînait des arbres, des roches. Ravine* se dit également pour *Ravin. Avant d'arriver à ce village, il faut passer une ravine profonde.*

Raverdir. REVERDIR. *Il semblait que ce poirier fût mort, mais le voilà qui reverdit. J'ai trouvé ce vieillard tout reverdi.*

Ravers (Au). A LA RENVERSE, A REBOURS, A REBROUSSE-POIL. *Tomber à la renverse. Lire à rebours. Nettoyer un chapeau à rebrousse-poil. Prendre une affaire à rebrousse-poil.*

Raviau (Au). A L'ENVI, A QUI MIEUX MIEUX. *Ils étudient à l'envi. Ils travaillent à l'envi l'un de l'autre. C'est à qui mieux mieux.*

Ravaux (A). A VERSE, A SEAUX. *Il pleut à verse, à seaux.*

Ravicoter. Remettre en force, en vigueur une personne, un animal qui semblait faible et exténué. Ecrivez et prononcez RAVIGOTER. *Il se sentait faible, on lui a fait prendre un doigt de vin qui l'a un peu ravigoté. Se ravigoter en buvant un petit verre de liqueur.*

Raviquer. RESSUSCITER, RANIMER. *Cette liqueur, ce vin serait capable de ressusciter un mort. Dieu seul peut ranimer les morts. Il faut ranimer ce feu qui s'éteint. Il s'est ranimé en apprenant cette nouvelle.*

Raviser ne doit pas s'employer dans le sens de CONSIDÉRER, REGARDER ATTENTIVEMENT. *J'ai longtemps considéré* (et non *ravisé*) *cet homme-là pour mieux le reconnaître.*

Ravoir. Ce verbe ne s'emploie qu'à l'infinitif; dans les autres temps, il faut se servir de l'un des mots AVOIR DE NOUVEAU, REPOSSÉDER, REGAGNER, RETENIR, RÉCUPÉRER, RECOUVRER, RATTRAPER: *Si je puis retenir mes papiers, je ne les lui donnerai plus. Je voudrais bien retenir l'argent que je lui ai prêté. Il* *voudrait bien retenir ce qu'il a dit. Je n'ai jamais pu récupérer mes déboursés dans cette affaire. Il a recouvré sa bourse. Il cherche à recouvrer son bien. Allez toujours devant, je vous aurai bientôt rattrapé. Il a si bien fait qu'il a rattrapé la montre qu'on lui avait volée. On ne m'y rattrapera plus. Bien fin qui m'y rattrapera.*

Ravider. RENVIDER du fil.

Rawette (Et la). ET HAIE AU BOUT, ET LE RESTE. *Son emploi lui vaut par an mille francs, et haïe au bout.* Prononcez *Ha-ïe.*

Rebider. REBONDIR, REJAILLIR, REPOUSSER. *On vit tomber le boulet de canon, et un instant après on le vit rebondir. La pierre a rejailli du mur contre lequel elle était lancée, sur le mur opposé, a rejailli du mur sur un passant, a rejailli dans ma cour. Ce fusil repousse.*

Rebouler. RETROUSSER, RETOURNER; TIRER, TOURNER A L'ENVERS. *Retrousser ses manches. Avoir le bras retroussé jusqu'au coude.*

Rebrougner. REFOULER.

Rebulé. RECOUPE. Voyez *Moulin.*

Rebutoire (Vice). VICE, CAS RÉDHIBITOIRE. *La pousse, la morve et la courbature sont des cas rédhibitoires pour la vente d'un cheval.*

Recanneter. RINCER.

Rechauder. ÉCHAUDER. Voyez *Cuisine.*

Rèche. Rude au toucher. Ce mot est français. *Cette étoffe est rèche. Il a la peau rèche.*

Rechigner est un verbe *neutre* qui signifie,

Témoigner, par l'air de son visage, la mauvaise humeur où l'on est, le chagrin, la répugnance qu'en éprouve. *Qu'avez-vous à rechigner? Il rechigne toujours. Il fait les choses de mauvaise grâce et en rechignant. C'est un homme qui rechigne à tout.* Mais il ne faut pas employer ce verbe *activement*, et dire, par exemple : *Il s'est fait rechigner.* Dites : *Il s'est fait rabrouer, il s'est fait rembarrer.*

Rechiquer (Se). Se parer plus qu'il ne convient à son âge, à son rang. SE RIQUINQUER. *C'est une vieille qui se requinque. C'est une vieille requinquée. Vous voilà bien requinqué.*

Récolte. Faites sentir le premier E, et ne prononcez pas *R'colte*.

Recouper signifie, Couper de nouveau. *Cet habit avait été mal coupé, il a fallu le recouper. Aux jeux de cartes lorsqu'on n'a pas coupé net, il faut recouper.* Mais n'employez pas ce mot dans le sens de ROGNER. *Il faut rogner ce bâton, il est trop long. Rogner un manteau, les bords d'un chapeau. Se rogner les ongles.*

Recouvré. On confond quelquefois le participe passé du verbe *Recouvrer* avec celui du verbe *Recouvrir*, et l'on dit, par exemple : *Il a recouvert la santé*, au lieu de, *Il a recouvré la santé*. On doit dire également : *Il recouvrera*, et non *il recouvrira la vue*.

Recrue. Homme nouvellement arrivé au service. Ce mot est féminin. *Nos recrues se sont comportées dans cette affaire comme de vieux soldats.*

Reculante (A). A RECULONS. *Les écrevisses marchent à reculons. Cette affaire marche à reculons.*

Rédicule. Petit sac dans lequel les femmes portent leur mouchoir, leur bourse, etc. Écrivez et prononcez RIDICULE.

Rediver. RÉPLIQUER.

Redonder, resonder. RÉSONNER, RETENTIR. *Cette voûte résonne bien. Cette salle ne résonne pas. Cette chambre, ce cabinet a retenti du coup de fusil qu'on vient de tirer. Faire retentir sa voix. Ce bruit m'a retenti dans l'oreille.*

Refacher. EMMAILLOTTER. *Les sauvages n'emmaillottent point les enfants.*

Regibeau. REJET. Voyez *Chasse*.

Regimber. Ce verbe est neutre et ne s'emploie pas pronominalement. *Un inférieur qui regimbe* (et non *qui se regimbe*) *contre son supérieur.*

Registre ou **regître.** Prononcez *R'gistre, R'gître* et non *Ré-gistre, Ré-gître. Cet article a été biffé du registre, bâtonné sur le registre.*

Reglatir. RELUIRE, BRILLER, ÉCLAIRER. *Tout est bien frotté dans cette maison, tout y reluit jusqu'au plancher. On voyait briller au soleil les casques et les cuirasses. Les yeux des chats, les vers luisants éclairent pendant la nuit.*

Réglisse. Ce mot est féminin. *La réglisse est adoucissante.* On appelle *racine de réglisse* ou simplement *réglisse*, la racine de cette plante, et *jus* *de réglisse*, le suc de la même plante préparé. *Mettre de la racine de réglisse, ou de la réglisse, dans une tisane. Du jus de réglisse anisé. Un bâton de jus de réglisse.* Inutile d'ajouter qu'on ne doit pas prononcer *Régli.*

Rehousser. Dresser son poil ou ses plumes, HÉRISSER. *Le lion hérisse sa crinière, quand il est irrité. Ce coq hérisse les plumes de son cou. Les cheveux lui hérissèrent à la tête. Ce sanglier, ce coq est furieux, il se hérisse. Le poil des sangliers se hérisse quand ils sont irrités. Cheveux hérissés.*

Reine-Claude. Ne prononcez pas *Reine-Glaude. Manger des reines-Claude.*

Reliets, renots. DIMANCHE APRÈS LA KERMESSE.

Relieur. Quelques termes à l'usage du relieur :

COMPOSTEUR. Instrument dans lequel on place les *caractères*, pour dorer le *titre* du livre.

COUSOIR. Instrument qui sert à tenir les *ficelles* pendant qu'on coud les *cahiers* d'un livre.

COUVERTURE. (Gardez-vous bien de dire *Couverte.*) Papier, carton, peau, etc., qui sert à couvrir un livre. *Il n'a jamais vu ce livre que par la couverture.*

DOS. Partie opposée à la *gouttière*, et sur laquelle on met le titre. *Un livre peut être relié à dos brisé ou à dos collé.*

FERMOIR. Petite attache, agrafe d'argent ou d'autre métal, qui sert à tenir un livre fermé. *Mettre des fermoirs à un in-folio.*

FORMAT. L'*in-folio* est le plus grand de tous les formats:

c'est la feuille d'impression pliée en deux. L'*in-quarto* est la moitié du précédent: c'est le quart de la feuille; l'*in-octavo* en est le huitième, l'*in-douze*, l'*in-dix-huit*, l'*in vingt-quatre*, l'*in-trente-deux*, en sont respectivement le huitième, le douzième, le dix-huitième, le vingt-quatrième et le trente-deuxième. (On prononce inn folio, inn octavo, ain douze, etc.) A la poste, on compte comme de format in-32 (64 pages à la feuille) les livres ayant moins de 45 millimètres sur 95 ; comme de format in-18, in-12, in-8°, in-4°, in-folio, ceux ayant moins de 190 sur 125 ; 245 sur 145 ; 285 sur 185 ; 370 sur 285 et 570 sur 370.

GARDE. Feuillet blanc ou de couleur, qu'on colle intérieurement à la couverture, au commencement et à la fin du volume.

GAUFRURE. Empreinte, dessin en relief qu'on imprime sur la couverture de certains ouvrages et surtout des livres de prière, au moyen de plaques de cuivre chauffées. Ce mot a été formé de *Gaufre*, à cause de la ressemblance qu'il y a entre ces dessins et ceux qu'on voit sur les gaufres.

JASPER. Bigarrer de petits points, en imitant le marbre appelé *jaspe*. *Jasper la tranche d'un livre. Ce livre est relié en veau jaspé.*

MAROQUINER. Apprêter des peaux de veau, de mouton, ou même du papier, de manière à imiter le maroquin. *Du papier maroquiné.*

MORS. Petit rebord qu'on fait en collant un livre qu'on relie, pour y fixer, à l'aide de ficelles, les couvertures en carton.

NERF. Ficelle, cordon qui sert à attacher les couvertures et à soutenir la couture. Le livre est *grecqué*, lorsque les nerfs sont placés dans des entailles ; il est à *nerfs saillants*, lorsque les ficelles ne sont pas enfoncées dans le dos et qu'elles y font de petits bourrelets.

ONGLET. Bande de papier ou de parchemin que l'on coud

au dos d'un livre, en le reliant, pour y coller des estampes, des planches ou des feuillets déchirés.

PRESSE. Instrument composé de deux *vis* et de deux *jumelles*, et qui sert à presser les livres.

RACINER. Former sur la couverture d'un livre un dessin qui imite des racines. *De la basane racinée.*

RECTO. Première page d'un feuillet. La deuxième se nomme *verso*. *Vous trouverez ce passage folio 42, recto.*

RELIURE. *La reliure pleine* est celle dont les couvertures sont entièrement recouvertes de peau. La *demi-reliure* n'a que le dos et les *angles* des couvertures garnis de peau ; le reste est de papier.

SATINER. Faire disparaître les inégalités que forment, sur le papier imprimé, les caractères par l'effet de la pression, soit en battant les feuilles, soit en les plaçant dans une forte presse entre des feuilles de carton mince, très-uni et poli.

ROGNOIR. Couteau monté sur un fût à vis, et qui sert à rogner la tranche d'un livre.

SIGNET. (Prononcez *Sinet*.) Petits rubans ou filets liés ensemble, qui tiennent à un *bouton* ou à un *peloton*, et qu'on met au haut d'un bréviaire, d'un missel, etc., pour marquer les endroits qu'on veut retrouver aisément. Il se dit aussi d'un petit ruban que les relieurs attachent à la tranchefile, pour servir à marquer l'endroit du livre où l'on a interrompu sa lecture. Il se dit encore, d'un morceau de papier, etc., dont on se sert pour le même usage.

TRANCHE. La tranche supérieure se nomme *tête*, l'inférieure *queue*, et celle qui est opposée au dos, *gouttière*.

TRANCHEFILE. Petit rouleau de papier, de ficelle, recouvert de soie, d'étoffe et même de papier de couleur, que l'on place à la tête et à la queue du volume contre le dos, et qui est en partie recouvert par la *coiffe* formée par le prolongement de la peau ou du papier qui garnit le dos du livre.

Reliquat, reliquataire. Prononcez *R'li-ka*, *R'likalère*. *Le reliquat d'un compte de tutelle. Ce comptable est reliquataire de cent mille francs.*

Relister. ROSSER, ÉTRILLER. *Il fut rossé d'importance. Il a été bien étrillé.*

Remords. Mauvais goût qui reste de quelque liqueur après qu'on l'a bue. ARRIÈRE-GOUT, DÉBOIRE. *Ce vin laisse un arrière-goût. Du vin qui a du déboire, qui a quelque déboire, un insupportable déboire.* Déboire s'emploie aussi au figuré. *Les plaisirs ont leur déboire. Il a éprouvé bien des déboires.*

Rentrer. Ne confondez pas ce mot avec *rentraire*. Voyez *Couturière*.

Répété. Il ne faut pas dire *Répété* au lieu de RÉPUTÉ. *Il est réputé fort riche. Il est réputé pour homme de bien.*

Répliquer, répondre. Ces verbes ne peuvent pas avoir un nom de personne pour régime direct, et ce serait une faute très-grave de dire : Ne *le* répondez pas ; ne *le* répliquez pas ; je ne *les* ai pas répondu ; il ne répond *personne*. Dites : Ne *lui* répondez pas ; ne *lui* répliquez pas ; je ne *leur* ai pas répondu ; il ne répond *à personne*.

Reproche. Ce mot est masculin. *Il a reçu de grands reproches.*

Reptiles, mollusques et annélides les plus remarquables dans le Luxembourg.

COULEUVRE. On trouve dans nos rochers : *la couleuvre à collier blanc, la couleuvre verte et jaune* et *la couleuvre lisse*. Celle-ci est d'un gris-roussâtre en dessus et couleur d'acier poli en dessous.

CRAPAUD. Les deux espèces les plus importantes sont : le *crapaud commun* qui est le plus gros et le plus répandu, et le *crapaud pluvial* (*clouk-clouk*), remarquable par son cri qui ressemble au son d'une petite clochette. Il se tient dans les carrières, dans les murailles, etc., et ce n'est guère que vers le soir qu'il se fait entendre.

GRENOUILLE. *(Raine.)* On trouve ici, *la grenouille rousse*, *la grenouille verte* et *la grenouille ponctuée*. Celle-ci a la peau parsemée de points verts, et n'a pas, comme la grenouille rousse, une bande noire triangulaire au-dessus de l'oreille.

LÉZARD. *(Tetto de vache.)* Petit reptile, très-dégoûtant, à quatre pieds et à queue longue. Il habite surtout les broussailles et les bruyères. Voyez *Salamandre*.

LIMACE. *(Limeçon.)* Tout le monde connaît ce mollusque allongé, mollasse, à tête pourvue de quatre filaments terminés en boutons, et appelés *tentacules* (cornes). On trouve ici, *la limace rousse*, *la limace noirâtre*, *la limace jayet* ou *noire*, *la limace cendrée*, *la limace agreste* qui dévore souvent les seigles en herbe, et *la limace des bois* qui est d'un violet rougeâtre. Il ne faut pas confondre la limace avec le *limaçon*: celui-ci se tient dans une coquille, et celle-là en est dépourvue.

LIMAÇON, HÉLICE OU ESCARGOT. Espèce de limace qui se tient dans une *coquille* ronde, contournée en spirale, à ouverture large, en forme de croissant, appelé *caracole* ou *carocolle*. Ce genre comprend une grande quantité d'espèces.

LOMBRIC OU VER DE TERRE. C'est le grand ver rougeâtre connu de tout le monde, et que l'on voit en si grande quantité sur le gazon pendant les temps pluvieux.

MULETTE OU MOULE DES PEINTRES. *(Scafiette de poisson.)* Mollusque à coquille bivalve, assez semblable à la moule, mais plus grand, présentant intérieurement une apparence de nacre, et ainsi appelé, parce que les peintres s'en servent quelquefois pour broyer leurs couleurs. Ce mollusque est très-commun dans nos rivières.

ORVET. *(Çawet ver.)* Espèce de petite couleuvre d'un jaune argenté en dessus, noirâtre et couleur d'acier en dessous. Ce reptile a quelque ressemblance avec le lézard, mais il n'a pas de pieds.

RAINETTE, *(Raine des buissons.)* Elle ressemble à la grenouille verte, mais elle peut grimper sur les buissons, sur les haies, à l'aide de petites pelotes visqueuses qu'elle a sous les doigts. On la conserve quelquefois dans un bocal rempli d'eau pour servir de baromètre.

SALAMANDRE. *(Tette de vache d'eau.)* Elle ressemble par la forme au lézard, mais elle n'a pas, comme lui, le corps garni d'écailles, et elle vit dans l'eau et les terrains bourbeux, tandis que le lézard se tient dans les lieux secs. Il y en a de plusieurs espèces.

SANGSUE. Il ne faut pas confondre la *sangsue médicinale* avec la *sangsue de cheval*. Celle-ci est très-commune, mais elle ne peut pas servir pour sucer le sang, parce qu'elle ne s'attache pas à la peau.

VER LUISANT. Petit ver mollasse dont le corps jette une lumière assez vive pendant l'obscurité.

Requester. Ce mot n'est pas français et se traduit par SE RÉCLAMER DE, RÉCLAMER, DEMANDER L'APPUI, L'ASSISTANCE, CONSULTER.

Resan. La partie de certains mets liquides, farineux, etc., qui reste attachée au fond des vases où on les a fait cuire, et qui est souvent rousse et brûlée. GRATIN. *Le gratin d'une bouillie.*

Reser. GRASSEYER, PARLER GRAS. *Cette femme grasseye agréablement. Il affecte de grasseyer.*

Reser. RACLER, RATISSER. *Racler des peaux, du*

parchemin. *Racler de l'ivoire, de la corne de cerf. Racler des allées. Ratisser des navets, des carottes, des salsifis. Ratisser les allées d'un jardin. Ratisser un baquet, un tonneau.*

Réséda. Prononcez ce mot comme il est écrit, et non *Resida. Un bouquet de réséda.*

Résoudre se conjugue comme suit : *Je résous, tu résous, il résout; nous résolvons, vous résolvez, ils résolvent. Je résolvais. Je résolus. J'ai résolu. Je résoudrai. Je résoudrais. Résous, résolvez. Que je résolve. Que je résolusse. Résolvant.* Ne dites donc pas : A quoi vous *résoudez-vous ?* Nous nous *résoudons* à vous suivre. Il faut que je *résoude* ce problème, etc.

Résoudre, devant un infinitif, prend *de* lorsqu'il est neutre ; *à* ou *de* quand il est employé au passif, et *à* lorsqu'il est actif ou pronominal. *Des ingrats ont résolu de le perdre. On a résolu d'agir sans plus tarder. On ne saurait le résoudre à faire cette démarche. Je me résolus à plaider.*

Résoudre a deux participes passés, *résolu* et *résous*. Celui-ci n'a pas de féminin et ne se dit que des choses qui se changent, qui se convertissent en d'autres. *Brouillard résous en pluie.* Mais on ne pourrait pas dire : *J'ai résous de partir ; je me suis résous à plaider.* Il faut dire : *J'ai résolu de partir; je me suis résolu à plaider.*

Respect. L'Académie cite les locutions suivantes : *Sauf le respect, sauf respect, sauf votre respect : sauf le respect que je vous dois, parlant* *par respect.* Ce sont des termes d'adoucissement dont on se sert dans le style familier, quand on veut dire quelque chose qui pourrait choquer ceux devant qui on parle. Mais il serait incorrect de dire, *Sous votre respect.*

Ressembler ne peut pas avoir de régime direct. Ne dites donc pas : La fille ressemble *la mère*. Je ne voudrais pas *le* ressembler. Dites : La fille ressemble **a** la mère. Je ne voudrais pas LUI ressembler.

Ressortir. Lorsque ce verbe signifie, Sortir de nouveau, rendre plus saillant, plus frappant, il se conjugue comme *Sortir*. S'il signifie, Etre du ressort, de la dépendance, de la compétence de quelque juridiction, il se conjugue comme *Finir*. Dans ce dernier cas, il régit la préposition *à*. *Cette broderie bleue ressort bien sur ce plafond jaune. Les tribunaux de première instance ressortissent à leurs cours royales respectives. Mon affaire ressortit au juge de paix, au tribunal* (pas *du tribunal*) *de première instance.*

Ressuer. Sécher. RESSUYER. *Il faut laisser ressuyer ce mur. Se ressuyer au soleil.*

Rester. Ne dites : *A quoi reste-t-il que...* Dites : *A quoi tient-il que...*

Rester. Même règle pour l'emploi de l'auxiliaire qu'au mot *Demeurer*. *On l'attendait à Paris, mais il est resté à Lyon. Quand j'ai voulu prendre cet outil, le manche m'est resté dans la main. Il a resté deux jours à Lyon. Il est resté stupéfait.*

Retaille. BÉNÉFICE, GAIN. *Il a eu du bénéfice dans cette affaire. Il a fait un gain de dix francs sur cette marchandise.*

Retailler ne doit pas s'employer dans le sens de BÉNÉFICIER, AVOIR DU GAIN. *Il n'y a pas beaucoup à bénéficier sur cette marchandise. Il a bénéficié sur ce marché.*

Retourner. Pour savoir si l'on doit dire *retourner* ou *s'en retourner*, il suffit de voir si l'on dirait *aller* ou *s'en aller*. *Il est temps que nous nous en retournions* (et non *que nous retournions*). *Il s'en retourna comme il était venu. Elle s'en est retournée. Retourne-t-en. Retourner à l'ouvrage.*

Reupe. Mot grossier qui peut se traduire par ROT, ÉRUCTATION, RENVOI, RAPPORT. *Faire un rot, des rots.* (Ce mot est bas.) *Avoir des rapports. Les raves causent des rapports.*

Reupier. ROTER. (Ce mot est bas, et l'on évite de s'en servir.) *C'est un vilain, il ne fait que roter.*

• **Revanche, revancher.** Prononcez ces mots comme ils sont écrits, et non *Revange*, *revanger*. *Prendre, demander sa revanche. Il est venu revancher son camarade. Il est venu m'attaquer, je me suis revanché. Je sais tout le mal que vous avez dit de moi, je m'en revancherai.*

Revêtir se conjugue comme *Vêtir*. Il faut donc dire : Les formes dont la pensée *se revêt*, et non *se revêtit*.

Revoici, revoilà. Ces mots sont français. *Le revoici, le revoilà.*

Revoir. *A revoir* est une locution dont on se sert pour dire qu'il faut faire un nouvel examen d'un compte, d'un écrit, etc. *A côté de chaque article douteux de ce compte, j'ai mis : à revoir.* Au revoir est une expression de civilité dont on se sert en prenant congé de quelqu'un. *Il ne lui a seulement pas dit au revoir* (et non *à revoir*).

Rez (Au). Cette expression n'est pas française, et se traduit par CONTRE, JUSQUE CONTRE, JUSQUE, JOIGNANT, RASIBUS. *Le coup lui passa rasibus du nez.*

Ribon-manchette. Coûte que coûte, à tout prix. RIBON-RIBAINE.

Riboulette (A la). A REBOURS, A L'ENVERS. *Lire à rebours. Marcher à rebours. Il fait tout cela à rebours, au rebours de ce qu'on lui dit. Ses affaires sont à l'envers.*

Ric et rac. Tout juste, rigoureusement. RIC-A-RIC. *Je le ferai payer ric-à-ric. On lui a payé ric-à-ric tout ce qui lui était dû. Compter ric-à-ric.*

Richai. BOIS MORT, BUCHETTE. *Les pauvres gens vont ramasser des bûchettes dans le bois.*

Ricler. Passer la *racloire* sur une mesure, pour faire tomber le grain qui s'élève au-dessus du bord. RACLER. *Racler une mesure de grain.*

Ride. Ce mot est féminin. *Il a soixante ans et n'a pas encore une seule ride.*

Rien. Dites : *Il passe sa vie à ne rien faire*, et non *à rien faire*.

Rien moins, précédé du verbe *Etre*, et suivi d'un adjectif, a le sens de la négation. *Il n'est rien moins que sage*, Il n'est point sage. Suivi d'un substantif ou accompagné d'un verbe, il peut avoir le sens positif ou négatif, selon la circonstance. *Vous lui devez de la reconnaissance, car il n'est rien moins que votre bienfaiteur*, Il est votre bienfaiteur. *Il n'aspire à rien moins qu'à vous supplanter*, Il aspire à vous supplanter, ou Il n'aspire pas le moins du monde à vous supplanter. (Acad.)

Rifler. Emporter tout très-promptement. RAFLER, FAIRE RAFLE. *Les voleurs sont entrés dans cette maison, et ont tout raflé, et y ont fait rafle.*

Rile. RÈGLE de menuisier, de tailleur de pierre, de maçon.

Rimoter. Répéter plusieurs fois. RABACHER. *Cet homme ne fait que rabâcher. Il rabâche toujours les mêmes choses.*

Rimoter. Tourner et retourner une chose dans son esprit. RUMINER. *Il y avait une année qu'il ruminait sur cette affaire. Que ruminez-vous là.*

Rin. BRIN de balai. *Couper des brins de bouleau pour faire un balai.*

Ripopée signifie, Mélange que les cabaretiers font de différents restes de vin. Il se dit également, Du mélange de différentes couleurs, de différentes sauces. *Ce vin n'est que de la ripopée. Quelle ripopée faites-vous là?* Mais il ne doit jamais s'employer comme synonyme de RIBAMBELLE. *Il m'a dit une ribambelle d'injures. Il amena une ribambelle d'enfants.*

Risquant, risqueux. Ces mots ne figurent pas dans les dictionnaires, et doivent se traduire par RISQUABLE, DANGEREUX, HASARDEUX. *Une affaire, un projet risquable. Cela est bien hasardeux, bien risquable. Une entreprise hasardeuse.* Risquable signifie aussi, Qu'on peut risquer avec quelque chance de succès. *Cette entreprise n'est pas sûre, mais elle est risquable.*

Robinet. Voyez *Tonnelier.*

Roc (A). EN ARRÊT, COURT, A BOUT. *Il l'accabla tellement de raisons qu'il demeura court, qu'elle resta court. Ce prédicateur, dans son discours, est demeuré court, tout court.*

Rochier. Couper avec les dents à plusieurs et à fréquentes reprises. RONGER. *Un chien qui ronge un os. Donner un os à ronger à quelqu'un.*

Rode, roder. ROUIR. Voyez *Chanvre.*

Roghiai. ENROUEMENT. *Avoir un grand enrouement.*

Roid. La locution *Avoir roid les doigts*, se traduit par, Avoir les doigts ENGOURDIS, TRANSIS DE FROID.

Roide ou **raide.** Ces mots se prononcent de la même façon. *Roide* (ne dites pas *Roa*) *comme une barre de fer.*

Roimer. Remâcher les aliments, en parlant des animaux *ruminants*, tels que les bœufs, les

moutons, les chèvres, les cerfs, les chevreuils, etc.
RUMINER. *Les animaux qui ruminent remâchent ce qu'ils ont déjà mâché. Les brebis, les chameaux ruminent.*

Rôle. L'O de ce mot se prononce comme dans *Pôle. Le rôle des contributions. A tour de rôle. Faire des écritures au rôle.*

Rôle. Ce mot est masculin. *Un rôle* (et non *une rôle*) *de tabac.*

Rôle. BILLOT. Voyez *Cuisine.*

Rôle. Voyez *Tronce.*

Rolle, roller. ROULEAU, ROULER. Voyez *Cultivateur.*

Rondelle. Pièce de métal, de cuir, etc., ronde, plate et percée dans le milieu, qui entre ordinairement dans la construction de certains appareils, de certaines machines. Ce mot est français. *Rondelle de plomb, de cuir, de carton, de chapeau.*

Rose. Affection aiguë, inflammatoire, caractérisée par une rougeur. ÉRÉSIPÈLE. (Ce mot est masculin.) *Erésipèle dartreux.* Autrefois, dit l'Académie, on disait *Erysipèle*, ce qui était conforme à l'étymologie.

Rôster. OTER, RANGER. *Otez-moi tous ces papiers. Otez le couvert. Otez la nappe. Ranger des livres. Ranger des meubles.*

Rôti, rôtir, rôtisseur, rôtissoire. Prononcez l'O comme dans *Côte.*

Rôtissière. ROTISSOIRE. Voyez *Cuisine.*

Rouaul. RABLE. Voyez *Boulanger.*

Rouget, rougette. Qui a naturellement le visage rouge, un peu haut en couleur. ROUGEAUD, ROUGEAUDE. *Un gros rougeaud, une grosse rougeaude.*

Rougette. ROUGEOLE. *Mon enfant a eu la rougeole* (et non *les rougeoles*). *Il est guéri de sa rougeole.*

Rousse. ROTI. *Il a toujours du rôti à son dîner.*

Roustir. ROUSSIR, GRILLER, ROTIR. *C'est le feu qui a roussi cette étoffe. Vous roussirez ce linge, si vous l'approchez ainsi du feu. Il y a quelque chose qui brûle, on sent le roussi. Il s'est chauffé de si près qu'il s'est grillé les jambes. Il a gelé cette nuit; si le soleil vient à donner maintenant, il rôtira tous les bourgeons, toutes les fleurs.*

Route ne doit pas s'employer pour PISTE, TRACE, PAS, VOIE. *Suivre un homme à la piste, à la trace. Les chiens sont sur la voie, sur les voies.*

Route. Termes relatifs à la construction des routes.

ACCOTEMENT. Espace compris entre l'empierrement et les fossés, et sur lequel marchent ordinairement les piétons.

APPROVISIONNEMENT. Pierraille placée sur les accotements pour recharger la route à mesure qu'il est nécessaire.

AQUEDUC. Voyez *Pont.*

ARÊTE. Bord de l'accotement contre le fossé. Elle est ordinairement garnie d'une *bordure* de gazon.

AXE. Milieu de la route.

BANQUETTE. Trottoir élevé de trente à cinquante centimètres, qu'on construit sur le bord des routes, dans les endroits où les remblais sont très-élevés, afin d'éviter les accidents.

CASSIS. Espèce de canal pavé qu'on fait en travers de certains chemins, au lieu d'aqueduc, pour conduire les eaux d'un côté à l'autre du chemin.

COURBE DE RACCORDEMENT. Courbe suivant laquelle on passe, sans ressauts ni inflexions inutiles, d'un alignement à un autre.

COURBE VERTICALE. Courbe servant à passer d'une rampe à une pente, et vice versâ.

COURBE CONTINUE. Direction d'une route qui courbe continuellement.

EMPIERREMENT. Il consiste ordinairement en un *encaissement* composé de moëllons posés de champ entre les *bordures*, et en un *rechargement* de grés ou de cailloux cassés fin.

HIE, DEMOISELLE OU DAME. Pièce de bois ronde, haute de trois à quatre pieds, ferrée par un bout, dont les paveurs se servent pour enfoncer les pavés.

JAUGE. Espèce de caisse sans fond, dont on se sert pour mesurer la pierraille.

MASSE. Sorte de marteau arrondi des deux bouts, ayant un long manche, dont on se sert pour casser la pierre de rechargement.

MI-CÔTE. Une route est dite à *mi-côte*, lorsqu'elle se trouve sur le penchant d'une côte et qu'elle est, par conséquent, d'un côté en déblai et de l'autre en remblai.

PAVÉ. On appelle ainsi non-seulement la chaussée qui est pavée, mais aussi les morceaux de pierre dont elle est formée. *Suivre le pavé. Arracher un pavé. Une charreté de pavés.*

PENTE, RAMPE. Termes techniques qui signifient : descente, montée. *Pente douce, raide. Les voitures montent facilement cette rampe.*

POINT DE PASSAGE. Endroit où l'on passe du déblai au remblai.

PONT. Voyez ce mot.

PROFIL. Ce mot se dit, dans le plan de nivellement, de la représentation de la surface du terrain. Le *profil en long* est celui qui est pris suivant l'axe de la route, et les *profils en travers*, ceux que l'on mesure de distance en distance, perpendiculairement à cet axe.

REVERS. Partie inclinée du pavé d'une rue, depuis les maisons jusqu'au fond du canal qui sert à l'écoulement des eaux.

TALUS. Pente transversale des déblais et des remblais, depuis l'arête ou depuis le fossé jusqu'au terrain.

TROTTOIR. Chemin élevé qu'on pratique le long des rues, pour la commodité des gens qui vont à pied.

VIADUC. Pont consistant en une grande arche construite dans le remblai d'une route ou d'un chemin de fer, pour le passage d'une autre route ou d'un chemin qui coupe le premier, ou vice versâ.

Routeux. CHEMIN, PASSAGE POUR LES TROUPEAUX.

Rouvüsse. OUBLIEUX. *Les vieillards sont ordinairement oublieux. Vous êtes bien oublieux.*

Roux. Ne prononcez *Rousse* qu'au féminin. *Ce papier est devenu roux à la fumée. Un roux, une rousse.*

Royant. Pièce de terre, chemin. etc., qui longe la pièce dont on parle. TENANT. *Les deux chemins sont les tenants de cet héritage. Les tenants et aboutissants d'une pièce de terre, d'un héritage.*

Royer. En parlant d'une pièce de terre, TOUCHER, TENIR. *Royer* n'est plus français.

Ru ni mu. NI SOUFLE NI MOUVEMENT.

Rué. Animal venu avant terme, ou fort en dessous de la grandeur qu'il devrait avoir. AVORTON. *Ce n'est qu'un avorton.*

Ruer. Mettre bas avant terme. AVORTER. *Cette*

cavalle a reçu un coup de pied qui l'a fait avorter. Les vaches avortent quand elles mangent de certaines herbes.

Rut. On prononce le T. (Acad.) *Le mois de septembre est le mois du rut. Quand les cerfs entrent en rut.*

Rututu. PLANURE. COPEAU DE RABOT, *Se chauffer avec des planures. Planure* se dit surtout, Des copeaux qu'on enlève avec la plane ou avec la doloire.

S

S. On sait que les mots terminés en *ase*, *ise*, *ose* *use*, etc., doivent se prononcez comme si l'S était remplacée par un *Z*. Ne dites donc pas : *L'églisse est fermée*, la *Meusse est débordée*, cette personne est *heureusse*, etc.

Sabaïe. Façon de parler dont on se sert familièrement pour marquer qu'on doute de quelque chose. SAVOIR, A SAVOIR. *Vous assurez que l'ennemi marchera au secours de la place; savoir, à savoir s'il aura assez tôt rassemblé ses troupes.*

Sableux. Dites SABLONNEUX. *Pays sablonneux. Terre sablonneuse.*

Sabouler signifie, Tourmenter, tirailler, renverser, houspiller une personne de côté et d'autre, à plusieurs reprises; réprimander, tancer quelqu'un avec véhémence. *Sabouler quelqu'un. Il a été saboulé d'importance par son père.* Mais il ne faut pas dire, *Se sabouler* au lieu de TRÉBUCHER, BUTTER. *Ce cheval butte à chaque pas.*

Sachet. Petit sac. Ne prononcez pas *Sachai*. *Porter du camphre dans un sachet.*

Sacramenter. Jurer. SACRER. *Il ne fait que jurer et sacrer.*

Sai. Substance liquide qui sort du foin, de la paille. VAPEUR.

Saiwer. ESSANGER. Voyez *Blanchisseuse.*

Saiwer. ARROSER, IRRIGUER.

Saleu. SALOIR. Voyez *Cuisine.*

Salfétida. Espèce de résine d'une odeur excessivement désagréable, dont on se sert comme antispasmodique, et comme appât pour les écrevisses. ASSA FOETIDA.

Saligaud, saligaude. Prononcez ces mots comme ils sont écrits, et non *saligot, saligotte.*

Salir. Couvrir, en parlant de l'entier, du taureau, etc. Ecrivez et prononcez SAILLIR. *Faire saillir une jument. Quand un taureau saillit une vache.*

Samousse. LISIÈRE. Voyez *Couturière.*

Samson. On prononce *Sanson.*

Sancrer. INONDER, SUBMERGER ; CHARGER, COUVRIR DE VASE.

Sanctifier, sanctification, sanction, sanctionner, sanctuaire. Dans ces mots faites sentir légèrement le C. *Votre nom soit sanctifié. Sanctionner une loi.*

Sandaraque. Ce mot est féminin. *On emploie la sandaraque dans le vernis.*

Sanguin, sanguinaire, sanguinolent. Prononcez *Sangain, sanghinère, sanghinolent. Tempérament sanguin. Un homme sanguinaire.*

Sanre. TROUPEAU DE COCHONS.

Sans que, ne doit pas être suivi de *ne*. *Il l'a fait sans qu'on le lui ait dit. Je ne puis parler sans qu'il m'interrompe* (et non *sans qu'il ne m'interrompe*).

Sapince. COMME DIT. *C'est, comme dit un tel, un vilain.*

Saquante. BIEN, BON NOMBRE, QUANTITÉ, MULTITUDE, TAS.

Saqué. DROLE, SINGULIER, BIZARRE, BISCORNU, FANTASQUE, MAUVAIS, TEL QUE, ESPÈCE DE. *C'est un drôle de corps. Avoir une drôle de tournure. Voilà une saison, un temps bien bizarre. Quelle destinée bizarre. Raisonnement biscornu. Ouvrage biscornu. Mauvais habit. Mauvais ouvrier. Il y avait dans cette chambre un lit tel quel. Une maison telle quelle. Des gens tels quels. Une espèce d'avocat.*

Saquément. DROLEMENT, SINGULIÈREMENT, EN QUELQUE SORTE, TIRANT SUR, A PEU PRÈS, TELLEMENT QUELLEMENT. *Se taire quand on est accusé, c'est en quelque sorte s'avouer coupable. Il fait son devoir,* il s'acquitte de son devoir tellement quellement. Je me porte tellement quellement.

Sarge. Sorte d'étoffe de laine. SERGE.

Sarron. Ecrivez et prononcez SARRAU OU SARROT. Un sarrau de toile.

Sart, sartager. ESSART, ESSARTER. Voyez Cultivateur.

Saucisse. Ce mot est féminin. Faire rôtir, faire griller une saucisse, des saucisses.

Saucler, saucleu. SARCLER, SARCLOIR. Voyez Jardinier.

Saule. Ce mot est masculin. L'écorce du saule blanc est amère et astringente.

Saume. TROUBLE. Voyez Pêche.

Saumeral. Celui qui débite, qui vend le sel. SAUNIER. Se faire payer comme un saunier.

Saumure. Ce mot est français. Cette viande nageait dans la saumure.

Saunier. SAUNIÈRE, SALIÈRE. Voyez Cuisine.

Savenée. SAVONNAGE. Voyez Blanchisseuse.

Sawe. Corde, chaîne à l'aide de laquelle on attache les chevaux quand on les fait paître au piquet. ATTACHE.

Sbara. Haillon que l'on met au bout d'une perche, d'un bâton dans les chènevières, dans les champs, dans les jardins, pour épouvanter les oiseaux. ÉPOUVANTAIL. Il faut mettre là un épouvantail. C'est un épouvantail de chènevière.

Sbarer. EFFRAYER, FAIRE PEUR. Effrayer un enfant, des pigeons. Faire peur à quelqu'un.

Sbareux. PEUREUX, OMBRAGEUX. *Ce cheval est ombrageux. Défaites-vous de cette bête, elle est ombrageuse.*

Sblage. BLÊME, PALE. *Avoir le visage blême. Il est pâle comme un mort, comme la mort.*

Sbloncher. DÉGROSSIR.

Sbôler. ROMPRE; PRODUIRE, CAUSER UNE RUPTURE.

Sbôler. ÉBOULER, S'ÉBOULER. *Ces terres sont près d'ébouler. La terrasse, la muraille s'est éboulée. Cette pile de bois va s'ébouler.*

Sbôlure. RUPTURE, HERNIE.

Sboucté. Voyez *Catibulé.*

Scafiai. COQUE, COQUILLE. *Je n'en donnerais pas une coque de noix.*

Scafler. ÉGRENER des épis de blé, du fenouil, du raisin; ÉCOSSER des poix, des fèves; ÉCALER des noisettes, des noix, des faînes.

Scafiette. COQUILLE, ÉCAILLE d'huître, de moule; COSSE de pois, de fève, de haricot; SILIQUE de colza, de navette, de choux.

Scierie. Les machines à scier sont mues par un *cours d'eau*, par *le vent*, par la *vapeur* ou par un *manége*. Elles se composent de la *roue motrice*, portant une *manivelle* à l'extrémité, ou un *excentrique* dans le corps de *l'arbre*. Cet excentrique ou cette manivelle entre dans l'extrémité inférieure de la *bielle*, dont le bout supérieur s'articule avec le dessous du *châssis* qui porte la scie. Ce châssis glisse verticalement entre des tringles attachées aux *jumelles*, qui sont deux poutres fixes, parallèles et verticales. Le *madrier* ou la *bille* à scier est fixé, à l'aide de *griffes* ou de *valets*, sur le *chariot* qui marche au moyen d'un *engrenage* ou d'une chaîne qui *s'enroule* sur un *treuil*. Le mouvement de celui-ci se règle par un *encliquetage* (voyez *Mécanique*) sur le *rochet* duquel agit un levier appelé *pied de biche*. Lorsque la scierie est mue par l'eau, elle s'arrête seule au moyen d'un mécanisme très-simple, consistant en une *trape* ou *soupape* fixée au fond de *l'auge*, et qu'on lève à l'aide d'une *bascule*. Ce que nous venons de dire ne s'applique qu'à la *scie verticale*. La *scie circulaire* consiste en une plaque de fer ronde, dentée à sa circonférence, à laquelle on communique un mouvement très-rapide au moyen d'une *courroie*. Le bois à scier avec cette dernière doit être de faible dimension. On le tient à la main sur la *table de support*, ou bien on le fixe à un *chariot* mobile, à peu près semblable au chariot de la scie verticale.

Pour la description de la roue hydraulique, voir l'article *Mécanique*.

Scintillant, scintiller, scintillation. On prononce les *L* comme dans *Ville*. (Acad.) *Les planètes n'offrent pas de scintillation sensible. Les étoiles scintillent.*

Sciure. Pour savoir si l'on doit mettre ce mot au singulier ou au pluriel, il suffit de le remplacer par *farine*. De même qu'on dirait, *de la farine* de froment, de même aussi on doit dire, *de la sciure* et non *des sciures* de bois. Sécher le pavé d'une cuisine avec *de la sciure* (et non avec *des sciures*) de bois.

Sclaubucher. RÉPANDRE, ÉPANCHER. *Répandre de l'eau par terre. Répandre de la sauce sur la nappe. Epancher du vin, de l'huile.*

Scléir. SE DESSÉCHER, SE DÉJOINDRE. *C'est la sécheresse, le soleil qui a déjoint ces ais. Cela est tout déjoint.*

Schlague. (On prononce *Chlaghe.*) Punition militaire chez les Allemands, qui consiste en un certain nombre de coups de baguette. Ce mot est admis dans la langue française, et peut s'employer au figuré. *Donner, recevoir la schlague.*

Scoré. ÉLANCÉ, HAUT JAMBÉ.

Scorgie. FOUET. *Le charretier, le postillon fait claquer son fouet.*

Scorner. Casser, abattre, émousser un angle, des angles. ÉCORNER. *Ecorner une table. Ecorner une pierre. Ecorner un livre.*

Scorsonère. Prononcez ce mot comme il est écrit, et non *Scorsionère*... Remarquez en outre que ce substantif est féminin. *Ces scorsonères sont trop cuites.*

Scoté. ÉCOURTÉ. *Cet habit est écourté, bien écourté.*

Scoter. COUPER, TRANCHER, TONDRE, ÉBRANCHER. *Tondre les buis. Il faut ébrancher cet arbre.*

Scraiflé. ÉLEVÉ.

Scraufe. COQUE, COQUILLE. *Les poussins becquetaient déjà la coque. Il ne fait que de sortir de la coque, et il ose déjà se permettre de parler sur* ces choses-là. *Quand on a fini de manger un œuf à la coque, l'usage est de briser la coquille.*

Scrofule. Ce mot est féminin et ne s'emploie guère qu'au pluriel.

Sculpterie. Ce mot n'est pas français, il faut dire SCULPTURE. (On ne fait pas sentir le P.) *On a payé tant pour la sculpture de cet autel. Cette frise est trop chargée de sculpturès.*

Sec. On sait que cet adjectif fait au féminin sèche, et il n'y a que les gens qui n'ont reçu aucune instruction qui peuvent dire : *Avoir la bouche sec, les mains secs.*

Seau. Prononcez *Sau* et non *Séau*. Voyez *Cuisine.*

Second. Dans ce mot et dans ses dérivés, le *C* se prononce comme un *G*, surtout dans la conversation. (Acad.) *Une seconde fois. Preuves secondaires. Montre à secondes.*

Secrétaire. Prononcez *Skré-tair*. *Dictez, je vous servirai de secrétaire.*

Sédan. Prononcez ce mot comme il est écrit, et non *Sdan..*

Selanbran. ANGELUS DU SOIR.

Semer. Produire un essaim. ESSAIMER. *Cette ruche a essaimé. Ces mouches n'ont pas encore essaimé* (et non semé).

Semoule. Prononcez *Semouille*. (Acad.)

Sens. On fait sentir l'*S* finale, lorsqu'après ce mot on peut faire une pause, et elle devient nulle si la pause est impossible. *Mettez cette table de ce* *sens-là* (san-la). *A mon sens* (san). *C'est un sol qui n'a pas le sens* (san) *commun.*

Sentir. Dites, *Cette rose sent bon*, et non *sent bonne*. Ici *bon* est adverbe.

Sept. On ne prononce pas le P dans *Sept*, ni dans les composés *Septième* et *Septièmement;* mais on le prononce dans tous les autres, *Septante, septenaire*, etc. Quant au *T*, on ne le prononce que lorsque le mot est pris à part, *Le nombre sept, ils étaient sept;* ou lorsqu'il est suivi d'une voyelle, *Sept amis, sept écus*, ou d'une *H* non aspirée, *Sept hommes*. (Acad.)

Seran. FILASSE. Voyez *Chanvre*.

Seringue. La seringue est formée, 1° du *canon*, au bout duquel est vissée la *canule*, petit tuyau qu'on introduit dans le rectum; et 2°, du *piston*, petit cylindre garni de chanvre qui entre dans le canon, et qui y est retenu au moyen d'un *chaperon* de même métal que la seringue.

Serre. N'employez pas ce mot dans le sens de SERRURE. *Une bonne serrure. Une serrure* (et non *une serre) à double tour.*

Serre. BATTERIE de fusil, de pistolet. Voyez *Chasse*.

Serrau. VERROU. *Mettre le verrou. Tirer le verrou.*

Serrure. Une serrure ordinaire est formée d'une espèce de boîte appelée *palastre*, laquelle renferme le *ressort* et le *pêne*. Ce dernier est une pièce qu'on fait avancer et reculer à l'aide de la *clef.* Lorsqu'on ferme une porte à la clef, le pêne sort de la palastre et entre dans la *gâche*, sorte de boîte ou de crochet fixé au *chambranle* ou *montant* de la porte. La clef se compose de trois parties, *l'anneau*, *la tige et le panneton*. La pièce de métal qu'on cloue sur la porte pour détruire le mauvais effet que ferait le trou de la clef, s'appelle *entrée*. On dit qu'une serrure est *à ressort* ou *à demi-tour*, lorsque le bout du pêne est taillé en biseau, et qu'il joue au moyen d'un ressort ; et à *pêne dormant*, lorsque le pêne ne se meut que par le secours de la clef. La pièce de fer attachée au couvercle d'un coffre, d'une caisse, etc., dont le bout, en forme d'anneau, entre dans la serrure pour recevoir le pêne, se nomme *moraillon*. On appelle aussi du même nom, un morceau de fer plat à charnière, percé d'un *œil* dans lequel entre un *anneau à patte* qui reçoit l'anse d'un *cadenas*. Le *crochet* ou *rossignol* est un instrument courbé en crochet, dont on se sert pour *crocheter*, c'est-à-dire ouvrir une porte dont on n'a pas la clef.

Servigieule. Qui aime à rendre service. SER-VIABLE. *C'est la personne du monde la plus serviable. Il est extrêmement serviable.*

Servir. On dit : Servir, répondre LA messe, et non *à* la messe.

Servir. FOURNIR. Voyez *Cartes.*

Servir (Se). Le participe passé de ce verbe ne s'accorde avec le pronom que lorsque celui-ci est régime direct. *Elle s'est servie* (elle a servi elle) *avantageusement de son crédit. Elle s'est servie la dernière. Elle s'est servi* (elle a servi à elle) *le meilleur morceau.*

Seugner (Se). Faire le signe de la croix. SE SIGNER. *Il crut voir le diable et se signa. Se signer dévotement.*

Seugnes (Faire ses). FAIRE SA BESOGNE, SON TRACAS, et non *ses soins.*

Seuretier. POMMIER SAUVAGE.

Sevrer. En parlant du lait qui se fige, qui se coagule par la cuisson, TOURNER. *Quand le lait est vieux, il tourne sur le feu.*

Si, signifiant Supposé que, ne doit pas être suivi du conditionnel, et ce serait une faute grossière de dire : *Si je saurais, si je verrais, si vous seriez venu*, au lieu de : *Si je savais, si je voyais, si vous étiez venu.*

Si peut s'employer familièrement comme particule affirmative. *Vous dites que non, et je dis que si. Vous ne ferez donc pas cela? Oh! que si. Je crois qu'il n'a pas été là. Si fait, il y a été. Vous n'avez pas été là? Si.*

Siœnner. SUINTER. *L'eau suinte à travers ces rochers, à travers ce plafond. Ce tonneau suinte.*

Size. VEILLÉE. *Aller tous les soirs à la veillée.* Voyez *Veille.*

Soidure. SOIF. *Mourir de soif. Enrager de soif.*

Solde. Paiement qui se fait pour demeurer quitte de compte. Dans ce sens solde est masculin. *Le solde de votre compte se monte à...*

Solennel. On prononce *Solanel*, et on fait l'*a* bref; il en est de même dans les dérivés. Plusieurs écrivent *Solemnel*, et de même dans les dérivés. (Acad.) *Obsèques solennelles. Solenniser une fête. La solennité de Pâques.*

Sonnant est adjectif dans les phrases suivantes : *A l'heure sonnante. Je suis arrivé à sept heures sonnantes* (et non *sonnant*).

Soumier. POUTRE. Voyez *Charpente*.

Son , en. En parlant des personnes et des choses personnifiées, on emploie *son, sa, ses, leur, leurs*. Lorsqu'il est question de choses non personnifiées, on doit se servir du pronom *en*, toutes les fois qu'il peut entrer dans la construction de la phrase. (Girault Duvivier.) *Cette affaire est délicate, le succès en est douteux* (et non *son succès est douteux*).

Soquai. Boule que l'on fait avec de la neige pressée. PELOTTE, BOULE. *Se battre à coup de pelottes de neige.*

Soquai. Petit morceau de terre détaché. MOTTE. *Rompre, casser, briser les mottes d'un champ. Se battre à coups de mottes.*

Soquai. Petite portion durcie ou caillée de sang, de lait, ou de farine. GRUMEAU. *Vomir des grumeaux de sang. Le lait est tourné, il s'est mis tout en grumeaux. Cette colle, cette bouillie est pleine de grumeaux.*

Soquette. La partie qui reste d'un arbre qu'on a abattu. SOUCHE. Voyez *Etoc*.

Soquier. Dormir d'un sommeil léger, d'un sommeil imparfait. SOMMEILLER. *Il commence à sommeiller. Je ne dormais pas tout à fait, je ne faisais que sommeiller.*

Sorante ou **soverante.** MUR DE FACE. Voyez Maison.

Sorte. Il est tout aussi incorrect de dire : *J'ai fait toute sorte,* que de dire, *J'ai fait toute espèce.* Le sens n'est complet qu'en ajoutant un des substantifs, chose, marchandise, étoffe, etc. Il faut donc dire : *J'ai fait toute sorte de choses.*

Sorte. *Toute sorte* et *toute espèce* se mettent indifféremment au singulier ou au pluriel, excepté lorsque le substantif qui suit ne s'emploie qu'au singulier. *On appelle* moucheron *toute espèce de petite mouche. Nourrir toutes sortes de bêtes. Souhaiter toutes sortes de prospérités, toute sorte de bonheur à quelqu'un. Toute sorte de livres ne sont pas également bons. Lire toute sorte d'écritures. Il ne faut pas se fier à toute sorte de gens, à toutes sortes de personnes. Des marchandises de toute espèce.*

Sortir. Même règle pour le choix de l'auxiliaire qu'au verbe *Passer. Il a sorti, mais il vient de rentrer. Il est sorti, mais il va rentrer.*

Sossan. Terme de jeu. ASSOCIÉ, COMPAGNON. Jouer à sossans, se traduit par, Jouer *deux contre deux, trois contre trois, associés contre associés.*

Soucier (Se), signifie S'inquiéter, s'intéresser, faire cas. *De quoi vous souciez-vous ?*

Ainsi lorsqu'on veut exprimer une idée de mépris, d'insouciance, il faut accompagner le verbe *se soucier* de la négation. *Je ne me soucie pas* (et non *je me soucie*) *de cet homme-là. Je ne me soucie pas qu'il vienne. Faites tout ce qu'il vous plaira, je ne m'en soucie guère. Il se soucie fort peu de conserver ses amis, et il se soucie beaucoup de conserver son argent.* On peut cependant dire ironiquement : *Je me soucie bien de cet homme-là ; qu'ai-je besoin de lui?*

Soucoite. ABRI. *Se mettre à l'abri de la pluie, du vent. Etre à l'abri sous un hangar ; sous un arbre, derrière une muraille, derrière une haie.*

Souffler, **siffler.** Il existe entre ces deux verbes la même différence qu'entre les substantifs *Souffle* et *Sifflet*. *Le vent lui soufflait au nez. Ce soufflet est troué, il ne souffle plus. Siffler pour faire boire un cheval. Le vent siffle dans la serrure. Il entendait les balles qui lui sifflaient aux oreilles. Cet acteur a été sifflé.*

Soûl. On ne prononce l'L qu'au féminin. *Etre soûl comme une grive. Cette femme est soûl dès le matin. Il a dormi tout son soûl.*

Soûlée. IVROGNE, SOULARD, SOULAUD.

Spadronner. SABRER. Le verbe *Espadonner*, que l'on pourrait être tenté d'employer, signifie, Se servir de l'espadon, et ne peut pas avoir de régime direct. *Il espadonne bien.*

Spanir. SEVRER. *On n'a sevré cet enfant qu'à deux ans. Sevrer un veau, un chien.*

Spater. ÉCRASER, APLATIR. *Ecraser un insecte avec le pied. Le comble de cette maison n'a pas de grâce, il est trop écrasé. Taille écrasée.* Epater, qui a beaucoup de ressemblance avec *spater*, signifie, Rompre le pied à un vase. *Vous avez épaté ce verre.* On dit aussi, *Nez épaté*, c'est-à-dire, gros, large et court. *Les nègres ont le nez épaté.*

Spaurde. ÉPANDRE, RÉPANDRE, ÉPANCHER. *Epandre du foin pour le faner. Epandre du fumier dans un champ pour l'engraisser. Répandre de l'eau par terre. Répandre du sel, du poivre. Epancher du vin, de l'huile.*

Speteler. FAIRE CLAQUER UN FOUET. *Un fouet qui claque bien. Un charretier qui fait claquer son fouet.*

Speteurre. MÈCHE. Voyez *Voiturier.*

Speuier. Oter les poux, les puces, les saletés. ÉPOUILLER, ÉPUCER, ÉPLUCHER. *Un gueux qui s'épouille. Epucer un chien. Les oiseaux s'épluchent avec leur bec. Un singe qui s'épluche.*

Spiéter. Travailler avec le pic et la pioche à détruire les fondements d'un édifice, d'un bastion, etc. SAPER. *Saper une muraille, la saper par le pied, par le fondement.*

Spiéter. Accrocher la jambe de celui avec lequel on lutte, pour le faire tomber. DONNER LE CROC-EN-JAMBE.

Spinge. ESPADE. Voyez *Chanvre.*

Spitan. Petite parcelle de feu. ÉTINCELLE,

BLUETTE. *Quand on bat les cailloux avec un briquet, il en sort des étincelles. Une bluette de feu.*

Spitée. Pluie soudaine et de peu de durée. GIBOULÉE. *Giboulée de mars.*

Spiter, Faire rejaillir de la boue sur quelqu'un, sur quelque chose. ÉCLABOUSSER. *Un cabriolet m'a éclaboussé. Un cheval qui galopait m'a éclaboussé, a éclaboussé mon manteau.*

Spiter. ASPERGER, ARROSER, FAIRE REJAILLIR. *Faire rejaillir de l'eau, faire rejaillir de la boue contre quelqu'un.*

Spiter. JASPER. Voyez *Relieur*.

Spiter. Jeter des étincelles avec bruit, en parlant du feu. CRACHER, PÉTILLER. *Du bois, du charbon, du feu qui pétille.*

Spléen. Maladie qui consiste dans le dégoût de la vie. Prononcez *Spline*. (Acad.) *Avoir le spléen. Etre dévoré de spléen.*

Splinguette. LANGUETTE, ANCHE, RESSORT, AIGUILLE. *La languette d'une guimbarde. La languette, l'anche d'une clarinette, d'un basson, d'un haut bois.*

Splouver. En parlant de la pluie, Blanchir du foin, des grains, etc., de manière à leur faire perdre une partie de leur qualité. LESSIVER, DÉLAVER.

Spointer. ÉPOINTER. *Epointer un couteau, une aiguille. Ces aiguilles ne valent rien, elles s'épointent facilement.*

Spontané, instantané, simultané.

Spontané se dit, De ce que l'on fait de son propre mouvement, de ce qui arrive sans être provoqué. *Action spontanée. Evacuation spontanée. Lassitude spontanée. Instantané* signifie, Qui ne dure qu'un instant. *Ce mouvement n'a été qu'instantané. Une frayeur instantanée. Simultané*, se dit, De deux ou de plusieurs actions qui se font au même instant. *Ces faits sont simultanés.* La même différence existe entre les adverbes *spontanément, instantanément* et *simultanément. Une résolution prise spontanément. Une maladie qui se développe spontanément. Ces deux coups de fusil sont partis simultanément.*

Sporan. Petit filet qui se détache de la peau autour des ongles. ENVIE. *Avoir des envies aux doigts. Couper des envies.*

Sporan. Espèce de petit ongle pointu qui vient à la patte de quelques animaux, vers la partie postérieure. ERGOT. *Les ergots d'un coq, d'un chien.*

Sprougner. S'ÉBROUER. Ce mot se dit, Des animaux domestiques, lorsqu'ils font une espèce d'éternuement, comme pour dégager leurs naseaux de ce qui y cause de la gêne ou de l'irritation. Il se dit également, D'un cheval qui fait un ronflement à la vue des objets qui le surprennent ou qui l'effraient. *Les chevaux vifs s'ébrouent facilement.*

Squelette. Ce mot est masculin. *Un squelette d'homme.*

Steamer. Grand bateau à vapeur. On prononce *Stimerr.*

Stec. RENGORGÉ, DROIT.

Steiner. Enduire la surface d'un métal, d'une couche d'étain fondu. ETAMER. *Il faut étamer cette marmite. Etamer un mors, des éperons, des boutons, des clous,* etc.

Steule. Champ où l'on a coupé du blé, de l'avoine, etc. CHAUME. *Cette compagnie de perdrix s'est allée remettre dans un chaume. Battre un chaume.* Chaume se dit aussi de la partie des fétus qui reste sur le champ. Dans ce sens, on dit également, *Eteule* ou *esteuble. Le chaume sert à faire de la litière. Brûler en chaumes.*

Stiquer. FOURRER. *Fourrer les bras dans le lit. Fourrez vite cela dans votre poche. Il est si honteux de ce qu'il vient de faire, qu'il ne sait où se fourrer.*

Stockfisch. Prononcez *Stoc-fiche* et non *Stocfiss.* (Acad.)

Stordre. TORDRE, ÉGOUTTER. *Tordre du linge.*

Stoufe. POILE. Voyez *Meuble.*

Stouffe. ÉTOUFFANT. *Temps étouffant. Chaleur étouffante.*

Stranghian. Espèce de gourme. ETRANGUILLON.

Stregne. TIMIDE, HONTEUX, FAÇONNIER, SAUVAGE.

Stricher. SERINGUER, JAILLIR, FILER. *Seringuer de l'eau à quelqu'un, sur quelque chose. Quand on lui ouvrit la veine, le sang jaillit avec force. Ce cheval a fait jaillir de la boue en galopant.*

Strichette. CLIFOIRE. Voyez *Jeux d'enfants*.

Strime. ÉTRENNE. *Je vous donne cela pour étrenne. Il a eu ses étrennes, de belles étrennes.*

Strimer. ÉTRENNER. *Il l'a étrenné d'une montre.*

Striquer. DRESSER, REDRESSER, S'AVANCER, FORMER UNE POINTE. *Un cheval qui dresse les oreilles. Des rochers qui s'avançaient au-dessus de nos têtes.*

Strophe. Ce mot est féminin. *La seconde strophe de cette ode est la plus belle de toutes.*

Struler. DÉCROTTER, FROISSER, FROTTER. *Decrotter ses habits.*

Subitain. PROMPT, SUSCEPTIBLE, CHATOUILLEUX. *Il est si prompt que le moindre obstacle, la moindre contradiction le met en colère. Il est fort susceptible. Cet homme est fort chatouilleux.*

Subséquent, subside, subsistance, subsister. Prononcez l'S qui suit le B comme dans *Si*. *Un testament subséquent annule le premier. Pourvoir à la subsistance d'une armée.*

Substanter. Ecrivez et prononcez SUSTENTER. *Tant de livres de pain par jour suffisent pour sustenter tant de pauvres. Il n'a pas même de quoi se sustenter.*

Subvenir, dans ses temps composés, prend l'auxiliaire *Avoir*. (Acad.) *On a subvenu à ses besoins.*

Sucette. NOUET. Voyez *Enfant*.

Suée (A). A L'ABRI, A COUVERT. *Se mettre à l'abri de la pluie. Il tombait une pluie abondante, nous nous mîmes à l'abri. Etre à couvert de l'orage, de la pluie.*

Suime. MUE. *Les oiseaux sont malades pendant leur mue, quand ils sont en mue. La mue est passée.*

Suimer. MUER. *Ce chien, ce chat mue, commence à muer. Cet oiseau muera bientôt.*

Suquer. ASSOMMER. *Assommer un bœuf avec un maillet, avec un merlin.*

Suquer. Voyez *Tuquer.*

Sur. On doit dire : *Il est fâché contre vous*, et non *sur* vous. *Il est mécontent de vous*, et non *après* ni *sur* vous. *Ces pauvres gens sont logés au grenier, dans un grenier*, et non *sur le grenier, sur un grenier. Il a changé ses tableaux contre*, et non *sur des meubles. J'ai lu cela dans les journaux*, et non *sur les journaux.* Cependant l'usage permet de dire : *Tirer sur quelqu'un. Sur la fin de l'hiver. Il a deux fenêtres sur la rue*, etc.

Surcroûte. CHOUCROUTE. *On mange beaucoup de choucroute en Allemagne et en Suisse.*

Surir. Devenir sur. Ce mot n'est pas français, il faut dire AIGRIR. *La chaleur aigrit le lait. Du vin qui s'aigrit, qui commence à s'aigrir.*

Survoir. Ce mot n'est pas français et se traduit, suivant le sens, par ENTREVOIR, FAIRE LA MINE, EN VOULOIR. *Entrevoir quelque chose dans l'éloignement. Entrevoir un objet à travers le brouillard, dans l'obscurité. Il nous fait la mine.*

Susquouaire. ÉCARTÉ, ÉLOIGNÉ.

T

Tacher, devant un infinitif, demande *à*, lorsqu'il signifie, Faire des efforts; et *de*, lorsqu'il veut dire, Viser à. *Il tâche de se débarrasser de ses dettes. Je tâcherai de vous satisfaire. Je vois bien que vous tâchez à m'embarrasser. Il tâche à me suivre.*

Tacher, tacheter. *Tacher* signifie, Faire une tache par maladresse. *Tacher du linge avec de l'encre. Cela a taché votre habit.* Tacheter veut dire, Barioler, marquer de taches de différentes couleurs. *Le soleil lui a tacheté* (et non *taché*) *le visage. La nature semble avoir pris plaisir à tacheter régulièrement de blanc et de noir la peau de cet animal. Chien blanc tacheté de noir. Fleurs tachetées de rouge, de jaune.*

Tahan. TAON. Voyez *Insecte*.

Taillant. Tranchant. Ce mot est français. *Aiguiser le taillant, le tranchant d'un couteau. Prendre un couteau du côté du taillant.*

Taisse, taisez. Termes ridicules que certaines personnes intercalent à chaque instant dans la conversation. Ces mots n'ajoutant rien au sens de la phrase, il suffit presque toujours de les supprimer, en changeant le ton de la voix. On peut aussi les traduire par l'un des mots suivants : CERTAINEMENT, N'EST-CE PAS, MAIS, COMPTEZ, VOYEZ, etc.

Talbuster. Importuner par des interruptions, par un bruit, par des discours à contretemps. TARABUSTER. *Qui est-ce qui vient me tarabuster. Vous me tarabustez l'esprit.*

Tallariguette. TIRE-LARIGOT. *Boire à tire-larigot.*

Talleyrand. Prononcez ce mot comme il est écrit, et non *Talliéran.*

Talmacher. BARAGOUINER, JARGONNER. *Ces étrangers baragouinent entre eux. Ils jargonnaient ensemble. Qu'est-ce qu'ils jargonnent? Ils jargonnaient je ne sais quoi.*

Talonner. GARNIR LE TALON d'un bas.

Taluer. Construire, mettre en talus. Dites, TALUTER. *Il faut taluter les bords d'un étang. Taluter un fossé.*

Tambour de basse. Sorte de petit tambour qui n'a qu'un fond de peau tendue par un cercle de bois, autour duquel il y a des plaques de cuivre et des grelots, et dont on joue avec le bout des doigts ou en l'agitant. TAMBOUR DE BASQUE. *Jouer du tambour de basque. Danser avec un tambour de basque à la main.*

Tandis que. Prononcez *Tandi. Tandis que vous êtes ici.*

Tant qu'à moi. Plusieurs personnes ont l'habitude de dire, probablement faute de réflexion, *tant qu'à moi*, au lieu de QUANT A MOI. *Quant à moi (et non tant qu'à moi) je ne sais rien.*

Tant soit peu. Ne dites pas : *Un* tant soit

peu. *Attendez tant soit peu. Mettez-en tant soit peu* (et non *un tant soit peu*).

Tapée. BRUIT, CANARD. *Semer, faire courir des bruits. Ce sont des bruits en l'air.*

Taper signifie, Donner des tapes. *Il l'a bien tapé. Je vous taperai.* On dit aussi : *Taper du pied. Voilà une réponse bien tapée, un mot bien tapé.* Mais il ne faut pas employer ce verbe comme synonyme de JETER.

Tapis, tapisserie, papier de couleur. Un *tapis* est une pièce d'étoffe ou de toile cirée, etc., dont on couvre une table, le parquet d'une chambre. La *tapisserie* sert à revêtir et à parer les murs. Lorsqu'elle est de papier, on l'appelle plus ordinairement *papier peint* ou *papier tenture*. On nomme *papier de couleur* le papier découpé en feuilles, de couleur jaune, rouge, marbrée, jaspée, etc., dont se servent principalement les relieurs.

Tarder. On peut dire *Tarder de*, mais l'usage préfère *Tarder à*. Employé impersonnellement, ce verbe régit *de*, quand c'est un infinitif qui suit. (Acad.) *Vous avez bien tardé à venir. Il me tarde d'achever mon ouvrage. Il me tarde bien d'être hors d'affaire.*

Tardi. TARDIF. *Fruits tardifs. Les melons sont tardifs cette année. Des agneaux tardifs. Une recommandation tardive.*

Tardi. Qui arrive tard pendant la nuit. ANUITÉ, ATTARDÉ. Dans ce sens il ne faut pas se servir de l'adjectif *Tardif.*

Tartelle. CRECELLE. Voyez *Eglise*.

Tartelle. Personne fort babillarde. MOULIN A PAROLES.

Tartine, ne doit pas s'employer pour désigner *un pain*, *un coin* de beurre.

Tassai. MEULON. Voyez *Cultivateur*.

Tasselle. BONDE. Voyez *Tonnelier*.

Tatouille. SOUILLON, SALAUDF. *Une petite souillon. C'est une salaude.*

Tavelé. Moucheté, tacheté. Ce mot est français. *Il a le visage tout tavelé.*

Tel et tel. Ces adjectifs ainsi que le substantif qui les suit, s'emploient au singulier ou au pluriel, selon qu'on peut les faire précéder de *un*, ou de *de*. *Par telle et telle*, (par une telle et une telle) *raison. Il m'a dit telle et telle chose. Avoir telle et telle qualité. A telles et telles* (à de telles et de telles) *conditions.*

Témi-téti. Absolument le même. QUEUSI-QUEUMI. *Ce remède ne lui fera pas plus de bien que les autres; ce sera queusi-queumi.*

Témoin est masculin, même en parlant d'une femme. *Elle est témoin de ce qui s'est passé, elle en est un bon témoin.*

Tempester n'est pas français, il faut dire TEMPÊTER, PESTER. *Qu'a-t-il donc à tempêter comme il fait. Tempêter contre quelqu'un, contre un jugement. Tempêter pour rien, à propos de rien. C'est un homme qui peste toujours contre le gouvernement. Il ne fait que pester. Vous avez beau pester, il n'en sera pas autrement.*

Tendant est adjectif verbal lorsqu'il signifie *Qui tend à* ; il est participe présent lorsqu'on peut le remplacer par *Etant fait pour. Des discours tendants à prouver. Une requête tendante à ce qu'il plaise à la cour. Semer des libelles tendants à la sédition. Ces discours ne tendant point à éclaircir la matière, il convient....*

Tendresse, tendreté. Ce dernier ne se dit qu'en parlant des viandes, des fruits, des légumes. *La tendreté d'un gigot, d'un lièvre. La tendreté de ces légumes, de ces fruits.*

Tenfler. Respirer fréquemment comme quand on a couru et qu'on est hors d'haleine. SOUFFLER, HALETER. *Dès que cet homme a monté six degrés, il souffle comme un bœuf. Ce cheval est poussif, voyez comme il souffle. Il arriva tout haletant à force d'avoir couru.*

Tenne. Qui a peu d'épaisseur. MINCE. *Cette doublure est bien mince. Couper des tranches de pain trop minces.*

Termine. LAPS, ESPACE DE TEMPS. *Après un grand laps, un grand espace de temps.*

Terre et horlai (Par). A TRAVERS CHAMPS. *Prendre, aller à travers champs.*

Tette. Le bout de la mamelle. Il ne se dit qu'en parlant des animaux et est à peu près inusité. On dit mieux, le TRAYON d'une vache, d'une chèvre; le MAMELON d'une chienne, d'une jument, d'une truie, etc.

Thé. C'est à tort qu'on appelle ainsi, Toute

herbe propre à faire de la tisane. Il faut dire, HERBE MÉDICINALE, HERBE A TISANE.

Tic. Maladie du cheval. Ce mot est masculin. *Le tic (pas la tique) se propage souvent par imitation.*

Tiens est quelquefois interjection : *Tiens!* ou *Tiens tiens! c'est étonnant!* Dans ce cas, il serait ridicule de remplacer *Tiens* par *Tenez*, pour parler plus poliment, attendu qu'il ne s'agit ici nullement de l'impératif du verbe *Tenir*.

Tictac, tactique. Ne confondez pas ces deux mots. Le premier ne se dit que Du bruit d'un balancier, d'un moulin, etc. Le second signifie, La marche qu'on suit, les moyens qu'on emploie pour réussir dans quelque affaire. *Je vois votre tactique. C'est une vieille tactique.*

Tiéque, tiéquette. PAILLASSE, TAIE. Voyez *Lit*.

Tignasse. CHEVELURE, CRINIÈRE, TIGNON. (Ce dernier ne se dit qu'en parlant des femmes.) *Se pendre par le tignon.*

Tinau. Bâton dont on se sert pour porter à deux personnes des objets lourds, pour suspendre des bœufs tués, etc. TINET.

Tinroche. CARTILAGE, CROQUANT. Voyez *Homme*.

Tintement, bourdonnement d'oreille. Le tintement est un son aigu comme celui d'une cloche qui tinte ; le bourdonnement ressemble plutôt au bruit du vent. *Ce malade a de fré-*

quents tintements d'oreille. Cette maladie lui a laissé un bourdonnement dans l'oreille, un bourdonnement d'oreille.

Tiqueux. On dit, *Un cheval tiqueur*, et non *tiqueux*.

Tirage. Ce mot ne doit pas s'employer comme synonyme de PORTÉE. *S'avancer à la portée du fusil. Tirer une perdrix hors de portée.*

Tireballe. CANONNIÈRE. Voyez *Jeux d'enfants*.

Tirelanlire. TURELURE. *C'est toujours la même turelure.*

Tisserand. Termes et instruments à l'usage du tisserand.

BATTANT. Pièce mobile dans laquelle on enchâsse le *ros* ou *peigne*.

CHAÎNE. Fils tendus sur les deux *ensouples*, et entre lesquels on passe la *trame*, au moyen de la *navette*. *La chaîne de cette étoffe est de fil, la trame est de soie.*

DUITE. Fil de la trame que la navette a conduit d'une lisière à l'autre.

ENSOUPLE OU ENSUPLE. On nomme ainsi, deux cylindres dont l'un reçoit l'étoffe à mesure que l'autre déroule la *chaîne*. Elles sont mises en mouvement au moyen d'un *bras* ou *levier*, et retenues dans leur mouvement rétrograde par un *encliquetage*. Voyez *Mécanique*.

ESPOLE. (*Spieule.*) Quantité de fil qu'on devide sur *l'espolin* (petit bâton creux) au moyen du *rouet*.

LISIÈRE. Bord de l'étoffe. *Dans quelques étoffes, la lisière est d'un autre tissu et d'une autre couleur que le fond.*

LISSE. Pièce mobile composée de deux tringles de bois sur lesquelles sont fixés des bouts de ficelle enlacés dans le milieu.

Les lisses sont mises en mouvement au moyen de *marches* ou *pédales* sur lesquelles le tisserand appuie alternativement les pieds.

MÉTIER DE TISSERAND. Machine à tisser. *Sa toile est sur le métier. Ce fabricant a tant de métiers battants.*

NAVETTE. Petit instrument qui sert à passer les fils de *trame* entre les fils de *chaîne*. Elle est évidée et reçoit à l'intérieur une *broche*, petite verge de fer qui passe dans le creux de l'*espolin*.

OURDISSOIR. Instrument de différentes formes, sur lequel on étend le fil qui doit servir de chaîne.

PAREMENT. Espèce de colle formée d'eau et de farine, et qui sert à *parer* la chaîne à mesure qu'on tisse.

TEMPLE. (Ce mot est masculin.) Tringle de bois armée de pointes aux extrémités, dont l'usage est de tenir l'étoffe étendue en largeur pendant qu'on tisse.

Toast. Proposition de boire à la santé de quelqu'un. Prononcez *Toste*. *Porter un toast.*

Tomber se conjugue toujours avec l'auxiliaire *Etre*. *Il a voulu courir et il est tombé. Toutes les dents lui sont tombées. Il est tombé de la neige pendant quatre jours de suite.* Cependant on trouve dans l'Académie l'exemple suivant : *Les poètes disent que Vulcain a tombé du ciel pendant un jour entier.* C'est qu'ici il y a une action prolongée.

Tonnelier. Instruments et termes à l'usage du tonnelier. (Voir l'art. *Menuisier*.)

BONDE. Trou rond fait à une douve d'un tonneau, et qu'on bouche à l'aide d'un tampon de bois appelé également *bonde*, et mieux *bondon*. *Fermer la bonde. Oter, mettre le bondon à un tonneau.*

BOUGE. La partie la plus bombée du tonneau, où se trouve la bonde.

CERCLE OU CERCEAU. Lame de fer ou de bois dont on se sert pour maintenir les douves. *Cerceau de fer. Mettre des cerceaux à une cuve. Cercle à tonneau. Vendre des cercles. Un tonneau qui a rompu ses cercles. Vin en cercles* (en tonneau).

CHANTIER. Pièces de bois couchées en long, sur lesquelles on pose les tonneaux. *Mettre du vin en chantier, sur le chantier.*

CHASSOIR. Morceau de bois de chêne dont on se sert pour enfoncer les cerceaux sur la futaille, en le chassant avec un maillet ou avec un marteau.

COCHOIR. Espèce de gros couteau dont la lame est très-large, et qui sert à faire les *coches* ou entailles qui servent à joindre entre eux les bouts des cercles.

DAVIER. (*Tire cek.*) Espèce de crochet de fer jouant dans un manche de bois, qui sert à faire entrer les cercles d'un tonneau.

DÉBORDOIR. Instrument tranchant dont la lame est recourbée en arc de cercle, et qui sert à planer les douves à l'intérieur lorsque le tonneau est assemblé.

DÉFONCER. Enlever, ôter le fond à un tonneau. *Défoncer un baril.*

DOLOIRE. Espèce de hache dont le tonnelier se sert pour dégrossir les douves et les réduire à l'épaisseur convenable. *Tailler des douves avec la doloire.*

DOUVE. (*Dève.*) Petite planche qui sert à faire la partie cylindrique du tonneau. *Ces arbres-là sont bons à faire des douves. Tailler une douve.*

FAUSSET. Petite brochette de bois servant à boucher le trou que l'on fait à un tonneau pour goûter la liqueur, ou pour donner de l'air, afin de faciliter l'écoulement par le robinet. *Tirer du vin au fausset.*

FONCER. Mettre un fond à un tonneau, à une cuve, etc. *J'ai fait foncer dix tonneaux à neuf.*

FOND. Plateau circulaire qui forme le bout d'un tonneau d'un baquet, d'un cuvier, etc. Dans les futailles, les fonds sont surmontés d'une *barre* fixée par un grand nombre de *chevilles.*

HAQUET. Charrette longue, sans ridelles, sur laquelle on transporte des tonneaux.

JABLE. Rainure qu'on fait aux douves pour y introduire le bord du fond. On appelle aussi *jable*, la partie des douves depuis cette rainure jusqu'à l'extrémité.

JABLOIRE. Espèce de trusquin dont le tonnelier se sert pour faire le jable.

MERRAIN. Bois de chêne fendu en menues planches, dont on fait des douves et d'autres ouvrages. *Acheter du merrain. Employer du beau merrain.*

POULAIN. Espèce de traîneau composé de deux longues pièces de bois rondes, jointes ensemble par des traverses, et dont on se sert pour descendre des tonneaux dans les caves, etc.

ROBINET, CANELLE OU CANETTE. (Ne dites ni *robin*, ni *crâne*, ni *broche*.) Petit instrument servant à tirer et à retenir à volonté le liquide qui est dans un tonneau, etc. *Tourner le robinet. Fermer le robinet. La clef d'un robinet.*

TATE-VIN. Voyez *Cuisine.*

Tonsure, tonsurer. Prononcez l'S comme dans *Si. Se faire tonsurer.*

Toqué. Gros et court. TRAPU. *Un petit homme trapu. Une femme trapue. Un cheval trapu.*

Toquée. TOUFFE, TROCHÉE. Voyez *Jardinier.*

Toquer, HEURTER. FRAPPER. *On heurte à la porte. Qui frappe? Frapper dans la main pour conclure un marché.*

Toquer. TASSER. Voyez *Cultivateur.*

Torbie. MÈCHE. Voyez *Menuisier.*

Tordeu. Petite perche, bâton qu'on passe dans une corde, dans un lien quelconque, pour serrer quelque chose en tordant. GARROT, TORTOIR, *Serrez davantage le garrot de cette malle, de cette scie.*

Tordu, tortu. *Tordu* est le participe passé du verbe Tordre; *Tortu* est adjectif et signifie, Qui n'est pas droit, qui est de travers. *Des cordes trop tordues. Un arbre tortu. Cet homme est tout tortu, bossu,* etc. *Il a les jambes tortues, les pieds tortus, le nez tortu.*

Touche. On appelle ainsi, Un brin de bois, de baleine, etc., dont les enfants qui apprennent à lire touchent les lettres qu'ils veulent épeler. Mais il ne faut pas nommer *Touches*, les AIGUILLES d'une montre, d'une horloge.

Toucher. C'est abusivement qu'on dit, *Toucher du piano, de l'orgue*, etc.; il faut dire, *Toucher le piano, l'orgue.* (Acad.) *Il touche le piano agréablement, délicatement.*

Touflan. PELOTON, FLOCON de laine, de cheveux, etc.

Touiller. MÊLER, BROUILLER. Ce mot figure dans les dictionnaires comme terme populaire.

Toupiller. Ne faire qu'aller et venir dans

une maison sans savoir pourquoi. Ce mot est français. *Elle ne fait que toupiller.*

Tour. On peut dire également, *C'est à mon tour*, ou bien, *c'est mon tour de* ou *à. C'est mon tour à vous aller voir. C'est mon tour, c'est à mon tour de monter la garde.*

Tourbiller. Aller en tournoyant, en parlant du vent, de l'eau, etc. TOURBILLONNER. *L'eau tourbillonne dans cet endroit de la rivière.*

Tourcieveux. MALICIEUX, ASTUCIEUX. *Il est malicieux comme un vieux singe. Homme astucieux.*

Tourette. Petite tour. TOURELLE. *Il y a quatre tourelles à son château.*

Tourne, tourner. Voyez *Cartes.*

Tourneur. Description des différentes parties d'un tour et des outils à l'usage du tourneur.

ARBRE. Pièce du *tour en l'air* ou à *trois poupées* à laquelle on fixe, au moyen d'un *mandrin*, les bois qu'on veut travailler. Cette pièce tourne dans des *coussinets* fixés aux *poupées*, et porte dans le milieu une *bobine* sur laquelle passe la *corde*.

ARCHET. Baguette de baleine, de bois, etc., aux deux bouts de laquelle est attachée une corde qui sert à mettre en mouvement les pièces qu'on travaille au tour d'horloger.

BROUTER. Se dit d'un outil qui, au lieu de couper le bois nettement, en rend la surface comme raboteuse par suite du ballottement de la pièce qu'on travaille ou pour d'autres motifs.

BURIN. Outil quadrangulaire, aiguisé en pointe, qui sert à tourner les métaux.

CISEAU DE TOUR. Long ciseau à deux biseaux, dont le tranchant n'est pas d'équerre.

COUP DE MAITRE OU ÉCHAPPÉE. Accident qui consiste à laisser dévier le ciseau de manière à faire une espèce de cran dans l'ouvrage qu'on tourne.

CROCHET. Sorte de ciseau recourbé.

CUIVROT. Poulie de métal dans le milieu de laquelle on fixe, à l'aide de vis, un foret ou une pièce qu'on veut tourner sur un tour d'horloger.

EMBASE. Renflement ménagé sur une pièce tournée pour empêcher qu'elle ne s'enfonce dans le trou qui est destiné à la recevoir.

FOUETTER. Se dit d'un bois mince qui cède quand on le tourne.

GOUGE. Espèce de ciseau semi-cylindrique dont on se sert pour faire des cannelures, des gorges, etc. La *gouge plate* ou *ciseau rond* est un ciseau dont le tranchant, au lieu d'être en ligne droite, forme un arc de cercle.

GRAIN D'ORGE. Ciseau pointu par le milieu.

GUILLOCHER. Produire, au moyen du tour, un ornement composé de traits circulaires et arrondis qui se croisent avec symétrie.

MANDRIN. Pièce qui se visse sur le *nez* de l'arbre du *tour à trois poupées*, et qui sert à maintenir les pièces que l'on veut tourner. Les mandrins portent différents noms suivant leur forme. On les appelle *mandrin à pointes*, *mandrin à vis*, *mandrin fendu*, etc.

POUPÉE. Pièce de bois ou de métal placée debout, portant une *pointe* ou des *coussinets* pour passer l'arbre du tour. Les poupées sont fixées à *l'établi* au moyen de *clefs*.

ROUE. Elle est formée du *moyeu*, des *rais* et des *jantes*. Dans le moyeu entre l'*axe*, dont l'un des bouts, coudé en *manivelle*, est reçu dans la *bielle*. Celle-ci est attachée par le bout inférieur à la *pédale* ou *marche* sur laquelle on pose le pied pour faire marcher le tour.

SUPPORT. Appareil de différentes formes, qui sert à appuyer les outils lorsqu'on tourne.

TOUR. Les espèces de tours les plus communs sont : le *tour d'horloger* qui se meut au moyen d'un *archet*; le *tour à deux pointes*, qui marche à l'aide d'une *perche*; et le *tour en l'air* ou *à trois poupées*, auquel on communique le mouvement au moyen d'une roue.

Tournerie. DÉTOUR. *Pourquoi ces détours, parlez-moi franchement.*

Tous. On fait sentir l's lorsque *Tous* est pris substantivement. *Se faire tout à tous.*

Tout. Lorsque ce mot est adverbe, c'est-à-dire lorsqu'il signifie *tout à fait, entièrement*, il reste invariable, excepté cependant quand il est suivi d'un adjectif féminin qui commence par une consonne ou une *H* aspirée. *Sa maison est tout autre qu'elle n'était. Un chien qui a les oreilles tout écorchées. Elle est tout absorbée dans ses réflexions. Etre tout yeux et tout oreilles. Elle était tout en larmes. Tout habiles et tout artificieux qu'ils sont. Elle sortit tout en grondant. Une heure tout entière s'écoula. C'est tout autre chose. Cette femme est tout entière à ce qu'elle fait. Les chevaux de ce poil-là sont ordinairement tout bons ou tout mauvais. Ce sont des gens tout pleins de cœur.* Mais on dira : *Elle est toute malade; elle en est toute honteuse*, parce qu'ici *Tout* est suivi d'un adjectif féminin qui commence par une consonne. Lorsque *Tout* est adjectif, c'est-à-dire lorsqu'on peut, sans changer le sens de la phrase, le faire suivre des mots *sans exception* ou *quelconque*, il prend l'accord. *Toute autre place qu'un trône eût été indigne d'elle. Ils sont tous vivants. Ces pains sont tous entiers. En toute occasion. Toutes les deux heures. Cette liberté a ses bornes comme toute espèce de liberté.*

Tout plein. Beaucoup. Cette expression est française. *Il y a tout plein de monde dans les rues. J'ai tout plein de livres d'égarés. Vous dites qu'il n'y a pas de boutiques dans cette rue, il y en a tout plein.*

Toutter. JOUER A TOUT. *Toutter* n'est pas français.

Tracassement. TRACAS, TRACASSERIE. *Il est dans le tracas du déménagement. Le tracas des affaires. Le tracas du ménage, du commerce. Il s'est retiré du tracas, du tracas du monde. Il passe sa vie à faire des tracasseries.*

Traîne. LANGUEUR. *Tomber en langueur. Il est mort en langueur, de langueur.*

Traîner. Etre en langueur. Ce mot est français. *Il y a longtemps qu'il traîne. Il traînera encore quelque temps.*

Trairie. CIBLE. *Tirer à la cible.*

Tramer. Marcher vite et avec fatigue. TRIMER. *J'ai trimé toute la journée.*

Tranchées. Douleurs très-aiguës que l'on ressent dans le ventre, dans les entrailles. Ce mot est féminin et ne s'emploie qu'au pluriel. *Cette médecine lui a causé de grandes tranchées. Les chevaux ont assez souvent des tranchées.*

Transe signifie, Frayeur, grande appréhension d'un mal qu'on croit prochain. *Il est dans de grandes transes, dans des transes mortelles, dans les transes de la mort.* Mais il ne faut pas l'employer dans le sens d'AGONIE, GLAS. *Une longue agonie. Etre à l'agonie. Sonner le glas. Le glas funèbre.* Remarquez qu'on ne pourrait pas dire : Un tel est mort, on vient de sonner *son glas.* Dites : On vient de sonner *le glas* (cloche funèbre), de sonner son *trépas*, son *décès.*

Transir. Prononcez *Trancir* et non *tranzir. Je suis transi de froid.*

Travers. *A travers* est toujours suivi d'un régime simple, et se dit principalement pour désigner Un passage vide, libre. *Au travers* demande la préposition *de*, et se dit d'Un passage qu'on se procure entre des obstacles, ou en traversant, en pénétrant un obstacle. Mais cette distinction n'est pas toujours rigoureusement observée. (Acad.) *Passer sa main à travers les barreaux. Aller à travers les bois, à travers les champs, à travers champs. Il se fit jour au travers des ennemis. Il ne craint pas les périls, il se jette au travers, tout au travers. A travers ces artifices, je découvre que... Je vois clair au travers de toutes ces finesses.*

Travers, traverse. Le premier signifie, Largeur, biais, irrégularité, bizarrerie, caprice. Le second veut dire Obstacle, empêchement, opposition, affliction, revers. *Il s'en faut d'un travers de doigt que ces planches ne se joignent. Donner dans le travers. Il a du travers dans l'esprit. Il a eu bien des traverses* (et non *des travers*). *Malgré toutes les traverses qu'il a eues.*

Travure. FENIL. (On mouille l'L.), GRENIER A FOIN. *Le fenil est plein.*

Trébucher est un verbe neutre qui ne peut pas s'employer pronominalement. *Se trébucher* n'est pas plus correct que *se tomber* ou *se marcher*. *Il ne peut faire un pas sans trébucher* (et non *sans se trébucher*). *Qui trébuche et ne tombe point, avance son chemin.*

Trèfle. Ce mot est masculin. *Il y a bien du trèfle dans ce pré. Jouer du trèfle.*

Trémontane. Etoile polaire. Ecrivez et prononcez TRAMONTANE. *Perdre la tramontane.* (Ne savoir plus où l'on est, ne savoir plus ce qu'on dit, ce qu'on fait.)

Très ne se joint qu'à un adjectif, à un participe ou à un adverbe; jamais à un substantif. On ne doit pas dire : J'ai très-faim, très-soif, très-raison, très-peur, etc. Il faut dire, j'ai *bien* faim, *fort* faim, *extrêmement*, *terriblement* faim, soif, etc.

Trésoller. TRESSAILLIR. (Ne dites pas *trésauter*.) Etre subitement ému, éprouver une agitation vive et passagère. *A chaque mot qu'on lui disait de* *son fils, ce bon homme tressaillait de joie, de crainte, etc. Il tressaille de joie.*

Triac. Médicament en forme d'opiat, dans la composition duquel il entre un grand nombre de substances. THÉRIAQUE. *La thériaque agit surtout comme calmant.*

Tricoteuse. Termes à l'usage de la tricoteuse.

AFFLIQUET. Petit bâton creux qu'on attache à la ceinture, et qui sert à soutenir l'aiguille sur laquelle on prend les mailles.

AIGUILLE A TRICOTER. Petite verge de fer, de jonc, etc, dont on se sert pour tricoter. On appelle *Jeu*, la réunion des cinq aiguilles dont on se sert pour faire les bas.

CROCHET. Espèce d'aiguille qui a un petit manche, et dont le bout est recourbé en arrière.

ELARGISSURE. Action d'élargir un tricot. On appelle *maille d'élargissure*, celle qu'on ajoute pour élargir.

ÉTRÉCISSURE. C'est le contraire d'élargissure. On dit de même, Une *maille d'étrécissure*.

GARNIR. Doubler le talon d'un bas.

MAILLE. Il serait inutile de définir les expressions suivantes : *Maille à l'envers, maille à l'endroit, maille retournée, maille lâchée, échappée ou coulée, maille rompue* (déchirée), *maille d'élargissure, maille d'étrécissure, reprendre, relever une maille.*

MODÈLE. On appelle *bas modèle, bourse modèle*, le bas, la bourse dont on se sert pour modèle.

NOEUDS COULANTS. Premières mailles d'un tricot.

PELOTON. (*Luchai.*) Boule de fil, de laine, de soie, etc.

POINT DE COUTURE. Suites de mailles à l'envers qu'on fait

pour imiter la couture des bas faits au métier. On part de ce point pour faire les mailles d'étrécissure et d'élargissure.

PRENDRE SANS FAIRE. Passer une maille d'une aiguille à l'autre sans faire une nouvelle maille.

RAVAUDER. (*Rassercer.*) Refaire à l'aiguille un tricot, une étoffe grossière. *Ravauder des bas, une veste, un caleçon. Elle gagne sa vie à ravauder.*

REMAILLER OU REMMAILLER. Faire un *remmaillage*, c'est-à-dire, Rajouter des pièces dans un tricot en rejoignant les mailles par un point semblable.

REMONTER. Refaire à neuf le pied d'un bas usé.

TOUR. Rang de mailles. *Deux tours font un point de couture.*

TRICOT. Tissu fait en tricotant. *Tricot à côtes, à jours, à cordons, boutonné, en zig-zag.* etc. *Un habit de tricot. Faire du tricot.*

TRICOTAGE. Action de faire un tricot. Il se dit aussi, de l'ouvrage que fait une personne qui tricote. *Apprendre le tricotage. Se mettre au tricotage. Ce tricotage est lâche et mal fait.*

Trifouiller. FARFOUILLER. *Vous avez mis tout ce linge en désordre, en farfouillant dans mon armoire. On a farfouillé mes papiers.*

Trigauder signifie, N'agir pas franchement, se servir de mauvais détours, de mauvaises finesses. *Il ne fait que trigauder.* Mais on dit, MÉLANGER, SOPHISTIQUER, FALSIFIER et non *Trigauder* des boissons. *Ce cabaretier mélange son vin. Les marchands sont sujets à sophistiquer les drogues les plus précieuses. Falsifier du vin.*

Triplisse. TRIPOTAGE.

Triquer (Se). Voyez *Se rechiquer.*

Troclet. BOUQUET, TROCHET. Voyez *Jardinier*.

Troclet. POIGNÉE. *Une poignée de soldats.*

Trôfiche. Voyez *Flômiche*.

Tronce. Pièce de bois de toute la grosseur de l'arbre, séparée du tronc par deux traits de scie, et destinée à être équarrie ou mise en planches. BILLE.

Trottiner. C'est le diminutif de Trotter. *Ce cheval trottine, ne fait que trottiner.*

Trotte. Espace de chemin. Ce mot figure dans le dictionnaire de l'Académie comme terme populaire. *Il y a une bonne trotte d'ici là.* Il est mieux de dire *Traite. Il y a une bonne traite, une longue traite d'ici là. Aller tout d'une traite d'un lieu à un autre. Si vous faites vos traites trop grandes, vous tuerez vos chevaux.*

Trouée. Ouverture, espace vide dans un bois, dans une haie, etc. Ce mot est français. *Il est facile de faire une trouée dans ce bois. Dans cette haie il y a une trouée par où nous pourrons aisément passer.*

Trouffe, troufferie. TOURBE, TOURBIÈRE. *Brûler de la tourbe* (et non *des tourbes*). *Cette tourbe est excellente.*

Trouve. TROUVAILLE. *C'est une bonne trouvaille.*

Trûchener. TRACASSER, TRIPOTER. *Il ne peut se tenir en repos, il tracasse sans cesse. Il aime à tracasser.*

Tulle. Pierre tendre, rouge, propre à marquer. CRAIE ROUGE.

Tuquer. Donner de la tête contre quelque chose. HEURTIR, COGNER. *Se heurter à la tête. Il alla se heurter, il se heurta contre la table. Ils se heurtent les uns les autres en courant. Heurter contre une pierre. C'est heurter de la tête contre la muraille, c'est se heurter de la tête contre un mur, que de vouloir lui persuader quelque chose. Se cogner contre quelque chose. Il s'est cogné la tête contre la muraille.*

Turlutaine. Espèce d'orgue portatif dont les claviers et le soufflet sont mis en jeu par un cylindre qu'on fait mouvoir à l'aide d'une manivelle. ORGUE DE BARBARIE, ORGUE A MANIVELLE, SÉRINETTE. *Cette dernière est très-petite et sert surtout à apprendre à siffler des airs aux serins et autres petits oiseaux. Il y a des hommes dont le métier est de parcourir les rues en jouant de l'orgue de Barbarie.*

Tûter. ROGNER LE TRONÇON, LE NOYAU DE LA QUEUE à un cheval.

U

Ui. On prononce en général mal la diphthongue *ui*. On ne fait aucune différence, par exemple, entre *Louis* et *lui*, entre *fouir* et *fuir*, etc. C'est un défaut particulier surtout aux habitants de la province de Luxembourg, et dont il importe de se corriger.

Un chacun n'est plus en usage, il faut dire simplement, chacun. *Rendre à chacun* (et non *à un chacun*) *ce qui lui appartient.*

Uniment. Ce mot est français. *Il m'a dit cela tout uniment.*

Union. Ce mot est féminin. *Une union bien assortie.*

Ustensile. Ce mot est masculin. *Un ustensile aratoire.*

Usufruit, usufruitier. Gardez-vous bien de prononcer *Usurfruit, usurfruitier*. *Il n'a pas cette terre en propre, il n'en a que l'usufruit.*

V

V. Il faut donner à cette lettre sa prononciation naturelle dans les mots terminés en *ve*, comme *vive, neuve, brève*, etc., et ne pas dire, comme au masculin, *vif, neuf, bref*. *Esprit vif, imagination vive. Maison neuve, habit neuf.*

Vaciller, vacillant, vacillation. Prononcez les *L* comme dans *Ville*. (Acad.) *Une lumière qui vacille. Démarche vacillante. La vacillation d'une barque.*

Vailière. MATRICE d'une vache.

Vallet. Terme très-familier dont on se sert quand on adresse la parole à quelqu'un. GARÇON, L'AMI, FILS, JEUNE HOMME, etc.

Valoir. Voyez *Devoir*.

Valoir fait *Valent*, à la troisième personne plurielle du présent de l'indicatif, et non *Vaillent*, comme au subjonctif. *Ils ne valent* (et non *vaillent*) *pas la peine que... Je ne crois pas qu'ils vaillent la peine que...*

Valoir mieux, devant un infinitif, rejette toute préposition. *Il vaut mieux attendre* (et non *d'attendre*) *un peu*.

Vampire. Ce mot est masculin.

Vantard fait au féminin *Vantarde*. *Ce n'est qu'une vantarde*.

Vargeau. MANCHE, VERGE de fouet.

Vechotière. TRÉBUCHET. Voyez *Chasse*.

Véginer. VOISINER. *Il se plaît à voisiner*.

Veille ne doit pas s'employer comme synonyme de VEILLÉE, SOIRÉE. *Aller tous les soirs à la veillée* (et non *à la veille*). *Les veillées, les soirées sont longues en hiver. Il passe toutes ses soirées chez son voisin.*

Veniméux, vénéneux. Le premier se dit des animaux, et le second, des végétaux. (Acad.)*La vipère est venimeuse. Une langue venimeuse. Fruit vénéneux. Le suc de la ciguë est vénéneux.*

Venir. Voyez *Devenir*.

Ventillon. VOLET, CONTREVENT. Voyez *Maison*.

Ventrier. TABLIER, DEVANTIER. *Elle portait des herbes dans son devantier. Devantier* ne se dit qu'en parlant du tablier d'une femme du peuple, et s'emploie peu.

Venue, vue. On ne doit pas dire, *Etre à la venue, à la vue de*, mais ÊTRE A LA VEILLE DE. *Nous sommes à la veille de voir de grandes choses.*

Vêpres. Ce mot s'emploie souvent sans l'article. *Chanter vêpres en musique. Aller à vêpres. Il est à vêpres.*

Verd, verdement. Ecrivez et prononcez VERT, VERTEMENT. *Il le réprimanda vertement.*

Véreux. Ce mot est français et se dit, au propre, Des fruits dans lesquels se trouvent des vers, et, au figuré, D'une personne ou d'une chose suspecte. *Pomme véreuse. Prune véreuse. Il y a quelque chose de véreux dans cette affaire. Une créance véreuse. Son cas est véreux.*

Vermicelle, violoncelle. On prononce aujourd'hui ces mots à la française, c'est-à-dire qu'on donne au C la même prononciation que dans *Ceci. Une assiette de vermicelle. Potage au vermicelle.*

Vermin. Toute sorte d'insecte nuisible. Il faut dire VERMINE. *La vermine s'est mise sur cet arbre et en a gâté les fruits.*

Verminer. En parlant du sanglier, du cochon, Fouiller la terre pour y chercher des vers, des racines, des oignons. VERMILLER. *Les sangliers vont vermiller dans les pacages, dans les prés.*

Verne. PANNE. Voyez *Charpente.*

Vertière. PENTURE. Voyez *Maison.*

Versin. Voyez *Lunée.*

Versicatoire. Prononcez *Vézicatoir. Il faut lui appliquer, lui mettre un vésicatoire, des vésicatoires.*

Vessette. Frayeur. Ecrivez et prononcez VE-NETTE. *Avoir la venette. Donner la venette.*

Vestige. Ce mot est masculin. *Vous dites qu'il y a eu là une église, il n'en paraît plus, il n'en reste aucun vestige.*

Vétille. Mouillez les L. *Il ne s'amuse qu'à des vétilles. Vétille de rien* est un pléonasme vicieux.

Vicoter. Vivre petitement, subsister avec peine. VIVOTER. *Il n'a pas grand bien, mais il vivote tout doucement. Il ne fait que vivoter.*

Vider. Ne confondez pas ce mot avec ÉVIDER, qui signifie, Faire une espèce de cannelure ou de découpure à un ouvrage pour le rendre plus léger ou plus agréable.

Vieil, vieille. Il suffit de voir comment ces mots sont écrits pour comprendre qu'il serait très-ridicule de prononcer *Viell* au lieu de mouiller les L. *Un vieil homme* (viè-iomm). *Une vieille femme* (viè-ie-femme). Voyez le mot *Fille.*

Vieil, vieux. Quand cet adjectif, employé au masculin, est placé après le substantif, on dit toujours *Vieux.* Quand il précède le substantif, et que ce substantif commence par une voyelle ou par une H non aspirée, on dit plus ordinairement *Vieil.* (Acad.) *Il est fort vieux. Vieux cheval. Un vieil homme. Un vieux homme.*

Vieillir. Même règle pour le choix de l'auxiliaire qu'au verbe *Grandir. Il a vieilli dans le service. Je sens que je suis bien vieilli.*

Violoncelle. Voyez *Vermicelle.*

Vingt prend toujours une S lorsque, multiplié par un autre nombre, il précède immédiatement un substantif. Ainsi on dit, *Cent quatre-vingts chevaux, quatre-vingts ans, six vingts hommes.* Mais on n'ajoute point l'S quand *Vingt* précède un autre nombre auquel il est joint. Ainsi on dit, *Quatre-vingt-deux.* Il est encore invariable lorsqu'il est employé pour *Vingtième. Page quatre-vingt. L'article quatre-vingt du code.* (Acad.)

Virlole. Petit cercle de métal qu'on met au bout du manche d'un outil, au bout d'une canne, etc., pour tenir le bois en état, ou pour quelque autre usage. Ecrivez et prononcez VIROLE. *Mettre une virole à une canne.*

Vis. Ce mot est féminin. *Une vis de bois, de fer, de cuivre.*

Vison. Vieille graisse de porc dont on se sert pour frotter les essieux des voitures et pour d'autres usages. VIEUX OING. *Graisser les roues d'une voiture avec du vieux oing.* Lorsque le vieux oing est devenu noir par suite du frottement, il prend le nom de CAMBOUIS. *Il y a des taches de cambouis à votre manteau.*

Vitriol. Ce mot est masculin. Le *vitriol blanc* se nomme aussi sulfate de zing; le *vitriol bleu*, sulfate de [cuivre; et le *vitriol vert*, sulfate de fer. On dit également, *Couperose blanche*, *couperose bleue* et *couperose verte*, pour désigner les mêmes sels.

Vivrou. VÉRVEUX. Voyez *Pêche*.

Voie (En). Cette expression se traduit de différentes manières suivant le verbe auquel elle est jointe.

Aller en voie. S'EN ALLER, SE RETIRER, S'OTER, S'ÉLOIGNER. *Otez-vous de mon soleil. Allons-nous-en d'ici.*

Balayer en voie. BALAYER. *Balayez ces ordures, ces débris.*

Chasser en voie. CHASSER. *La nuit nous chassa.*

Couper en voie. COUPER, RETRANCHER. *Il faut retrancher plusieurs branches de cet arbre.*

Courir en voie. S'ENFUIR, S'ÉCHAPPER, SE SAUVER.

Envoyer en voie. ENVOYER, RENVOYER, ENVOYER PROMENER. *Il m'impatientait à un tel point que j'ai fini par l'envoyer promener, par l'envoyer paître.*

Etre en voie. ÊTRE EN VOYAGE, ÊTRE ABSENT, N'ÊTRE PLUS.

Gratter en voie. GRATTER, ENLEVER, OTER, EMPORTER, EFFACER.

Jeter en voie. JETER. *C'est un homme d'ordre qui ne jette rien.*

Mener en voie. EMMENER. *Emmenez cet homme,*

je vous prie. *Voilà des soldats qui emmènent vos bestiaux.*

Mettre en voie. OTER, RANGER, METTRE AILLEURS, METTRE DEHORS, RENVOYER.

Porter en voie. EMPORTER.

Pousser en voie. POUSSER DE COTÉ, DEHORS.

Tirer en voie. OTER. *Il y a trop de bois dans le feu, ôtez-en la moitié.*

Voler en voie. S'ENVOLER. *Il n'y a plus que le nid, les oiseaux s'en sont envolés.*

Voire, adverbe, prend une e à la fin, pour le distinguer de l'infinitif du verbe *Voir. Tout le monde était de cet avis, voire monsieur un tel, qui n'est jamais de l'avis de personne. Ce remède est inutile, voire même pernicieux.*

Voiture. Parties principales d'une voiture.

BACHE. Grande pièce de toile ou de cuir dont on couvre les marchandises.

BRANCARD OU LIMONIÈRE. Se dit Des deux pièces de bois placées en avant de la voiture et entre lesquelles est attelé le cheval qui la traîne. *Mettre le cheval au brancard.*

CAISSE. Le corps d'une voiture.

CHANCELIÈRE. Espèce de sac de cuir, garni intérieurement de peau de mouton, et qui sert à mettre les pieds pour se les tenir chaud pendant l'hiver.

COUPÉ. Partie ordinairement vitrée de la caisse d'une diligence et de certaines voitures, qui se trouve sur le devant. *Prendre une place dans le coupé.*

ESSIEU, ROUE. Voyez *Chariot.*

GARDE-CROTTE. Bande de cuir que l'on place au-dessus des

roues pour se garantir de la boue. Il se dit également, D'une plaque de cuir raide entourée d'une verge de fer, qui se trouve en avant du *tablier* de certaines voitures.

GLACE. Vitre mobile ou fixe d'une voiture. *Lever, baisser la glace, les glaces d'une voiture.*

IMPÉRIALE. Le dessus de la voiture. *Monter sur l'impériale.*

MAIN. Anneau de cuivre, de cuir, etc., que l'on prend à la main pour monter à l'impériale. Il se dit aussi, D'un galon plat attaché au dedans d'un carrosse, d'une diligence, et qu'on tient à la main pour se soutenir.

MARCHEPIED. Espèce de degrés de fer qui sont le plus souvent *brisés* de manière à se replier l'un sur l'autre, et qui servent à poser le pied pour monter dans la voiture.

PORTIÈRE. Espèce de porte qui sert à fermer la voiture. *Ouvrir, fermer la portière. Abaisser les glaces des portières.*

ROTONDE. Partie d'une voiture qui se trouve derrière le *coupé* et qui, comme ce dernier, est ordinairement *matelassé.*

SIÉGE. Espèce de banc, souvent *rembourré*, sur lequel les voyageurs s'asseoient.

SOUFFLET OU CAPOTE. Grande pièce de cuir qui forme le dessus de certaines voitures telles que tilbury, calèche, etc., et qui se replie comme un soufflet. *Ouvrir, fermer le soufflet. Cabriolet à soufflet.*

TABLIER. Morceau de cuir, attaché sur le devant de la voiture pour garantir les jambes du voyageur de la pluie et des éclaboussures. Il ne faut pas le confondre avec le *garde-crotte.*

TRAIN. Le brancard, l'essieu, les roues et tout le charronnage qui porte la *caisse* d'une voiture. *Faire mettre un train neuf à une voiture.*

Voiturier. Termes à l'usage des voituriers.

ARRIÈRE. Mot dont les charretiers se servent pour faire reculer leurs chevaux.

ASSURER. Affermir, serrer, lier les objets qui sont sur une voiture pour les empêcher de tomber, de ballotter, etc.

BACHE. Grande pièce de grosse toile ou de cuir, dont on couvre les charrettes pour garantir les marchandises de la pluie.

BOUCHON. Petite corde de paille, de foin, dont on se sert pour *bouchonner* les chevaux, c'est-à-dire pour leur nettoyer le poil et le rendre lisse. *Faire un bouchon de paille pour frotter un cheval.*

CARTAYER. (*Chevaler.*) Mettre une ornière entre les deux chevaux, entre les deux roues de la voiture. *Ce cocher a fort bien cartayé.*

CHÈVRE. Sorte de levier à pied dont on se sert pour soutenir la voiture, lorsqu'on ôte une roue afin de graisser l'essieu.

CIVIÈRE. Sorte de brancard qu'on suspend sous les chariots, pour y placer les objets dont on a souvent besoin.

DÉHARNACHER. Oter le harnais à un cheval. *Le cocher n'a pas encore déharnaché ses chevaux.*

DÉMARRER. Mettre en branle une voiture arrêtée.

DÉPÊTRER. (*Dépaiger.*) Débarrasser un cheval qui s'est empêtré. *Dépêtrer un cheval qui s'est embarrassé dans ses traits.*

DÉPÊTRER. Tirer d'un bourbier. *Se dépêtrer d'un bourbier.*

DÉSENRAYER. Oter l'*enrayure* ou le *sabot* qui tient une roue enrayée. *La descente est moins rapide, on peut désenrayer la roue, il faut désenrayer.*

DIA. (*Har.*) Mot dont les charretiers se servent pour faire aller leurs chevaux à gauche. Ils se servent des mots *Hue*, *Huhau* ou *Hurhau*, (Hotte) pour les faire aller à droite. *L'un tire à dia, et l'autre à huhau*, ou *L'un tire à hue et l'autre à dia.*

EMBOURBER. Enfoncer dans un bourbier. *Ce cocher nous a embourbés. Ce charretier s'est embourbé.*

EMPÊTRER (S'). (*S'apaiger.*) S'embarrasser les pieds dans les traits. *Ce cheval s'est empêtré dans ses traits. Il s'est empêtré.*

ENRAYER. Empêcher une ou deux roues d'une voiture de tourner au moyen d'une chaîne appelée *enrayure*, ou bien à l'aide d'un *sabot* ou d'un *frein*. (Voyez *Chariot.*) *Cette descente est très-rapide, il faut enrayer. Enrayer une roue.*

ÉPOUSSETTE. Espèce de balai de crin, morceau d'étoffe avec lequel on *époussette* les chevaux lorsqu'on les a étrillés.

ÉTRILLE. (Mouillez les L.) Instrument de fer à lames dentées, avec lequel on ôte la crasse, l'ordure qui s'est attachée à la peau, au poil des chevaux, des ânes, etc. *Donnez un coup d'étrille à ce cheval.*

FOUET. (*Scorgie.*) Instrument composé d'une *verge* ou *manche* de bois et d'une *lanière* ou d'une *tresse* de cuir ou de chanvre, terminée par un bout de ficelle appelée *mèche* (chesseure), et dont on se sert pour conduire et châtier les chevaux. *Coup de fouet. Ce cheval est dur au fouet. Le charretier fait claquer son fouet. La mèche de votre fouet est usée.*

GARROT. (*Tordeu.*) Espèce de bâton ou de perche que l'on passe dans une corde pour serrer les objets qui sont sur la voiture, en tordant.

HARNACHER OU ENHARNACHER. Mettre le harnais à un cheval. *Harnacher un cheval.*

HARNAIS. Voyez ce mot.

HOP. Cri dont on se sert pour exciter les chevaux.

LIMONIER. Cheval qu'on met aux limons. *Ce cheval est trop petit pour être limonier. Bon, fort limonier.*

PALONNIER. (*Peronne,*) Pièce de bois aux extrémités de

laquelle on attache les traits du cheval qu'on attelle. Le *faux palonnier* (chauie-traits) est une espèce de bâton que l'on fixe entre les traits pour les tenir écartés, lorsqu'on n'emploie pas de palonnier.

PANSER. Etriller, brosser, nettoyer un cheval et lui donner tout ce qui lui est nécessaire.

POULAIN. Instrument formé de deux longues pièces de bois tenues par des traverses, et dont on se sert pour charger et décharger des tonneaux.

QUER. (*Pitter*.) Donner une ruade, un coup de pied. *Prenez garde à ce cheval, il rue.*

SABOT. Plaque de fer un peu courbée et à rebords, qu'on met sous l'une des roues d'une voiture pour l'enrayer. *Nous voici à la descente, mettez le sabot. Enrayer avec un sabot.*

VERSER. Culbuter. *Ce charretier a versé sa voiture. Verser en beau chemin.*

VIEUX OING. Voyez *Vison.*

VOLÉE. (*Balance.*) Pièce de bois de traverse qui s'attache au bout du limon d'une voiture attelée de quatre chevaux, et aux extrémités de laquelle sont fixés les palonniers des chevaux du second rang qu'on appelle aussi *chevaux de volée. Il faut mettre ces chevaux à la volée* (au second rang).

Volette. CLAYON, PLAT D'OSIER.

Vote. Espèce de pâtisserie que l'on fait frire en étendant de la *pâte claire* (casmin) sur une poêle. CRÊPE. *Manger des crêpes.*

Vouloir fait *Veulent* à la troisième personne plurielle du présent de l'indicatif, et il faut bien se garder de prononcer *Veuillent* comme au subjonctif. *Il y a des enfants qui veulent être menés par la crainte.*

Vouloir. Lorsqu'on consulte quelqu'un sur ce

qu'on doit faire, il est ridicule de dire : *Veux-je faire* telle chose? Il faut dire, *Dois-je faire*, ou bien *Voulez-vous que je fasse* telle chose?

Vuide, vuider. Cette manière d'écrire les mots *Vide, vider* n'est plus en usage. *Avoir la tête vide. Vider une bouteille.*

W

Waggon. Prononcez *Ouagon.*

Waïe. Interjection familière qui marque la surprise. OUAIS. *Ouais! cet homme fait bien le fin. Ouais! cet homme le prend sur un haut ton.*

Walée. NUÉE, NUAGE, ONDÉE. *J'ai eu toute l'ondée sur le dos. Il faut laisser passer l'ondée. Il pleut par ondées.*

Warabeau. Bosse qui survient à la peau des bêtes à cornes par suite de la piqûre qu'une mouche, nommée *œstre*, y fait à l'aide d'un aiguillon qu'elle porte à l'extrémité de l'abdomen, afin d'y déposer ses œufs. BOSSE D'OESTRE. Le ver qui se forme dans cette bosse s'appelle LARVE D'OESTRE.

Warache. SAUVAGE, FAROUCHE. *Cette fille, cette femme est bien farouche.*

Warocai. TRICOT. *Si je prends un tricot.*

Wau. PAILLE A TOIT.

Waumer. FLAMBER. *Flamber un cochon.*

Weine. MOU, INDOLENT, PESANT.

Wez. Endroit d'une rivière où l'eau est si basse et le fond si ferme qu'on peut y passer sans nager et sans s'embourber. GUÉ. *Le gué est beau et sûr en cet endroit. Passer la rivière à gué.*

Whig. Prononcez *Ouigue*. (Acad.) *Les Whigs sont opposés aux torys.*

Wolche. ESSE. Voyez *Chariot*.

Y

Y, en, le. Ces mots employés comme pronoms, signifient respectivement *à cela, à lui; de cela, de lui; cela, lui. Ils ne sont pas encore habiles, mais ils le deviendront* (et non *ils y deviendront*). *Cette femme est belle et le sera longtemps. Ils sont aussi éloignés l'un de l'autre qu'ils peuvent l'être. Etes-vous prêt à partir? Je 'le suis. S'il est fâché qu'il le reste. L'affaire est faite et elle le restera* (et non *elle y restera*). *Je me le rappelle.*

Z

Zingler. REVÊTIR DE ZINC.

Zoiade. Feu vif et clair qu'on allume pour réchauffer promptement des personnes qui arrivent. RÉGALADE. *Faire une bonne régalade.*

Zollverein. Prononcez TSOL-FE-REIN.

FIN.

www.ingramcontent.com/pod-product-compliance
Lightning Source LLC
Chambersburg PA
CBHW071712230426
43670CB00008B/984